U0841076

大思想史视野下的清代思想研究

主编　孔定芳　林存阳　朱昌荣

中国·武汉

内容简介

本书系“大思想史视野下的清代思想研究学术研讨会”论文集，收入论文凡25篇。以单篇论文而言，议题容或有异，然整体视之，则大抵可以“清代思想史”范围之。在大思想史的视野下，或旧说新诠，或另辟蹊径，要皆以清代思想史之重要议题为究心所在。

图书在版编目（CIP）数据

大思想史视野下的清代思想研究/孔定芳，林存阳，朱昌荣主编. —武汉：华中科技大学出版社，2019.6

ISBN 978-7-5680-5263-4

Ⅰ.①大… Ⅱ.①孔… ②林… ③朱… Ⅲ.①思想史-研究-中国-清代
Ⅳ.①B249.05

中国版本图书馆CIP数据核字（2019）第099029号

大思想史视野下的清代思想研究 孔定芳 林存阳 朱昌荣 主编

Da Sixiangshi Shiye xia de Qingdai Sixiang Yanjiu

策划编辑：钱 坤
责任编辑：刘 莹
封面设计：刘 婷
责任校对：李 弋
责任监印：周治超
出版发行：华中科技大学出版社（中国·武汉） 电话：（027）81321913
武汉市东湖新技术开发区华工科技园 邮编：430223
录 排：华中科技大学出版社美编室
印 刷：武汉科源印刷设计有限公司
开 本：710mm×1000mm 1/16
印 张：24 插页：2
字 数：483千字
版 次：2019年6月第1版第1次印刷
定 价：98.00元

目　录

CONTENTS

“以学术杀人”说之演变与明清学术嬗变的趋向

林存阳
王　豪[①]

前　言

学术或思想的发展与转型，固然基于不断地后先相承，而对往代成说加以反思、彼此相互激荡，则尤能激发思想的活力，进而形成新的治学理念、产生新的思想观念。自先秦诸子学说的勃兴，以至清代学术的集大成，其间所呈现的诸多思想碰撞，既显示出儒学在发展过程中对释道等挑战或冲击的应对，也彰显出其内部不同流派间存在的纠葛与纷争，如经今古文之争，程朱、陆王之争，义理、考据之争，以及道统之辨等。而不同形式的纷争，虽说体现了对学术之真的追求，但也反映出学者对正统地位、话语权的诉求，以及夹杂其间的门户之见、意气之逞。此一态势，无疑对整个学术生态，尤其是学术嬗变、思想走向，具有重要影响。“以学术杀天下后世”、“以学术杀人”、“以理杀人”等话语或理念，便是其中颇具典型性的现象。

① 作者简介：林存阳，男，汉族，山东济宁人，中国社会科学院历史研究所清史研究室研究员，主要从事清代学术史、政治文化史研究；北京市东城区建国门内大街五号，100732，ylzbzr0063@163. com。王豪，男，汉族，河南周口人，北京师范大学历史学院2016级博士生，主要从事清代学术史、近代学术史研究；北京市海淀区新街口外大街19号北京师范大学历史学院，100875，162048338@qq. com。

“以学术杀天下后世”、“以学术杀人”、“以理杀人”等话语或理念，是自宋代以降出现并流行起来的，它们都强调学术对社会风气和政治秩序的深远影响，视“异端”学术为杀人工具。除了今天最为人熟知的戴震“以理杀人”之说外，诸如宋代的朱熹、陆九渊，明代的王阳明、湛若水、顾宪成，清代的孙奇逢、颜元、阎若璩等学者，在反思前代或批评当时学术时，皆使用过类似的说法。此类话语或理念的频繁出现，反映出宋代以来，尤其是明清时期儒学内部程朱与陆王、汉学与宋学之间学术观点的歧异。而学者们对“学术何以杀人”的不同解释，在一定程度上由他们对于事功、性理、考据等问题认识的差异所决定。不仅如此，“以学术杀天下后世”之说到“以理杀人”之说的演变，还与宋明理学到清代学术的演进密切相关。尽管对于“以学术杀人”诸说前人已有一定的关注，但诸说之流变及其背后所蕴含的学术史、思想史价值，仍然有很大的探讨空间。有鉴于此，本文拟在尝试对此诸说之流变进行初步梳理的基础上，进而探究其与明清学术嬗变的关涉。管窥之见，尚祈大雅教正。

一

“以学术杀天下后世”、“以学术杀人”、“以理杀人”作为一系列相近的说法，从渊源上说，最早可追溯至先秦时期。《孟子》中批驳杨朱、墨子之学，即曾将杨、墨之学与“洪水猛兽”并称，认为“杨氏无君，墨氏无父”，杨、墨之学乃“邪说诬民，充塞仁义”，以至于“率兽食人”，即依稀可见“以学术杀人”之说的影子。两汉以后，学者从儒家立场出发，对先秦诸子学说亦时有类似的批评。三国时蜀国名士秦宓谈及《战国策》，认为纵横家合纵、连横之说是战国时期各国互相征伐、战乱不断的重要原因，故而他指责“仪、秦之术，杀人自生，亡人自存，经之所疾”[①]，这一说法与“以学术杀人”之说已比较接近。西晋灭亡后，后人多将亡国之祸归罪于清谈之风，学术批评的矛头开始指向魏晋玄学，其中范宁的意见最具代表性。他批评王弼、何晏“蔑弃文典，不遵礼度”，祸乱众心，使士风虚浮，以致“礼乐崩坏，中原倾覆”，其罪甚于桀、纣。

① （晋）陈寿著，陈乃乾点校：《三国志》卷38，北京：中华书局，1971年，第974页。

范宁对何、王二人所作“为一世之祸轻，历代之罪重；自丧之衅少，迷众之愆大”[①] 的评价，已颇有几分“以学术杀天下后世”之说的意味。

时至北宋末年，在以上诸说的铺垫下，“以学术杀天下后世”之说正式出现。参诸宋人笔记，“以学术杀天下后世”之语，应出于当时号为“高尚处士”的隐士刘卞功之口。[②] 刘卞功用“常人以嗜欲杀身，以货财杀子孙，以政事杀民，以学术杀天下后世”[③]，讽刺当时世俗之风气。这四句话虽然在后人的家训、笔记、文集中常见提及，然而“以学术杀天下后世”的思想价值和意义，却经过后人删改、阐发后才展现出来。南宋时，菊坡学派的创始人崔与之删改此语为“无以嗜欲杀身，无以货财杀子孙，无以政事杀民，无以学术杀天下后世”[④]，引之为座右铭，于是才有了后世将此座右铭与张载“为天地立心，为生民立命，为往圣继绝学，为万世开太平”[⑤] 四句并列的做法。陆九渊与友人论学，则单取“以学术杀天下”一句，暗指朱熹“持敬”之说。[⑥] 经两人之转述、阐发后，此说始为人所熟知，并被广泛征引。明、清两代，“以学术杀天下”开始频繁出现在士人关于儒学道统传承的讨论中，且常与孟子批评杨、墨之学乃“邪说诬民，充塞仁义”，以至于“率兽食人”的说法并举，用之于学术批评。诸如明代的王阳明、湛若水、何良俊、顾宪成、冯从吾，以至清代的孙奇逢、王夫之、吕留良等人，在品评学术时皆曾使用过类似的说法。

---

① （唐）房玄龄著，吴则虞点校：《晋书》卷75，北京：中华书局，1974年，第1985页。

② 关于高尚处士之名，有“刘卞功”与“刘皋”两种说法，历代学者莫衷一是。宋代赵与时《宾退录》、费衮《梁溪漫录》等论及高尚处士此说，以其姓名为“刘卞功”，而吴曾《能改斋漫录》、阮阅《百家诗话总龟后集》等谈及此说，则以其姓名为“刘皋”。清人钱大昕于《十驾斋养新录余录》中曾谈及此问题，然而只是存而不论，称“未详孰是”。笔者查阅文献，认为高尚处士之名应为“刘卞功”而非“刘皋”，原因有二：其一，在论及高尚处士此说的诸多文献中，称其名为“刘卞功”的文献，对其字号、事迹称引详备，而称其名为“刘皋”的文献中，则语焉不详，只有“高尚处士刘皋曾云”之类的话，并无其他相关介绍。其二，据赵与时《宾退录》等书所载，刘卞功，字子民，滨州人，靖康之变后不知所踪，然笔者于元代《嘉禾志》中的《隐真道堂记》一文发现，其中提到高尚真人曾于建炎后云游至此，明确记载了其姓名为刘卞功，滨州安平镇人，政和六年（1116）被徽宗赐号高尚真人，皆与赵与时《宾退录》记载相符，而检索刘皋则无相关记载。

③ （宋）赵与时：《宾退录》卷1，见《丛书集成新编》第12册，台北：新文丰出版公司，1986年，第312页。

④ （元）李肖龙：《崔清献公言行录》卷2，见《丛书集成新编》第102册，第671页。

⑤ （清）陆廷灿：《南村随笔》卷4，见《续修四库全书》第1137册，上海：上海古籍出版社，2002年，第151页。

⑥ （宋）陆九渊著，钟哲点校：《陆九渊集》卷1，北京：中华书局，1980年，第3-4页。

与“以学术杀天下后世”之说相比，“以学术杀人”之说正式出现则稍迟。这一说法大概源自“以政事杀民，以学术杀天下后世”两句的变异，也或多或少受到“医术杀人”、“妖术杀人”等说法的影响。南宋时，朱熹论及王安石新法，即曾将王安石比作用砒霜救人的庸医，称“介甫之心固欲救人，然其术足以杀人”①，是为此说之雏形。及至晚明，泰州后学夏廷美批评时人李士龙供奉和尚讲佛经时，对李士龙之子有“汝父以学术杀人，奈何不诤?”的斥责之语，此一事迹见于耿定向的文集。② 耿定向还专门作《活人忠告》一文，发明“以学术杀人”之大意，该文开篇即指出，“医以活人为术，仁术也；顾术之弗精，或以杀人，学术亦若是已”③，这大概可视为“以学术杀人”之说正式出现的标志。④ 此外，明末学者金声也曾将世风、心术与学术联系起来，以“以学术杀人”批评当时学术是时人心术不正、世风败坏的罪魁祸首⑤。不过，此说的广泛流传却在清代。在朴学思潮兴起的时代背景下，颜元和戴震先后以“以学术杀人”⑥ 和“以理杀人”⑦ 为罪名，将批评矛头指向宋明诸儒的义理之学，其后方东树、朱一新等人则站在理学的立场上对此做出回击，⑧ 如此来回往复，“以学术杀人”、“以理杀人”两说遂随着清代的“汉宋之争”而风靡学界，并一直延续到民国时期。五四以后流行的“礼教吃人”说法，在某种意义上，亦是“以学术杀人”之说的赓续和变异。

---

① （宋）朱熹撰，郑明等点校：《朱子语类》卷130，见朱杰人等主编：《朱子全书》第18册，上海：上海古籍出版社，2002年，第4033页。

② （明）耿定向：《耿天台先生文集》卷6，见《四库全书存目丛书》集部第131册，济南：齐鲁书社，1997年，第168页。

③ （明）耿定向：《耿天台先生文集》卷8，见《四库全书存目丛书》集部第131册，第211页。

④ 同时出现的还有“杂学杀人”之说，（明）项煜：《周亚夫论》，见（明）郑元勋辑：《媚幽阁文娱二集》卷1，北京大学图书馆藏明崇祯刻本。

⑤ （明）金声：《燕诒阁集》卷2《孔子称伯夷叔齐而不及伊尹太公孟子尝称之至论百世之师独推夷惠而不及尹其旨何如》，国家图书馆藏明刻本。

⑥ （清）颜元著，王星贤等点校：《颜元集》下册，北京：中华书局，1987年，第494页。

⑦ （清）戴震：《与某书》，见（清）戴震撰，张岱年主编：《戴震全书》第6册，合肥：黄山书社，1995年，第496页。

⑧ 方东树之说，见于其《汉学商兑》卷中之上；朱一新之说，见于其《无邪堂答问》卷1。

二

不论是“以学术杀天下后世”，还是“以学术杀人”、“以理杀人”等说，其所批评的主体都是学术，反映了批评者从自身学术立场出发，对异己之学的排斥。因此，每当儒家学说受到“异端”学说的挑战，或者儒学内部斗争激烈的时候，这类说法就会出现。在先秦时期，不仅孟子批评杨、墨之学，诸子对儒家亦有类似的批评，如《庄子·天下篇》、《墨子·非儒篇》、《韩非子·显学篇》中都曾尖锐地批评儒家学说，孟子“率兽食人”之言既是对同为当时显学的杨、墨之学的回应，也是各家学说激烈斗争的反映。汉代以后，儒家学者对诸子之学的批评之声依旧不断，但由于儒家已经取得定于一尊的地位，这种声音并非时代之最强音。魏晋玄学的兴起对于儒学正统是一个挑战，因此，学术批评的主体开始由诸子之学转向魏晋玄学，范宁之说便是此一背景下的产物。

唐代是学术、文化开放的时代。李唐皇族不仅以老子后裔自居，对道教也颇为提倡，唐玄宗还曾亲自为《道德经》作注，故而道家学说在唐代很受重视。同时，随着佛教中国化进程的深入，华严、天台、法相、禅宗诸家学说也先后在士大夫阶层广泛流行。兼容并包的文化政策，尽管造就了唐代的文化繁荣，但也造成了三教争衡、三家学术相互渗透的局面，这使得儒学面临着丧失思想和学术正统地位的危险。唐中叶以后，国势的衰落使士大夫的危机感被激发出来，在学术层面，以韩愈《原道》为发轫，儒家的正统意识亦随着道统论的出现而开始复苏。

随着两宋时期理学的兴起与发展，士大夫心中的学术正统意识逐步增强，宋儒所构建的由孔、孟至程、朱的学术道统逐渐形成。理学家对“杀天下后世”异端邪说的攻击与对道统的建构是相辅相成的，所谓“正学出，而反经兴行，道统之一治也；伪学出，而近理夺朱，道统之一乱也。道统乱，而以学术杀人心”[①]。对“以学术杀人”、“以学术杀天下后世”等说的阐发、运用，也是儒学正统意识强化的结果。“常人以嗜欲杀身，以货财杀子孙，以政事杀民，以学术杀天下后世，吾无是四者，岂不快哉”[②]，最初不过是高尚处士刘卞功的超然自

---

① （清）王心敬编：《南行述》，见（清）李颙著，陈俊民点校：《二曲集》卷10，北京：中华书局，1996年，第86页。

② （宋）赵与时：《宾退录》卷1，见《丛书集成新编》第12册，第312页。

逸之语，以其隐士的立场而言，其所指“杀天下后世”的学术可能暗指儒家学说，[①] 然而这种尖锐的批评经崔与之删改、转引后，却变成了儒家学者尤其是理学家批评异端学说的思想武器。“以学术杀天下后世”之说诞生后，后世也有不少学者用其批评先秦诸子之说。[②] 但此时，由于在事功、义理等问题上，儒学内部分歧日益明显，“以学术杀人”等说的主要矛头开始由儒学之外转向儒学内部。朱熹借用此语所批评的是王安石之“新学”。而在陆九渊那里，“以学术杀天下后世”则是指向朱熹一派学术的一把利剑。他曾感叹：“惟其生于后世，学绝道丧，异端邪说充塞弥满，遂使有志之士罹此患害，乃与世间凡庸恣情纵欲之人均其陷溺，此岂非以学术杀天下哉?”但随即又说：“盖心，一心也，理，一理也，至当归一，精义无二，此心此理，实不容有二。”[③] 显然，陆九渊在阐述自己“心即理”主张的同时，无疑将朱熹“性即理”学说排斥于正统之外，置于“杀天下”之异端邪说的地位。由此可见，“以学术杀天下后世”之说虽然开始在学术界流传开来，但针对的主要对象已然改变。

元代理学经姚枢、许衡等人之提倡而大盛。仁宗延祐时定科举法，除《礼记》外诸经皆用程朱一派之说，此时陆学自然不能与朱学相对抗，故而“以学术杀人”诸说不显，偶见引用，也多是站在为儒学正名，回击批评儒学“杀天下后世”的立场上。但明代中叶以后，随着王阳明“致良知”之学异军突起，理学内部关于学术正统的讨论再次出现，程朱与陆王学派间激烈的斗争都在“以学术杀人”诸说的流传和使用上得到反映。王阳明指出，在“孟子之时，天下之尊信杨、墨，当不下于今日之崇尚朱说”[④]，而在其眼中“以学术杀天下后世者”正是自命为儒家正统的程朱后学。阳明将朱子后学视作当世之杨、墨，自然不能不激起宗程朱者的激烈反对，湛若水、顾宪成等人就曾站在程朱一派的立场上予以回击。湛若水直斥阳明“致良知”学说“欺人自欺”，才是真正的“杀天下后世”之学。[⑤] 顾宪成亦批驳阳明“无善无恶

---

① （宋）费衮《梁溪漫志》卷9《刘高尚事》称：“尝私窃以为嗜欲之杀身、货财之杀子孙，与夫政事之杀人三者，人犹得而知之，若夫学问文章杀天下后世，则周公、孔子之言也。”（见《丛书集成新编》第117册，第71页）由此可知关于高尚处士这句话所指的对象正是儒家学说。

② 如（明）冯从吾《少墟集》卷2《疑思录·读中庸》以之攻击荀子之说、（明）俞大猷《正气堂续集》卷4《拙速解下》以之攻击孙子之说等。

③ （宋）陆九渊著，钟哲点校：《陆九渊集》卷1，第3-4页。

④ （明）王守仁著，吴光点校：《传习录》卷中，见《王阳明全集》上册，上海：上海古籍出版社，1992年，第77页。

⑤ （明）湛若水：《湛甘泉先生文集》卷11，见《四库全书存目丛书》集部第56册，第635页。

心之体"之论，认为其学"可以附君子之大道，又可以投小人之私心"，才正是"以学术杀天下万世"者。[①] 可见虽然关于何为"杀天下后世"的"异端"之学，并未有一个明确的标准，但可以确定的是，在他们各自的语境中，异己在某种程度上便是"异端"。

明清易代后，"以学术杀天下后世"、"以学术杀人"诸说的出现更是频繁，孙奇逢、王夫之、吕留良、颜元、阎若璩、戴震皆曾使用类似的说法。众多名师大家引用此说，从一个侧面反映出其在清代流传之广泛、影响之深远，同时也表明清代儒学内部的进一步分化，以及各学派间存在着纷繁复杂的纠葛与矛盾。程朱、陆王之间，汉、宋之间，今、古文之间的学者，关于学术价值与追求的认识，皆不尽相同，因此"以学术杀人"所指向的对象更是因人而异。从某种意义上来说，"以学术杀人"之说在清代的流传逐渐广泛、影响逐渐加深，正是传统儒学内部学术取向进一步分化、学派意识进一步加强的体现。

当"以学术杀人"诸说用于儒学之外时，可以起到维护儒学正统地位、排斥异端之学的效果，理学的兴起便或多或少受益于"以学术杀人"诸说；但当诸说被用于理学内部对正统、话语权的争夺时，却是一把双刃剑。在晚明，围绕"以学术杀天下后世"、"以学术杀人"展开的正统、异端之争，在很多人看来并非学术之争，而是意气、利益之争。如泰州后学夏廷美所言，"今人读孔孟书，只为荣肥计，便是异端，如何又辟异端?"[②] 程朱、陆王两派使用"以学术杀天下后世"等说互相攻驳，指斥对方为异端时，固然可以起到震撼人心的效果，为自己争取到暂时的有利地位，然而理学作为"孔孟之真传"的合法性，却因为他们的互相质疑而逐渐丧失。清初大儒孙奇逢指出，当时讲理学者"凡能自好稍有执持者，皆其有意见者也"[③]，他们"不能克己，苛求前辈，此个病痛，全是有意见人，自负为知学者!"[④] 与孙奇逢同时代的潘平格也认为，时人"不论有识无识，各有一意见"[⑤]。自诩为圣人之真传的理学家之言在许多清代学者心目中已变成了一人、一派之"意见"，这个观念的变化恰恰为清代学术取理学而代之提供了重要契机。

---

① （明）顾宪成：《顾端文公遗书》卷18，见《续修四库全书》第943册，第213页。

② （明）黄宗羲著，沈芝盈点校：《明儒学案》卷32，北京：中华书局，2008年，第721页。

③ （清）孙奇逢：《孙征君日谱录存》卷16，见《续修四库全书》第559册，第10页。

④ （清）孙奇逢：《孙征君日谱录存》卷28，见《续修四库全书》第559册，第309页。

⑤ （清）潘平格著，钟哲点校：《潘子求仁录辑要》卷4，北京：中华书局，2009年，第100页。

在清初的孙奇逢、李颙、吕留良等人那里，使用“以学术杀天下后世”的批评对象主要是阳明后学，但这些批评并没有使程朱一派重新获得独尊的地位。“果息王学而朱学独行，不杀人耶？果息朱学而独行王学，不杀人耶？”[①] 对阳明后学的批评和反思，很快扩大为对整个理学传统的批评与反思。颜元甚至认为，“去一分程、朱，方见一分孔、孟；不然，则终此乾坤，圣道不明，苍生无命矣”[②]；戴震更是认为宋儒“以己之见硬坐为古贤圣立言之意”，直斥“酷吏以法杀人，后儒以理杀人”[③]。他们使用“以学术杀人”、“以理杀人”所批评的对象已不再是理学内部的某个派别的具体观点，而是整个理学的以心性义理、格致诚正为中心的学术传统。经颜元、戴震二人阐发后，“以理学杀人”之说更加深入人心，越来越多的人开始质疑理学家之意见，尝试通过文字、训诂从六经之中寻求圣人之真意。理学尽管得到官方的提倡，但其权威已然衰微，不再是学术界的主流，正学之名也受到冲击，逐步被考证之学取代。从学术的角度看，清儒由文字、训诂以求其道的学术取向，与宋明理学正心、诚意以求其道之学异趣，但在思想层面，清儒则沿用了源自宋儒的“以学术杀人”之说，来破除自宋代以来形成的理学内部的一贯传统，这无异于以其人之道还治其人之身。就此而言，清代与宋明可谓一脉相承。

三

“以学术杀人”诸说自诞生后，为后来学者所赓续，逐步流传开来并成为重要的学术话语，但诸说在演变过程中并非一成不变。我们注意到，宋明时期在学术界流传和使用最多的是“以学术杀天下后世”之说，但到了清代，这种说法逐渐被“以学术杀人心”、“以学术杀人”、“以理杀人”所取代，这是什么原因造成的呢？要回答这个问题，我们首先需要厘清学术何以“杀人”乃至于“杀天下后世”。

大体而言，学术本身并无杀人或者“杀天下后世”之功效，但士大夫的双重身份却将学术与政治、社会关联起来。在传统社会中，儒家学者常以士的姿态出现，他们是儒家之道的践行者，亦是实际政治的参与者。学术通过他们影

① （清）颜元著，王星贤等点校：《颜元集》下册，第 494 页。

② （清）颜元著，王星贤等点校：《颜元集》下册，第 398 页。

③ （清）戴震：《与某书》，见（清）戴震撰，张岱年主编：《戴震全书》第 6 册，第496 页。

响于实际政治及社会生活，才可能达到“杀人”以至于“杀天下后世”的效果，所谓“秀才学术所系不浅，善则足以福斯民，不善则足以乱天下”[①]、“以学术杀天下者，皆科举程文之士”[②] 都是在表达这个意思。于此，颜元的认识很具代表性，在他看来，“盖学术者，人才之本也；人才者，政事之本也；政事者，民命之本也。无学术则无人才，无人才则无政事，无政事则无治平、无民命”[③]。在“以学术杀天下后世”之说诞生之初，“杀天下后世”的学术主要是指政术或功利至上的事功之学。朱熹等人的论述中，尤其特指王安石之新学与新政。事功之学可以直接影响于政治、社会，达到“杀天下后世”的效果，但以陆九渊为标志，“杀天下后世”的学术的指代已然发生了变化，到了晚明，则更是如此。程朱、陆王两派之间使用“以学术杀天下后世”互相批评时，他们所谓的“杀天下后世”之学不是直接作用于政治、功利至上的事功之学，而是有所偏差或掺杂了释道之说的心性义理之学。程朱、陆王所谓“杀天下后世”的学术的具体内容虽不相同，但本质上都是心性义理之学，毕竟他们都是在理学的范畴内讨论何为“杀人”、“杀天下后世”的学术。那么，以心性义理之学如何“杀天下后世”呢？

清初学者李颙认为，“人心不正，由于学术不正，生心害政，烈于洪水猛兽，所谓‘以学术杀天下后世’也”[④]。大概学问影响人才之心术，人才影响于政治，最后由政治之好坏直接决定天下之治乱。如果“格致诚正”之法有所偏差或掺入释道之说，不但达不到“修齐治平”的效果，相反，还会流毒于天下后世，故而李颙指出，“夫以履仁蹈义为事，其源少偏，犹不能无弊。矧所习惟在于词章，所志惟在于名利，其源已非，流弊又何所底止。此其以学术杀天下后世尤酷，比之‘洪水猛兽’，尤为何如也？”[⑤] 理学“杀天下后世”正以此。心性义理之学最直接影响于人心，而人心变化才会逐渐影响于政治、社会。在明末清初的历史语境中，“以学术杀天下后世”是间接的，“杀人”或“杀人心”却是直接的。虽然“以学术杀天下后世”之说听起来更加动人心魄，但在此时“以学术杀人”说的表述显然更加切实。戴震“以理杀人”说则更进一步，表述显然更加准确。“以学术杀人”、“以理杀人”说在清代逐渐取代“以学术杀天下

① （明）吕柟著，赵瑞民点校：《泾野子内篇》卷 22，北京：中华书局，1992 年，第 226 页。

② （元）刘埙：《隐居通议》卷 16，见《丛书集成新编》第 8 册，第 431 页。

③ （清）颜元著，王星贤等点校：《颜元集》下册，第 398 页。

④ （清）李颙著，陈俊民点校：《二曲集》卷 41，第 518 页。

⑤ （清）李颙著，陈俊民点校：《二曲集》卷 12，第 104-105 页。

后世”之说，使用频率更高，正是由于“学术”指代的变化及其直接所“杀”对象的变化。

更进一步来说，“以学术杀天下后世”、“以学术杀人”诸说的流变反映了传统学术与政治的复杂纠葛。由于传统学术与政治的紧密联系，政治的失败常常被归咎于学术的因素。无论是“以学术杀天下后世”，还是“以学术杀人”，其实都在强调学术对政治带来的负面作用。经历了北宋政治变革尝试的失败及政权的倾覆，“以学术杀天下后世”所批评的焦点主要集中于功利至上的事功之学。在理学家看来，要想解决“修齐治平”的问题，必须从更为根本的“格致诚正”入手，类似的批评在一定程度上促使了学者逐渐走向与实际政治并不直接相关的心性义理之学。同样，在程朱、陆王两派间以“以学术杀天下后世”等说互相攻驳时，焦点则集中在对方“格致诚正”之法对于人心、风俗的影响。明清鼎革，满洲贵族入主中原，“以学术杀天下后世”变成了无可辩驳的事实，阳明心学也因此成为众矢之的，程朱理学亦受影响，学者在使用“以学术杀天下后世”、“以学术杀人”诸说批评理学、反思学术时，其实也在无形之中加深了学术与政治之间的界限。清儒逐渐走向与政治距离更远的考证之途去寻求圣人之道，可能并不仅仅由于外在的政治高压，关于“以学术杀天下后世”、“以学术杀人”的讨论，学术可能对政治产生的消极影响也在无形之中增加了学者的心理压力。学术避免杀人或杀天下后世的最好方法，便是远离政治，而这也正是乾嘉学人的选择。

除了“以学术杀天下后世”到“以学术杀人”、“以理杀人”表述上的变化外，我们还应留意其内涵的变化。钱钟书先生认为，孟子指斥杨、墨之学为“邪说淫词”，与“洪水猛兽”并列时，并未详论，范宁之说的进步意义在于，他不仅论及学术何以杀人，而且进一步指出，学术不正不仅可以杀人，而且足以流毒后世，因此孟子之说“得范《论》而意大申”。[①] 在钱先生看来，相较于孟子“率兽食人”之说，范宁之说论述更加具体，逻辑更加清晰。与之类似，“以学术杀天下后世”诸说在流变过程中，其内涵也在不断丰富。“以学术杀天下后世”、“以学术杀人”等说诞生之初只是类似名言、座右铭的话，并没有太多具体的解释或阐发，但后来学者引用、转述，将之用于攻击“异端”之学时，对于学术何以“杀人”以至于“杀天下后世”的解释却越来越详尽，逻辑也越来越严密。金声曾详论“以学术杀天下后世”之过程，他指出，“天下之难治，世变之日趋而下也，莫不起于人人怀急功就利之心，而

① 钱钟书：《管锥编》，北京：生活·读书·新知三联书店，2007年，第1793页。

无复知有正谊明道之意”，而“聪明有学术者，见而倡其说”，同时，“天下之人不知其所以然之故，而先慕其所以不必然之事，未必能其事，而先以败其心，败其心而事烈，日已卑而愈无能为，至于极败，而尚不知悔其所从起，著书立言者之以学术杀人至于此”[①]。前文提到的李颙对“以学术杀天下”之说的解释也很详尽。不过，这种逻辑严密的解释，虽然足以说明学术具备“杀人”或者“杀天下后世”的可能，却并不能说明是何种学术才是真正的“杀人”或“杀天下后世”之学，因为学术“杀人”或“杀天下后世”的效果并不能直接得到证明。

在明清时期，学者为了证明异己之学才是“杀人”或“杀天下后世”的罪魁祸首时，往往会采取两种做法。一种是将诸说与具体的学术批评结合起来，攻击对方学术理路或某些具体学术观点中存在的漏洞或错误，以此说明对方之学何以“杀天下后世”。王阳明批评朱熹格物致知之学，指斥程朱后学“邪说诬民、叛道乱正”以至于“杀天下后世”时，不厌其烦地论述程朱后学“认理为外、认物为外”的漏洞[②]；湛若水指责阳明之学“杀天下后世”时，也主要在强调《传习录》中“此念本善，更何思善”一语的纰漏[③]。所谓“朱子看陆子之弊甚透，王子看朱子之弊亦甚透，武承（张烈——引者注）看王子之弊又甚透”[④]。宗程朱者指责宗陆王者之空疏，宗陆王者指责宗程朱者之支离，如此来回往复间，理学内部程朱、陆王学说的缺陷与漏洞暴露无遗，理学在丧失合法性的同时亦面临着无法解决的合理性危机。如钱穆先生所言，“学术之事，每转而益进，途穷而必变”[⑤]。当理学走向穷途之时，考证学遂作为一种新的学术型态登上历史舞台。

从学术理路或者具体学术观点的角度入手，去攻击对方学术中存在的漏洞，进而说明对方学术才是真正的“杀人”或“杀天下后世”的罪魁祸首，固然有效，但还不够有力，毕竟学术之高下、得失也是一个见仁见智的问题。证明异己之学是“杀人”或“杀天下后世”之学还有另一种更直接的方法，

① （明）金声：《燕诒阁集》卷2《孔子称伯夷叔齐而不及伊尹太公孟子尝称之至论百世之师独推夷惠而不及尹其旨何如》，国家图书馆藏明刻本。

② （明）王守仁著，吴光点校：《传习录》卷中，见《王阳明全集》上册，第77页。

③ （明）湛若水：《湛甘泉先生文集》卷11，见《四库全书存目丛书》集部第56册，第634页。

④ （清）颜元著，王星贤等点校：《颜元集》下册，第494页。

⑤ 钱穆：《中国学术思想史论丛》（八）《清儒学案序目》，北京：九州出版社，2011年，第545页。

那便是证明异己之学是与儒家经典偏离或以私意杜撰的“伪学”。“伪学”在某种程度上即等同于异端，“伪学杀人”或者“杀天下后世”在宋明理学的语境中是不证自明的。陆九渊在暗讽朱熹之学“杀天下后世”论及朱熹“存诚、持敬”之语时即曾指出，“存诚字于古有考，持敬字乃后人杜撰”[①]。在明清时期，学者在使用“以学术杀人”诸说时，更是常常从这个角度论证异己之学乃“伪学”。王阳明强调《大学古本》本无脱误，朱熹将之补辑、分章是“毫厘之差，千里之谬”的做法，流弊足以“杀天下后世”[②]。与王阳明同时代的崔铣攻击陆九渊之学“杀天下后世”，亦强调其“性之故，学之方，茫乎无可索”[③]。明末，顾宪成批评王阳明之学，则称其学“轻侮先圣，注脚六经”，且“率多杜撰”[④]。清初学者刘宗泗认为“异学”之所以为“世道人心害”，根本还在于“纯杂真伪”之难辨，因此他认为“我辈讲学，必先辨其纯杂，别其真伪，庶几后之学者不至迷于所往”[⑤]。阎若璩所谓“注《本草》误，以药物杀人之身，注六经误，以学术杀人之心”[⑥]，亦与之类似，甚至连康熙帝也抛出了“理学真伪论”的命题。到底是谁的学术空疏无依据？到底是谁的学术为杜撰？到底谁的学术才是与圣人之说差之毫厘、谬以千里的“杀天下后世”之说？这些问题显然不是在理学范畴内所能一一解答的。如洪榜所言“以理为学，以道为统，以心为宗，探之茫茫，索之冥冥，不若反求诸六经”[⑦]。也就是说，要回答这些问题，回归儒家经典文献本身尤有必要，而从事辨伪、考证就成了必不可少的工作。因此，经由清初顾炎武诸儒“以经学济理学之穷”的倡导，至乾嘉学人“通经明道”的努力，清代学术遂呈现出与宋明理学旨趣大异的新型态。而明清学术嬗变之消息，显然与“以学术杀人”等话语或理念有着密切的联系。

---

① （宋）陆九渊著，钟哲点校：《陆九渊集》卷1，第3页。

② （明）王守仁著，吴光点校：《传习录》卷中，见《王阳明全集》上册，第77页。

③ （明）崔铣：《洹词》卷11《象山学辩解》，国家图书馆藏明刻本。

④ （明）黄宗羲著，沈芝盈点校：《明儒学案》卷58，第1395页。

⑤ （清）刘宗泗：《抱膝庐文集》卷4，见《清代诗文集汇编》第147册，上海：上海古籍出版社，2010年，第329-330页。

⑥ （清）阎若璩著，黄怀信、吕翊欣点校：《古文尚书疏证》，上海：上海古籍出版社，1987年，第1175页。

⑦ （清）洪榜：《戴先生行状》，见钱仪吉编著，靳斯点校：《碑传集》，北京：中华书局，1993年，第1445页。

结　论

综观而言，作为一种学术话语的“以学术杀人”说经宋代学者挖掘后，在明清两代广泛流传，并产生了相当重要的影响。这个学术话语的传承，在一定程度上说明了明清两代思想的继承关系。“以学术杀人”说着重强调学术对政治的消极影响，这是宋代以后学术整体上与政治渐行渐远的重要原因。“以学术杀人”说的本质是学术正统对异端的批评、排斥，但当它被用于理学内部时则无形之中消解了理学的权威；同时，随着时代的推移，“以学术杀天下后世”至“以学术杀人”不仅在表述上有所变化，其内涵亦越来越丰富，围绕“以学术杀人”说为中心展开的深入讨论与辩难，加深了理学的理论困境，这些皆为考证学的兴起提供了可能。尽管“以学术杀人”诸说的流传与演变并非明清学术嬗变的决定性因素，但它从多个侧面反映出其间学术转型的内在逻辑。此一现象，很值得我们予以关注。

通经明道：清代学术的思想进路与乾嘉学者的价值追求

孔定芳[①]
林存阳

一 引 言

关于清代学术思想何以由宋明理学之“谈心论性”一变而为考经证史之学，学术界的解释可谓众说纷纭、莫衷一是。晚清以降，关于清代学术思想的成因与特征，业已形成几种主要的诠释理论。其中影响最为深远的一种观点，为倡始于章太炎先生的“政治高压”说。在《清儒》一文中，章先生论清学曰：“清世理学之言，竭而无余华；多忌，故歌诗文史楛；愚民，故经世先王之志衰。三事皆有作者，然其弗逮宋、明远甚。家有智慧，大凑于说经，亦以纾死，而其术近工眇踔善矣。”[②] 此说一出，不胫而走，影响广被，一度成为近人解释清代学术思想史的一个重要理论。与此观点相联系，又衍生出“反理学”说和“方法论运动”说，梁启超、胡适二先生持之最力。他们认为，因理学的空谈误国导致明亡，而自清初学者肇始，遂以清谈心性为戒而走上考经证史之路。这种解释逻

① 作者简介：孔定芳，中南民族大学民族学与社会学学院教授，主要从事清代学术思想、明遗民的研究。

② （清）章太炎：《訄书重订本·清儒第十二》，见《章太炎全集》，上海：上海人民出版社，2014 年，第 154 页。

辑地寓含着“方法论运动”说，由于反理学，轻玄谈，在为学方法上必然崇实黜虚，由理学之主观冥想转而为训诂考据之客观求证。同时，梁启超先生亦认为“考证古典之学，半由‘文网太密’所逼成”①。

以社会史与思想史相结合为取径，从对18世纪中国社会状况的剖析入手分析清学的成因，是侯外庐先生持之甚坚的学术立场，也是他超迈前贤的重要建树。关于形成乾嘉汉学的直接原因，侯先生的着眼点主要在两个方面：一是社会的相对稳定，二是清廷的文化政策。他说：“到了十八世纪，所谓汉学成为风靡一时的专门之学。这和清封建统治势力之进入相对稳定时期有密切关系，特别是和康熙以来的反动文化政策有密切关系。”② 所以他认为：“对外的闭关封锁与对内的‘钦定’封锁，相为配合，促成了所谓乾嘉时代为研古而研古的汉学，支配着当时学术界的潮流……专门汉学就是在这样钦定御纂的世界中发展起来的。”③

与上述“政治外缘”或“社会外缘”论观点相异趣，钱穆、余英时二位先生则另辟蹊径，从学术思想承前启后的视角，对清代学术思想的成因做了深入剖析。钱穆先生力主“每转益进”说，认为清代考据学实乃宋明理学发展演变的必然结果。他强调：“窃谓近代学者每分汉宋疆域，不知宋学，则亦不能知汉学，更无以平汉宋之是非。”④ 又说：“理学本包孕经学为再生，则清代乾嘉经学考据之盛，亦理学进展中应有之一节目……抑学术之事，每转而益进，途穷而必变。”⑤ 以钱说为进阶，余英时先生标举“内在理路”说，认为宋明理学转而为清代考据学，是其时思想发展由“尊德性”而“道问学”的必然趋势。

毋庸置疑的是，以上诸说各于一定层面或角度解释了清代学术思想史的成因。但是，这些诠释理论均属“外缘”的视角，即或所谓“内在理路”说，因其并非从作为思想学术创造主体的思想家、学者的主观能动作用立论，故而亦是一种“外缘”性的解释。从历史唯物主义的观点而言，在事物的形成和发展过程中，内因是事物存在的基础，也是事物发生、发展的源泉和动力，规定着

---

① （清）梁启超著，夏晓虹、陆胤校：《中国近三百年学术史》，北京：商务印书馆，2011年，第30页。

② 侯外庐：《中国思想通史》卷5，北京：人民出版社，1956年，第410页。

③ 侯外庐：《中国思想通史》卷5，第411-412页。

④ 钱穆：《中国近三百年学术史·自序》（上册），北京：商务印书馆，1997年，第1页。

⑤ 钱穆：《清儒学案序目·序》，见《中国学术思想史论丛》（八），北京：九州出版社，2011年，第544-545页。

事物运动和发展的基本趋势。以此而言，一代学术思想的形成，外缘的因素固然重要，但思想家、学者的思想进路、价值追求，更是不容忽视的重要因素。一般地说，人文学者之为学，或多或少与其对生命的体悟、人生遭际和命运有所联系，而与社会科学所强调的“精确性”和价值中立尚有歧异。所以，从学人的思想进路、价值追求入手观察清代学术思想的发展变迁，或许是一个具有探索价值的视角。有鉴于此，我们认为，清代学术思想乃“外缘”和“内缘”双重因素共同作用而致；对其成因与特征的解释，需要在已有的“外缘”解释基础上，深入抉发“内缘”因素，方能构建一个自足的解释系统。

二　“通经明道”的为学宗旨

乾嘉学人的学术主张、治学专长容或有异，但以经史考证为致力所在则为一时主流学术思潮。究竟是一种什么力量促使当时学人群趋于此种学术取向？显然非文字狱威迫之单一外因所能解释。欲深探其因，则其时学人所秉持的价值和信念，应为不可忽视的重要因素。

长期以来，学者每诟病于清学专事偏枯之考证，而缺失义理思想之阐发，更无信念和价值之支撑，平心而论，未免偏颇。事实上，在乾嘉学者考证学的背后实蕴藏着一套信仰和价值系统，即对儒学道统的关怀。然而究竟在什么确定的意义上，才能肯定清代学人以道统为中心关怀？我们可从历史和逻辑两方面进行考察。以历史的观点，检视自清初至乾嘉时期学人的为学实践不难发现，对“圣人之道”的追寻及对儒家道统赓续的关怀，实为他们致力于经史考证的根本动力，也是其信念的最后归宿。以逻辑的观点，学术思想固然具有时代性特征，但也有其承传演绎的内在逻辑，钱穆先生所谓“不识宋学，即无以识近代也”[①]，即视宋学与清学为前后相承之关系。然而学术界多有学者将宋明理学与清代考据学作对立观，则无疑割断了学术思想发展的内在逻辑。事实上，在宋学与清学之间，始终有一个系统将二者统贯起来，这就是以道自任的终极关怀。所以钱穆先生说：“理学道统之说，既不足餍真儒而服豪杰，于是聪明才智旁迸横轶，群凑于经籍考订之途。而宋明以来相传八百年理学道统，其精光浩气，仍自不可掩，一时学人终亦不忍舍置而不道。故当乾嘉考据极盛之际，而

① 钱穆：《中国近三百年学术史》（上册），第1页。

理学旧公案之讨究亦复起。”①

清代考据学自清初遗民学人发皇②，迄于乾嘉而蔚为大观，乃乾嘉与近代学人之共识。③ 诚然，自明中叶以降即有一股以杨慎、陈第等为代表的考据学伏流，在阳明心学的主潮下潜滋暗长，至清初而愈益显豁，但乾嘉考据学的“典范”究为顾炎武所开创，所以乾嘉学人多推尊顾炎武为“清学之开山”。要而言之，顾炎武之于乾嘉考据学的开山之功，至少表现为如下诸端：首先，标举出“经学即理学”（全祖望概括语）这一对清学具有深远影响的命题④，并在此一题旨下为乾嘉考据学奠定了方法论基础，即“读九经自考文始，考文自知音始”⑤。其次，擘画出乾嘉考据学基本的治学范围，顾氏之后，文字、音韵、训诂、名物、典制等遂成为乾嘉学人究心之所在。最后，也即最重要的是，为考据学确立了“明道救世”的为学宗旨。钱穆先生尝揭示道：“治音韵为通经之钥，而通经为明道之资。明道即所以救世。亭林之意如是。乾嘉考证学，即本此推衍，以考文、知音之工夫治经，即以治经工夫为明道，诚可谓得亭林宗传。”⑥ 此论可谓深得清学三昧。

作为一种治学方法，考据学由来已久，但作为一种“通经明道”的手段，则为乾嘉学人所最重，而以训诂考据为“通经明道之钥”则实启自清初大儒顾炎武。顾氏为学以“明道救世”为鹄的，在致友人书中，他倡言：“君子之为学，以明道也，以救世也。”⑦ 其语境中之“道”，常常被表述为“儒家之道”或“圣人之道”；其所谓“救世”，乃较之“救国”更进一层的“保天下”。缘此以与其“保国”乃“肉食者谋之”、“保天下”为“匹夫之贱与有责焉”的话参互以求，则知其所谓“道”、“世”、“天下”，实乃“文化”的同一指喻。顾炎武亲

① 钱穆：《清儒学案序目·序》，见《中国学术思想史论丛》（八），第544-545页。

② 如钱穆即谓：“言汉学渊源者，必溯诸晚明诸遗老。”（《中国近三百年学术史》（上册），第1页）

③ 梁启超说：“论清学开山之祖，舍亭林没有第二个人。”（（清）梁启超著，夏晓虹、陆胤校：《中国近三百年学术史》，第68页）罗振玉说，清代学术“导源于顾处士炎武。处士之学在明体达用，而绍其学者，亦得其半而已。顾氏之学始传吴中，传皖江，已复传于江苏，并光被他省”（罗振玉：《本朝学术源流概略》，见《罗振玉学术论著集》第十一集，上海：上海古籍出版社，2013年，第239页）。

④ 钱穆说：“今综观有清一代学术，则顾氏‘经学即理学’一语，不可不谓为其主要之标的。”（《国学概论》，北京：商务印书馆，1997年，第311页）

⑤ （明）顾炎武：《亭林文集》卷4《答李子德书》，见《顾亭林诗文集》，北京：中华书局，1959年，第73页。

⑥ 钱穆：《中国近三百年学术史》（上册），第148页。

⑦ （明）顾炎武：《亭林文集》卷4《与人书二十五》，见《顾亭林诗文集》，第98页。

历明清易代，有国破家亡之痛，遂终身不仕清廷，以遗民自居。明亡之初，他以“治统”为怀，举义抗清；待到复明无望，转而以“道统”为归依，以复兴和延续“儒家之道”为己任。与顾炎武同时的遗民学人，就其对清学的影响而言，较之顾氏或有不及，然以“儒家之道”自任却并无二致。黄宗羲认为，明亡后“天地之所以不毁，名教之所以仅存者，多在亡国人物”[①]。所以他说：“遗民者，天地之元气也。”[②] 王夫之以“六经责我开生面”[③] 自期，“孤行而无所待”以“保其道”[④]。费密则作《弘道书》以明其志。明遗民的“任道”之笃，从遗民陆世仪的言说中或可见一斑：“学道贵能自任，盖既自任，则便有一条担子，轻易脱卸不得。”[⑤] 黄宗羲甚至以“医国手”自期，“视天下事以为数著可了，断头穴胸，是吾人分内事”[⑥]。而与“医国”在同一语境下的“保天下”、“存天下”，则被遗民学人视为当仁不让之责。王猷定曾为《广宋遗民录》作序，借“论宋”而自道：“古帝王相传之天下，至宋而亡，存宋者，遗民也。”[⑦] 后屈大均循王氏之意直言曰：“嗟夫，逸民者，一布衣之人，曷能存宋？盖以其所持者道，道存则天下与存。”[⑧] 如此言说，与顾炎武所倡言显属同一思路。

学术流变，后海先河，接踵相继。清代考据学自清初发皇，中经阎若璩、胡渭发扬光大，至乾嘉而蔚为大观。其间血脉相贯的不仅有顾炎武所倡“读九经自考文始，考文自知音始”的考经证史方法、“治经复汉”的典范确立，更有“通经明道”的为学宗旨。乾嘉学人不管师出何门、属何派分，也不管学术专长何在，其考经证史的背后，实则蕴含着一套以“明道”为指归的“信仰和价值系统”。以乾嘉时期被尊为“汉学领袖”的戴震而言，他自 17 岁

---

① （明）黄宗羲：《南雷诗文集·序类·万履安先生诗序》，见（明）黄宗羲著，沈善洪、吴光编校：《黄宗羲全集》第 10 册，杭州：浙江古籍出版社，2005 年，第 49 页。

② （明）黄宗羲：《南雷诗文集·碑志类·谢时符先生墓志铭》，见（明）黄宗羲著，沈善洪、吴光编校：《黄宗羲全集》第 10 册，第 422 页。

③ （明）王夫之：《姜斋诗余·鼓棹初集·鹧鸪天》注，见《王船山诗文集》，北京：中华书局，1962 年，下册，第 546 页。

④ （明）王夫之著，舒士彦点校：《读通鉴论》卷 15《文帝》，北京：中华书局，2013 年，第 441 页。

⑤ （明）陆世仪：《陆桴亭思辨录辑要》卷 1，北京：中华书局，1985 年，第 9 页。

⑥ （明）黄宗羲：《南雷诗文集·碑志类·陆文虎先生墓志铭》，见（明）黄宗羲著，沈善洪、吴光编校：《黄宗羲全集》第 10 册，第 349 页。

⑦ （明）王猷定：《四照堂文集》卷 1《广宋遗民录序》，见《四库未收书辑刊》，北京：北京出版社，2000 年影印本，第 5 辑，第 27 册，第 166 页上栏。

⑧ （明）屈大均：《翁山文抄》卷 8《书逸民传后》，见《屈大均全集》（三），北京：人民文学出版社，1996 年，第 394 页。

时即有志闻道，其后更以“君子务在闻道”[①] 为终极追求。《原善》、《绪言》、《孟子字义疏证》等“义理之作”，即戴震“闻道”追求的学术实践，亦是其“凡学始乎离词，中乎辨言，终乎闻道”[②] 学术主张的具体化。与戴震“通经以明道”的学术取径不同，章学诚属于“以文史明道”的文史校雠派。身处乾嘉经学训诂以明道的主流学术氛围中，章氏无疑是一个孤独的求道者，然其《校雠通义》首章，即以《原道》开宗明义，以示“著录先明大道”之旨；其《文史通义》亦在“求古人大体”之“道”，因为在他看来，“史学不明，经师即伏、孔、贾、郑，只是得半之道。《通义》所争，但求古人大体，初不知有门户之见也”[③]。尽管戴震与章学诚分属乾嘉时期之经学“训诂明道”和“以史明道”两大阵营，且章氏本不以考据学为擅场，反以文史明道而与戴震通经明道相抗，但二者正可分别代表其时考经证史以“明道”为归趣的学术总趋向。不过，乾嘉时期考据史家更主流的观念则是“经”、“史”同为明道之具，钱大昕即力主经史并重，对宋明以来学者所持的“经精而史粗”、“经正而史杂”观念深致不满，而认为“经与史岂有二学哉”！并强调：《尚书》、《春秋》“实为史家之权舆”，《史记》、《汉书》“其文与六经并传而不愧”。[④] 即或与汉学考证相对峙而以义理解经的桐城派，亦好述“因文见道”之言，“以孔、孟、韩、欧、程、朱以来之道统自任，而与当时所谓汉学者互相轻”[⑤]。胡培翚更论经、史、文之于“明道”的关系曰：

> 夫经者，制行之准，然非寻章摘句之谓，必体验乎圣贤修己治人之道，以淑身心，而求为约，先求为博。史者，经世之资，然非一知半解之谓，必参究乎古今因革损益之宜，以裕猷为，而识其大，勿识其小。至文也者，本经史所得，发为词章，达则润色鸿业，穷亦修辞明道，岂区区以帖括争能哉！[⑥]

---

① （清）戴震：《戴震集》文集卷 9《答郑丈用牧书》，上海：上海古籍出版社，2009 年，第 186 页。

② （清）戴震：《戴震集》文集卷 11《沈学子文集序》，第 210 页。

③ （清）章学诚：《上朱中堂世叔》，见《章学诚遗书》，北京：文物出版社，1985 年，第 315 页下栏。

④ （清）赵翼著，王树民校证：《廿二史札记校证》附录二《钱大昕序》，北京：中华书局，1984 年，第 885-886 页。

⑤ （清）梁启超著，朱维铮校订：《清代学术概论》，北京：中华书局，2011 年，第 102 页。

⑥ （清）胡培翚：《研六室文抄补遗·惜阴书院别诸生文》，《绩溪胡氏丛书》本，清光绪四年世泽楼重刻本，第 1 页 b-2 页 a。

要之，以求道为终极追求，实乃自明遗民至乾嘉学人一脉相承的价值信念。

清代学人何以汲汲于“道”的追寻？从一般意义上来说，无疑源于“道”实为儒者一种超越性的关怀、安身立命之所在。儒家创始人孔子一生即以弘道为己任，“志于道，据于德，依于仁，游于艺”（《论语·述而》），把心之向道置于首位；以为“君子谋道不谋食”、“忧道不忧贫”（《论语·卫灵公》），甚至“守死善道”（《论语·泰伯》）、“朝闻道，夕死可矣”（《论语·里仁》），把闻道视为超越生死的大事。可见在传统儒学中，“道”作为存在的最高根据，总给人一种终极意义上的满足。是故“造次必于是，颠沛必于是”（《论语·里仁》）。

相对于“道”，“道统”为一晚出观念。自唐代韩愈首创道统论，建构出儒学圣圣相传的道统谱系，迄于宋代，经程朱理学家之推波助澜，道统观念遂在儒家士大夫心目中根深蒂固。自此以往，“以身担道”便成儒者义不容辞之责。宋明儒者，无论程朱抑或陆王，学术主张虽异，而以道统传人自任之意趣则同。他们都自信其学独得孔孟真传、“六经”真义，即或力主“心即理”的陆象山，在攻讦朱子时，亦以“学不见道，枉费精神”[①]为言，认为“晦翁之学，自谓一贯，但其见道不明，终不足以一贯耳”[②]。在宋明儒学史上，程朱与陆王之间久争不决、相持不下者，形式上是“道问学”与“尊德性”之争，实则乃二者究竟谁更“得道”而已。

明清易代，满洲贵族入主中原，身处“异朝”的明遗民学人，更视儒家之道为其灵魂的安顿之所，尤其是当治统已被“夷狄”“窃去”，以孟子所谓“天下溺，援之以道”（《孟子·离娄上》）的儒者情怀道济天下，更是遗民们“苟活”于世的价值意义之所在。在儒学传统里，“道”不仅是恢复世界秩序的凭依，也因其疏离于治统的超越性而有可能成为“师儒”据以抵抗异族政权的文化武器。遗民们相信道统可以不随治统的转移而转移，如陆世仪认为：

> 道乃天下后世公共之物，不以兴废存亡而有异也。[③]

王夫之亦强调：

> 天下无道，吾有其道，道其所道，而兴天下无兴。然而道之不可

① （宋）陆九渊著，钟哲点校：《陆九渊集》卷34《语录上》，北京：中华书局，1980年，第414页。

② （宋）陆九渊著，钟哲点校：《陆九渊集》卷34《语录上》，第419页。

③ （明）陆世仪：《陆桴亭思辨录辑要》卷20，第205页。

废也，不息于冥，亦不待冥而始决也。[①]

但是，清初统治者为建构其统治的合法性，不仅一再宣示其“得统之正”，更刻意在文化上将自己形塑成汉文化的正统传承者，以建构其道统的合法性。以清圣祖确立程朱理学为官方意识形态为标志，清廷完成了其道统合法性的建构，而圣祖也自然成了纳治统、道统于一体的一代“作君作师”之“圣君”。在传统儒学的道统谱系里，孔子以前的传道者“德”、“位”兼有，孔子而后，传道的事业则专属“有德无位”的“师儒”，道统与治统遂分为两橛。但是，圣祖却合二为一并统摄于“有位”之君主，这不仅在一般意义上剥夺了先秦以来以道自任的“士”所拥有的批判政治权威的权力和义理上的合理性，对于身处新朝、持不合作态度的汉族士人更是釜底抽薪，他们赖以安身立命和道济天下的最后凭依也被剥夺殆尽。于是，与清廷争夺道统解释权和拥有权便成为汉族士人一项庄严的学术文化使命。前揭陆世仪、王夫之关于道统不依治统而立的言说，即显为争道统而发。不仅如此，王夫之更创“道统优于治统”之说，以激勉儒学之士担当起儒家道统之传。他认为：

> 天下所极重而不可窃者二：天子之位也，是谓治统；圣人之教也，是谓道统。治统之乱，小人窃之，盗贼窃之，夷狄窃之，不可以永世而全身……天地不能保其清宁，人民不能全其寿命，以应之不爽。道统之窃，沐猴而冠，教猱而升木，尸名以徼利，为夷狄盗贼之羽翼，以文致之为圣贤，而恣为妖妄，方且施施然谓守先王之道以化成天下；而受罚于天，不旋踵而亡。[②]

在王夫之看来，“天子之位”（治统）和“圣人之教”（道统）都是不容小人、夷狄、盗贼篡窃的，即使篡窃到手，也定为天地不容，不旋踵而亡。这意味着他并未耿耿于现实中的“治统”为“夷狄”窃去，反认为治统的拥有“不可以永世而全身”，然而“道统”被窃去，就难免“沐猴而冠”、“恣为妖妄”，以致“不旋踵而亡”了，这是他所万万不甘心的。基于此，他彰显“道统”优先于“治统”的重要意义道：

> 儒者之统，与帝王之统并行于天下，而互为兴替。其合也，天下以道而治，道以天子而明；及其衰，而帝王之统绝，儒者犹保其道以

① （明）王夫之著，舒士彦点校：《读通鉴论》卷16《东昏侯》，第488页。

② （明）王夫之著，舒士彦点校：《读通鉴论》卷13《成帝》，第362-363页。

> 孤行而无所待，以人存道，而道可不亡……是故儒者之统，孤行而无待者也；天下自无统，而儒者有统。①

在清初明遗民的精神世界里，“道统优于治统”乃其所共奉的信念。公开诉诸言说的，王夫之而外，像吕留良、屈大均等，皆有阐发。顺治十六年(1659)，遗民屈大均读王猷定《逸民传》，感而作《书逸民传后》，其中就说：

> 世之蚩蚩者，方以一二逸民伏处草茅，无关于天下之重轻，徒知其身之贫且贱，而不知其道之博厚高明，与天地同其体用，与日月同其周流，自存其道，乃所以存古帝王相传之天下于无穷也哉。嗟夫，今之世，吾不患夫天下之亡，而患夫逸民之道不存。吾党二三子者，身遭变乱，不幸而秉夷齐之节，亦既有年于兹矣。然吾忧其所学不固而失足于二氏，流为方术之微，则道统失，治统因之而亦失。②

总之，明遗民的“道统之忧”显然是激发于明清“治统”的更易和“道统”潜在的“以夷变夏”这一历史事实的。

乾嘉之世，其时儒者固然未有易代的家国之痛，清廷作为“异族”统治者的治统和道统合法性也得到了一些汉族士人的认同，但对以道自任的儒家士大夫来说，不仅对异族文化从来都心存戒备，甚至拒斥，而且对文化上的“以夷变夏”更绝无回旋的余地。然鉴于当时文网的威逼，学人的民族意识，只能以“隐语曲言”或借评骘史事而隐晦表达。以汉学巨擘戴震为例，其批判程朱之“入于释氏”而以“异言害道”，曾形象地指斥道：

> 譬犹子孙未睹其祖父之貌者，误图他人之貌为其貌而事之，所事固己之祖父也，貌则非矣。实得而貌不得，亦何伤。然他人则持其祖父之貌以冒吾宗，而实诱吾族以化为彼族，此仆所由不得已而有《疏证》之作也。破图貌之误，以正吾宗而保吾族，痛吾宗之久坠，吾族之久散为他族，敢少假借哉。③

其中所谓“吾族”与“彼族”，弦外之音，隐然可见。而考据学家对宋明理学的群攻，虽多以理学“杂入释老”、“异学害道”为立论基础，但程朱理学究为官方意识形态，所以反程朱即意味着与清廷争夺道统的权威。学者们的研究业已

---

① (明)王夫之著，舒士彦点校：《读通鉴论》卷15《文帝》，第441-442页。

② (明)屈大均：《翁山文抄》卷8《书逸民传后》，见《屈大均全集》(三)，第394页。

③ (清)戴震：《戴震集》文集卷8《答彭进士允初书》，第168-169页。

揭明，被奉为乾嘉考据学领袖的戴震，其考据乃以明道为究极，以义理为归趋，动机和目的在于以“自得之义理”取代宋儒义理而建立一种新“道统”。[①]

同时，自康熙以来，随着清廷对于“治道合一”形象的成功建构，帝王的“治统”兼并了“道统”，垄断了学术和思想话语权，儒家士人不仅顿失批判政治权威的理论立足点，而且更深陷君权的钳制之中。面对这种困境，士大夫们不得不寻求新的转向，在对儒家经典的考据和训诂中寻求新的道统立足点和精神皈依。

总之，自先秦原始儒家以来，“弘道”的观念即成为儒学发展长程中一脉相承的精神纽带，而唐宋以降，道统意识的成长则为学术思想一以贯之的内在生命。尽管不同时代的儒者有关“道”之内涵的体认，以及“体道”的“从入之途”，各有异趣，但以“求道”、“弘道”和“行道”为终极追求，则是儒学内部一个永恒的主题，而且制度化为“孔庙从祀”之制，抽象化为一个普遍的学术命题，内化为儒家士大夫的价值信念。

三　“道在六经”的价值预设

乾嘉学人的“明道”诉求何以要凭借考经证史的考证学来实现？这是因为他们共有一个基本的价值预设，即三代以上的“圣人之道”载于《六经》。戴震曾指出：“经之至者道也。”[②] 又强调：“《六经》者，道义之宗而神明之府也。”[③] 焦循认为，“先王之道，载在《六经》”[④]。阮元亦主张：“圣贤之道存于经。”[⑤] 即或史学家亦作如是观，钱大昕认为“夫《六经》皆以明道”[⑥]、“夫《六经》定

---

① 参见孔定芳：《论戴震学术思想之三期变化》，《哲学研究》2014 年第 1 期；余英时：《论戴震与章学诚》，北京：生活·读书·新知三联书店，2006 年。

② （清）戴震：《戴震集》文集卷 9《与是仲明论学书》，第 183 页。

③ （清）戴震：《戴震集》文集卷 10《古经解钩沉序》，第 191 页。

④ （清）焦循撰，沈文倬点校：《孟子正义》卷 14《离娄章句上》，北京：中华书局，1987 年，第 474 页。

⑤ （清）阮元：《揅经室二集》卷 7《西湖诂经精舍记》，见（清）阮元撰，邓经元点校：《揅经室集》，北京：中华书局，2006 年，上册，第 547 页。

⑥ （清）钱大昕：《潜研堂文集》卷 33《与晦之论尔雅书》，见钱大昕撰，吕友仁校点：《潜研堂集》，上海：上海古籍出版社，2009 年，上册，第 605 页。

于至圣，舍经则无以为学；学道要于好古，蔑古则无以见道”[①]。王鸣盛亦认为“经以明道，而求道者不必空执义理以求之也”[②]。由此可见，“《六经》为载道之书”、“圣人之经即圣人之道”洵为乾嘉诸大师之共识，同时也进一步佐证了乾嘉学者的求道之笃。

当然，众所周知，倡言“六经皆史”的章学诚虽主“由文史以明道”，但其“六经皆史”命题中逻辑地寓含着“经为载道之具”的意涵，只是他认为《六经》不足以尽之而已。因为在他看来，“夫道备于《六经》，义蕴之匿于前者，章句训诂足以发明之；事变之出于后者，《六经》不能言，固贵约《六经》之旨，而随时撰述，以究大道也”[③]。前引“经师即伏、孔实薄，只是得半之道”即其《六经》不足尽道之说的绝好注脚；而且尽管文史校雠之学在晚清成为显学，但在乾嘉时代章氏之说究属异类，而不为时流认同，所以其《原道》篇初出，一时学人斥之为“陈腐取憎”[④]。章氏自己亦说：“学诚从事于文史校雠，盖将有所发明。然辨论之间，颇乖时人好恶，故不欲多为人知”[⑤]；“仆之所学，自一二知己外，一时通人，未有齿仆于人数者”[⑥]。可见其时经学考证与文史校雠显晦之鲜明。大体而言，“道在《六经》”乃乾嘉学人的主流共识，章学诚“文史不在道外”不过空谷足音而已。

有别于章学诚，同样以史学鸣世的王鸣盛不仅认同“经以明道”的基本共识，而且认为经与史“小异而大同”。以“同”而言，“经以明道，而求道者不必空执义理以求之也，但当正文字，辨音读，释训诂，通传注，则义理自见而道在其中矣……读史者不必以议论求法戒，而但当考其典制之实；不必以褒贬为与夺，而但当考其事迹之实，亦犹是也，故曰同也”。以“异”而论，“治经断不敢驳经，而史则虽子长、孟坚，苟有所失，无妨箴而砭之，此其异也。抑治经岂特不敢驳经而已，经文艰奥难通，若于古传注，凭己意择取融贯，犹未免于僭越，但当墨守汉人家法，定从一师而不敢佗徙。至于史则于正文有失，尚加箴砭，何论裴骃、颜师古一辈乎？其当择善而从，无庸偏徇，固不待言矣，

① （清）钱大昕：《潜研堂文集》卷24《经籍籑诂序》，见（清）钱大昕撰，吕友仁校点：《潜研堂集》，第393-394页。

② （清）王鸣盛著，黄曙辉点校：《十七史商榷·序》，上海：上海书店出版社，2005年，第1页。

③ （清）章学诚：《文史通义》卷2《原道下》，见《章学诚遗书》，第12页上、中栏。

④ （清）章学诚：《文史通义》卷2《原道下》邵晋涵跋语，见《章学诚遗书》，第12页下栏。

⑤ （清）章学诚：《上钱辛楣宫詹书》，见《章学诚遗书》，第332页中栏。

⑥ （清）章学诚：《章学诚遗书佚篇·答邵二云书》，见《章学诚遗书》，第646页。

故曰异也”。王氏经史兼治而尤以史学见长，自谓“束发好谈史学，将壮，辍史而治经，经既竣，乃重理史业”[①]，因此其“经史小异而大同”实为有得之见。

因为“道”载之《六经》，故“明道”必赖“通经”，“通经明道”遂成为其时学人所共奉之为学宗旨。在经学史的发展历程中，“通经”无外乎“义理”与“考据”二途，缘此而有经学流派的分野。今文经学尚义理，古文经学重考据。迄于乾嘉，又有宋学与汉学的分际，大抵宋学偏重经典义理的阐发，汉学偏重经典文本的考据，义理与考据，本为两种不同的治经“从入之途”。全祖望调停朱陆之争，曾有言曰：

> 斯盖其从入之途，各有所重，至于圣学之全，则未尝得其一而遗其一也。[②]

全氏此番评价朱、陆的话移用于观察理学和考据学也很适合。虽然程朱理学家以义理为尚，然“道在六经”亦为其所持之信仰，且因主穷理致知而终不废经典的依据，即或倡言“六经注我”[③] 的陆象山也称其儒家义理得之于《孟子》，而且理学家亦认为其体认到的孔孟之道符合儒家经典的真义。但是，入清以后，自明遗民学人迄于乾嘉学人，无不攻诋宋明理学为“空谈心性”、“异学害道”，由此而兴起一股批判理学思潮。既然宋儒和清儒皆以求道为究极，且义理与考据皆为求道的“从入之途”，何以义理求道的宋儒不能见容于考据求道的清儒？究其缘由，乃在于：在清儒的学术视野下，认为宋儒以谈心论性、离经言道为“从入之途”，其所求之道，与《六经》所载的圣人之道颇有轩轾。[④]

学术流变，与时消息。因所处历史时代不同，宋儒和清儒遂各有其所面临的时代理论课题。宋代儒学必须应对的主要挑战来自释、道，所以当时的理学家不仅需要建构一个儒家的道统谱系以抗衡佛教的“法统”，而且需要吸取释、道的理论思辨去建构一个本体论的“理”（即“道”）的理论体系，以使儒学在与释、道的较量中获得理论上的合法性。如朱熹所谓“理”即“得之于天而具于心”的“别为一物”[⑤]，具有明显的超越性。程颢称：

---

① （清）王鸣盛著，黄曙辉点校：《十七史商榷·序》，第1-2页。

② （清）全祖望著，朱铸禹汇校集注：《全祖望集汇校集注·鲒埼亭集外编》卷14《淳熙四先生祠堂碑文》，上海：上海古籍出版社，2000年，第1003页。

③ （宋）陆九渊著，钟哲点校：《陆九渊集》卷34《语录上》，第399页。

④ 事实上，宋儒注经好发议论，所以在经注之外，又在《语录》或文集中发挥其思想，检视《全宋文》即可见像《洪范论》、《禹贡论》之类离经言道之论颇多。

⑤ （宋）黎靖德编，王星贤点校：《朱子语类》卷98《张子之书一》，北京：中华书局，1986年，第7册，第2514页。

吾学虽有所受，天理二字却是自家体贴出来。①

象山言：

韩退之言："轲死不得其传。"固不敢诬后世无贤者，然直是至伊洛诸公，得千载不传之学。②

这些皆为宋儒离经言道之明证。而清儒则处于明清易代的特殊时势，其最大的挑战不是旧的释、道，而是新的"以夷变夏"的"异族"，这在明遗民学人那里尤其明显。乾嘉学人或已不似清初遗老对异族文化那样心存危机，但对民族文化纯洁性的要求则未尝稍减，所以他们对于宋儒"杂入释、老"之口诛笔伐，不假辞色，毫不逊于清初诸儒。

在"道在六经"的观念下，要探寻、保存和延续纯洁的儒家文化，以免为异族文化所杂染，则通过文字、音韵和名物制度的训诂考据，以溯及和挺立载之《六经》的"圣人之道"，尤有其必要。因为《六经》乃由古代的语言文字所构成，而古文字音韵随时而变，不识古音则不能通经。顾炎武对此深有会心，他指出："三百五篇，古人之音书也……然自秦、汉之文，其音已渐戾于古，至东京益甚，而休文作谱，乃不能上据《雅》、《南》，旁摭《骚》、子，以成不刊之典，而仅按班、张以下诸人之赋，曹、刘以下诸人之诗所用之音撰为定本。于是今音行而古音亡，为音学之一变。下及唐时，以诗赋取士，其书一以陆法言《切韵》为准，虽有'独用'、'同用'之注，而其分部未尝改也。至宋景祐之际，微有更定。理宗末年，平水刘渊始并二百六韵为一百七。元黄公绍作《韵会》因之，以迄于今。于是宋韵行而唐韵亡，为音学之再变。"③ 有鉴于此，他遂强调"读九经自考文始，考文字知音始"的治经方法。乾嘉诸儒治经重训诂考据，即以此为滥觞，而后来戴震将此方法论发挥到极致。戴震认为："经之至者道也；所以明道者其词也，所以成词者字也。由字以通其词，由词以通其道，必有渐。"④ 在《古经解钩沉序》中复云："经之至者，道也；所以明道者，其词也；所以成词者，未有能外小学文字者也。由文字以通乎语言，由语言以通乎古圣贤之心志，譬之适堂坛之必循其阶，而不可以躐等。"⑤ 经由自清初以

① （宋）程颢、程颐著，王孝鱼点校：《二程集·河南程氏外书》卷12，北京：中华书局，2004年，上册，第424页。

② （宋）陆九渊著，钟哲点校：《陆九渊集》卷35《语录下》，第436页。

③ （明）顾炎武：《音学五书叙》，《音学五书》，北京：中华书局，1982年，第2-3页。

④ （清）戴震：《戴震集》文集卷9《与是仲明论学书》，第183页。

⑤ （清）戴震：《戴震集》文集卷10《古经解钩沉序》，第192页。

来学人的大力倡导，“训诂以明道”遂成乾嘉学人之共识，唱为同调者，所在多有。阮元被视为考据学之殿军，其学术思想已初现汉宋兼采端倪，主张“崇宋学之性道，而以汉儒经义实之”，然而他仍认为：“圣人之道，譬若宫墙，文字训诂，其门迳也。门迳苟误，跬步皆歧，安能升堂入室乎？学人求道太高，卑视章句，譬犹天际之翔，出于丰屋之上，高则高矣，户奥之间，未实窥也。或者但求名物，不论圣道，又若终年寝馈于门庑之间，无复知有堂室矣。”[①] 可见他并非认为圣道可以舍训诂而得，而是主张“圣贤之道存于经，经非诂不明”[②]。他进而强调：“圣贤之言，不但深远者非训诂不明，即浅近者亦非训诂不明也。就圣贤之言而训之，或有误焉，圣贤之道亦误矣”[③]；“舍经而文，其文无质；舍诂求经，其经不实。为文者尚不可以昧经诂，况圣贤之道乎！”[④] 阮元的信念依然是：欲求圣贤之道或经书义理，必从文字、音韵、训诂入手，舍此别无他途。乾嘉时期，不独治经者以考据为尚，治史者亦然。钱大昕、王鸣盛等史家即承经学家惠栋、戴震之绪，主张通过训诂考订史籍以阐明史学的义理。钱大昕认为：“有文字而后有诂训，有诂训而后有义理。训诂者，义理之所由出，非别有义理出乎训诂之外者也。”[⑤] 进而他更强调道：“夫《六经》皆以明道，未有不通训诂而能知道者！”[⑥] 尚征实而黜议论，流风所被，遂为一时潮流。清儒此种“训诂明道”的治学方法，与宋儒形成鲜明反差。如宋儒程颐即视训诂为“趋道”之障，他说：“今之学者有三弊：一溺于文章，二牵于训诂，三惑于异端。苟无此三者，则将何归？必趋于道矣。”所以他认为：“欲趋道，舍儒者之学不可。”[⑦] 职是之故，清儒遂不以宋儒离经言道能得圣道之真。

乾嘉学人“道在六经”的基本假设，蕴含着一个内在的理论逻辑，那就是

---

① （清）阮元：《揅经室一集》卷2《拟国史儒林传序》，见（清）阮元撰，邓经元点校：《揅经室集》，第37-38页。

② （清）阮元：《揅经室二集》卷7《西湖诂经精舍记》，见（清）阮元撰，邓经元点校：《揅经室集》，第547页。

③ （清）阮元：《揅经室一集》卷2《论语一贯说》，见（清）阮元撰，邓经元点校：《揅经室集》，第53页。

④ （清）阮元：《揅经室二集》卷7《西湖诂经精舍记》，见（清）阮元撰，邓经元点校：《揅经室集》，第548页。

⑤ （清）钱大昕：《潜研堂文集》卷24《经籍籑诂序》，见（清）钱大昕撰，吕友仁校点：《潜研堂集》，第392-393页。

⑥ （清）钱大昕：《潜研堂文集》卷33《与晦之论尔雅书》，见钱大昕撰，吕友仁校点：《潜研堂集》，第605页。

⑦ （宋）程颐：《伊川先生语四》，见（宋）程颢、程颐著，王孝鱼点校：《二程集·河南程氏遗书》卷18，第187页。

圣道之真建基于《六经》本义之上。但是，儒家经典在漫长的传承和诠释过程中，因各种“糟粕六经”行为而出现淆乱，这无疑是以“求道”为终极价值的学术工作所必须解决的一大问题。惠栋在《易汉学自序》中说：

> 《六经》定于孔子，毁于秦，传于汉。汉学之亡久矣，独《诗》、《礼》、《公羊》犹存毛、郑、何三家。《春秋》为杜氏所乱，《尚书》为伪孔氏所乱，《易经》为王氏所乱……汉学虽亡而未尽亡也。①

经学之乱，在唐宋以下尤烈，特别是宋儒，其疑经、改经、删经、补经，以及以己意说经，成一时风气，而尤为清人所不满。钱大昕引宋儒王应麟之言曰：

> 自汉儒至于庆历间，谈经者守训诂而不凿。《七经小传》出，而稍尚新奇矣。至《三经义》行，视汉儒之学如土埂。

并申论道：

> 宋初儒者，皆遵守古训，不敢妄作聪明……其后王安石以意说经，诋毁先儒，略无忌惮。而轻薄之徒，闻风效尤，竞为诡异之解。②

既然唐宋以下之经注不可从，而汉“去古未远”，其训诂较能得《六经》之真，所以乾嘉经学以“治经复汉”为旨归，遂情有必至。惠栋曾自谓：“自先曾王父朴庵公以古义训子弟，至栋四世，咸通汉学，以汉犹近古，去圣未远故也。”③ 钱大昕说：

> 诂训必依汉儒，以其去古未远，家法相承，七十子之大义犹有存者。④

又说：

> 穷经者必通训诂，训诂明而后知义理之趣。后儒不知训诂，欲以

---

① （清）惠栋：《松崖文抄》卷1《易汉学自序》，见（清）刘世珩辑：《聚学轩丛书》，扬州：广陵书社，2009年影印本，第477页上栏。

② （清）钱大昕著，陈文和、孙显军校点：《十驾斋养新录》卷18《宋儒经学》，南京：江苏古籍出版社，2000年，第385页。

③ （清）惠栋：《松崖文抄》卷1《上制军尹元长先生书》，见（清）刘世珩辑：《聚学轩丛书》，第479页中栏。

④ （清）钱大昕：《潜研堂文集》卷24《臧玉林经义杂识序》，见（清）钱大昕撰，吕友仁校点：《潜研堂集》，第391页。

向壁虚造之说求义理所在，夫是以支离而失其宗。汉之经师，其训诂皆有家法，以其去圣人未远。魏晋而降，儒生好异求新，注解日多，而经益晦。[①]

王鸣盛亦称：

汉人说经，必守家法，亦云师法，自唐贞观撰诸经义疏而家法亡，宋元丰以新经义取士而汉学殆绝。今好古之儒，皆知崇注疏矣，然注疏惟《诗》、《三礼》及《公羊传》犹是汉人家法，它经注则出于魏晋人，未为醇备。[②]

江藩是第一位系统总结清学的乾嘉学者，其《国朝汉学师承记》所持也是“治经复汉”的观念：

秦并天下，燔诗书，杀术士，圣人之道坠矣。然士隐山泽岩壁之间者，抱遗经，传口说，不绝于世。汉兴，乃出……自兹以后，专门之学兴，命氏之儒起，《六经》、《五典》，各信师承，嗣守章句，期乎勿失。[③]

而认为“经术一坏于东、西晋之清谈，再坏于南、北宋之道学，元明以来，此道益晦”[④]。乾嘉学派的殿军阮元也认为：

后儒说经，每不如前儒说经之确。何者？前儒去古未远，得其真也。故孔、贾虽深于经疏，要不若毛、郑说经之确；毛、郑纵深于《诗》、《礼》，更不若游、夏之亲见闻于圣人矣。

所以他主张复兴“古学”：“《易》、《书》、《诗》皆有古学。古学者何？商周之卿大夫、鲁邹之诸圣贤、秦汉之诸儒是也。”[⑤] 阮元之为学实践，正是循着由宋而唐而汉的路数不断上溯的。[⑥]

---

① （清）钱大昕：《潜研堂文集》卷24《左氏传古注辑存序》，见（清）钱大昕撰，吕友仁校点：《潜研堂集》，第387页。

② （清）钱大昕：《潜研堂文集》卷48《西沚先生墓志铭》，见（清）钱大昕撰，吕友仁校点：《潜研堂集》，第840页。

③ （清）江藩著，钟哲整理：《国朝汉学师承记》卷1，北京：中华书局，1983年，第3页。

④ （清）江藩著，钟哲整理：《国朝汉学师承记》卷1，第5-6页。

⑤ （清）阮元：《小沧浪笔谈》卷4，北京：中华书局，1985年，第123页。

⑥ 阮元在《西湖诂经精舍记》中曾说：“元少为学，自宋人始，由宋而求唐，求晋、魏，求汉，乃愈得其实。”（《揅经室二集》卷7，见（清）阮元撰，邓经元点校：《揅经室集》，第547页）

从实质而言，“治经复汉”是一种回归元典的工作。诚如戴震所言：“以《六经》、孔、孟之怡，还之《六经》、孔、孟，以程、朱之怡还之程、朱，以陆、王、佛氏之怡还之陆、王、佛氏。俾陆、王不得冒程、朱，释氏不得冒孔、孟。”[①] 可见乾嘉经学之以汉学为蕲向，旨在回归儒家元典，而其最终目标则在求圣道之真。

四 “究明大道”的学术实践

本于考经证史以明道的学术宗旨，乾嘉学人在探寻圣人之道的过程中，其治学领域或各有擅场，学术成绩或各有高下，但以“究明大道”为治学的最后旨归则具有共性。为达成这一最高目标，乾嘉学人分途以进而同归于一“道”。此一特征，由其学术实践更为清晰地展现出来。大要而言，有如下诸端。

首先，通过经典文献的整理和考辨以恢复原始儒学和圣人之道的本来面貌。从逻辑上而言，要探求圣道之真，首要的工作是要进行经典的净化，亦即判定经典的真伪；在此基础上，考文知音的“训诂明道”才有其必要。所以明清之际学人多以经书的辨伪为重心，而乾嘉学人则以考文知音为究心所在。自清初以迄乾嘉，其时学人在经典辨伪与整理方面成绩颇丰，其中关于《古文尚书》真伪的考辨即一显例。阎若璩在《尚书古文疏证》中罗列出128条证据，从文字、音韵、典制、地理、历法和史实等方面，对《古文尚书》之来源、梅赜所献与孔安国作传之《古文尚书》篇数、篇名之异，梅赜所献《古文尚书》与孔传和《今文尚书》之凿枘难通等，条分缕析，疏通证明。前修未密，后出转精。阎若璩而后惠栋继续考辨而成《古文尚书考》，其举证较阎氏更为严密。如《泰誓》，阎氏犹沿唐人《正义》之误，未若惠书之精而约；而惠氏书中更列出晚出《古文尚书》25篇文句有出处可寻者，一一注明其抄窃之所本，探微索隐，理精义明。王鸣盛曾说：《古文尚书》之伪“自唐贞观以后，无一人识破，直至近时，太原阎先生若璩、吴郡惠先生栋，始著其说，实足解千古疑团。予小子得而述之，既作《后案》，遂取注、疏、《释

---

① （清）段玉裁：《戴东原先生年谱》，见（清）戴震撰，汤志钧校点：《戴震集》附录三，上海：上海古籍出版社，1980年，第480页。

文》及《史记》、《汉书》等胪列于卷首而辨之，学者从是考焉，可以霍然矣”[①]。而戴震对《古文尚书》的辨伪尤所致意，其《尚书义考》虽非专门辨伪之作，然于《古文尚书》之伪亦多有考辨，且在考证其他古书时每每涉及《古文尚书》之证伪，如《水地记初稿》中考《古文尚书》地理之误、《经考附录》探《古文尚书》作伪之迹等，不一而足。[②]

辨伪固然为学术求真之基，然而清代学人之辨《古文尚书》更有深刻的思想史意义。因为《古文尚书》自唐初修《正义》以来即居经典正统地位，且为宋明理学理论体系的根基。理学家的“人心道心”、“天理人欲”、“虞廷传心”之说便建基于其上，而《大禹谟》所谓“人心惟危，道心惟微。惟精惟一，允执厥中”即其所本。缘此程朱遂有“人心”、“道心”二分之说，并进而以《礼记·乐记》的“天理”、“人欲”概念来解释“人心”与“道心”。如程颢强调：“‘人心惟危’，人欲也。‘道心惟微’，天理也。‘惟精惟一’，所以至之。‘允执厥中’，所以行之。”[③] 朱熹虽对《古文尚书》的真实性有所怀疑，但《大禹谟》的“虞廷传心十六字”却被其奉为尧舜相传“心法”[④]，而成其“私立道统”（费密语）的经典依据。王阳明更是笃信“十六字心传”为“尧舜正传”、“孔氏心印”。但在清儒的考辨下，理学赖以建构其理论基地的经典依据却成了向壁虚构，这无疑是致命一击。梁启超先生曾揭示此举的意义说：“请问，区区二十篇书的真伪，虽辨明有何关系，值得如此张皇推许吗？答道，是大不然。这二十几篇书和别的书不同，二千余年来公认为神圣不可侵犯之宝典，上自皇帝经筵进讲，下至蒙馆课读，没有一天不背诵他。忽焉真赃实证，发现出全部是假造，你想，思想界该受如何的震动呢？学问之最大障碍物，莫过于盲目的信仰。凡信仰的对象，照例是不许人研究的……新学问发生之第一步，是要将信仰的对象一变为研究的对象。既成为研究的对象，则因问题引起问题，自然有无限的生发。”[⑤] 作为经典，《古文尚书》之成为研究对象，本身即是对其经典地位的动摇，更遑论直接证其为伪了。对《古文

---

① （清）王鸣盛著，顾美华标校：《蛾术编》卷4《〈尚书〉古、今文》，上海：上海书店出版社，2012年，第63-64页。

② 参见徐道彬：《戴震辨伪成就述论》，《古籍整理研究学刊》2007年第1期。

③ （宋）程颢、程颐著，王孝鱼点校：《二程集·河南程氏遗书》卷11《师训》，第126页。

④ 朱熹曾说：“此自尧舜以来所传，未有他议论，先有此言。圣人心法，无以易此……孟子以后失其传，亦只是失此。”（（宋）黎靖德编，王星贤点校：《朱子语类》卷78《尚书一·大禹谟》，第5册，第2014页）

⑤ （清）梁启超著，夏晓虹、陆胤校：《中国近三百年学术史》，第88页。

尚书》的证伪，实际上也就连带否定了程朱理学的道统论及其在传道谱系中的正统地位。换言之，从思想史的眼光来看，清代学人对经典文献的考辨，形式上属于恢复经典文本的学术事业，而在本质上却是一项净化道统或“道统还原”的工作。

其次，以博实的经典考证来抉发儒家元典的确切含义。这项学术工作在逻辑和义理上的合理性，亦源于求圣道之真的需要。而元典本义的精确阐发有一项必要而基础性的工作，就是通过文字、音韵、训诂的手段，疏释元典中的关键字和关键词。乾嘉学人有关经典关键词的探究，可谓成绩斐然。集考据学之大成的戴震，虽以汉学领袖而为时人所共尊，然其为学的终极目标则在阐发儒家经典之义理而求道，文字、音韵、训诂不过是求道的工具而已。段玉裁曾记戴氏之言曰：

> 六书、九数等事，如轿夫然，所以舁轿中人也。以六书、九数等事尽我，是犹误认轿夫为轿中人也。[①]

可见戴氏绝不以语言文字和“九数”自限，而要做探明“大道”的“轿中人”、“乘舆之大人”。故中岁以后的戴震以全副精力致力于《绪言》、《原善》、《孟子私淑录》、《孟子字义疏证》等求道之作，尤视《孟子字义疏证》为其平生著述之最大者。而他之所以选择《孟子》进行字义的疏证，乃遵韩愈“求观圣人之道，必自孟子始”[②] 之教。故而段玉裁评价说：“师之隐然以道自任，上接孟子意可见矣。”[③] 凌廷堪也认为：“至于《原善》三篇，《孟子字义疏证》三卷，皆标举古义，以刊正宋儒，所谓由故训而明理义者，盖先生至道之书也。”[④] 可见戴震的终极关怀在“道”。不过，同为求道，戴氏的“从入之途”却绝不类于宋儒的离经言道，因为他坚信儒家经典之义理或“道”不能仅凭胸臆凿空而得，而有赖于“故训”。他说：

> 夫所谓理义，苟可以舍经而空凭胸臆，将人人凿空得之，奚有于经学之云乎哉！惟空凭胸臆之卒无当于贤人圣人之理义，然后求之古

① （清）段玉裁：《戴东原集序》，见（清）戴震撰，汤志钧校点：《戴震集》附录二，第452页。

② （清）戴震：《孟子字义疏证序》，见（清）戴震撰，汤志钧校点：《戴震集》，第264页。

③ （清）段玉裁撰，钟敬华校点：《经韵楼集》卷7《答程易田丈书》，上海：上海古籍出版社，2008年，第183-184页。

④ （清）凌廷堪著，王文锦点校：《校礼堂文集》卷35《戴东原先生事略状》，北京：中华书局，1998年，第316页。

经；求之古经而遗文垂绝、今古悬隔也，然后求之故训。故训明则古经明，古经明则贤人圣人之理义明，而我心之所同然者，乃因之而明。[①]

所以他一生学术思想虽几经变化，而对“由字以通词，由词以通道”的为学路径则谨守不移；其治学虽以求道为究极，然对于作为求道工具的语言文字之考据绝不轻易放过，一如其所言：

仆自十七岁时，有志闻道，谓非求之《六经》、孔、孟不得，非从事于字义、制度、名物，无由以通其语言。宋儒讥训诂之学，轻语言文字，是犹渡江河而弃舟楫，欲登高而无阶梯也。[②]

正因视语言文字如渡江河之舟楫、登高之阶梯，所以他读书“每一字必求其义……一字之义，必贯群经、本六书以为定诂”[③]。在《孟子字义疏证》一书中，戴震正是借由“一字之义”的确诂来发覆《孟子》的义理，也阐发他自己关于“道”的体认。全书特别拈出几个关键词，如“理”、“天道”、“性”、“才”、“道”、“仁义礼智”、“诚”、“权”等谋篇布局，旁征博引，细加疏证，进而以“自得之义理”展开对宋儒的批判。

与戴震择取程朱理学范畴的关键词不同，阮元则着眼于与圣贤之道最为“实者、近者、庸者”的关键词加以考释。他曾说：“有古人不甚称说之字，而后人标而论之者；有古人最称说之恒言要义，而后人置之不讲者。”[④] 进入阮元考证视野的，正是“古人最称说之恒言要义”的关键词。其代表性著作如《论语论仁论》、《孟子论仁论》、《性命古训》、《大学格物说》、《论语一贯说》等，就“仁”、“性”、“敬”、“顺”、“格物”等经典常见关键词，穷源竟流，一一考论。以对“仁”字之义的疏解而言，他就援引了《说文解字》、《中庸》、《诗》、《仪礼》、《孟子》、《新书》等经典，以经解经，详加考证，逐一对《论语》中“仁”的本义进行诠释。[⑤] 之所以如此不惮繁难，是因为在他看来，“古圣人造一

---

① （清）戴震：《戴震集》文集卷11《题惠定宇先生授经图》，第214页。

② （清）段玉裁：《戴东原先生年谱》，见（清）戴震撰，汤志钧校点：《戴震集》附录三，第455页。

③ （清）洪榜：《戴先生行状》，见杨应芹、诸伟奇主编：《戴震全书》（修订本）第7册，合肥：黄山书社，2010年，第6页。

④ （清）阮元：《揅经室一集》卷1《释顺》，见（清）阮元撰，邓经元点校：《揅经室集》，第26页。

⑤ 参见黄爱平：《乾嘉汉学治学宗旨及其学术实践探析——以戴震、阮元为中心》，《清史研究》2002年第3期。

字必有一字之本义，本义最精确无弊”[①]。在《阮尚书年谱第一序》中，龚自珍论阮元之为学说：

> 尝谓黄帝名物，宣尼正名，篇者句所造，句者字所积，古者有声音而有语言，有语言而有文字，自分隶之迭变，而本形晦矣，自通假之法繁，而本义晦矣。公识字之法，以经为諭；解经之法，以字为程。是公训故之学。[②]

尽管如此，阮元的学术关怀非止于文字考证，而是建基于此进而抉发经典文献的确切原义和圣人之道的原貌。他曾说：“孔子之道，当与实者、近者、庸者论之，则春秋时学问之道显然大明于世而不入于二氏之途。”[③] 可见其文字考证的背后，实蕴涵着对经典和圣道纯洁化的价值诉求。

在清初，朝廷和民间始终就道统的解释权纠缠互竞。自西汉今文经学的官方意识形态地位确立以降，以儒家经典注疏和正史论赞为核心的表达方式，便成为历代统治者及官僚士大夫宣示与建构其政治主张和统治合法性的重要途径，而考据学却使官方所尊奉的经学注释失去光辉，文献批判和考证转而被当作捍卫古代经典的手段。诚如葛兆光先生所说：“当考据学一旦介入思想世界，并被用在思想经典的真伪辨认、关键词语的历史梳理上时，它在思想史上确实可以充当表达思想的方式，而当考据学一旦试图改变圣贤经典对世俗常识、古代知识对近代知识的绝对优先原则，重新确立是非真伪的判断理性时，它在思想史上确实隐含了革命性的意义。”[④]

最后，对儒家道统纯洁性的要求，推拓至极势必解构理学道统论的理论体系，并在最终打破程朱理学对道统垄断的同时，建构起一个新儒学道统论的理论系统。经典文献的整理和考辨、元典本义的溯源，固然是儒学道统净化的重要工作，但同样重要的工作则是剔除杂入正统儒学中的释老等“异端”，即凌廷堪所谓“扞御异端，不使侵我六经”[⑤]，不使异端“害道”，而宋明理学恰恰是在

---

① （清）阮元：《揅经室续一集》卷1《释敬》，见（清）阮元撰，邓经元点校：《揅经室集》，第1016页。

② （清）龚自珍著，王佩诤校：《龚自珍全集》，上海：上海古籍出版社，1999年，第225-226页。

③ （清）阮元：《揅经室一集》卷8《论语论仁论》，见（清）阮元撰，邓经元点校：《揅经室集》，第177页。

④ 葛兆光：《中国思想史》（第二卷），上海：复旦大学出版社，2000年，第538页。

⑤ （清）凌廷堪著，王文锦点校：《校礼堂文集》卷16《好恶说下》，第143页。

吸收了释老思辨哲学后建立起来的。尽管无论程朱还是陆王，主观上对释老持有某种自觉的警戒，甚至以“杂于禅”相互攻诋，然而事实上他们皆浸淫于释老，并采用其思辨和思想以建构理学的理论体系。程颢即曾“泛滥于诸家，出入于老、释者几十年，返求诸《六经》而后得之”[①]，而朱熹于释氏之说，亦尝师其人、尊其道，至于阳明心学更有“阳明禅”之讥。所以，对于身处“异族”政治统治和文化氛围之下，从而更为看重本民族文化纯洁性的清代学人而言，其视宋明理学为杂入释老的儒学异端，显然有其深意。清初，顾炎武以“经学即理学”立帜，主张“以经学济理学之穷”而视理学为禅学。他说：

> 然愚独以为理学之名，自宋人始有之。古之所谓理学，经学也，非数十年不能通也。故曰：“君子之于《春秋》，没身而已矣。”今之所谓理学，禅学也。不取之五经而但资之语录，校诸帖括之文而尤易也。[②]

凌廷堪认为：

> 自宋以来，儒者多剽袭释氏之言之精者，以说吾圣人之遗经。其所谓学，不求之于经，而但求之于理，不求之于故训典章制度，而但求之于心。[③]

又说：

> 洛、闽之后名为圣学，其实皆禅学也。[④]

钱大昕则以为东晋之所以“日衰”，乃因“二氏”之盛行，“当时士大夫好尚迂怪”[⑤] 所促成；“魏、晋人言老、庄，清谈也；宋、明人言心性，亦清谈也”[⑥]，皆非圣悖道之言。由此可见，乾嘉学人之所以有“治经复汉”的主张，除了汉儒“去古未远”，更能得圣道之真的因素而外，亦因为汉时儒家经典尚未为“二氏”所杂染而更能保有其原貌。阮元在为江藩《国朝汉学师承记》所作序中，就曾强调：“两汉经学所以当尊行者，为其去圣贤最近，而二氏之说尚未

---

① （宋）程颢、程颐著，王孝鱼点校：《二程集·河南程氏文集》卷11《明道先生行状》，第638页。

② （明）顾炎武：《亭林文集》卷3《与施愚山》，见《顾亭林诗文集》，第59页。

③ （清）凌廷堪著，王文锦点校：《校礼堂文集》卷35《戴东原先生事略状》，第312页。

④ （清）凌廷堪著，王文锦点校：《校礼堂文集》卷24《复钱晓征先生书》，第221页。

⑤ （清）钱大昕著，陈文和、孙显军点校：《十驾斋养新录》卷18《释道俱盛于东晋》，第396页。

⑥ （清）钱大昕著，陈文和、孙显军点校：《十驾斋养新录》卷18《清谈》，第393页。

起也……吾固曰：两汉之学纯粹以精者，在二氏未起之前也。”因此他认为，为学只当严守汉儒家法，笃学实证，则“大义微言，不乖不绝，而二氏之说亦不攻自破矣”[①]！乾嘉学人以宋学为“禅障”、为“禅学”的言说，屡见不鲜，以上诸人外，像朱筠、洪亮吉、武亿、洪榜等，皆有“辟二氏”的言论。这表明，在清儒的为学实践中，“辟异端”是其中的一项重要工作。早在清初“辟二氏”就是清算理学运动的重点，乾嘉时期钱大昕的《十驾斋养新录》尚专辟“攻乎异端”条，显见“辟异端”是贯穿在清学中的一个时代课题。

以汉学领袖戴震而言，其治学既以“志在闻道”为终极目标，则“辟异端”以求圣道之真，自是情理中事。毋庸讳言，早年的戴震因尚未形成其关乎“道”的“自得之义理”，故持守“尊宋述朱”立场，犹视“义理”与“考据”皆为闻道的“从入之途”。但随着“闻道”的深入，晚年的戴震终于有了“自得之义理”后，则几乎将全副精神贯注于揭批宋儒的援佛入儒、污圣乱道。乾隆二十八年（1763），戴震作《原善》三篇，三年后扩充为《原善》三卷。[②] 据段玉裁《戴东原先生年谱》乾隆三十一年（1766）条记：“盖先生《原善》三篇、《论性》二篇既成，又以宋儒言性、言理、言道、言才、言诚、言明、言权、言仁义礼智、言智仁勇，皆非《六经》、孔、孟之言，而以异学之言糅之。”所以特作《原善》三卷以“开示”，“使人知‘人欲净尽，天理流行’之语病”。可见戴震之为《原善》，明显是冲着主张“存理灭欲”的程朱理学而发。在《原善》中，戴震通过经典关键词的考释，揭明宋儒之学“皆非《六经》、孔、孟之言，而以异学之言糅之”的本质，这在其此前的著作中是未曾有的，显然是其“自得之义理”已经到手，才敢于发此言论。段玉裁曾记戴震之言曰：“作《原善》首篇成，乐不可言，吃饭亦别有甘味。”[③] 正隐微地透露出戴氏初悟“自得之义理”后的兴奋之情。

《原善》三卷撰成后又三年，戴震“伪病者十数日”，实则“非真病，乃发狂，打破宋儒家中《太极图》耳”，遂有《绪言》之作。[④] 在《绪言》中，戴震就“人伦日用”以论“道”，并处处以“宋儒”、“程子”、“朱子”为集矢而抨击

---

① （清）江藩著，钟哲整理：《国朝汉学师承记》卷首，第 1 页。

② 段玉裁《戴东原先生年谱》将戴震于乾隆三十一年所作误记为《孟子字义疏证》，钱穆先生考订是年戴氏所作实为《原善》三卷，并考定《原善》三篇和三卷的成书时间分别为乾隆二十八年和三十一年（《中国近三百年学术史》，第 358-361 页）。

③ （清）段玉裁：《戴东原先生年谱》，见（清）戴震撰，汤志钧校点：《戴震集》附录三，第 467、465 页。

④ （清）段玉裁：《经韵楼集》卷 7《答程易田丈书》，第 184 页。

其“失道”之言。乾隆四十二年（1777），戴震临歿前在《绪言》的基础上，又撰成《孟子字义疏证》。书成，戴震尝致书段玉裁说：

> 仆生平著述，最大者为《孟子字义疏证》一书，此正人心之要。今人无论正邪，尽以意见误名之曰理，而祸斯民，故《疏证》不得不作。[①]

同年，在致彭绍升函中，戴震亦强调，程朱出入于释氏，以释氏解《六经》、孔、孟，又以《六经》、孔、孟解释氏，与陆、王、释氏无异致，正是有鉴于此，故“不得已而有《疏证》之作也”[②]，希望借此还原《六经》、孔孟、程朱、陆王、佛氏之真貌，以使彼此不得相混冒。洪榜在上朱筠书中，亦曾争辩道：

> 夫戴氏《与彭进士书》，非难程、朱也，正陆、王之失耳；非正陆、王也，辟老、释之邪说耳；非辟老、释也，辟夫后之学者实为老、释而阳为儒书，援周、孔之言入老、释之教，以老、释之似，乱周、孔之真，而皆附于程、朱之学。[③]

由此不难看出，戴震之作《绪言》、《孟子字义疏证》，实是基于“辟异端”以净化儒学道统的诉求。

戴震平生虽以考据为时人所许，然在戴震自己，其性之所近和最后归宿，乃在借径儒家经典的训诂以发掘圣贤之道。前揭戴震撰《原善》首篇成时的欣喜之情，伪病而成《绪言》的良苦用心，以及视《孟子字义疏证》为不得不作的得意之作等，皆彰显出其对于以自得之义理打破宋儒之义理所怀抱的激越情绪和强烈愿望。章学诚曾说：“独至戴氏……至腾之于口，则丑詈程朱，诋侮董韩，自许孟子后之一人，可谓无忌惮矣！”[④] 在唐宋儒者建构的儒家道统谱系中，孟子是此前继承孔子的唯一道统传人，之后便中绝。此后，以道统传人相标榜者代不乏人，戴震“自许孟子后之一人”，正在此风气中，是可见其欲“夺朱子

---

① （清）段玉裁：《戴东原先生年谱》，见（清）戴震撰，汤志钧校点：《戴震集》附录三，第481页。

② （清）戴震：《戴震集》文集卷8《答彭进士允初书》，第168页。

③ （清）洪榜：《上笥河朱先生书》，见杨应芹、诸伟奇主编：《戴震全书》（修订本）第7册，第201页。

④ （清）章学诚：《章学诚遗书佚篇·答邵二云书》，见《章学诚遗书》，第645页。章氏所言有无确据，已无从稽考，但戴震素来自视甚高，联系江藩所记戴氏所说“当代学者，吾以晓征为第二人”（（清）江藩著，钟哲整理：《国朝汉学师承记》卷3《钱大昕传》，第50页），不可谓无因。

之席”的意图。虽然戴震的义理努力不为时人所认同，以致其义理著述被讥为“空说义理，可以无作”，然其欲以自得之义理“夺朱子之席”的夙愿，终不能不为人所察知。翁方纲即说：“近日休宁戴震一生毕力于名物象数之学，博且勤矣，实亦考订之一端耳。乃其人不甘以考订为事，而欲谈性道以立异于程朱。”[①]姚鼐批评戴震说：“戴东原言考证岂不佳？而欲言义理，以夺洛、闽之席，可谓愚妄不自量之甚矣。”[②] 方东树在《汉学商兑》中也说：“后来戴氏等，日益寖炽，其聪明博辨，既足以自恣，而声华气焰，又足以耸动一世。于是，遂欲移程、朱，而代其统矣。一时，如吴中、徽歙、金坛、扬州数十余家，益相煽和，则皆其衍法之导师，传法之沙弥也。”[③] 章学诚也曾言及：“自戴氏出，而朱子侥幸为世所宗，已五百年，其运亦当渐替。”当然，事实上戴震哲学思想及身而绝，但经过他此番对程朱义理的揭批，程朱的权威已然动摇了。戴震逝后不过十余年，“徽歙之间，自命通经服古之流，不薄朱子，则不得为通人”，已是“流风大可惧”了。[④] 凌廷堪、焦循等应时而起，掀起一股“以礼代理”的学术思潮。从思想史的发展看，首倡儒家道统说的韩愈认为，求观圣人之道，自孟子始；所以戴震疏证《孟子》字义，以特有的解释学的方式厘清儒道，检核宋儒理学，是有其选择性的。而孟子辟杨、墨，韩愈辟佛，戴震批判宋儒，则有其一脉相承的内在逻辑。

戴震而外，被时人誉为“一代礼宗”的凌廷堪无疑是以“辟异端”而建构新道统的一员健将。凌廷堪私淑戴震，其学以《仪礼》为究心所在，有《礼经释例》之作。他之所以选择《仪礼》为研究对象，则基于一个根深蒂固的理论：“圣人之道，一礼而已矣……礼之外，别无所谓学也。”[⑤] 所以他才提出“以礼代理”这一别开生面的主张。这一思想主张也是生发于他“辟异端”的为学实践。遵循乾嘉汉学“由字以通词，由词以通道”的学术路径，凌廷堪通过检视《论语》、《大学》等经典，发现“《论语》及《大学》皆未尝有‘理’字，徒因释氏以理事为法界，遂援之而成此新义……无端于经文所未有者，尽援释氏以立

---

① （清）翁方纲：《复初斋文集》卷7《理说驳戴震作》，见《清代诗文集汇编》，第382册，上海：上海古籍出版社，2010年，第80页。

② （清）姚鼐：《惜抱轩尺牍》卷6《与陈硕士》，北京：北京师范大学出版集团、合肥：安徽大学出版社，2014年，第104页。

③ （清）方东树：《汉学商兑》卷下，见（清）江藩等：《汉学师承记》（外二种），北京：生活·读书·新知三联书店，1998年，第400页。

④ （清）章学诚：《文史通义》卷2《书朱陆篇后》，见《章学诚遗书》，第16页下栏。

⑤ （清）凌廷堪著，王文锦点校：《校礼堂文集》卷4《复礼上》，第27页。

帜”，而“鄙儒遂误以理学为圣学也”[①]。又强调：

> 圣人之道，至平且易也。《论语》记孔子之言备矣，但恒言礼，未尝一言及理也……彼释氏者流，言心言性，极于幽深微眇，适成其为贤知之过。圣人之道不如是也。其所以节心者，礼焉尔，不远寻夫天地之先也；其所以节性者，亦礼焉尔，不侈谈夫理气之辨也……圣人之道所以万世不易者，此也；圣人之道所以别于异端者，亦此也。

所以他断言：“圣学礼也，不云理也。”[②]

本于这一理念，凌廷堪遂致力于《仪礼》的研究，试图通过对古代礼制和经典文献的疏证，以抉发元典本义，“扞御异端，不使侵我六经”[③]，最终实现道统还原。在《礼经释例》一书中，凌廷堪从礼的本经《仪礼》入手，考镜源流，条分缕析，分类归纳出通例、饮食之例、宾客之例、射例、变例、祭例、器服之例和杂例等八类仪节，并引据经典，一一疏通证明，从而为其“以礼代理”的学术主张奠定坚实的经典依据和理论基础。在他看来，“所谓道也，即君臣、父子、夫妇、昆弟、朋友，五者天下之达道也”，而“仁义者，礼之质干；礼者，仁义之节文也。夫仁义非物也，必以礼焉为物；仁义无形也，必以礼焉为形”，所以他断言：

> 圣人正心修身，舍礼末由也。故舍礼而言道，则杳渺而不可凭；舍礼而言德，则虚悬而无所薄。民彝物则，非有礼以定其中，而但以心与理衡量之，则贤智或过乎中，愚不肖或不及乎中，而道终于不明不行矣。[④]

从这些话不难看出，凌廷堪是怎样借由学术研究以解构理学的道统论，并建构其“以礼代理”的新道统论的。

综观而言，从清初顾炎武的“经学即理学”，到乾嘉时期戴震以“自得之义理”、“夺朱子之席”，再到凌廷堪的“以礼代理”，其间学术思想的发展流变始终贯穿着一条一脉相承的主线，即通过文字、音韵和典制的训诂考证，以恢复元典之本义与圣道之真，而这种“道统还原”的逻辑结果必然是打破宋儒对道统的垄断，并最终实现一种新道统的建立。为达成建立新道统的目

---

① （清）凌廷堪著，王文锦点校：《校礼堂文集》卷16《好恶说下》，第142页。

② （清）凌廷堪著，王文锦点校：《校礼堂文集》卷4《复礼下》，第31-32页。

③ （清）凌廷堪著，王文锦点校：《校礼堂文集》卷16《好恶说下》，第143页。

④ （清）凌廷堪著，王文锦点校：《校礼堂文集》卷24《复钱晓征先生书》，第221页。

标，除上述几方面之外，清初以降的学统重建运动可视为道统重建的一个重要环节。因为在传统文化里，“道之所存，师之所存”，道在《六经》，借师以传，既是一种根深蒂固的观念，也是道统传承的实际情形。阮元即说：“儒以六艺教民……道与艺合，兼备师、儒”[①]，“绝无所谓独得道统之事也”[②]。所以，清代学者孜孜矻矻为自身学脉定位，辨章学术，考镜源流，学案体著述遂踵继而出，而且考证孔子以降的经书授受脉络，凡孔门弟子、秦汉经生、两汉家法师承等，皆细究其流脉传承，成一时风尚。窥其意旨，则在厘清师承、争取正统、延续道统。

总之，乾嘉考据学之形成固然是多元合力共同影响所致，如政治上，清廷“文字狱”的威逼；学术上，宋明以来学术思想内在逻辑的发展，皆为重要造因。然清代学人自明遗民儒者至乾嘉诸儒对于儒家之道的价值认同和信仰，亦是不容忽视的重要内在因缘。正是本于考经证史以明道的学术宗旨，在“道在六经”的价值预设下，一代学人谨守“由字以通词，由词以通道”的为学路径，借由文字、音韵、训诂的考据手段，抉发元典本义，以为求圣道之真提供真实文本，由此而形成传统学术史上以考据学为中坚的清代学术。尽管此一学术取向以今天的眼光来看未免有其时代或思想的局限，但从学术承继、文化脉络传衍的走势而言，则无疑是值得关注的。道咸以降，内忧外患，接踵而至，学风亦应时而变，汉宋兼采成一时风气，但“穷经求道”的为学宗旨则一脉相承而余音不绝。[③]

① （清）阮元：《揅经室一集》卷2《拟国史儒林传序》，见（清）阮元撰，邓经元点校：《揅经室集》，第36页。

② （清）阮元：《揅经室一集》卷2《曾子十篇注释序》，见（清）阮元撰，邓经元点校：《揅经室集》，第46页。

③ 如朱壬林（1780—1859）在《与顾访溪征君书》中说：“窃以为汉学、宋学不宜偏重，夫学以穷经求道，一而已矣。”（《小云庐晚学文稿》卷2，见《清代诗文集汇编》，第532册，第694页）

清人经义研究与百年经学学术史回顾

司马朝军
曾　军①

一　“经义”解题

“经义”一词较早见于汉代文献。如《汉书·郊祀志》载成帝去世后，皇太后所下诏书中云：“皇帝即位，思顺天心，遵经义，定郊礼，天下说喜。”又《汉书·谷永传》载谷永向朝廷上言中云：“有司奏请加赋，甚缪经义，逆于民心，布怨趋祸之道也。”这两处所说的“经义”，皆指儒家经典的内容。《汉语大词典》对“经义”的界定有二：“① 经书的义理。② 科举考试科目之一。宋代以经书中文句为题，应试者作文阐明其义理，故称。明、清沿用而演变成八股文。”一是泛指儒家经典或佛经的内容和意义，二是专指古代科举考试中的一种科目。有论者指出，在明清两代，“经义”这一名称依然存在，不过和“制义”、“时文”等名词一样，成了八股文的别名，狭义的“经义”则专指“五经义”，以区别于所谓的“四书义”。②

---

① 作者简介：司马朝军，上海社会科学院历史研究所研究员、古代史研究室主任、《传统中国研究集刊》执行主编；曾军，黄石师范学院文学院教授。

② 方笑一：《“经义”考》，《华东师范大学学报（哲学社会科学版）》2002 年第 6 期。

可见，经义自古分为两股道：一为经学之路，一为科举之路。二者之间存在微妙的关系——离之则双美，合之则两伤。通俗地说，经义有两条路径：向上一路为经学之经义，向下一路为科举之经义。因此对策也有两条路径：向上一路为经学经义之集成，向下一路为科举经义之总汇。

蒋寅教授在《清代文学论稿·科举阴影中的明清文学生态》（凤凰出版社2009年版）中认为："八股文就其发挥经义的内容来说是一种知识形态，而就其缜密的文体结构及写作难度来说又是一种文学形态；不幸的是八股文的写作实践非但没有光耀知识和文学，反而扮演了反知识、反文学的角色。明清两代学人对八股的批判也因此深入其反知识、反文学的各个层面。明清以来仕途与前代最大的不同就是由科举出仕的单一性，这使得士人在知识和才能的培养上只能举业优先。"清人文集一般都不收入八股文，高明之士无不视此为敲门砖而已。只有少数当了一辈子八股先生的底层文人，他们才把八股文视同身家性命。清代朝野上下都普遍轻视八股文，顾炎武、纪晓岚、吴敬梓等人都极尽挖苦嘲讽之能事，严复更是极力反对八股文，清人科举之经义早已被抛弃与否定。

路径的选择是一个首要问题。何去何从？我们的选择是取法乎上，拟做清人文集经学经义之集成，不作科举经义之总汇。

二　经学资料的整理

（一）大型经学专科目录

以朱彝尊《经义考》为代表。《经义考》仿马端临《文献通考·经籍志》辑录体之例，以一己之力，穷数年之功，编纂出一部卷帙浩繁的经学专科目录，成为辑录体目录的典范之作。续补之作有翁方纲《经义考补正》、罗振玉《经义考校记》。继《经义考》之后，《小学考》、《史籍考》、《医籍考》、《词籍考》等书纷纷效颦，足见其影响之深远。

南京大学张宗友博士认为："对《经义考》所录资料，考溯其源，校核其文，补其未备，从而为学界提供完善的可资利用的文本，即为颇具有现实意义和切实可行的课题。"① 台北大学杨果霖教授也有"还原其原始的出处"的看法，

① 张宗友：《〈经义考〉研究》，北京：中华书局，2009年，第344页。

可谓英雄所见略同。早在世纪之交我们就注意及此，在研究《四库全书总目》的同时，也开始积累相关资料，准备做《经义考》的溯源校勘工作，后来陆续完成了《经义考通说疏证》、《经义考通说补证》两部书稿。

（二）大型经解丛书

清初徐乾学主编的《通志堂经解》收书140余种书，偏重于宋学系。张金吾《诒经堂续经解》、顾沅《艺海楼续经解》、钱仪吉《经苑》也是对宋、元诸儒说经之作的集结。清代中期阮元主编的《皇清经解》收书180种，偏重于汉学系。晚清王先谦主编的《皇清经解续编》收书209种，偏重于汉学系。山东大学刘晓东、杜泽逊两位教授合编的《清经解三编》收书65种，分为12巨册；合编的《清经解四编》收书50种，分为14巨册。现在又有出版社将这四部经解合编成为一套《清经解全编》，大体上容纳了清代经学研究的名家名作。这不仅为经学研究者提供了极大的方便，而且为汇集保存有清一代经解类文献做出了巨大贡献。诚如徐复先生所总结的那样，就其内容论，涉及经义家法、名物训诂、典章制度、天文历算、山川地理、校勘辨伪等众多方面。就学术论，经学大家之作几无所遗，于此可有清一代之学术风貌。

清代学人说经、解经之作，主要体现在专书和文集、札记中。若能将这些著论全部汇集在一起，固然是最理想的办法，但这样做需要大量的人力、财力，以一己之力实难胜任。阮元《皇清经解》虽对文集、札记中的经义资料有所关注，但还非常有限。嘉道间学者朱珔《国朝诂经文抄》另辟蹊径，将关注点放在了学人的文集和札记上。做此选择，他还有一个考虑，即担心这些成果“散而不聚，学者难遍观尽识，增长神智，久之且恐渐湮灭”。当然，朱珔在取舍上也有自己的标准：一是“篇幅完善，殊鲜碎金”，二是对于“异同之说，则不妨兼取”。要而言之，朱珔意在使清朝学人“创抒己见，辅翼群经，发前人所未发”的学术创获得以有效保存和集中展现，并欲“因文而得经之梗概”。“凡《易》八卷，《书》八卷，《诗》八卷，《春秋》八卷，《周礼》十卷，《仪礼》五卷，《礼记》五卷，《三礼总义》十卷，《论语》、《孟子》附群经义共五卷，《尔雅》一卷，《说文》一卷，《音韵》一卷，总七十卷。《续抄》又已积二十卷。”朱珔是以经书、小学来分类汇辑的，篇幅多达七十卷，另有续抄二十卷。《国朝诂经文抄》编成后，朱珔曾送胡培翚征求意见。胡氏评论此书：“博采本朝说经之文，核其是非，勘其同异，分类编录……其文多抄自诸家集中，而解经之书有分段笺释，自成篇章者，亦同录入。寻其义例，宗主汉儒，惟收征实之文，不取蹈空之论。至于一事数说，兼存并载，以资考证，盖欲读者因文通经，非因经存文也。”胡氏又进而将清代学人的特点精炼地概括为六点，即辨群经之伪、存古籍之真、发明微学、广求遗说、驳正旧解、创通大义。[①] 朱珔《国朝诂经文抄》因遭遇兵厄，并未能流传下来，但他开创的道路为我们提供了极大的启示。

曹元弼先生在两湖书院之时，与梁鼎芬友善，编辑《经学文钞》十七卷，虽联名共署，实则曹先生出力为多。《经学文钞》乃系统选辑历代论述经学要义篇章，以清人文集为主，两湖书院学子所必读，其后唐文治先生讲学无锡国学专修学校，亦要求当时的学子参读此书。此书实事求是，掌握大义，实为经学入门坦途。唯近代以来，经义之学见废，故《经学文钞》亦不为世重。条例共八条："一、是编所录，皆发挥大义、叙述源流之文。其考核训诂名物者，别为《经学丛钞》。一、德行文学，圣教终始，苟非其人，道不虚行。是编放《汉儒通义》之例，凡大节有亏，当为圣门所不齿者，学虽博，文虽美，不录。一、言之无文，行之不远。是编取《易传》旨远辞文、《史记》择言尤雅之意，所采皆日光玉洁之文。凡稍涉枝多游阙之病者不录。一、所录之文，大醇中兼有小疵，加按语辨正之。一、是编以经为次，每经中以家法为次。间有前后互异之说，必加识别，俾学者一览而悟。一、是编每类，先叙录，次训义。一、是编所录，多汉学类之文，宋元明儒发挥汉学之文，亦悉采录。其家法与汉儒不同者，当别为《理学文钞》，以免多加按语，曲生分别。并非是丹非素，有轩轾之意，学者勿误会。一、是编每类中有论列宋儒经说者，皆取持平笃实之论。其苟訾洛闽，开后生轻薄诞妄之习者，概不录。”既以《经学文钞》演示经义之学之标准，则所严格挑选之作品，自是关键。全书十七卷，首两卷为“卷首”，属于总论，自两卷“卷首”以下十五卷，分别专属《易》、《书》、《诗》、《礼》、《春秋》等，而《礼》在五、六、七三卷，分量最多。文钞中所收录己作，均录存于先生《复礼堂文集》之中。但《经学文钞》成书于兵荒马乱之时，紊乱难免。其首二卷为卷首之上下，接下第一卷专论《易》，第二卷论“经学大义”，此两卷理应易置，则首三卷乃通论经义，以下专论，则怡然理顺。[②]《经学文钞》有江苏存古学堂1908年刊本，近年又有

① 林存阳：《论朱珔〈国朝诂经文抄〉的成就及在清代学术史上的意义》，《安徽大学学报（哲学社会科学版）》2015年第1期。

② 邓国光：《曹元弼先生〈经学文钞〉礼说初识》，《湖南大学学报（社会科学版）》2016年第5期。

《晚清四部丛刊》本。是书刻本达5000多页，别出心裁，持论甚严，但还很不完善，仅有100万字左右的分量。

值得特别注意的是，清末刘可毅辑《经义初编》，有光绪二十七年（1901）刻本，文听阁图书有限公司2012年据此影印，收入《晚清四部丛刊》第八辑第3册，但此书并非经学总集，而是八股文选集，分量很小。

（三）大型综合丛书

《四库全书》、《四库全书存目丛书》、《续修四库全书》、《四库禁毁丛书》等四库系列丛书的经部图书比较完备，形成了规模效应。《四库全书》去取甚严，成见甚深，经部尤为用心。《四部丛刊》、《丛书集成初编》等所收经部资料也很丰富。

（四）经学学术编年

山东大学郑杰文教授主编了一套《中国经学学术编年》，以时间为经，以相关传世文献资料和出土资料的编排为纬，以编年形式来全面反映西周至清末三千年间的经学史面貌和规律走向。其主要内容有五大方面：一、经学著述资料；二、经生经师资料；三、经学事件资料；四、经学思潮资料；五、经学背景资料。每条纲目之下又系以文献、考论等，实事求是，信而可征，是近年来经学史研究的可贵收获。清代卷分为前期、中期、后期，是一部简明扼要的清代经学编年史。

（五）相关研究课题

各种各样的资料汇编层出不穷，但大体根据《清代文集篇目分类索引》编纂的只有《清代文集地理类汇编》一种。地理学家谭其骧先生早年襄助版本目录学家王重民先生编纂《清代文集篇目分类索引》的地理类，后来他深刻地认识到："由于种种原因，我们长期以来对清人的地理学成就并未给予足够的重视、进行充分的了解。因此在研究工作中，往往重复清代学者的工作，把前人解决了的问题当作新问题来研究，其结果有时甚至还达不到前人的水平，有时还会重复已经经过前人纠正过的错误。这种情况不仅青年学者中有，具有相当研究水平的学者中也有。这固然有他们认识不足、了解不深等主观上的原因，但客观上的困难也是不可忽视的。因为清人的地理研究成果，除了作者另有专著或少数著作中收集比较集中外，其他文章大多散见于诗文集中。虽然这些诗文集一般还不是珍本秘笈，但由于卷帙浩繁，内容分散，查找也并非易事，所以这些地理文章往往被人们忽视了。……我当时曾协助王先生编排了地理类的篇目，深感这对于了解、利用清人的学术成果提供了方便。但在半个世纪后的今天，却依然存在这样的困难：清人文集除了少数有新版或铅印本流传外，多数还只有原来的刻本，且不说私人不可能都有收藏，即使较大的图书馆也往往收不全。加上现在专业和业务的学习、研究人员日益扩大，有限的几部古书实在满足不了大家的需要。而且由于文章的题目往往名不符实，或者根本看不出实际包括的内容，所以花了九牛二虎之力找来的材料，很可能根本不管用。看来，最好的办法还是将这些资料辑录汇编起来，使大家都能方便地使用。”这番话虽然是针对地理学说的，其实与经学方面的情况也基本吻合。长期以来学界对清人的经学成就也没有给予足够的重视，也在不断地重复清人的研究成果，甚至还有人大言不惭地宣称这是他的“首创”那是他的“独创”，殊不知二三百年前清人早已说得明明白白！谭其骧先生组织人员编纂了一套七卷本的《清人文集地理类汇编》，删去了一些明显不属于地理内容及毫无实际意义的文章，增补了一些原索引漏编的文章。它不仅对地理学研究有用，对于研究历史、历史地理、地理学史、文物、考古、水利、交通、旅游、经济史、民族史、文化史，以及编写地理史志、整理古籍等各方面的同志都会有一定的参考价值，而且对经学研究也大有裨益。最可贵的是，它为我们编纂《清人文集经义资料汇编》提供了样板工程。

三　百年经学研究的进展

经学是围绕着《易》、《书》、《诗》、《礼》、《春秋》等几部经典进行的理解、解释和阐发等一系列精神再生产活动，是中国传统思想文化的精神内核。这种思想传统对两千多年来中国人的思想行为习惯产生了巨大的影响，并继续影响着当下中国。这种影响一度因西学东渐的缘故而弱化，中国的现代化一开始就是以反传统、与过去文化决裂的姿态出现的。在这个过程中，中国传统与西方理念不断出现碰撞和冲突，传统经学也在这种磨合中艰难转型。

学者邓秉元分析了新文化运动之前传统士大夫对孔学的扬弃，指出新文化运动迅速产生影响的主要原因是自 1904 年以来，中国新知识群体所发生的知识结构的深刻变化。“五四”新文化运动不是陈独秀所说的“国民运动”，而是出身于传统士大夫阶级、自以为可以代表全体国民的“新青年”的全盘西化和全面反传统的运动。其深层原因，来自传统经学面对西学的困境。“五四”新文化运动作为新世纪的起点，为20世纪中国的命运奠定了基调。[①] 从1917年这一新旧文化的转折点算起，到今年刚好是一百年。下面扼要梳理这一百年经学的学术史，以便辨章学术，考镜源流，从而理清经学研究的发展趋势。

（一）经学的当代界定与多元发展

中国古代研究经典的学问有诸多名称，如有阐发微言大义的“今文经学”与关注文本的“古文经学”；有侧重名物训诂的“汉学”与注重义理的“宋学”；有与“西学”相对应的“国学”、海外研究中国传统的“汉学”、以孔子为旗帜的“儒学”；也有讨论研究注疏方法的“诠释学”（或称解释学、阐释学等）。相关的还有“经学”、“玄学”、“理学”、“心学”、“考据学”、“实学”、“朴学”等名称。“经学”这个名称可以更好地聚焦于那些研究五部经典（或称原典、元典）的学问上。经学，即经典之学，简言之就是关于经典的学问，它关注的是经典及其附着于经典的义理和各种相关知识，是围绕具体经典的文本文献展开的各种研究。

经学研究什么？姜广辉教授认为：“所谓经学，即是关于这些经典的训诂注疏、义理阐释以及学派、传承、演变等等的学问。古代书可分为四大类：经、史、子、集。经部书籍即属于经学范围，此外，史部、子部、集部书籍中论及儒家经典的资料内容，也都属于传统经学的范围。”[②] 蔡方鹿教授说：“所谓经学，指训解、阐述和研究儒家经典之学。经指《易》、《书》、《诗》、《礼》、《乐》、《春秋》等儒家经典，故系统地研究、探讨儒家群经之学即称为经学。它包括研究和探讨儒家经典产生、演变和发展的历史，对经传文字、名物度数的训诂，对经传义理的阐释发挥，对经书的考据等，都在经学的范围之内。而对经学流派及各派理论演变发展及其相互关系的研究，对经学与中国社会及中国文化关系的研究等，都是与经学相关的经学研究的范畴和内容。”[③] 前者强调经学的研究范围，后者侧重于经学作为一门学科的体系性。

张国刚、乔治忠二位教授合著的《中国学术史》也从学科体系的角度提供了一种思路。他们认为，学术史探讨的对象是学术在以往发展历程中的事件、

---

① 邓秉元：《新文化运动百年祭》，《社会科学论坛》2016年第1期。

② 姜广辉：《中国经学思想史》（第一卷），北京：中国社会科学出版社，2003年，第2页。

③ 蔡方鹿：《朱熹经学与中国经学》，北京：人民出版社，2004年，第4页。

成果以及与其他有关历史状况组成的连续性轨迹。主要内容为六个方面：第一，研究学术形成、发展的社会机制以及学术认识赓续的社会纽带，不仅探索学术最初产生的社会原因，而且研究各个时期学术现象的社会条件；第二，不仅关注个案研究，而且更关注团体的、社会性的学术现象，例如学术派系的发生、发展、盛衰，学术风气的形成和变化等等；第三，探讨学术各门类的相互影响和内在联系，特别是由其内在联系促成的学术总体发展趋势；第四，不仅注重一定时期主导的学术倾向，而且关注潜在着的、预示发展前途的理性认识因素；第五，研究以往学术界具有代表性的人物的活动、学术著述与学术思想，三者并重，使学术史的研究从这三个基点上构成三维的考察角度，得出全面的、如实的分析判断；第六，考察学术发展对社会政治、经济以及其他文化事业所起到的作用。①

以上三论无疑是现代学术观念影响下的产物。20 世纪的经学研究最突出的特点就是研究思想的多维度、研究领域的跨学科和研究方法的多元化。

从研究方法上说，可以分为传统经学和现代经学。20 世纪的经学研究是多元化的，但大体也可以分为两种姿态。一种可称为传统经学。以章太炎、刘师培、黄侃为主要代表。他们主张昌明固有之学术，基本上是国故派或国粹派。黄侃遍读群经，多次圈点十三经，广泛研究各派经学著作，最后经过比较分析，认为清人经学成就不高，甚至认为基本上可以忽略不计。章太炎晚年对此极端观点持欣赏态度。一种可称为现代经学。他们坚持客观的学术立场，将经学看作与子学、史学、集部之学甚至其他学科并列的一门学问，从学科体系的构建上探寻经学本身的内在理路。日本学者池田秀三严格区分“经学”与“经学之学”②，正是传统经学与现代经学的分野。

从研究对象来说，可分为总体研究与专经研究。有很多研究者从哲学、社会学、史料学等维度对经典进行研究，如郭沫若的《青铜时代》，就是以经书为史料研究古代社会史。如“古史辨派”对《尚书》、《春秋》和《诗经》的辨伪，就吸纳了社会学和考古学的方法和成果。专经研究在 20 世纪也呈现出百花齐放的态势。每部经书都吸引了许多研究者，产生了大量的研究专著，很多经书已有多部专门的学术史，如《周易》、《春秋》等。

---

① 张国刚、乔治忠：《中国学术史》，上海：东方出版中心，2002 年，第 8 页。

② 〔日〕池田秀三：《经学在中国思想里的意义》，载童岭编：《秦汉魏晋南北朝经籍考》，北京：中西书局，2017 年，第 45 页。

（二）现代经学研究类别综述

现代经学分散在各学科之中，受西方现代学术思想影响，现代经学研究也在各科之中蓬勃发展，呈现出与传统经学不同的活力，大体上有以下几类。

1. 经学史研究的繁盛

中国经学的历史源远流长，但对经学通史的研究却是20世纪才开始的。20世纪著名经学家周予同曾说：“中国经学研究的时期，绵延二千多年；经部的书籍，据《四库全书总目》所著录，已达一千七百七十三部，二万零四百二十七卷；但是很可奇怪的，以中国这样重视史籍的民族，竟没有一部严整的系统的经学通史。”①

古代经学文献目录体现了“辨章学术、考镜源流”的中国学术传统，兼具经学史性质。清初朱彝尊以一己之力独撰《经义考》三百卷，详考历代经籍存佚状况，对18世纪之前的经学文献作系统的清理和总结，成了一部辑录体专科书目形式的经学史。《四库全书总目·经部总序》是一部简要的经学史提纲，类序则是简要的专经史提纲。古代“学案体”也就是经学断代史。梁启超《清代学术概论》谓“清代学术之祖当推宗羲，所著《明儒学案》，中国自有学术史，自此始也”。自黄宗羲《明儒学案》一出，全祖望旋即修补之并继踵以《宋元学案》。徐世昌编纂的《清儒学案》八卷也是继承这种形式。经学学派史则有江藩的《汉学师承记》、《宋学渊源记》和方东树的《汉学商兑》，二者各守一隅，针锋相对，为汉宋学术之争白热化的典型文本。站在现代学术的视野看来，这些离周氏所说“严整的、系统的”的标准显然相差甚远，所以近百年的经学研究中以经学史的研究最为突出，成就最大。

通史、断代史、专经史皆成果累出。20世纪初产生了一批经学通史，如皮锡瑞今文经学立场的《经学历史》、刘师培古文经学立场的《经学教科书》、范文澜简介性质的《群经概论》、马宗霍按朝代分期的《中国经学史》和日本学者本田成之的《中国经学史》，对了解20世纪以前的经学历史提供了资料和视角。梁启超、钱穆的同名著述《中国近三百年学术史》影响也极其深远。近年来，经学史一类研究也屡结硕果：如许道勋、徐洪兴所著《中国经学史》（上海人民出版社2006年版。原名《经学志》，为1998年出版《中华文化通志》之一种），

---

① 周予同：《经学史与经学之派别——皮锡瑞〈经学历史〉序》，载朱维铮编：《周予同经学史论著选集》，上海：上海人民出版社，1983年，第96页。

吴雁南等编写的《中国经学史》(福建人民出版社 2001 年版),张国刚、乔治忠撰写的《中国学术史》(东方出版中心 2002 年版),姜广辉主编的《中国经学思想史》(中国社会科学出版社,第一、二卷 2003 年出版,第三、四卷 2010 年出版),张立文主编的《中国学术通史》(人民出版社 2004 年版)等,章权才著的《两汉经学史》(广东人民出版社 1990 年版)、《魏晋南北朝隋唐经学史》(广东人民出版社 1996 年版)、《宋明经学史》(广东人民出版社 1999 年版)、《清代经学史》(广东人民出版社 2010 年版),角度、线索不尽相同,都是足资借鉴的重要经学断代史。章权才《清代经学史》是一部简明的经学史,清初只谈了孙奇逢、顾炎武、黄宗羲、王夫之、颜元、李塨,康乾时期主要论述惠栋、戴震的建树,鸦片战争前夜谈庄存与、刘逢禄、龚自珍、魏源,清朝后期谈曾国藩、邵懿辰、张之洞、陈澧,最后加上康有为和章太炎,全书重点论述的不过"十八条好汉",完全是一本经学精英史。

经学断代史还有:程元敏的《先秦经学史》(台湾商务印书馆 2013 年版)、钱穆的《两汉经学今古文平议》(商务印书馆 2001 年版)、王葆玹的《西汉经学源流》(台湾东大图书公司 2008 年版)、洪乾祐的《汉代经学史》(国彰出版社 1996 年版)、张子敬的《汉晋经学史》(上海文艺出版社 2013 年版)、程元敏的《三国蜀经学》(学生书局 1997 年版)、汪惠敏的《三国时代之经学研究》(汉京文化事业有限公司 1981 年版)、汪惠敏的《南北朝经学初探》(嘉新水泥公司文化基金会 1979 年版)与《宋代经学之研究》(台湾师大书苑有限公司 1990 年版)、焦桂美的《南北朝经学史》(上海古籍出版社 2009 年版)、潘忠伟的《北朝经学史》(商务印书馆 2014 年版)、朱金发的《先秦诗经学》(学苑出版社 2007 年版)、汪学群的《清初易学》(商务印书馆 2004 年版)、刘毓庆的《从经学到文学:明代〈诗经〉学史论》(商务印书馆 2003 年版)、林存阳的《清初三礼学》(社会科学文献出版社 2002 年版)、刘丰的《北宋礼学研究》(中国社会科学出版社 2016 年版)、潘斌的《宋代〈礼记〉学研究》(吉林人民出版社 2011 年版)、吴雁南主编的《清代经学史通论》(云南大学出版社 1993 年版)、李新霖的《清代经今文学述》(硕士学位论文,台湾师大国研所)、田汉云的《中国近代经学史》(三秦出版社 1996 年版)、文廷海的《清代谷梁学研究》(巴蜀书社 2006 年版)、陈其泰的《清代公羊学》(东方出版社 1997 年版)、何海燕的《清代诗经学研究》(人民出版社 2011 年版)、黄慎的《清代诗经学论稿》(文津出版社 2011 年版)等;专经史如廖名春等的《周易研究史》(湖南出版社 1991 年版)、杨庆中的《二十世纪中国易学史》(人民出版社 2000 年版)、潘斌的《二十世纪中国三礼学史》(南京大学出版社 2016 年版)、林忠军的《象数易学发展史(第一、二卷)》(齐鲁书社 1994 年版)、夏传才的《诗经研究史概要》(清华大学出版社 2007 年版)、洪湛侯的《诗经学史》(中华书局 2002 年版)、戴维的《诗经研究史》(湖南教育出版社 2001 年版)、赵沛霖的《现代学术文化思潮与诗经研究——二十世纪诗经研究史》(学苑出版社 2006 年版)、刘起釪的《尚书学史》(中华书局 1989 年版)、程元敏的《尚书学史》(华东师范大学出版社 2001 年版)、沈玉成等的《春秋左传学史稿》(凤凰出版社 1992 年版)、赵伯雄的《春秋学史》(学苑出版社 2006 年版)、戴维的《春秋学史》(湖南教育出版社 2004 年版)、高怀民的《先秦易学史》(广西师范大学出版社 2007 年版)与《两汉易学史》(广西师范大学出版社 2007 年版)及《宋元明易学史》(广西师范大学出版社 2007 年版)、舒大刚的《中国孝经学史》(福建人民出版社 2013 年版)、陈壁生的《孝经学史》(华东师范大学出版社 2015 年版)、黄开国的《公羊学发展史》(人民出版社 2013 年版)、曾亦等的《春秋公羊学史》(华东师范大学出版社 2017 年版)、唐明贵的《论语学史》(中国社会科学出版社 2009 年版)、戴维的《论语研究史》(岳麓书社 2011 年版)、李峻岫的《汉唐孟子学述论》(齐鲁书社 2010 年版)、兰翠的《唐代孟子学研究》(北京大学出版社 2014 年版)、李畅然的《清代孟子学史大纲》(北京大学出版社 2011 年版)等;地域经学史如唐明邦、汪学群的《易学与长江文化》(湖北教育出版社 2004 年版)与赖贵三的《台湾易学史》(里仁书局 2015 年版)等。这类研究以翔实的史料、清晰的层次,勾勒出传统经学的发展脉络,为后续研究奠定了基础、开拓了疆域。

2. 经学家、经学著述、经学学派个案研究的纵深发展

这类研究往往集中在一些大经学家、著名经学著述和经学学派上。如陈来、蔡方鹿、檀作文等对朱熹经学的研究;如汪学群《王夫之易学:以清初学术为视角》(社会科学文献出版社 2002 年版)、纳秀艳《王夫之〈诗经〉学研究》(中国社会科学出版社 2016 年版)、黄忠慎《清代独立治〈诗〉三大家研究:姚际恒、崔述、方玉润》(台湾五南图书出版公司 2012 年版)、姜龙翔《庄述祖〈诗经〉学之研究》(硕士学位论文,台湾高雄师范大学国文研究所)、于春莉《清代桐城学术文化与马瑞辰〈诗经〉学研究》(《学术界》2016 年第 3 期)、刘国民《董仲舒的经学诠释及天的哲学》(中国社会科学出版社 2007 年版)、罗雄飞《俞樾的经学思想与经学研究风格》(电子科技大学出版社 2014 年版)、林忠军《周易郑氏学阐微》（上海古籍出版社 2015 年版）、杨天宇《郑玄三礼注研究》（中国社会科学出版社 2008 年版）等对经学家及其著述的研究；如艾尔曼《经学、政治和宗族——中华帝国晚期常州今文学派研究》（江苏人民出版社 1998 年版）、刘建臻《清代扬州学派经学研究》（江苏人民出版社 2019 年版）和郭院林《清代仪征刘氏〈左传〉家学研究》（中华书局 2008 年版）等对经学学派的研究。这类研究采用个案研究以点带面的方式展开对经学的纵深研究，有利于深入研究的进行，也常使研究相对集中，分布不太平衡。有关清代春秋学著述的研究有：杨济襄《龚自珍春秋学研究》（高雄复文图书出版社 2006 年版），刘少虎《经学以自治：王闿运春秋学思想研究》（华夏出版社 2007 年版），赵沛《廖平春秋学研究》（巴蜀书社 2008 年版），招祥麒《王夫之春秋稗疏研究》（上海古籍出版社 2010 年版），郭鹏飞《洪亮吉左传诂研究》（复旦大学出版社 2014 年版），常超《“托古改制”与“三世进化”——康有为公羊学思想研究》（北京大学出版社 2015 年版）。另外，区域经学研究方面有周天庆的《明代闽南四书学研究》（东方出版社 2010 年版）。

3. 专经分科研究的义理拓展

现代经学为分科之学，导致现代经学研究多以某一部经典作为史料进行分科式研究。有对经学进行哲学的研究，如刘纲纪《周易美学》（武汉大学出版社 2006 年版）、金景芳《易通》（《金景芳全集》本，上海古籍出版社 2015 年版）、朱伯崑《易学哲学史》（昆仑出版社 2009 年版）、吕绍纲《周易的哲学精神》（上海古籍出版社 2005 年版）、严正《五经哲学及其文化学的阐释》（齐鲁书社 2001 年版）、龚建平《意义的生成与实现：礼记哲学思想》（商务印书馆 2005 年版）等。有语言学、文字学、考古学的研究，如于省吾对《诗经》的新证，张政烺的《试释周初青铜器铭文中的易卦》（《考古学报》1980 年第 4 期）将甲骨文文字研究与《周易》研究相结合。有历史学、文献学、博物学的研究，著名的如胡朴安《周易古史观》（上海古籍出版社 2005 年版）、瑞典高本汉《左传真伪考及其他》（山西人民出版社 2015 年版）、张西堂《谷梁真伪考》（直隶书局和记印书馆 1931 年版）、童书业《春秋左传研究》（中华书局 2006 年版）、刘大钧《今、帛、竹书〈周易〉综考》（上海古籍出版社 2005 年版）、赵生群《〈春秋〉经传研究》（上海古籍出版社 2000 年版）、段熙仲《春秋公羊学讲疏》（南京师范大学出版社 2002 年版）、丁鼎《〈仪礼·丧服〉考论》（社会科学文献出版社 2003 年版）、邓声国《清代〈仪礼〉文献研究》（上海古籍出版社 2006 年版）、钱玄《三礼通论》（南京师范大学出版社 1996 年版）和《三礼名物通释》（江苏古籍出版社 1987 年版）、杨向奎《宗周社会和礼乐文明》（人民出版社 1997 年版）、沈文倬《宗周礼乐文明考论（增补本）》（浙江大学出版社 1999 年版）、金春峰《周官之成书及其反映的文化与时代新考》（台湾东大出版社 1993 年版）、彭林《〈周礼〉主体思想与成书年代研究》（中国人民大学出版社 2009 年版）、扬之水《诗经名物新证》（天津教育出版社 2012 年版）等。有社会学、文学、文化人类学、民俗学研究，如李安宅《〈仪礼〉与〈礼记〉之社会学的研究》（四川人民出版社 1991 年版）、胡朴安《周易人生观》（台湾“中研院”中国文哲研究所 2012 年版）、葛兰言《古代中国的节庆与歌谣》（广西师范大学出版社 1999 年版）。闻一多的《〈诗经〉新义》引起了对《诗经》进行文学、民俗学研究的风潮，如夏传才《诗经语言艺术》（语文出版社 1985 年版）、叶舒宪《诗经的文化阐释》（陕西人民出版社 2005 年版）、何新文《〈左传〉人物论稿》（中国社会科学出版社 2004 年版）、潘万木《〈左传〉叙述模式论》（华中师范大学出版社 2004 年版）、林美惠《清代诗经的钟谱礼政文化学》（台湾复文图书有限公司 2014 年版）等。还有自然科学的研究，如《八卦宇宙论与现代天文》一文是刘子华先生运用中国传统文化《易经》的基本原理与西方现代科学相结合取得的研究成果，其理论和对太阳系存在第 10 大行星的预测，是天文学上一种新的理论假设。此一领域另有薛学潜、董光璧等对《周易》的研究，等等。这类研究取得了较大成就，大大拓展了传统经学的意义内涵。

4. 经学关系性研究带来学科融合

著名的如汤志钧《西汉经学与政治》（上海古籍出版社 1994 年版）与《近代经学与政治》（中华书局 1989 年版）、刘松来《两汉经学与中国文学》（百花洲文艺出版社 2001 年版）、孙筱《两汉经学与社会》（中国社会科学出版社 2002 年版）、侯文学《汉代经学与文学》（人民出版社 2010 年版）、张涛《经学与汉代社会》（河北人民出版社 2001 年版）、田汉云《六朝经学与玄学》（南京出版社 2003 年版）、刘再华《近代经学与文学》（东方出版社 2004 年版）、杨旭辉《清代经学与文学：以常州文人群体为典范的研究》（凤凰出版社 2006 年版）、李天纲《跨文化的诠释：经学与神学的相遇》（新兴出版社 2007 年版）、王仲尧《易学与佛教：走进瑰丽世界》（中国书店出版社 2001 年版）和詹石窗《易学与道教思想关系研究》（厦门大学出版社 2001 年版）等。陈致主编的《跨学科视野下的诗经研究》(上海古籍出版社 2010 年版)对《诗经》进行跨学科视野下的思考。另外,在中国哲学与历史文献学中都有经学诠释学的研究,如傅伟勋的创造诠释学和成中英的本体诠释学,也为经学研究提供了新的方法论。

但是,现代经学研究也有"先天不足"的弱点,新一代学者身受现代教育,对传统经典的浸润和积淀稍嫌不足,对古人缺乏"了解之同情",有以今律古、过度阐释之嫌。

(三)现代经学的学术史评价

中西文化交流背景下的现代经学,具有迥异于传统经学的特征。学界对此早有共识,主要体现在一批自觉总结现代经学研究成果的经学史著作和经学专著的综述之中,部分概括了现代经学的研究成果和特点。20 世纪末期的经学通史往往会在末章对现代经学研究作简要总结评述,之后又出现了几部专门总结 20 世纪专经研究成果的系统论著。

如许道勋、徐洪兴所著《中国经学史》(上海人民出版社 2006 年版),原名《经学志》,为《中华文化通志》之一种,末章第三节为"'五四'以来经学史的研究",评介了郭沫若、范文澜、周予同等经学史研究成果,"古史辨派"与经典辨伪,新中国成立后经学史研究简述,考古发现的"经典"及其研究成果。文字较为简略,但扼要地指出了五四和新中国成立后经学的不同特点,也注意到考古发现对经学的重要影响。

姜广辉主编的《中国经学思想史》(中国社会科学出版社 2003 年版)关注的重点是中国经学的思想传统和本源性问题。吴雁南等《中国经学史》(人民出版社 2010 年版)一直写到晚清。卢钟锋《中国传统学术史》(河南人民出版社 1998 年版)、张国刚等《中国学术史》(东方出版社 2002 年版)、张立文主编《中国学术通史》(人民出版社 2004 年版)、李申《简明儒学史》(中国人民大学出版社 2006 年版)、赵吉惠《中国儒学史》(中州古籍出版社 1991 年版)等,名称不尽相同,也都涉及经学内容,可以为认识现代经学的特征提供参照。

专经史的成果较为可喜。关于《周易》,廖名春等《周易研究史》(湖南出版社 1991 年版)第七章"现代易学"写至 1989 年,按治《易》方法将近八十年的现代易学分为现代义理易学、现代象数易学和现代考据易学。分类虽取之于传统,但他关注的是现代易学对传统的推进。他认为,现代义理派用新思想、新学说为工具阐发《易》理,在哲理的探讨上达到了前所未有的深度;现代象数派以新的自然科学知识治《易》,势头强劲;现代考据派运用现代考古学的方法，在易卦的起源、传本等问题上做出重大突破。杨庆中《二十世纪中国易学史》（人民出版社 2000 年版），以 1949 年为界，将 20 世纪中国易学发展分为前后两个发展阶段。该书比较系统地介绍总结了 20 世纪的易学成就，努力贯彻学术史和思想史统一的原则，注意比较各家各派的易学研究方法与成就，揭示它们之间的批判、继承与发展的关系，有助于全面认识现代易学的发展过程和学术价值。

关于《诗经》，早在 1933 年胡朴安就出版了《诗经学》（商务印书馆 1933 年版），为诗经史研究的发轫之作。20 世纪 80 年代，夏传才的《诗经研究史概要》（中州书画社 1982 年版）面世，影响较大。全书共计十三章，后四章分别为：鲁迅论《诗经》，胡适和古史辨派对《诗经》的研究，郭沫若对《诗经》研究的贡献，闻一多——现代《诗经》研究大师。他精准地选择了现代《诗经》学的几位开创性学者，加以介绍，清楚概括了现代《诗经》学的几条研究路径。夏传才又撰有《二十世纪诗经学》（学苑出版社 2005 年版），结合时代梳理现代《诗经》学的发展阶段特征，紧扣问题谈现代《诗经》学的研究深度与广度。洪湛侯《诗经学史》（中华书局 1999 年版）的第五编“现代《诗》学”计十章，涉及著作最近出版时间为 1993 年。内容比较丰富，分别为：五四以后《诗经》讨论热潮的兴起，《诗经》研究从经学到文学的重大改变，重新进行诗篇分类，探讨《诗经》的艺术手法，对《诗经》基本问题的认识，以《诗经》为史料开展多学科的研究，《诗经》文学研究的深入和普及，《诗经》典籍的整理与编印，近当代影响较大的《诗经》学者及其著作，《诗经》研究的反思与展望。他立足于史料学撰写《诗经》学史，资料翔实，论断简洁。赵沛霖《现代学术文化思潮与诗经研究——二十世纪诗经研究史》（学苑出版社 2006 年版），从时代学术文化思潮的视角切入，以时代学术文化思潮的大视野与《诗经》学自身传统结合，把握传统《诗经》学在现代条件下的嬗变过程。该著述反映了时代思潮对《诗经》研究的影响，揭示了现代《诗经》学的时代特征。目录类有寇淑慧的《二十世纪诗经研究文献目录》（学苑出版社 2001 年版），其子目划分非常细致，反映了现代《诗经》研究学科分类的特点。另有戴维《诗经研究史》（湖南教育出版社 2001 年版）。黄忠慎《清代诗经学论稿》（文津出版社 2011 年版）把诠释学、接受美学等西方理论介入《诗经》学研究当中，有所侧重地对八位学者（王夫之、胡承珙、马瑞辰、陈奂、姚际恒、崔述、方玉润、王先谦）进行研究，以广阔的研究视野看待《诗经》学，总结了清代《诗经》学的成就及其发展演变。何海燕的《清代〈诗经〉学研究》（人民出版社 2011 年版）不仅以经学研究模式对清代《诗经》学进行研究，还对清代以文学说《诗》取得的成就进行研究，凸显了清代《诗经》学多彩的面貌。陈国安的《清代诗经学研究》（硕士学位论文，苏州大学，2003 年）从清代学术、清代文学、文学理论发展轨迹等方面综合考察清代《诗经》学，将涉及《诗经》学的诸多命题作了全景式的描述，展现了《诗经》在清代的存活状态。书后附录《清代诗经学论著知见录》，收书大约 650 余种。

《尚书》类，有刘起釪的《尚书学史》（中华书局 1989 年版）第八章为“清代对《尚书》的考辨研究”，主要论述了清初宋学家对《尚书》的研究，清代部分学者对《古文尚书》的辨伪工作及《古文尚书》派对辨伪工作的反抗，清人对《今文尚书》的研究，清后期今文学派的《尚书》研究和近代式《尚书》研究。第九章为“现代对《尚书》的科学研究”，写至 1986 年。该章分述了甲骨文金文研究的成熟所促进的《尚书》研究，现代科学知识所促进的《尚书》研究和由传统的古文、今文两学派发展而出的《尚书》研究。重点介绍了甲骨文与《尚书》研究的关系，以及顾颉刚先生对《尚书》学的贡献。吴通福的《晚出〈古文尚书〉公案与清代学术》（上海古籍出版社 2007 年版）则主要论述了清代阎若璩《尚书古文疏证》与毛奇龄《古文尚书冤词》对《古文尚书》真伪问题的争论，并借此而探讨清初经典考辨与反理学及其与乾嘉学术的总体特征。近些年来，对清代《尚书》学的研究主要集中在以下方面：一是对清代《尚书》学的总体研究，如史振卿的《清代〈尚书〉学若干问题研究》（博士学位论文，华中师范大学，2011 年）。二是对清代《尚书》家的个案研究，如焦桂美的《〈尚书今古文注疏〉的诠释动因、体例与方法》（《孔子研究》2013 年第 1 期）论述了孙星衍申汉抑宋和考证严谨的精神。三是对清代《古文尚书》辨伪的研究，如张循的《“读书当论道”还是“唯其真而已”？——清儒关于伪〈古文尚书〉废立的争论及困境》（《清史研究》2015 年第 3 期）。四是对一些清代《尚书》研究著作的辨伪，如江曦《张尔岐〈书经直解〉辨伪》（《图书馆杂志》2014 年第 3 期）辨明张尔岐的《书经直解》实际上与张居正的《书经直解》为一书。

《春秋》类，有沈玉成先生与其女儿刘宁研究员合撰的《春秋左传学史稿》（江苏古籍出版社 1992 年版），末章为“逐步走向科学化的研究——现代”，其中涉及文章最近一篇为 1991 年。该章分述了现代《左传》研究的几个主要方面，如对《左传》真伪问题的深入讨论、对《左传》解经的新探索、《左传》的编定问题、对《左传》文学价值和语言现象的研究、注释整理工作等。又有赵伯雄的《春秋学史》（山东教育出版社 2014 年版）和戴维的《春秋学史》（湖南教育出版社 2004 年版），皆写至清代。文廷海的《清代谷梁学研究》（巴蜀书社 2006 年版）和陈其泰的《清代公羊学》（东方出版社 1997 年版）均为清代专经断代史，对经学向现代经学转型的萌芽皆有提及，可为参照。

三礼类，有王锷教授的《三礼研究论著提要》（甘肃教育出版社 2001 年版），上编收录汉至 1999 年历代学者研究《周礼》、《仪礼》、《礼记》（包括《大戴礼记》）的专著 2683 部；下编收录 1900 年至 1999 年国内外研究《三礼》的论文 2123 篇，为三礼研究提供较充足的文献支持。三礼学方面，潘斌的《二十世纪中国三礼学史》（南京大学出版社 2016 年版）一书系统介绍了 20 世纪中国三礼学研究的整体情况，该书分上、下两篇，上篇为个案研究，分晚清民国时期、1949—1999 年中国大陆、1949—1999 年台湾地区三个部分，介绍了俞樾、皮锡瑞、廖平、康有为、曹元弼、王国维、刘师培、吴之英、金景芳、孔德成、沈文倬、钱玄、王梦鸥、周何、林素、李学勤、杨天宇、陈戍国、彭林、王锷、詹子庆等学者的三礼学研究成就；下篇为专题研究，从三礼的成书问题、三礼单篇研究、三礼的制度和思想研究、郑玄《三礼注》研究、出土文献与三礼研究等多个层次作了专门性的探讨。作者认为，“未来的‘三礼’研究要想有所突破，应该在传统经学考证方法的基础上，转换研究视角，并探索新的研究方法和开拓新的研究领域”。可以说，该书是对 20 世纪中国三礼学的系统综述，很好地展现了 20 世纪中国三礼学研究的重要成果和突出成就。而进入 21 世纪以来，随着国家对优秀中国传统文化的倡导和礼学研究者的推动，三礼学研究逐渐兴盛，研究论文与学术著作逐渐增多。关于三礼学史的研究，成果著作主要有：杨天宇的《略述中国古代的礼记学》（《河南大学学报（社会科学版）》2000 年第 5 期）、林存阳的《清初三礼学》（社会科学文献出版社 2002 年版）、张学智的《明代三礼学概述》（《中国哲学史》2007 年第 1 期）、胥仕元的《秦汉之际的礼治思想研究》（博士学位论文，河北大学，2009 年）、潘斌的《宋代礼记学研究》（吉林人民出版社 2011 年）、邹远志的《经典与社会的互动：两晋礼学议题研究》（博士学位论文，湖南大学，2010 年；中国地质大学出版社 2013 年版）、顾迁的《清代礼学考证方法研究》（博士学位论文，南京大学，2011 年）、张帅的《南北朝三礼学研究》（博士学位论文，山东师范大学，2013 年）、刘丰的《北宋礼学研究》（中国社会科学出版社 2016 年）等。在对三礼学史的研究中，又有进一步细化到学派、地域研究的成果，如李江辉的《晚清江浙礼学研究》（博士学位论文，西北大学，2007 年）、陈冠伟的《晚清湖湘礼学研究》（博士学位论文，湖南大学，2013 年）、唐宸的《汉代今文礼学新论》（博士学位论文，浙江大学，2016 年）等。关于礼学家、礼学著作的研究，成果主要有：梁勇的《万斯大及其礼学研究》（硕士学位论文，中国社会科学院，2001 年）、马增强的《〈仪礼〉思想研究》（博士学位论文，西北大学，2003 年）、葛志毅的《郑玄三礼学体系考论》（《中华文化论坛》2007 年第 3 期）、夏微的《李觏〈周礼〉学述论》（《史学月刊》2008 年第 5 期）、钱慧真的《〈周礼正义〉所见孙诒让名物训诂研究》（博士学位论文，山东大学，2009 年）、殷慧的《朱熹礼学思想研究》（博士学位论文，湖南大学，2009 年）、陈功文的《胡培翚〈仪礼正义〉研究》（博士学位论文，扬州大学，2011 年）、宋燕的《李如圭〈仪礼集释〉研究》（博士学位论文，郑州大学，2013 年）、王云云的《朱熹礼学思想渊源研究》（博士学位论文，西北大学，2013 年）、陶广学的《孔颖达〈礼记正义〉研究》（博士学位论文，扬州大学，2013 年）、张虎的《郑玄礼学思想研究》（硕士学位论文，西北大学，2013 年）、杨学东的《贾公彦〈周礼疏〉研究》（博士学位论文，西北大学，2015 年）。对具体礼仪的研究，主要成果有：袁俊杰的《两周射礼研究》（博士学位论文，河南大学，2010 年）、朱琨的《〈周礼〉中的圜丘祀天礼研究》（博士学位论文，郑州大学，2012 年）、陈绪波的《〈仪礼〉宫室考》（上海古籍出版社 2017 年版）等。而学界对礼学重大学术问题的研究也取得了一些进展，如关于《周礼》成书时代及作者的问题，自东汉以来，众说纷纭，莫衷一是，成为中国学术史上重大的学术公案。近年来，杨天宇的《略述〈周礼〉的成书时代与真伪》（《郑州大学学报（社会科学版）》2000 年第 4 期）、张国安的《〈周礼〉成书年代研究方法论及其推论》（《浙江社会科学》2003 年第 2 期）、沈长云与李晶的《春秋官制与〈周礼〉比较研究——〈周礼〉成书年代再探讨》（《历史研究》2004 年第 6 期）、郭伟川的《〈周礼〉制度渊源与成书年代新考》（国家图书馆出版社 2016 年版）等都对此问题作了进一步探讨。21 世纪以来，三礼学研究确实得到了长足发展，大量的学位论文也说明学界正在努力培养新一代的礼学研究人员，越来越多的年轻人正在加入三礼学的研究之中，未来的三礼学研究一定会有新的局面。

其他几经，亦有相关著述。如舒大刚的《中国孝经学史》（福建人民出版社 2013 年版）、陈壁生的《孝经学史》（华东师范大学出版社 2015 年版）、黄开国的《公羊学发展史》（人民出版社 2013 年版）、曾亦与郭晓东合撰的《春秋公羊学史》（华东师范大学出版社 2017 年版）、唐明贵的《论语学史》（中国社会科学出版社 2009 年版）、戴维的《论语研究史》（岳麓书社 2011 年版）、佐野公治的《四书学史的研究》（万卷楼图书股份有限公司 2014 年版）等。

综上可知，除《周易》与《诗经》外的其他几部专经研究，在传统经学的研究方面取得了较为丰硕的成果，但对该部专经的现代研究状况的总结，尚未形成专门著述，往往零散地出现在一些综述性文章当中，或学术专著对国内外研究现状的评述之中。由此可见，现代经学对五经现代研究史的研究是不均衡的，五经之间其研究也是不均衡的。《周易》和《诗经》的研究比较活跃，《尚书》、《春秋》三传、三礼则相对冷落。专题研究较多，而贯通式的研究较少；临时研究、业余研究比较多；一般学者众多，著名学者较少。以前经学史上群星璀璨，如今喧嚣之中竟有些寂寞。现代经学的研究，尚有较大的空间。

（四）现代经学研究方法的反思

除了经学史中对现代经学研究成果的系统整理之外，对现代经学研究方法的思考也常常出现在一些专题研究的著述中。受现代学术规范影响，现代经学论著通常会在开篇交代研究对象的研究现状、研究目的和研究方法，促使学者们自觉反思经学研究的方法论问题。

如艾尔曼的《经学、政治和宗族——中华帝国晚期常州今文学派研究》（江苏人民出版社 1998 年版）一书的“序论”说：“本书的主要目的在于探讨清代今文经学形成过程中经学、宗族、帝国正统意识形态三者互动的过程，并由此说明，思想史的研究与政治史、社会史的研究一旦结合起来，中国学术史研究的内容将会是何等的丰满。”这显然是主张经学研究应当将思想史、政治史、社会史的研究结合起来。

再如彭林的《〈周礼〉主体思想与成书年代研究》（中国社会科学出版社 1991 年版）一书，首章即为“《周礼》成书年代研究的方法问题”。他认为，比过去从文献到文献的旧方法更具科学性的是，现代学者运用金文材料，摘取《周礼》中的某些职官或制度来研究，进而推断其成书年代；或者从《周礼》思想的时代特征入手，研究《周礼》的思想脉络，来判断成书年代。他肯定了金文材料的可靠性，也更倾向于以金文材料为辅助，探寻《周礼》主体思想的时代特征，从而对其成书年代做出合理论断。

总体而言，近十年现代经学研究主要呈现出两个共同趋向：一是中国思想传统的主体性地位越来越受到重视。中国哲学近年来尤其致力于主体性建构，其着力点就是传统的儒家经典文本。二是提倡学科之间的交流与融合，充分考虑经学本身的综合性特点，试图打破现代学科之间森严的知识壁垒。

这两者都显示了现代学者在中西方文化交流背景下，开始珍视本民族的文化传统，产生了向传统寻根溯源、自我认同的需求，有了与西方文化平等对话的信心。自20世纪末期开始，中国学术界自觉反思西方话语模式，着力构建本民族的文化，已经产生许多经学研究的专著与论文，其中的得失需要认真总结。沉潜涵泳，吐故纳新，了解现代经学的研究概况，总结前人的研究成果，会通各家研究心得，以扩大现代经学的阶段性研究成果，既是经学的重中之重，又可以为进一步研究提供更为坚实的基础和更为开阔的视野。另外，文化人类学、解释学等理论方法也被引入经学研究中来。

20世纪的百年之中，经学研究虽然随着时代变迁屡有消长，但在几代学人不懈的努力之中，依然结出了丰硕的果实。尤其是近二十年，传统经典以各种方式面向大众全面敞开，促成了新一轮的经学研究热潮。这也使得回顾20世纪经学研究的百年历程，勾勒其概貌、总结其成就的任务迫在眉睫、意义重大。另外，20世纪的百年里，经学及其研究的性质也发生了巨大变化，研究状况也更为复杂。经学自西汉以来，一直是历朝历代文化思想的主流意识形态。在这种意义的信仰之中，古代学者对经书的仰观俯察，旨在寻找发现所谓的“恒久之至道，不刊之鸿教”，其理解与解释的心理基础和现实基础实迥异于今日。进入20世纪，随着封建王朝的坍塌，经学失去了它的特殊地位，演变成为一门具体而微的学科，与子、史之学同列，在文史哲的交叉地带发展。换言之，20世纪的经学研究是在一个不同于以往的崭新的语境之中进行的。

第一，经学传世文献的整理和研究已经累积并到达一个新的高度。20世纪以前对于13部经典的研究，保存了大量的经学文献，积累了丰富的解释材料，基本扫除了解读障碍，也探索出多种研究方法。

第二，地下出土文物的发现为经学研究提供了新的文献依据，如1951年上海博物馆购得《熹平石经·周易》和《熹平石经·诗》残石，1972年长沙马王堆汉墓出土的帛书《周易》、《春秋》和《五行》，1977年安徽阜阳双古堆汉墓出土的汉简《周易》和《诗经》，上博藏战国楚竹简与郭店楚简中的《缁衣》、《性自命出》、《孔子诗论》等，对20世纪的经学研究影响极为巨大。

第三，电子信息技术的迅猛发展并向学术领域全面渗透，为古老的经学研究带来活力的同时，也带来许多新问题。如文献查找的重复或遗漏，引文的断句、标点与核实等。

第四，经学研究者队伍也发生了变异。一方面，随着经学教育的断裂，20世纪中后期的经学研究者大都没有经历过系统的经学训练，而是以旁观者的身份介入经学研究，采取的是一种由外至内的研究方式。这对于经学研究来说，在某种程度上可谓是“先天不足”。另一方面，西方现代学科分科式的教育，也使得经学研究得以抛弃受意识形态左右的一些传统治经思想和方法，转而接受西方各种学科思潮的影响，为经学研究广泛注入西学元素，使传统的经学在中西学结合之中有了新的突破。

第五，研究团队的聚合化。大陆学者与港澳台及海外学者联系日益紧密，交流日益频繁，也为相关研究起到了推动作用。

第六，研究途径的便捷化。图书出版业的发达，数据检索的壮大，解决了以往图书闻见的限制，有力促进了文献的查阅。

在这种语境中，20世纪经学研究出现了许多区别于以往经学的特点：第一，研究地位的学科化，不再作为主流话语被研究；第二，研究对象的精细化，专经研究、具体研究较多；第三，研究内容的复杂化，学科边缘、交叉地带研究较多，如地域、学派、人文地理等；第四，研究方法的多元化，如文化地理学、人类学、社会学、民俗学、生命哲学、统计学等相继与经学研究结合起来，出现了许多成功的典范。

李光地思想的学术定位
——从体用思维的角度探讨[①]

万宏强[②]

引　言

李光地，字晋卿，号厚庵，别号榕村，学者尊称“安溪先生”，卒谥“文贞”。生于明崇祯十五年（1642）九月，卒于康熙五十七年（1718）五月。福建省泉州安溪县人。康熙九年（1670）进士，选翰林院庶吉士，授翰林院编修。历任侍读学士、内阁学士、翰林院掌院学士、通政使、兵部侍郎、顺天学政、工部侍郎、直隶巡抚、吏部尚书兼直隶巡抚、文渊阁大学士兼吏部尚书。康熙五十七年卒于北京，享年77岁。雍正初年赠太子太傅，入祀贤良祠。李光地作为清初著名的理学家、易学家、政治家，其一生几乎与康熙朝相始终。作为政治家，他在平定三藩之乱、收复台湾、治理水患、澄清吏治、举荐人才、传承学术、繁荣文化等方面做出了重要贡献。

自清至今，对其的评价众说纷纭，莫衷一是，有目为“假道学先生”者，

① 本文系甘肃省高等学校科研项目“李光地与清初朱子学”（项目号：2017A-145）阶段性成果。

② 作者简介：万宏强，男，中国社会科学院世界宗教研究所博士后，历史学博士，讲师，主要从事清代学术史、儒学思想史的研究。

有目为“儒林巨擘”者，有目为“早期启蒙思想家”者。总之，或尊之太高，或抑之太甚。关于李光地的学术定位，学术界评价不一，有学者认为他是明清之际启蒙思潮的重要思想家，有学者认为其理学思想毫无新意。本文认为，定位其思想，应结合其构建思想体系的方法、思维模式来研究。在中国古代本末、体用范畴是表现中国哲学思维方式特点的重要范畴。李光地以体用本末的思维方式构建其理学体系，没有脱离理学的范围，他是清初的理学家。

在中国思想史上，本末范畴、体用范畴相较于天人、道器、理气、理欲等范畴而言，其最大不同在于，本末、体用范畴是一种思维模式，是一种方法论，哲学体系的建构依靠它们。天人、道器、理气、理欲等范畴，其相对应的两个范畴之间的关系，由本末、体用来建构、规范。

在玄学的本末之辨中，本为末之本，末为本之末。本产生末，本主宰末，同时，本又由末来现显，末又为本所制约。外在的现象世界是为“末”，现象之后存在着一个主宰现象世界的“本”。一方面，本体主宰着现象，无名无形的“本”主宰着有名有形的“末”；另一方面，本体通过现象得以显现。本体与现象不可分离。

在理学中，体用范畴成为理学家构建其理学思想体系的重要工具。理学家在“用”的现象世界中探求“体”的本体世界。通过“用”以探求形而上的依据“体”。理学家通过体用范畴，追求即体即用、体用一源、显微无间的境界，反对有用无体的俗儒、有体无用的佛老。

一　道德理性与感性欲望的辩证

道心与人心、天理与人欲问题是理学心性论探讨的重要问题。道心人心是人的主体意识，道心是人的理性的道德意识，人心则是人的感性的物质欲望、自然本能的个体意识。天理是人的道德理性，人欲则是人的感性欲望、物质欲望。道心人心、天理人欲是密切相关的范畴。道心人心为体用关系，为未发已发关系。程颐将道心看作天理，人心看作私欲，二者相对立。宋明理学家大多主张存天理，去人欲，道德理性克制人的感性私欲。朱熹主张“必使道心常为一身之主，而人心每听命焉”[①]，以道心宰制人心。同时，他认为道心不离人心而独存。朱熹反对以人心为人欲、以道心为天理的说法，对满足人类生存与发展的人类基本的感性欲望持肯定态度。超出于生存需要的、过分的物欲追求则成为私欲，成为被去除的对象。以公私分人欲，人欲不全然为恶，为公之人欲则为天理，为私则为私欲。陆九渊不作道心人心的区分，认为只是一心，人欲是外物陷溺所致。以天理为本然之良心，人欲蔽于外物而生，理欲之对转而成为本心与外物的相对。王阳明以道心为天理，以人心为人欲，心只有一个，心正为道心，心伪为人心。道心是体又是用，是未发又是已发。无论是程朱理学，还是陆王心学，其范畴纵有差别，其终极追求则是相同的，都主张人要超越于感性的物质欲求，人的道德理性规范、引导人的感性欲求，成就圣贤人格。“存天理，去人欲”成为理学家普遍的口号。

晚明以来，随着商品经济的发展，物质的丰富，人民生活水平的提高，社会风气由俭入奢，侈靡之风盛行，僭越礼制成为普遍现象。人们追求物质享受，满足情欲需求。反映在思想上，人欲非恶，“欲”成为人的普遍要求，以泰州学派为代表的思想家发展了自然人性论，要求冲破一切道德束缚，遂情达欲，以求人得到真正的解放。王艮、颜钧主张所行纯任自然即是道。在他们看来，天理是天然自有之理，自然的人欲也就成为天理。李贽更具代表性，他否认天理人欲的对立，认为天理即是当下自然，人伦物理即是穿衣吃饭，除却穿衣吃饭，别无人伦物理。要遂情达欲，满足千万人的欲求。以王廷相、罗钦顺为代表的气学一派，主张理在气中，肯定人欲也是人性。

明末清初，鉴于阳明后学，特别是泰州学派的情欲解放主张对社会风俗的破坏，“其弊也，至于荡轶礼法，蔑视伦常，天下之人，恣睢横肆，不复自安于规矩绳墨，而百病交作”[②]。明末清初的理学家大多持道德人性论的观点，主张一种严格的道德主义。一方面，他们肯定人的感性情欲，认为天理寓于人欲之中，感性欲望是人性的组成部分，反对天理人欲的二元对立。另一方面，他们主张超越人的感性欲求，寻求人的道德理性，坚持道德标准，以道德理性规范、引导人的感性欲求。李光地对于道德理性与物质欲望关系的认识就属于此类，在承认人的感性欲望的合理性的基础上，追求超越，坚持道德人性论。以本末体用的关系来处理二者的关系。

① （宋）黎靖德编，王星贤点校：《朱子语类》卷62《中庸一》，北京：中华书局，1988年，第1487页。

② （清）陆陇其：《学术辨上》，见《陆稼书先生文集》，北京：中华书局，1985年，第11页。

李光地反对阳善阴恶，人心为恶，道心为善的说法：

> 当年与德子谔、徐善长所言皆错。其时于一切天理人欲，都从动静分看，便不是。阴与阳都是好的，如何说阳善阴恶？阳气也，阴形也，气非理也，然气与理近。犹之心非性也，然心与性近。一切欲心都从形体上生来，如鼻欲闻好香，口要吃好味之类，凡此非即恶也。中节仍是善，惟过则恶耳。虞廷说“道心”，是从天理而发者，说“人心”，是从形体而发者。饥渴之于饮食，是人心也；嘑蹴不受，则仍道心也。人心、道心，大体、小体，都从此分别。能中节，则人心与道心一矣。[①]

李光地认为不能作阳善阴恶的分别，阴阳都是好的。阳为气，阴为形。人的一切欲望都是从人的形体，即人的感官四肢产生的，“如鼻欲闻好香，口要吃好味之类”，这类感官欲望并非全为恶。善与恶，只在欲望中节不中节，中节则为善，超出其节度则为恶。也就是说，欲望是善是恶只在于其程度，是一个度的问题。道心人心，只是一个心，能中节则道心与人心为一。道心是从天理，从道德理性而言的，人心是从人的形体而言的。饥食渴饮是人心，是人的生存所必须，不为恶。不食嗟来之食，则是道心，已然超越于人的生物层面的需求，达于人的道德层面。

李光地肯定人欲的合理性，认为人欲非恶：

> 人心惟危，人欲也。人欲者，耳目口鼻四肢之欲，是皆不能无者，非恶也，徇而流焉则恶矣，故曰危。所以谓之人者，以其生于耳目口鼻，是形气之私也。然而恭从明聪，亦不外于耳目口鼻，而不谓之人，何也？曰：夫恭从明聪者，岂有资于物而以为耳目口鼻之利哉？无所为而为者天也。[②]

李光地认为，人欲是人的耳目口鼻等感觉器官以及人的肢体的欲望。这种欲望是人类生存发展所不可或缺的，实际是人类赖以生存发展的基本条件。他说：“朱子云：‘饮食，天理也；要求美味，人欲也。’只如此分别，人心、道心

① （清）李光地著，陈祖武点校：《榕村语录》（下），见《榕村全书》第6册，福州：福建人民出版社，2013年，第278页。

② （清）李光地著，陈祖武点校：《榕村全集》（上），见《榕村全书》第8册，第55-56页。

截然。”[1] 李光地赞成朱熹对天理人欲的区分。人类赖以生存发展的基本物质需要是正当的，是合理的欲望，这种欲望是天理，不是恶。超出于人类生存要求之上的美衣美食是人欲，是恶的。刻意追求物质享受则会流于恶。耳目口鼻的过当之欲与恭从明聪的合理欲求都源于人的耳目口鼻等感官。其差别只在于前者是刻意追求的有为而为的人欲，而后者是自然而然的无所为而为的天理。所以，人心是危殆的，天理与人欲只在一念之间，人欲可以为恶，可以不为恶。在这一点上，李光地的认识与朱熹的认识是基本一致的。

李光地肯定人欲的合理性，但他同时也反对遂情达欲，主张道心对人心的检束作用，人心听命于道心，以理制欲：

> 人心，人欲也。道心，天理也。两句分别极明白。然试于人身验之，则口之于味，鼻之于臭，耳之于声，目之于色，四肢之于安逸，所谓人心也。貌之恭，言之从，视之明，听之聪，所谓道心也。二者同出于耳目口鼻，而有天理人欲之辨，何哉？盖声色臭味，生于耳目口鼻者也，恭从明聪，则虽发于耳目口鼻，而非生于耳目口鼻者也。无主宰是者，而使耳目口体，徇其声色臭味之好，是心役于物也。性制于形，志受命于气，是之谓人欲之流。有主张是者，而使耳目口体，效其恭从明聪之职，是心役物也。形制于性，气禀命于志，是之谓天理之正。譬之一家，主人用事，而妻妾、子弟、奴仆，听命分职，则所为莫非正理。如妻妾、子弟、奴仆，各行其志，无所检束，则人人私意用事矣。又如一国，大君制命，则自左右近习，至于百官有司，莫不守法奉令，惟理之循。不然，则臣下各行其私，政事岂有不乱者哉？就耳目口体中分别理欲，其大致不过如此。孟子曰：“耳目之官不思而蔽于物，心之官则思，先立乎其大者，则其小者不能夺也。”盖此意也。夫声色臭味，耳目口体之所欲也，恭从明聪，则岂为适耳目口体之欲而然哉？盖天生蒸民，有物有则，其本然之理，当如是也。南轩张氏曰：“无所为而为者，为天理。”盖此意也。[2]

程颐以人心为人欲，道心为天理，朱熹反对这种说法，王阳明则延续这种说法。李光地承认其说，这实际上就在一定程度上承认了道心与人心、天理与人欲的对峙。他说：“又如人心原只有天理，到得人欲炽时，竟与天理争衡，岂可说道

① （清）李光地著，陈祖武点校：《榕村续语录》，见《榕村全书》第7册，第363页。
② （清）李光地著，陈祖武点校：《榕村全集》（下），见《榕村全书》第9册，第61-62页。

心、人心势均力敌？只说得道心微茫而已。然道心至此，已不能超然于人心之上，觉得混杂。到底天理是天理，人欲是人欲，岂可竟不分别？”[①] 道心与人心，天理与人欲不可相混，必有道心人心之别，天理人欲之辨。耳目口鼻之于味嗅声色，貌言视听之于恭从明聪，都出自耳目口鼻等感觉器官。味嗅声色生于耳目口鼻，即耳目口鼻等感官产生声色嗅味的欲望。而恭从明聪则是耳目口鼻等感官发出的，而非感官产生的，是心之官思而得之的，即思维器官所产生的。没有思维器官的主宰，没有道德理性的约束，人的欲望膨胀，心为外物所役使，人成为外在物欲的奴隶，失去了人之为人的精神。人性受制于人的肉体，人的意志听命于人的质素，本末倒置，将是人欲横流的世界。反之，思维器官引导感觉器官，心主宰身，道德理性规范、导引感性欲求，使耳目口体能恭从明聪，心役使外物，人的肉体受制于人性，人的质素听命于人的意志，则天理得其正。因而，如同一家之中有主有妻妾、子弟、奴仆，主人主持家务，其他人听命于主人，各司其职；如一国之中有君有臣，君主发号施令，臣子守法奉令一般，人的感性欲望要听命于人的道德理性，接收其规范与导引。只有这样才能有本有末，有体有用，有主有辅。人不能仅仅停留于满足耳目口体之欲，还要追求超越，循本然之天理。

基于此种道德主义的认识，李光地对“人欲尽处，天理流行”的境界甚为赞许：

> 朱子学问，全在躬行心得处实有工夫。“曾点言志”节注：“人欲尽处，天理流行，随处充满，无少欠缺。”人心私欲不除，饶你如何打叠，到底有些欠缺。惟人欲尽处，中无罣碍，便静坐亦得，看书亦得，乘风亦得，澡水亦得，全然是天理逼塞满了。这是朱子实体验出来下的注语。然既有此体段，又须从容于礼法之场，沉潜乎仁义之府，随处真积，便是曾子底工夫。曾点狂者，只是存此胸次，无却许多细密。[②]

克去人心的私欲，才能达至天理流行的境界。克去私欲是从心上做工夫，是对人的欲念的克制，这是人的心理活动，是一个心理过程。克除人心私欲，则人的出处动静无不从容中道，天理流行。克除己私的工夫是内在的超越，自我的心理调控。李光地认为，除却内在的心理克制，还需要外在的礼法的规范。

---

① （清）李光地著，陈祖武点校：《榕村语录》（上），见《榕村全书》第5册，第244页。

② （清）李光地著，陈祖武点校：《榕村语录》（上），见《榕村全书》第5册，第77-78页。

存诚、克己的工夫是遏人欲、存天理的手段：

《中庸》言“喜、怒、哀、乐”，《礼运》又言“喜、怒、哀、惧、爱、恶、欲”，此处须以《中庸》为主，而以《礼运》之言参之。盖喜属春，乐属夏，怒属秋，忧属冬，一如仁、义、礼、智与元、亨、利、贞之配，前贤既有定论矣。然乐之中便藏欲，忧之中便藏惧，惧与欲二者，便是人鬼关头，升天入地门户。故忧之后继以喜者，恐致福也；乐之后继以怒者，欲败度也。《中庸》戒谨恐惧，便是教人内惧以存诚；必慎其独，便是教人防欲以克己。故朱子一则曰：“存天理之本然”，一则曰：“遏人欲于将萌”，有见于此也。此二情者，所系最大，所趋悬隔。惧虽不中节，而不中不远矣；欲虽或中节，流于过恶一间耳。《中庸》所以不列之情，而特于用功处提出，教人作心地工夫，呜呼至矣！①

喜、怒、哀、惧、爱、恶、欲七情之中，惧、欲两种情感的活动至关重要，“此二情者，所系最大，所趋悬隔”。所谓“人鬼关头，升天入地门户”，即是善与恶、天理人欲、道心人心的分界。惧、欲情感的活动，或入于天理，或流于人欲，对惧、欲情感活动的把控尤显重要。人心常存戒谨恐惧之心，即是存诚，存至善之性，“存天理之本然”。慎独，是存天理的重要方法，克去人心中的私欲念头，将人心中私欲遏制于萌芽状态。

不惟要下存诚、克己的工夫，更要推扩一己之私欲、私利以及人，成为公欲、公义，要公天下之欲：

夫公天下之欲不为恶，惟有己则私耳。②

人心、道心，本在一区。爱，私也，我必自爱其亲，乃知人皆爱其亲，推其爱亲之心以及人，则公矣。货财，利也，我必自资于货财，乃知人各资于货财，推其资于货财之心而不相夺，则义矣。③

人心、道心不是截然对立的，是可以转化的。转化的方法就在于推己及人，将对亲人的一己私爱，推扩出去，转化为对他人的公爱。人必依赖于财货，不愿自己的财货受损，己所不欲，勿施于人，他人也不愿自己的财货受损。因而，不能抢夺他人的财货，将一己私利，转化为公义。这种以公私区分天理人欲的

① （清）李光地著，陈祖武点校：《榕村续语录》，见《榕村全书》第7册，第364页。
② （清）李光地著，陈祖武点校：《初夏录》，见《榕村全书》第8册，第185页。
③ （清）李光地著，陈祖武点校：《榕村语录》（下），见《榕村全书》第6册，第148页。

思想，与王夫之“人欲之大公，即天理之至正”①、“天理、人欲只争公私诚伪”②的主张如出一辙。出于公心，人人共有的欲望为公欲，为天理。出于私心、机巧之心，不合于天理自然的欲望为私欲。对于私欲要消除私欲明了天理，对于公欲要行忠恕之道，推己及人，成己成人。

天理与人欲，道心与人心，是体用关系，是本末关系。

> 南轩以为“人心”人欲，“道心”天理，朱子非之。然人欲亦未是不好底字。如耳目口鼻之于声色臭味，俱是人欲，然却离这个，道心亦无发见处。但溢于其节，方见病痛，故曰“惟危”耳。③
>
> 道心是未发，人心是已发。此语似创见，然确不可易，当更精究之。试思谓未发中有人心，于理安否？然谓道心是未发，人心是已发，措语自未妥。须云未发是道心，已发是人心，方稳耳。嗜欲根于爱，爱根于仁，可见嗜欲自嗜欲，爱自爱，而仁自仁矣。非然，何以一物而三名也？若论其根，则岂有离情之性，离人心之道心？即曰已发、未发，已发岂不根于未发乎？④

感官欲望是人所必需的。人心为人欲，道心是天理。人欲、人心外在，显而易明，天理、道心内在，隐而难明。天理寓于人欲之中，天理依赖人欲而发显。道心不离人心，道心依赖人心而发显。天理为体，人欲为用。道心为体，人心为用。天理为本，人欲为末。道心为本，人心为末。道心人心为未发已发，未发已发是体用关系，道心人心也为体用关系。

二 治人、治法与心法

法治被认为是人类进入近代社会的显著标志之一，它是与作为传统社会显著特征的人治相对的概念。法治主要依赖法律、制度来依法办事，管理社会，它建基于民主之上。法治的概念复杂多样，又易与法制相混。大体而言，法治

---

① （清）王夫之：《四书训义》，见《船山全书》第7册，长沙：岳麓书社，1990年，第137页。

② （清）王夫之：《读四书大全说》，见《船山全书》第6册，第763页。

③ （清）李光地著，陈祖武点校：《榕村续语录》，见《榕村全书》第7册，第68页。

④ （清）李光地著，陈祖武点校：《榕村全集》（上），见《榕村全书》第8册，第541页。

的精髓在于限制国家权力，防止政府侵犯个人自由。它明确的是公民有何种自由，可以干什么，国家、政府有何种权限，不可以干什么，这是一个宪法问题，这是实质性的法治。以法为治，法律、制度成为治国的工具，统治者用法律、制度实现其统治目的，这是形式上的法治，这就是法制。人治则主要依赖于统治者的道德品质、政治才能、管理能力。它建基于权力之上。在传统的话语系统中，与法治相对应的是“治法”，与人治相对应的是“治人”，在中国古代，治法实际就是法制。治人、治法范畴首先由先秦思想家荀子提出。《荀子》曰：

> 有乱君，无乱国；有治人，无治法。羿之法非亡也，而羿不世中；禹之法犹存，而夏不世王。故法不能独立，类不能自行，得其人则存，失其人则亡。法者，治之端也；君子者，法之原也。故有君子，则法虽省，足以遍矣；无君子，则法虽具，失先后之施，不能应事之变，足以乱矣。不知法之义而正法之数者，虽博，临事必乱。故明主急得其人，而暗主急得其势。急得其人，则身佚而国治，功大而名美，上可以王，下可以霸；不急得其人，而急得其势，则身劳而国乱，功废而名辱，社稷必危。①

荀子“治人”与“治法”范畴的提出，其核心在于人与法的辩证关系。在荀子看来，法律的制定，做到有法可依是治法之基础。法的存在固然重要，但法不是自然独立存在的。法的制定与执行无不依赖于人，人赋予法以实存的意义，法的存废系于人。法是治国的根本，法由人创立，完备的法律依靠君子来执行、实施，才能在治国中发挥其应有的作用。所以，人的要素成为本原性要素。有法而不得其人，则法的实施将错乱无序，不能随事应变，足以成为政治混乱之阶。反之，法得其人，君子执法，法虽简省仍可敷用。可见，在人与法的关系中，人是根本性的。在治人、治法重要性的不同认识下，产生了两种治国模式。一种，认为治人比治法更为根本者，君主求贤若渴，任贤使能，最终君主身佚而国治。另一种，认为治法更为重要者，君主急于抓取权势，疏于求贤，导致君主身劳而国乱。基于这种治人比治法更为根本的认识，中国传统社会形成了一套伦理治国的模式。在伦理治国的模式下，帝王、官员的道德修养显得格外重要，天下的治乱兴衰系于一人，人之作为系于一心，因之，要格君心之非，要以修身为本，要内圣而外王。

李光地对于治人与治法的认识，秉承中国传统政治思想，以治法为基础，

① 北京大学《荀子》注释组：《荀子新注·君道》，北京：中华书局，1979年，第190页。

以治人为根本，任人为体，任法为用，追求治人与治法的均衡。李光地对法律在治理国家中的作用有清醒的认识：

> 柔才居下，乃为蒙而须发者。民之蚩蚩，未能使之知也，使之由之而已。故禁于未发以为豫，而小惩大戒以为福，乃教民之始事也。若废法以往，则宽而易犯，必有羞吝矣。
>
> 《书》曰："明于五刑，以弼五教。"故以正法为发蒙之要。①

这段文字为李光地解释蒙卦初六爻"初六：发蒙，利用刑人，用说桎梏，以往吝"之文字，讲发蒙之道。民之所以蒙昧无知，就在于统治者没有尽到教化民众的职责，而仅仅使民遵照统治者的命令去行事，不使民众知其为何如此。治民者有使民知道、发启民智的责任。要去民之蒙昧无知，就要立威，使民有所畏惧而不敢不勉力向善。刑法刑人对民众形成惩戒作用。要立威用刑，严格约束，同时，又要宽以待之，要让人有自愧自悟、改过自新的机会。发民之蒙昧须宽严相济，张弛有度。有严威而无宽恕，则民容易落入桎梏，纵使民众有向善之心，迁善改过之愿而无达至之途，不得其门而入。反之，有宽恕而无严威，法纪废弛，则民众容易干犯法禁。宽以济严，严以济宽。发蒙之道，法禁于前，预为戒惧，惩处于后，不敢再犯。治天下有教化，不可无刑法，教化君子、童蒙，刑法戒惧愚昧小人。刑法是发民之愚蒙的主要手段，五刑为五教的辅助，刑法促进父义、母慈、兄友、弟恭、子孝五教的实现。

李光地回顾以往历史经验，指出法制在政治、民生中的积极作用：

> 元朝不立法制，一切宽弛，官以贿行，荡无廉耻。明太祖有天下许久，人民尚思元，如幼童惮严师而思宽惰者一般。明太祖立法太严，激厉廉耻，至三百年将亡，百姓尚富饶无比。②

元代法制废弛，人不知畏惧，贿赂公行，致使礼义廉耻荡然无存。明太祖立法严峻，激励礼义廉耻。两相比较，民众虽然喜欢宽法，畏惧严法，但从实际效果而言，明太祖的严法使百姓富足，远胜于元代。法制在政治、民生中不可或缺。

法治虽重要，然而，法治并不足恃。法并不是本原性的要素，法的作用因人而得以发挥，法治有赖于人治。李光地在讲井卦的文字中论道：

---

① （清）李光地著，陈祖武点校：《周易观象》，见《榕村全书》第1册，第175-176页。

② （清）李光地著，陈祖武点校：《榕村续语录》，见《榕村全书》第7册，第174页。

木下水上为井。或曰：下木器以上水也。或曰：但取入物于水，而水上出之义，不系乎木也。如后说则于《彖传》为合。邑里有迁，泉源常在，是改邑不改井也。有源之水，注之不盈，挹之不竭，故无丧无得，而往来井井。王者养人之道，其有源不匮，何以异此。然井虽常在，而汲水者器也。器以汲水，而或坏其器，必无及物之功矣。犹法虽常存，而行法者人也。人以行法，而或失其人，必无及人之泽矣。汔至羸瓶，以喻事之垂成而废，法之方行而乱，皆不得其人之故也。以在下者言之，在上者引而用之，是其繘也。用之不终，膏泽不施，是羸其瓶也。汲罢则收繘而置之井上，故曰繘井。[①]

"邑里有迁，泉源常在，是改邑不改井也"，邑里迁移不定，而泉源常在不变不移，井体定而不迁移。水有源才能注入而不会溢出，汲取而不干涸，所以看起来没有丧失也没有得到，显示出洁净不变的样子。李光地以井水有源喻王者养民之道。法如同井一般，都是常存的。汲水要用器皿，施行法治需要人。器皿坏了，就无法完成汲水的工作。施行法治不得其人，则法治的效力无法泽被民众。于井中汲水，马上就要完成时，井绳尚未全收，而瓶子已破，功败垂成。如同法刚刚行于世而乱，功亏一篑。任非其人，所托非人，执法行法治，没有合适的人选，最终会归于失败。所以，法如有水源之井，源源不断，然而没有人来很好执行，法的功用则无法实现。治人重于治法，人相对于法，是更为根本性的要素。

治人重于治法，任人重于任法。所以，李光地认为"得其人则治，法不足恃也"[②]，强调任人的重要性：

总是讲求用人要紧，不任人而任法，讲求一万年亦无用处。自当年魏环溪欲分别流品，高阳相公便与为敌，说人都是一耳目口鼻，有何好歹？心包在肚里，谁是好？谁是不好？至今数十年，士大夫间还持此论。此真可忧者。只说都是身家性命，功名何必坏人的？不知既做了人，又做了官，如何与放生鱼虾一样看？皇上举错，皆欲其贤愚混为一区，便嬉嬉然各得其所。稍加澄别，众便深忧骤骇，若无所错者。如何是好？[③]

① （清）李光地著，陈祖武点校：《周易观象》，见《榕村全书》第1册，第359-360页。

② （清）李光地著，陈祖武点校：《榕村续语录》，见《榕村全书》第7册，第460页。

③ （清）李光地著，陈祖武点校：《榕村续语录》，见《榕村全书》第7册，第404-405页。

> 大概治天下，内而中堂部院，亲近皇上之人，外而与民相亲州县官，真是要紧。得其人则治，法不足恃也。州县官有百里之地，此百里须视如门内，敝车羸马，一飡不扰民间。周巡熟阅，劳民劝相，耕耘之及时与否，各乡之习俗善否，水利、纺织、义节、贞孝诸务，无不周知。有奸民、有互乡，一一心记，盗发必心知其人。无情之词，必忖知其故。所谓"民之父母"如此，虽周濂溪为令，不过如此。部院大臣久任，虽皇上笃于故旧，眷顾老臣，是忠厚开国一点根本，其实亦有弊。大臣在位久，无建白能劳，亦当引退，以厉廉耻。[①]

在李光地看来，人有贤愚好坏之分，甄别贤愚好坏，分别流品，选择任用，这是帝王的职责所在。治理天下重在选贤使能，从中央到地方，从中堂部院到州县官最重要的是得其人，使贤能之人能得其位，使贤能之人执行法律、实施制度。基于此种认识，李光地对中央部院官员久任提出批评，认为部院大臣久任，不利于行政运转。对于昏聩老迈，对国事提不出建议，没有自己的主见，没有能力，没有劳绩的大臣，应当让他们引退。对于地方州县官，李光地认为应该选任德才兼备之人。其德，视民如子，廉洁奉公，不敛民财；其勤，深入民间，慰勉民众，诸般事务牢记心间；其能，何处有奸猾之民，何处是恶俗之乡，一有盗窃案件发生，能够大体知道是哪些人干的。对于虚伪不实的供词，能够知道其作伪的缘由。人在治国行政中扮演重要角色，因而，对其流品、贤愚进行甄别尤为必要。任人重于任法，治人重于治法。"古列邦之命于天子者，卿而已。汉之太守，自辟其属。后世则末员冗职，皆命于朝也。故大公之道流行，则涣而有丘，使人各尽其诚而致其察也。若不得人而防其私，则法虽密而愈弊。"[②] 古代行分封制，天子仅仅任命诸侯的卿，卿以下官员则由诸侯自行选任。汉代的太守，其僚属由太守自行选任。而后世为防止地方坐大，防止地方大员的私心，一切人事权收归中央，反而机构臃肿，人浮于事。重法不重任，不得其人，法越严密而弊端越严重。

治法要归于心法。治国以德、以礼、以刑、以政，其最终在于人主之修身，在于内圣：

> 天叙、天秩、天命、天讨，皆所谓天工也。厚人伦而以礼等杀之，所谓"道之以德，齐之以礼"也。显有德而以刑弼辅之，所谓"道之

---

① （清）李光地著，陈祖武点校：《榕村续语录》，见《榕村全书》第7册，第460页。

② （清）李光地著，陈祖武点校：《榕村全集》（上），见《榕村全书》第8册，第40页。

以政，齐之以刑”也。皆治法也。然行德礼者，在乎恭敬以协于中。施政刑者，在乎勤慎以要于当，治法归乎心法也。①

“道之以政，齐之以刑”，是从下半截做起，不但无德为之根，亦无礼教之施，一切任其文法而已。“道之以德，齐之以礼”，则从源头做来，其躬行心得处，固有过化存神之妙。而其以礼为治，则所以纳天下于君子之域者尽矣。虽曰不废政刑，然政即是礼中之约束条具，刑则纠其悖于礼者耳。故至“齐之以礼”处，更无余义，不必又曰政刑以辅之也。②

有政，故民可苟免；任刑，故民无耻心。感于德则有耻，循于礼则进善。

免从政来，非政但无耻而已。无耻却从刑来，大概人受过刑，便多破脸，易于无忌惮。下“有耻”却根德，“格”却根礼。③

孔子曰：“道之以政，齐之以刑，民免而无耻。道之以德，齐之以礼，有耻且格。”德、礼、政、刑为治国行政的四种手段。德，道德、德行。礼，传统和习俗所形成的礼仪、礼制。刑，刑法。政，政令、权势。以政令、政治的手段来教导、治理民众，以刑法来管理、约束民众，民众为了免于刑罚而服从，但民众没有因此而产生羞耻之心；以道德、德行来教化民众，以礼制来约束民众，民众不但有羞耻之心，并且守规矩。以德、礼养民、教民，以政、刑治民，德、礼为主，政、刑为辅。在李光地看来，德、礼、政、刑都属于治法。以恭敬行德、礼，以勤慎施政、刑。恭敬、勤慎属于心法。政、刑、德、礼，相为表里，但有本末先后。德、礼为本，政、刑为末。德、礼为先，政、刑为后。

治法归于心法，李光地论心法道：

此记舜再命禹摄位之事，而因传以心法、治法，《鲁论》以为即尧命舜者也。有人则有心，而道具焉，一而已矣。然人者形也，心者神也，道者性也。妙合以凝，而精粗本末分矣。形有迹，性无象。心之神明，则出入有无之间，而兼体之者也。自其因形以发，则曰人心，口鼻耳目四肢之欲是也。自其根性而生，则曰道心，仁义礼智之良是也。形交于物而引于物，故我为物役则危矣。性本于天而命于天，故

① （清）李光地著，陈祖武点校：《尚书解义》，见《榕村全书》第2册，第31页。
② （清）李光地著，陈祖武点校：《榕村语录》（上），见《榕村全书》第5册，第41页。
③ （清）李光地著，陈祖武点校：《榕村语录》（上），见《榕村全书》第5册，第42页。

人与天远则微矣。精者察其几，辨人心所以差之介。一者存其诚，保道心所自具之真也。中者理之极致，《易》所谓天德、天则者也。存而体之，则立天下之大本。察而由之，则成天下之大经。惟精惟一，即所以执其中者，非精一之外，别有执中之事也。稽者稽于古，询者询于今，道者人心之所同然，无古今，一也。故有精一之学，又当稽询而审处之。《中庸》所谓好问好察，执其两端，用其中于民者，舜之事也。可爱者君，以其众所戴也。可畏者民，为其所以守也。可愿，即可爱也。敬修其可爱者，则众惟元后之戴矣。若民困穷，则天禄将去，邦谁与守？可畏孰甚焉！夫圣人之爱民，出自道心之至仁，非惧其天禄之去而后为之也。然圣人者，吉凶与民同患，不言及吉凶祸福之几，则闻者无所儆戒。知者闻之，反之于身，而自求多福焉。不知者闻之，屑屑于防患猜物，权诈兵刑，将由此起。故帝云我言亦止于是矣，不必谆谆也。[①]

所谓“心法”，即《尚书·大禹谟》所载：“人心惟危，道心惟微，惟精惟一，允执厥中。”此虞廷十六字经宋儒的发挥，成为儒家心性论的重要内容。朱熹在《中庸章句序》中会通了《中庸》“中和”思想与“虞廷十六字”，建构起一个圣圣传心的道统理论。李光地认为此虞廷十六字，不但是心法，也是治法。道具于心，心兼体用，心之体为性，心之用为情。人心，因人形以发，属于人的自然属性，人的耳目口鼻四肢的生物性需求即是。道心，根植于人的善性，属于人的道德性，人的仁义礼智之德即是。人容易受外物的诱惑，沉溺于耳目口体之欲，为外物所役使。所以，要惟精惟一，允执厥中。精察人心的细微变化，克制人心的私欲，复归于本真的道心。存天理、天则，是立天下大本。天理、天则就是中，精一即是执两用中。治民者虚心体访，综合众言，权衡利弊，得其至理，并加以施行。君民关系的理想状态是，君主爱护民众，民众拥戴君主。爱民要出自道德本心，而非出自利害关系，出自惧怕天命、禄位的丢失。君主要与民祸福与共。天降祸福吉凶，对人起到警戒作用。聪明的君主，闻听凶祸，就会反观内省，检讨自身，自求多福。愚蠢的君主，闻听凶祸，不能反观自身，只会猜忌怀疑，使用权诈，搞得人人自危。可见，心法为治法之本，无治人则无治法，其人既亡，其政也遂灭息。

① （清）李光地著，陈祖武点校：《尚书解义》，见《榕村全书》第2册，第26-27页。

小　结

承上所论，李光地以本末体用的思维方式构建其理论体系，不脱理学矩矱。体用思维模式下的理欲关系，使得李光地的理欲思想，既不是禁欲主义，也不是纵欲主义。是在肯定人的自然属性基础上的道德超越，是道德人性论。李光地将体用的思维模式运用于政治思想。治人为体，治法为用，治人为本，治法为末，治人重于治法。最终，治法归于心法，心性修养成为治国的起点与根本，仍然是伦理治国的模式。李光地生活于传统的皇权社会，皇权社会的人治本质未变，法治只是治国的手段，还没有产生民主、民权的思想。所以，他仍然是传统的理学家。

乾嘉考据学的展开路径及其发展演变三阶段

孔定芳
王新杰[①]

关于清代学术的发展演变脉络，王国维曾提出一个著名的经典性命题："清初之学大，乾嘉之学精，而道咸以降之学新。"该命题以凝练的语言高度概括出清代学术的阶段性风貌和特质，影响深远，迄今为学界奉为不刊之论。然而，这一命题不过是对"清学"的抽象概括，其间寓含的纷繁复杂的学术史细节尚待进一步地深入发抉。众所周知，清代学术以乾嘉考据学为中坚，然考其源流，"清初之学大"无疑是"乾嘉之学精"的近源，而其远源则可溯及晚明甚至整个宋明理学时期。诚如钱穆先生所言："言汉学渊源者，必溯诸晚明诸遗老……一世魁儒耆硕，靡不寝馈于宋学……故不识宋学，即无以识近代也。"[②] 细察自晚明至乾嘉时期的学术发展，确有一条一脉相承的内在线索——即"辟异端"——贯穿其间，并体现出阶段性的特点。大体而言，明清之际，以顾、黄、王为代表的学人以批判禅学化的心学空疏学风为焦点，促成学风产生弃虚蹈实的转向；康熙中叶以降，以阎若璩、胡渭为核心，对宋明理学的经典依据进行辨伪，从而解构了理学道统论的合法性；乾嘉时期，惠栋、戴震和凌廷堪则以掀翻杂入释老的理学道统论，并建构新道统论为最后关怀。

---

① 作者简介：王新杰，男，湖北黄梅人，汉族，中南民族大学民族学与社会学学院中国古代史专业硕士研究生。

② 钱穆：《中国近三百年学术史》，北京：商务印书馆，1997年，第1页。

一

在儒学发展长程中，“辟异端”洵为一永恒主题。春秋战国时期，诸子蜂起，百家争鸣，遂有孟子之辟杨、墨；两汉之际，佛教传入、道教兴起，释、老便被儒者视为劲敌，自此以后，中古儒学之“辟异端”即以“释老”为焦点。但无论杨、墨抑或老，其与儒学的争锋究属中国本土文化的内部之争。而佛教则传自域外，终属异质文化，其与儒学的交锋争胜更显激烈。尤为关键的是，佛教自两汉之际传入中土，经魏晋南北朝的发展，至唐代已成鼎盛之势，其对儒学的挑战业已造成“儒门淡泊，收拾不住”的局面。所以，韩愈应时而起以“辟佛”相号召，并首创儒学道统说以与佛教之“法统”相拮抗。但相对于儒学而言，佛教具有长于哲理思辨的理论优势，这样，儒学要在与佛教的交锋中立于不败之地，必须吸纳佛教（也包括道家）的思辨之长以建构自己的理论体系。所以，韩愈虽以排佛健将之名而享誉儒林，亦不得不“援佛入儒”，陈寅恪认为，韩愈借用佛氏有关本体论的思想以及逻辑推理与思辨形式，发展了当时陷于困境的儒学①，诚为征实之论。不过更为系统地袭用释老思辨哲学而建构儒学思想体系的，无疑是宋明理学。无论程朱还是陆王，虽然主观上对释老皆抱持某种自觉的警戒和距离，甚至以“杂于禅”相互攻讦，然而事实上他们皆浸淫于释老，并以其哲理思辨为奥援而建构理学的理论体系。周敦颐的《太极图说》即借用道家的“无极”概念，以道家的宇宙观构筑其理学体系；程颢“泛滥于诸家，出入于老、释者几十年，返求诸《六经》而后得之”②；而“集理学之大成”的朱熹，于释氏之说则师其人、尊其道；至于阳明心学更有“阳明禅”之讥。晚明以降，阳明后学如赵贞吉、焦竑、李贽等竟公然为佛教张目，其援佛入儒、混淆儒释疆界已至肆无忌惮。赵贞吉说：“学术之历古今，譬之有国者……通天下之物，济天下之物，而不必以地限也。”③ 认为应打破儒、释门户之见，佛氏之“灵觉明妙”完全可为儒学所用，而不必像宋儒那般遮遮掩掩；

---

① 陈寅恪：《论韩愈》，《历史研究》1954 年第 2 期，第 102-105 页。

② （宋）程颐、程颢著，王孝鱼点校：《二程集》卷 11，北京：中华书局，2004 年，第 638 页。

③ （明）黄宗羲著，沈芝盈点校：《明儒学案》卷 34，北京：中华书局，1985 年，第 754 页。

焦竑认为，佛教理论与儒家思想并无扞格，二者原本理论相通[①]；而李贽则已“不以孔子之是非为是非”了。

释老之杂入儒学导致了儒家纲常名教和世道人心的蛊坏，以及学风的空疏荡越，势必引发正统儒士的回应和抨击。南宋时期，陈亮、叶适等事功学派人物即对理学的空谈心性及其“静坐”、“存养”功夫深致不满，而倡言功利、考订名物典制。迄至明代，即使在阳明心学兴盛之际，亦有罗钦顺、杨慎等指斥心学之佛家面目，抨击禅学化心学之空谈心性而力主“求证于经书”。罗钦顺认为，陆王心学“从源头便是佛氏本来面目”，直指王阳明的“致良知”说并非源自孟子的性善论，而是借诸佛氏的“以知觉为性”，并力主为学当“取之于经书”[②]；杨慎则认为，阳明心学的援佛入儒是对纲常名教和世道人心的败坏，竭力主张辟佛而本之儒家经典。但是，罗、杨正值阳明心学鼎盛时代，心学的禅学化之弊尚未充分显露，士大夫亦以谈玄说妙为兴致所在，故他们的辟佛之论犹如空谷足音却未能得到回响。然而，迄至万历晚期，随着明朝社会危机的加剧，以顾宪成、高攀龙为首的东林士子一跃而起，砥砺气节，尊崇实学，“远宗孔圣，不参二氏”，对王门后学之弃儒入禅大肆挞伐。顾宪成曾自述其涉禅之心路历程：“余弱冠时好言禅，久之，意颇厌而不言；又久之，耻而不言；至于今，乃畏而不言。”[③] 由好而厌而耻而畏，可见其思想之深刻变迁。

明清易代，在“国变”的刺激下，汉族士人尤其是明遗民的“明亡之思”在学风层面几无不将“神州荡覆”归因于禅学化的阳明心学之空谈，“辟异端”思潮遂成波澜壮阔之势。顾炎武说：“刘石乱华，本于清谈之流祸，人人知之，孰知今日之清谈，有甚于前代者。昔之清谈谈老庄，今之清谈谈孔孟。未得其精，而已遗其粗……不习六艺之文，不考百王之典，不宗当代之务，举夫子论学论政之大端一切不问……以明心见性之空言，代修己治人之实学。股肱惰而万事荒，爪牙亡而四国乱，神州荡覆，宗社丘墟。”[④] 在顾炎武看来，正是“明心见性之空言”的学风导致了“神州荡覆，宗社丘墟”的历史悲剧。

与顾炎武同声共气、同气相求，清初明遗民若王夫之、黄宗羲、费密、陈确诸人无不从反思学风的角度诋斥杂入释老的理学尤其是阳明心学之“惑世诬

---

① （明）黄宗羲著，沈芝盈点校：《明儒学案》卷35，第829页。

② （明）罗钦顺著，阎韬点校：《困知记》附录《答陈侍御国祥》，北京：中华书局，1990年，第131页。

③ （明）黄宗羲著，沈芝盈点校：《明儒学案》卷58，第1389页。

④ （明）顾炎武著，（清）黄汝成集释：《日知录集释》卷7，上海：上海古籍出版社，2006年，第402页。

民”。王夫之斥责道：“姚江王氏阳儒阴释诬圣之邪说，其究也，刑戮之民，阉贼之党皆争附焉，而以充其‘无善无恶圆融事理’之狂妄。”[①] 费密批评“致良知”说与“达摩面壁、司马承祯坐忘、天台止观同一门庭”，最终必然导致“学术蛊坏，世道偏废”。陈确则特撰《异端论》、《禅障》以畅发其辟异端之论。在《异端论》中，他疾呼：“异端而自为异端焉，不必辩也；吾道而异端焉，斯不可不亟辩矣。”认为“倍道益甚，祸世益深”的佛、老，正是羼入“吾儒”“而人犹未觉其为异端”，“斯不可不亟辩”者。陈确更将“辟异端”与“辟夷狄”相提并论，他说：“‘然二氏之徒日繁，而其教日益横也，则奈何？’曰：‘此非二氏之罪，而吾儒之罪也。辟夷狄而入处中国，非夷狄之罪，而中国之罪也。中国之大，而无人焉主之，则夷狄入而主之矣。吾儒而无人焉，则二氏之徒日繁，而其教日益横也，亦势必所至矣。’”[②] 在明清易代的特殊语境下，陈确的此番论说无疑隐含着对造成明亡的“吾儒之罪”的反省和追责。作为力倡“习行”之学的颜李学派之开山，颜元认为清谈、禅宗“惑世诬民”，“晦圣道误苍生”，“其祸甚于杨、墨，烈于嬴秦”[③]。在其所著《四存编》之《存人编》中，“以通俗之词劝谕僧尼道士归俗，及戒儒者谈禅、愚民尊奉邪教”[④]，并撰《靖异端》一文，备述“靖异端”之九种路径，其中甚至有“火其书、人其人”的“诛毁”之说[⑤]。而李塨不仅在“习行”之学上与颜元一脉相承，在辟异端问题上也是后先相继。他说：“宋后，二氏学兴，儒者浸淫其说，静坐内视，论性谈天，与夫子之言，一一乖反，而至于扶危定倾大经大法，则拱手张目，授其柄于武人俗士。”认为在王学禅学化的情景下，“高者谈性天，撰语录；卑者疲精死神于举业，不惟圣道之礼乐兵农不务，即当世之刑名钱谷，亦懵然罔失，而搦管呻吟，自矜有学……中国嚼笔吮毫之一日，即外夷秣马厉兵之一日，卒至盗贼蜂起，大命遂倾，而天乃以二帝三王相传之天下授之塞外”。无疑亦将明亡之责归咎于禅学化的阳明心学。李塨本非明遗民，但透过其“明亡追究”则可见清初汉族士人的一般致思趋向。

清初诸儒中，黄宗羲在辟异端问题上的内心隐衷最堪玩味。与一般士人视王学为禅学不同，黄宗羲在《明儒学案》之《发凡》和《自序》中，一再地作

① （明）王夫之：《张子正蒙注》序论，北京：中华书局，1975年，第2页。

② （明）陈确：《陈确集》，《文集》卷5，北京：中华书局，1979年，第166页。

③ （明）颜元著，王星贤点校：《颜元集》卷5，北京：中华书局，1987年，第438页。

④ （清）永瑢等辑：《四库全书总目》卷97，北京：中华书局，1965年，第813页。

⑤ （明）颜元著，王星贤点校：《颜元集》卷5，第116页。

王学非禅学的辩解，此固其“门户之见深入而不可猝去”[①] 的表现，也曲折地映射出其时禅学已成众矢之的的思想氛围。

对于明遗民士人而言，明清易代不仅意味着政治“治统”的移易，更象征着文化道统的危机。所以明遗民在进行明亡反思的同时，也从“卫道”的立场，以辟异端来厘清儒释疆界，净化儒学之道。明遗民关怀的这两个面向皆以“辟异端”为聚焦。“道统”本为儒者最一般的关怀，孔子即谓“朝问道，夕死可矣”，但明遗民的“卫道”则因易代的特殊背景而与其“明亡之思”联系在一起。所以，陈确将“辟异端”与“辟夷狄”相提并论；前引陈确“吾道而异端焉，斯不可不亟辩矣”的话语，正表明其所为“辩异端”恰在于毋使佛、老等异端“乱吾道”、“害吾道”。而颜元所谓清谈、禅宗“晦圣道”亦在同一语境下。正是抱持同样的道统关怀，清初的遗民士人一度兴起一股梳理学统、建构道统的思潮，黄宗羲的《明儒学案》、孙奇逢的《理学宗传》、费密的《弘道书》、万斯同的《儒林宗派》等即其代表。

清初以降，汉族士人尤其是明遗民基于“明亡之思”和“卫道”而展开的“辟异端”运动，就其学术影响而言，促成了学风的由玄虚转而为笃实，由心性之空谈转而为考经证史之实学，从而开启乾嘉考据学的端绪。

顾炎武被乾嘉以来学人视为“清学之开山”，从转移学风的角度看，顾炎武堪称导其先路。他不仅是从学风的层面进行“明亡追究”，而且明确标举出“经学即理学”这一颇具时代气息的命题，希冀以“修己治人之实学”去取代“明心见性之空言”，其曰：“理学之名，宋人始有之。古之所谓理学，经学也，非数十年不能通也……今之所谓理学，禅学也。不取之五经而但资之语录，校诸帖括之文而尤易也。”[②] 认为宋明理学那种“不取之五经”的“离经言道”、“离经而谈心性”的形上玄远之风，实为“禅学”而已。以“取之五经”为原则，顾炎武又旗帜鲜明地提出“读九经自考文始，考文自知音始”[③] 的考据学治学方法，并在为学实践中借以考辨经典，以剔除经典中羼入的释老“异端”。以《易经》的考证为例，顾炎武通过对《易传》之《系辞》和《说卦》两章中“太极生八卦之数”、“数来者顺，知来者逆”等命题的考辨，认为邵雍对《易经》的文本解读有误，进而批判宋代易学图书派以道教思想对经典的穿凿附会，及其

① （清）全祖望著，朱铸禹汇校：《全祖望集汇校集注》，上海：上海古籍出版社，2000年，第1695页。

② （明）顾炎武：《顾亭林诗文集》卷3，北京：中华书局，1959年，第59页。

③ （明）顾炎武：《顾亭林诗文集》卷4，第73页。

对圣人易学精神的背离。顾炎武说："圣人之所以学《易》者，不过庸言、庸行之间，而不在乎图书象数也。今之穿凿图象以自为能者，畔也……是故'出入以度，无有师保，如临父母'，文王、周公、孔子之《易》也；希夷之图，康节之书，道家之《易》也。自二子之学兴，而空疏之人、迂怪之士，举窜迹于其中以为《易》，而其《易》为方术之书，于圣人寡过反身之学，去之远矣。"[①] 可见，因否弃"空疏"、"迂怪"之风而"辟异端"，最终一定是折向"考文知音"的方向，顾炎武的为学路数如此，所以其被尊为"清学开山"洵为实至名归了。

如果说顾炎武是因"明亡追究"而转移学风的代表，那么颜元则可视为基于"卫道"而转移学风的典型。在明清易代的特殊时势下，颜元最为忧惧的是异端"害道"，曾说："吾之所惧，有甚于此者，以为真学不明，则生民将永被毒祸，而终此天地不得被吾道之泽，异端永为鼎峙，而终此天地不能还三代之旧。是以冒死言之，望有志继开者之一转也。"[②] 唯因有此"惧"，所以颜元著《四存编》以明圣道，诚如其所言："某为此惧，著《存学》一编，申明尧、舜、周、孔三事、六府、六德、六行、六艺之道。"[③] "《存性》、《存学》二编，欲得先生一是之，以挽天下之士习而复孔门之旧。"[④] 不同于理学家如朱熹所谓"道"乃"得之于天而具于心"的"别为一物"[⑤]，颜元所谓"圣道"则具体落实在"尧、舜、周、孔三事、六府、六德、六行、六艺"之上。换言之，颜元之"明道"非借径于形上玄远之思，而是折向其所标举的"实文、实行、实体、实用"的方向。这不仅表征着清初经世致用思潮的崛起，而且象征着学风的深刻移易。

在明清之际的知识界，引领和推动时代学术新风的，在顾炎武、颜元而外，黄宗羲、王夫之也是独领风骚的人物。黄宗羲之学虽源自王学，但不以心性之谈为究心所在，而是力主穷经、治史，所谓"学者必先穷经，经术所以经世。不为迂儒，必兼读史。读史不多，无以证理之变化；多而不求于心，则为俗学"[⑥]。黄宗羲虽以史学饮誉其时，然其"穷经"亦颇堪称述。以其所著《易学象数论》而言，因有鉴于"九流百家"特别是道教之河图、洛书之窜入，"而于易之本义反晦"，故其特为考辨，"一一疏通"[⑦]。王夫之则以"六经责我开生面"

① （明）顾炎武著，（清）黄汝成集释：《日知录集释》卷1，第50页。
② （明）颜元著，王星贤点校：《颜元集》，《存学编》卷1，第43页。
③ （明）颜元著，王星贤点校：《颜元集》，《存学编》卷1，第48页。
④ （明）颜元著，王星贤点校：《颜元集》，《存学编》卷1，第47页。
⑤ （宋）朱熹著，（宋）黎靖德编：《朱子语类》，北京：中华书局，1986年，第2514页。
⑥ 赵尔巽等撰：《清史稿》卷480，北京：中华书局，1977年，第13105页。
⑦ （明）黄宗羲：《易学象数论》自序，杭州：浙江古籍出版社，1993年，第2页。

自任，刘献廷称颂道："其学无所不窥，于《六经》皆有发明。洞庭之南，天地元气，圣贤学脉，仅此一线耳。"[①] 总之，明清之际的学风转移为乾嘉考据学的形成揭开了帷幕。

二

明末清初的"辟异端"思潮所促成的学风转向，到康熙中叶以后进一步深化发展，并体现出不同于前一阶段的诸多特点。以儒家经典的考据成果而言，此一阶段最具代表性的有成书于康熙三十三年（1694）的阎若璩的《古文尚书疏证》、刊行于康熙三十九年（1700）的胡渭的《易图明辨》，此外，颜元的《大学辨》和《四书正误》、姚际恒的《礼记通论》、毛奇龄的《四书改错》等亦相继而出。以特点而论，在"辟异端"的目标和影响上，前一阶段主要针对禅学化的阳明心学之空疏学风，并促成考经证史之实学和经世致用思潮的崛起，此一阶段则深入理学的学理内部，以抉发理学羼杂释、老的经典依据。所以，在"辟异端"的方法上，前一阶段主要借文字音韵的考据手段以剔除羼入儒学经典之"异端"，而此一阶段则主要通过辨伪以厘清儒经中受到释老思想附会、伪托的内容，从文献真伪层面检视以四书为核心的宋明理学之合法性；在"辟异端"的经典对象上，前一阶段以"六经"为重点，而此一阶段则重在"四书"而兼及"六经"中的《尚书》、《易经》。

以《论语》、《孟子》、《大学》和《中庸》为代表的"四书"的经典化，是唐宋儒学发展的历史产物。《大学》、《中庸》本为小戴《礼记》中的两篇，唐代以前鲜有人重视。但因韩愈建构儒家道统而援引《大学》的言说为据，李翱以《中庸》思想抵制佛教教义，而逐渐为人所重。北宋时期，二程以《大学》为"初学入德之门"，以《中庸》为"孔门传授心法"，而以其为建构理学理论体系的经典依据。南宋时期，朱熹将《大学》、《中庸》与《论语》、《孟子》整合，并为"章句集注"，"四书"的经典地位便最终确立起来。"四书"中，《论语》、《孟子》本为孔孟圣贤所作，故受到的质疑较少。而《大学》、《中庸》并无直接证据证明为曾子、子思所作，唯因理学家的极力提倡

① （清）刘献廷：《广阳杂记》，见（明）王夫之：《船山全书》，长沙：岳麓书社，1996年，第518页。

才得以列于“四书”。因此，清初学者对“四书”的辨伪，多集中于《大学》和《中庸》两篇。

在从明清之际至康熙中叶的“辟异端”运动中，陈确可谓是一个关键的转折性人物。他率先将“辟异端”的焦点由批判禅学化的阳明心学转向了对经典真实性的辨伪，从而开启了清初的辨伪之风，其所著《大学辨》即为开风气之先的骇世之作。《大学》为朱熹所极力推崇而位列“四书”之首，乃理学“格物致知”方法论的经典依据。但陈确通过训诂、辨伪的考证功夫证其为“伪作”，为“禅学”，开启了康熙中叶以降解构理学经典依据的端绪。关于《大学》的作者，二程认定《大学》乃孔子遗书，朱熹则认为，《大学》乃孔子之言而曾子记之。陈确通过考辨证定《大学》鲜少引用孔、孟言论，“大学”二字孔门中人也从未提及；甚至《大学》文本中还有抄袭《尧典》又改动《尧典》的破绽，从而论定《大学》为“伪作”。既然《大学》非圣人所传，那么其“格物致知”的思辨方法自然值得怀疑了。所以陈确认为，《大学》之“知止”概念，“惟禅学之诞有之，圣学则无是也”[①]。格物致知的方法论“亦为虚设”，实乃“空寂之学”[②]。经由一番辨伪、考证，陈确认定程朱理学不仅在形而上的认识论、方法论上袭用禅宗，在形而下的纲常名教、伦理道德等方面也与传统儒学扞格不入，而是半杂禅门：“《大学》其言似圣而其旨实窜于禅，其词游而无根，其趋罔而终困，支离虚诞，此游、夏之徒所不道，决非秦以前儒者所作可知。”[③] 不过，陈确虽从文本和文理两方面考证了《大学》之伪，及其“杂于禅”的事实，然在考据的严谨性上尚不及后来的阎若璩、胡渭等人。但是，陈确毕竟开启了清初经典辨伪的先机，《大学辨》成书之后半个多世纪里，学界对“四书”的辨伪、考证一时蔚然成风。

继陈确之后，姚际恒作《礼记通论》，亦对《大学》和《中庸》多所考辨。首先，考辨《大学》、《中庸》之伪。姚际恒以《大学》引用《诗经》出现的语法问题，判定其非古人之书，又以《大学》袭用《尔雅》而怀疑其成书时代；而于《中庸》则据其在文字上抄袭《孟子》，及其所载“车同轨、书同文”制度，断定《中庸》非先圣之书。其次，考析《大学》、《中庸》之“杂于禅”。姚际恒通过《大学》与禅学之比堪，认为《大学》的“明明德”与禅宗神秀的偈

① （明）陈确：《陈确集》，《别集》卷14，第554页。

② （明）陈确：《陈确集》，《别集》卷15，第573页。

③ （明）陈确：《陈确集》，《别集》卷14，第552页。

语“心如明镜台，明德也；事事勤拂拭，明明德也”① 颇相类似。“定而后能静，静而后能安”一说也脱胎于“二氏”：“至于‘定’字，自释迦以来，已有‘入定’之说。至于‘静’字，圣贤诸经，从无单言静者……其单言静字，则二氏之说也，始于老子，其言最多，曰‘守静笃’、‘归根曰静’、‘我好静而民自正’……至于‘安’字，亦禅家之说，所谓‘安心法’、‘将心来与汝安’，亦不可惮述也。”② 同样，姚际恒以理证和考据的方法论定《中庸》之杂入释老之迹。如以《中庸》内容之过于抽象，与孔、孟强调日用人伦、重视个人修养的主张大相径庭，而是杂入了二氏思想。又以梁武帝、李翱和周敦颐等为例，证明“好禅学者必尚《中庸》。尚《中庸》者，必好禅学”③。对于《中庸》所谓“致中和，天地位焉，万物育焉”之说，姚际恒认为此说大而空，不符合儒家习惯，反而类于佛教《华严经》、《楞严经》之言说。而《中庸》所谓“《诗》云：鸢飞戾天，鱼跃于渊，言其上下察也”，姚际恒指其既类于老庄之“以气化道”，又与禅宗佛偈常引以喻道相仿佛。④

除四书外，《尚书》和《易经》同样也是其时学人辨伪的重点对象。《古文尚书》自唐以后被视为经典正统，宋代理学家更以《大禹谟》篇之“虞廷十六字”为理学理论体系的经典依据。阎若璩的《古文尚书疏证》一方面从篇名、篇数、典籍、典制、天文、地理、语言、习惯、文法等方面举证一百二十八条，以严谨细密的考据证定《古文尚书》为东晋人伪作。另一方面则聚焦于作为理学形而上学的经典依据——“虞廷心传”，考证其为道家之言。《古文尚书疏证》第三十一条“言人心惟危道心惟微纯出荀子所引道经”曰：“或难余曰：虞廷十六字为万世心学之祖，子之辞而辟之者，不过以荀卿书所引偶易为《道经》，而遂概不之信，吾见其且得罪于圣经而莫可逭也。余曰：唯唯否否。尧曰：咨尔舜，允执其中。传心之要尽于此矣，岂待虞廷演为十六字而后谓之无遗蕴与？……是以大放厥词昌明其伪，不然徒以‘道经’二字辄轻议历圣相传之道统，则一病狂之人而已矣，岂直得罪焉已哉！”阎若璩的辨伪具有重要的思想史意义，梁启超说：“二千余年来公认为神圣不可侵犯之宝典，上自皇帝经筵进讲，下至蒙馆课读，没有一天不背诵他。忽焉真赃实证，发现出全部是假造，

---

① （清）杭世骏：《续礼记集说》卷97，见《景印文渊阁四库全书》，台北：商务印书馆，1986年，第704页。

② （清）杭世骏：《续礼记集说》卷97，见《景印文渊阁四库全书》，第705页。

③ （清）杭世骏：《续礼记集说》卷86，见《景印文渊阁四库全书》，第508页。

④ （清）杭世骏：《续礼记集说》卷87，见《景印文渊阁四库全书》，第528页。

你想，思想界该受如何的震动呢?"[①] 而"虞廷十六字"乃理学形而上理论的重要来源，程朱据此而有"人心道心"二分说，进而衍生出"天理人欲"之辩，然阎若璩却证其为源自道经，这就使得理学的核心理论失去了经典依据上的合法性。黄宗羲所撰《古文尚书疏证·序》说："虞廷心传""十六字其为理学之蠹甚矣!"[②] 所以，《古文尚书疏证》对杂入异端之理学的摧陷廓清不言而喻。

对于《易经》的辨伪则有胡渭的《易图明辨》。胡渭在前一阶段顾炎武、黄宗羲考证《易经》的基础上，溯源竞流，条分缕析，展开对理学杂糅道家之论的揭示。在清初，源出道士陈抟的图书派易学一度成为众矢之的。然而，毛奇龄的《图书原舛编》、黄宗羲的《易学象数论》和黄宗炎的《图书辨惑》，"尚未能穷溯本末，一一抉其所自来"。而胡渭通过细密考证，辨明宋儒附会于《易经》的《河图》、《洛书》的传授源流，即宋儒传自邵雍，邵雍受诸李之才，李之才受诸道士陈抟。从而论定《河图》、《洛书》非儒家所有，与《易》无关。同阎若璩一样，胡渭的著述旨趣也不在为考证而考证，而是要借由考证厘清儒、道畛域，以不使异端"乱吾经"。胡渭说："老庄之徒，掊击仁义，故厌薄周孔之辞，以为不足道。儒者不能辞而辟之，反为之推波助澜，尊伏羲不言之教，抑三圣阐幽之辞，岂不悖哉!"[③] 对于图书派的开山鼻祖陈抟，胡渭说："希夷，老氏之徒也。著《指玄篇》，言导养还丹之事……先天图于造化阴阳之妙，不无所窥见，要之，为道家之易，而非圣人之易，其可以乱吾经焉?"[④]《易经》在理学理论体系中亦享有经典的权威地位，诚如梁启超所言："所谓《河图》、《洛书》，实组织'宋学'之主要根核。宋儒言理，言气，言数，言命，言心，言性，无不从此衍出。周敦颐自谓'得不传之学于遗经'，程朱辈祖述之，谓为道统所攸寄，于是占领思想界五六百年，其权威几与经典相埒。渭之此书，以《易》还诸羲、文、周、孔，以《图》还诸陈、邵，并不为过情之抨击，而宋学已受'致命伤'。"[⑤]

---

① （清）梁启超：《中国近三百年学术史》，太原：山西古籍出版社，2001年，第72页。

② （清）阎若璩：《古文尚书疏证》卷首，上海：上海古籍出版社，1987年，第5页。

③ （清）胡渭：《易图明辨》卷10，成都：巴蜀书社，1991年，第255页。

④ （清）胡渭：《易图明辨》卷10，第231页。

⑤ （清）梁启超：《清代学术概论》，上海：东方出版社，1996年，第15页。

三

迄至乾嘉，滥觞于明清之际的考据学附庸蔚为大国。此期学人的经史考据虽仍以“辟异端”为取径，然其学术关怀业已发生深刻变迁。无论是明清之际以顾、黄、王为代表的明遗民，还是康熙中叶以降以阎若璩、胡渭为代表的早期考据学者，其为学旨趣尚未脱出理学的藩篱，前者之批判禅学化的阳明心学之空疏学风，后者之对理学经典依据的辨伪，本质上尚是理学内部的一种自我修正。但是，乾嘉时期，随着明遗民学人的相继去世，以及弃虚蹈实学风的长期浸润和理学经典依据的解构，乾嘉学者实已厌弃形上玄远的理学，而唯考据学是尊，宋学则被置于不议不论之列。在此基础上，乾嘉学人之“辟异端”已不复以理学修正为归趋，而以建构儒学新道统论以取代宋儒道统论为最后关怀。惠栋、戴震、凌廷堪分别代表了这一儒学新道统论建构过程的三个不同阶段。惠栋以“汉学”标帜，戴震标举“以情代理”以及凌廷堪倡言“以礼代理”，后先相继，皆欲以“自得之义理”去“夺朱子之席”而为新道统论之建构。

乾嘉时期，惠栋最先以“汉学”立帜，试图以东汉古文经学取代宋儒义理之学。在构筑汉学体系的过程中，惠栋着力最多、成就最高的无疑在于易学。其治《易》一经之著述，即有《周易述》、《易汉学》、《易例》、《荀爽易》等。其《易》学著作以“辟异端”为取径，以考据为工具，驳诘宋儒《河图》、《洛书》、先天、太极之说，深得乾嘉学者推重。在《易汉学·自序》中，惠栋说：“六经定于孔子，毁于秦，传于汉。汉学之亡久矣……惟王辅嗣以假象说易，根本黄老，而汉经师之义荡然无复有存者矣。”惠栋以“汉易”为圭臬的《易》学主张为乾嘉考据学立下了“治经复汉”的典范。此一“典范”正蕴涵着“辟异端”的学术关怀。诚如钱大昕所言：“诂训必依汉儒，以其去古未远，家法相承，七十子之大义犹有存者。”[①] 惠栋之治《易》无疑亦以“辟异端”为聚焦，其言曰：“圣人作八卦，所以奉天时，道家创为先天之学而作先天八卦位，托之伏羲，诞之甚，妄之甚……舍后天而别造先天之位，以周孔为不足学，而更问

---

① （清）钱大昕著，吕有仁点校：《潜研堂集》卷 24，上海：上海古籍出版社，1989 年，第 390 页。

庖牺。甚矣，异端之为害也，不可以不辟!”[①] 由于汉《易》未为释老所染而保有《易》之本义，故在《周易述》、《易微言》篇中，惠栋以汉《易》解《大学》、《中庸》。关于“理”这一宋明理学借以立说的核心概念，惠栋推衍出“理”字古义，认为“理”、“道”二字有异，否认宋儒“理道合一”论；又引用《系辞》、《说卦》中“穷理尽性以至于命”、“理属是，不属天”等易学观念，强调“理”并非如宋儒所言无处不在、万古不变且与人欲对立，从而摧毁了理学“存天理，去人欲”的理论基础；在“养心”说上，惠栋认为《大学》“欲正其心，先诚其意”与荀子“养心莫善于诚”相通，以此驳斥宋儒之褒孟贬荀。因此惠栋断言：“七十子之徒所传之大义，与宋儒旨趣不同。”[②] 于是，程朱自谓承接孔孟道统之传的道统合法性也就受到了质疑。

如果说惠栋的学术关怀在于以“汉学”代“宋学”，质疑以至否定宋儒之道，那么戴震则是以“自得之义理”去“夺朱子之席”了，即如翁方纲所言：“（戴震）其人不甘以考订为事，而欲谈性道以立异于程朱。”[③] 显然，戴震的学术关怀不在考据，而在“闻道”，一如他自己所言，自17岁即有志闻道，以“君子务在闻道”自期[④]，所以他认为：“凡学始乎离词，中乎辨言，终乎闻道。”[⑤] 而“道在六经”，借“传经之儒”以传承，因此，欲“闻道”或“明道”，一方面须抉发“六经”之本义以探寻“儒学之道”的真义所在；另一方面须通过“辟异端”以恢复被释老淆乱了的儒学之道的本来面目。这两方面的工作无疑皆要借助于训诂考据的手段，而非“空凭胸臆”所可至，诚如戴震所谓：“惟空凭胸臆之卒无当于贤人圣人之理义，然后求之古经；求之古经而遗文垂绝、古今悬隔也，然后求之故训。故训明则古经明，古经明则贤人圣人之理义明，而我心之所同然者，乃因之而明。贤人圣人之理义非它，存乎典章制度者是也。”[⑥] 基于此，戴震一贯倡导和坚守“由字以通其词，由词以通其道”[⑦] 的考据学方法以考经证史。以考据学的视野去检视宋儒义理，戴震发现：“宋儒言性、言理、言道、言才、言诚、言明、言权、言仁义礼智、言智仁勇，皆非《六

---

① （清）惠栋著，郑万耕点校：《易汉学》卷8，北京：中华书局，2007年，第632页。

② （清）惠栋著，郑万耕点校：《周易述》卷20，北京：中华书局，2007年，第456页。

③ （清）翁方纲：《复初斋文集》卷7，台北：文海出版社，1969年，第321页。

④ （清）戴震撰，赵玉新点校：《戴震文集》卷9，北京：中华书局，1980年，第143页。

⑤ （清）戴震撰，赵玉新点校：《戴震文集》卷11，第165页。

⑥ （清）戴震撰，赵玉新点校：《戴震文集》卷11，第168页。

⑦ （清）戴震撰，赵玉新点校：《戴震文集》卷9，第140页。

经》、孔、孟之言，而以异学之言糅之。"[①] 在《答彭进士允初书》中，戴震说："宋以前，孔、孟自孔、孟，老、释自老、释，谈老、释者高妙其言，不依附孔、孟。宋以来，孔、孟之书尽失其解，儒者杂袭老、释之言以解之。于是有读儒书而流入老、释者。"[②] 宋以来的"异端乱道"是以"闻道"为究极的戴震所不能容忍的，职是之故，戴震临殁前必欲去完成其平生著述之最"大"者的《孟子字义疏证》。书成，戴震致书段玉裁说："仆生平著述，最大者为《孟子字义疏证》一书，此正人心之要。今人无论正邪，尽以意见误名之曰理，而祸斯民，故《疏证》不得不作。"[③] 晚年的戴震已然有了关于儒学之道的"自得之义理"，所以他极欲借撰作《孟子字义疏证》予以阐发。在书中，戴震就理学立论的一系列核心范畴一一加以疏证，其中尤以关于"理"字的疏解十五条，对宋明理学的批判最为激烈。首先，与宋儒"以理为'如有物焉，得之于天而具于心'"[④] 不同，戴震认为："人伦日用，圣人以通天下之情，遂天下之欲，权之而分理不爽，是谓理。"[⑤] 在事物，"理"即"条理"；在社会生活，"理"即"以情絜情而无爽失"[⑥]。而宋儒"以意见为理"必然导致"以理责人"："尊者以理责卑，长者以理责幼，贵者以理责贱，虽失，谓之顺；卑者、幼者、贱者以理争之，虽得，谓之逆。"所以戴震发出"酷吏以法杀人，后儒以理杀人"和"人死于法，犹有怜之者；死于理，其谁怜之"[⑦] 的振聋发聩之论。其次，指斥宋儒之"理"的"异端"本质。戴震认为，宋儒之"理"源于佛、道的"真空"、"真宰"；其"存理灭欲"说亦本自释老："老聃、庄周'无欲'之说，及后之释氏所谓'空寂'，能脱然不以形体之养与有形之生死累其心。……宋儒程子、朱子，易老、庄、释氏之所私者而贵理……于是辨乎理欲之分。"[⑧] 所以，在《孟子字义疏证》中，戴震"拈理欲一辨，力加呵斥"[⑨]。朱熹说"人欲云者，正天理之反耳"，戴震则说"理者，存乎欲者也"[⑩]；宋儒以"人欲所蔽"为常谈，戴

---

① （清）戴震撰，汤志钧校点：《戴震集》附录三《戴东原先生年谱》，上海：上海古籍出版社，1980年，第467页。

② （清）戴震撰，汤志钧校点：《戴震集·孟子字义疏证》，第166页。

③ （清）戴震撰，汤志钧校点：《戴震集》附录三《戴东原先生年谱》，第481页。

④ （清）戴震撰，汤志钧校点：《戴震集·孟子字义疏证》，第267页。

⑤ （清）戴震撰，汤志钧校点：《戴震集·孟子字义疏证》，第323页。

⑥ （清）戴震撰，汤志钧校点：《戴震集·孟子字义疏证》，第266页。

⑦ （清）戴震撰，汤志钧校点：《戴震集·孟子字义疏证》，第275页。

⑧ （清）戴震撰，汤志钧校点：《戴震集·孟子字义疏证》，第322-323页。

⑨ 钱穆：《中国近三百年学术史》，第389页。

⑩ （清）戴震撰，汤志钧校点：《戴震集·孟子字义疏证》，第276页。

震则以“欲之失为私，不为蔽”[①] 为言。所以戴震最为强调“人欲”的合理性：“圣人治天下，体民之情，遂民之欲，而王道备。”[②]“道德之盛，使人之欲无不遂，人之情无不达，斯已矣。”[③] 这样，戴震通过肯定“情”、“欲”的合理性，建构起“以情代理”的新道统论，从而“以《六经》、孔、孟之指，还之《六经》、孔、孟，以程、朱之指还之程、朱，以陆、王、佛氏之指还之陆、王、佛氏。俾陆、王不得冒程、朱，释氏不得冒孔、孟”[④]。

承继着戴震建构新道统论的余绪，其私淑弟子凌廷堪亦致力于“辟异端”以建构儒学新道统论。凌廷堪一生治学以《仪礼》为擅场，《礼经释例》即其礼学代表作。他之所以选择《仪礼》为研究对象，则基于一个根深蒂固的观念：“圣人之道，一礼而已矣……礼之外，别无所谓学也。”[⑤] 所以，在戴震“以情代理”的基础上别倡“以礼代理”的新主张。而这一主张同样建基于“辟异端”的学术实践。通过检视《论语》、《大学》等经典，凌廷堪对宋儒之“理”的来源提出质疑：“《论语》及《大学》皆未尝有‘理’字，徒因释氏以理事为法界，遂援之而成此新义……无端于经文所未有者，尽援释氏以立帜。”[⑥] 因此“鄙儒遂误以为理学为圣学也”[⑦]。他又进一步强调说：“圣人之道……但恒言礼，未尝一言及理也……彼释氏者流，言心言性，极于幽深微眇，适成其为贤知之过。圣人之道不如是也。其所以节心者，礼焉尔，不远寻夫天地之先也；其所以节性者，亦礼焉尔，不侈谈夫理气之辨也……圣人之道所以万世不易者，此也；圣人之道所以别于异端者，亦此也。”因此凌廷堪断言：“圣学礼也，不云理也”[⑧]，“洛、闽之后名为圣学，其实皆禅学也”[⑨]。基于此一理念，凌廷堪毕生以《仪礼》为究心所在，欲以对载之《仪礼》的古礼的探赜、考辨，“扞御异端，不使侵我六经”[⑩]，最终建构起“以礼代理”的新道统论。

总之，从明清之际以迄于乾嘉时期，作为清代学术重镇的考据学，由发轫、发展演变而至成熟，实际上是依循“辟异端”的路径，凭借考据学的手段，最

---

① （清）戴震撰，汤志钧校点：《戴震集·孟子字义疏证》，第 274 页。

② （清）戴震撰，汤志钧校点：《戴震集·孟子字义疏证》，第 275 页。

③ （清）戴震撰，汤志钧校点：《戴震集·孟子字义疏证》，第 309 页。

④ （清）戴震撰，汤志钧校点：《戴震集》附录三《戴东原先生年谱》，第 480 页。

⑤ （清）凌廷堪著，王文锦点校：《校礼堂文集》卷 4，北京：中华书局，1998 年，第 27 页。

⑥ （清）凌廷堪著，王文锦点校：《校礼堂文集》卷 16，第 142 页。

⑦ （清）凌廷堪著，王文锦点校：《校礼堂文集》卷 4，第 31 页。

⑧ （清）凌廷堪著，王文锦点校：《校礼堂文集》卷 16，第 143 页。

⑨ （清）凌廷堪著，王文锦点校：《校礼堂文集》卷 24，第 221 页。

⑩ （清）凌廷堪著，王文锦点校：《校礼堂文集》卷 24，第 221 页。

终实现道统重建。此一道统重建虽以“道统还原”的形式呈现，但在“回归元典”的表象背后，实际上潜藏着清代学人建构儒学新道统论的终极关怀。与宋明理学的道统论相较而言，乾嘉学人建构的新道统论已由超越性的形上之道落实为人伦日常的形下之道，实乃质朴的乾嘉考据学在义理上最具思想史意义的重要创获。

论戴震对朱熹的传承与礼敬

徐道彬[1]

绩溪胡适（1891—1962，字适之，徽州绩溪人）作为徽学后进，对其乡邦先贤朱熹（1130—1200，字元晦，徽州婺源人）和戴震（1723—1777，字东原，徽州休宁人）都始终充满敬意，并给予崇高的历史性评价，称“这八百年来，中国思想史上出了三个极重要的人物，每人画出了一个新纪元。一个是朱子，一个是王阳明，一个是戴东原。朱子的学说笼罩了这七百多年的学术界，中间只有王阳明与戴东原两个人可算是做了两番很有力的反朱大革命”[2]。胡氏从不讳言戴氏的“反朱”问题，但他摈弃了一般人的简单化对待，而始终持有自己独到的观点，认为朱熹与戴震之间，既有时代的不同和世界观的差异性，同时也有治学方法和人性关怀方面的诸多共通性。胡氏在此文中引用了章学诚之言作为自己立说之本，即“今人有薄朱氏之学者，即朱氏之数传而后起者也。其与朱氏为难，学百倍于陆、王之末流，思更深于朱门之从学，充其所极，朱子不免先贤之畏后生矣”。“戴君学术实自朱子道问学而得之，故戒人以凿空言理，其说深探本原，不可易矣。”[3] 胡适对“戴学源自朱子道问学之说”深信不疑，但又否定了章氏“出于朱则不应攻朱”之说，曰：“章氏说戴学出于朱学，这话

① 作者简介：徐道彬，安徽大学徽学研究中心研究员，博士生导师，研究方向为小学、经学、宋明理学。

② 胡适：《戴东原的哲学》，合肥：安徽教育出版社，1999年，第139页。

③（清）章学诚：《朱陆》，见《章学诚遗书》，北京：文物出版社，1985年。

很可成立。但出于朱学的人难道就永远不可以攻击朱学了吗?”况且“我们但当论攻的是与不是，不当说凡出于朱的必不应攻朱”[①]。作为继朱熹、戴震之后，徽州乃至中国学术思想界的又一里程碑式人物，胡适的胸怀与眼光，也足以让他具有如此高屋建瓴、洞察幽微的中肯平允之论。十余年前，笔者曾尽搜东原著述中涉及朱熹的评述文字加以文献梳理和史料考证，阐明了戴氏对朱子始终如一的态度。今承胡适之言，将戴震对朱熹学术思想的传承与乡贤礼敬之意，再加情理和哲理上的拾遗补阙，知人论世，条别是非，还原朱、戴关系的历史本来面目。

一　由“道问学”而至“尊德性”

朱熹是继孔子之后，对传统中国社会后期影响至为深远的先师先贤，成为学统和道统中的重要人物，优入圣域之林。同时，在民间社会层面上，朱子通过著述和讲学乃至门生弟子的代代传承，渐次形成一个能够延续其思想学说的重要流派——新安理学。它以《朱子小学》和《家礼》等理学教义为蓝本，躬行践履于族规民约和世道人心之中，对基层社会尤其是明清徽州地区的风土民情和社会发展具有深远的影响。

清代学术汉、宋之争的显著化，使得程朱之学在江、浙、皖地区遭到了陈确、毛奇龄等学者的猛烈攻击。其中，朱熹乡邦的“新安理学”地区，也同时出现了异样的声音，尤以黄生、姚际恒和戴震最为突出。因戴震与朱熹同出于徽州，既有乡邦之谊，且为各自时代的学术最高峰，所以两者数百年间的时差及其产生出的学术思想的变异，定会受到后世学者更多的关注与评价。其中的严词评判，既关乎学理上的是非之争，也有情分上的好恶之偏。遗憾的是，人们只乐观其“不同”，而忽略其“相同”，强调其“分”，不言其“合”，严重地遮蔽了戴震与朱熹之间的相同点及其内在的承续性。

朱熹不仅是一位划时代的理学家，同时在小学、经学和自然科学方面都有重要的阐述、发明与贡献，惜其一生被理学盛名所掩，后世论者仅注目其性命道体之说，而没其躬行实践的格物朴实之学。事实上，朱子治学领域广博，

---

① 胡适:《戴东原的哲学》，第68页。拙文《论戴震对朱熹始终如一的态度》(《河南师范大学学报(哲学社会科学版)》2006年第4期)曾从文献的梳理及注释思想的考证上加以对比和阐释，可参阅。

天文地理、河渠农桑、草木鸟兽、律吕术数，无不触类旁通，源流毕贯，既能通经典古训之义，也能达孔孟周程之道，甚至还能够根据高山上的螺蚌化石，考证出海陆变迁与地壳演化的科技知识和道理，可知其“格物致知”、“即物穷理”的治学方略和学问目的。自谓：“尊德性，所以存心而极乎道体之大也。道问学，所以致知而尽乎道体之细也。二者修德凝道之大端也。不以一毫私意自蔽，不以一毫私欲自累，涵泳乎其所已知。敦笃乎其所已能，此皆存心之属也。”[①] 可以说，朱子首先是第一流的学问家，其次才是理学家。他读书善据古籍以补正讹脱，根柢经义以诠释古言，如其《古文尚书》的辨伪、《诗序》的质疑问难，皆究其微旨，通其大例，本证旁证，奄若合符；而《诗集传》、《楚辞集注》、《韩文考异》等系列训诂集释之作，则稽览群籍，是正讹舛，捃摭稽核，至为精博。朱子曾自述学问大略曰：“大抵子思以来教人之法，惟以尊德性、道问学两事为用力之要。今（陆）子静所说专是尊德性事，而（朱）熹平日所论，却是问学上多了。”[②] 又曰：“汉魏诸儒正音读，通训诂，考制度，辨名物，其功博矣。学者苟不先涉其流，则亦何以用力于此？”[③] 可见朱子学问即有义理之思，又兼训诂之学，清人章学诚即称：“朱子偏于道问学，故为陆氏之学者攻朱氏之近于支离”；“朱子求一贯于多学而识，寓约礼于博文，其事繁而密，其功实而难”。[④] 章氏在比较朱、陆异同之时，尤为强调朱子的性命之理与格致之学，其《朱陆》及《书朱陆篇后》两文又将朱子学术与戴震之间的传承，探赜索隐，条分缕析，考之有据，言之有理，故于后世影响很大。胡适也因其言对乡贤朱子的考证之学颇有赞词，认为清代三百年的学术，尤其是乾嘉考据学，实质上就是重新发掘朱熹的“格致之学”。戴震的考据之学，就是对朱子格物学的真正继承和发展。其后，傅斯年与钱穆也称：“自今日观之，清代所谓宋学，实是明代之官学；而所谓汉学，大体上直是自紫阳至深宁一脉相衍之宋学。”[⑤]“徽学渊源，实本紫阳而不可诬。”[⑥] 此等中肯独到之语，说明民国期间的学者已经注意到清代学术实际上

① （宋）朱熹：《四书章句集注》，北京：中华书局，1983 年，第 35-36 页。

② （宋）朱熹：《答项平父》，《朱文公文集》卷 54，见《朱熹集》第 5 册，成都：四川教育出版社，1996 年，第 1694 页。

③ （宋）朱熹：《语孟集义序》，《朱文公文集》卷 75，见《朱熹集》第 7 册，第 3944 页。

④ （清）章学诚：《朱陆》，见《文史通义》内篇卷 2，北京：文物出版社，1985 年影印本。

⑤ 傅斯年：《性命古训辨证》引言，桂林：广西师范大学出版社，2006 年，第 1 页。

⑥ 钱穆：《清儒学案序》，见《中国学术思想史论丛》卷 8，合肥：安徽教育出版社，2004 年，第 371 页。

就是扩大而延伸了的宋明理学。可以说，朱子与戴震所追求的同是孔孟之道，所取路径也大略相同，虽时代有差、表述有别，但殊途而同归。东原常言之“以词通道”、“实事求是”，便是朱子“即物穷理”、“格物致知”的另一种表述而已。朱子云：“字求其训，句索其旨，未得乎前，则不敢求其后；未通乎此，则不敢志乎彼。如是循序而渐进焉，则意定理明而无疏易凌躐之患矣。是不惟读书之法，是乃操心之要，尤始学者之不可不知也。”[①] 此言正为戴氏“由字以通其词，由词以通其道”的直接思想来源。

东原以乡贤为榜样，秉承朱子之学，一生专意于学问，治学主张由“格物”到“穷理”，由“道问学”而至“尊德性”，即“先考字义，次通文理，志存闻道，必空所依傍”[②]。在“闻道”问题上，“空所依傍”即标示其显著态度，就是对前贤时彦皆以正心诚意待之，“实事求是，不偏主一家”。常云：“仆以为考古宜心平，凡论一事，勿以人之见蔽我，勿以我之见自蔽。”[③] 他以汉学之“格致”，以求理学之“道理”。常云：“汉儒训诂有师承，亦有时傅会；晋人傅会凿空益多；宋人则恃胸臆为断，故其袭取者多谬，而不谬者在其所弃。我辈读书，原非与后儒竞立说，宜平心体会经文。有一字非其的解，则于所言之意必差，而道从此失。”[④] 东原“非与后儒竞立说”的原则是：不以人蔽己，不以己自蔽，不为一时之名，亦不期后世之名。非掊击前人以自表襮，也不依傍昔儒以附骥尾，君子务在闻道也。[⑤] 如此不偏宋、不佞汉的治学理念，被章太炎、刘师培、梁启超和胡适之等赞誉为最能表现出近世科学研究之特点，体现近代思想解放之精神。

有学者认为，戴氏《孟子字义疏证》一书的出版，就决定其反对程朱理学的根本基调，表明了朱熹与戴震之间是不可调和的对立关系。学者不应讳言戴氏“反理学”的思想，但也不该用简单和对立的眼光来对待《孟子字义疏证》中的文字形体，而要从字里行间窥出其背后的斑斑血泪。正如章太炎所言：“清宪帝亦利洛闽，刑爵无常，益以恣睢……戴震生雍正末，见其诏令谪人不以法

---

① （宋）朱熹：《读书之要》，《朱文公文集》卷74，见《朱熹集》第7册，第4163页。

② （清）戴震：《与某书》，见（清）戴震撰，张岱年主编：《戴震全书》第6册，合肥：黄山书社，1995年，第495页，

③ （清）戴震：《答段若膺论韵（一）》，见（清）戴震撰，张岱年主编：《戴震全书》第3册，合肥：黄山书社，1994年，第356页。

④ （清）戴震：《与某书》，见（清）戴震撰，张岱年主编：《戴震全书》第6册，第495页。

⑤ （清）戴震：《答郑丈用牧书》，见（清）戴震撰，张岱年主编：《戴震全书》第6册，第374页。

律，顾摭取洛闽儒言以相稽，觇司隐微，罪及燕语。九服非不宽也，而迾之以丛棘，令士民摇手触禁，其蠹伤深。震自幼为贾贩，转运千里，复具知民生隐曲，而上无一言之惠，故发愤著《原善》、《孟子字义疏证》，专务平恕，为臣民诉上天，明死于法可救，死于理即不可救。"[①] 章氏的"为民请命"之说，应是戴氏的本意所在。东原深知在文字狱的时代，个人著作的面世务必要用语隐讳，知所避忌；从学理层面上说，"借古讽今"应该是批判程朱理学以达到针砭现实目的最为恰切的处理手段。实际上，戴震真实话语的表达，可由其寄赠段玉裁的书信中知其心曲。曰："仆生平论述最大者为《孟子字义疏证》一书，此正人心之要。今人无论正邪，尽以意见误名之曰理，而祸斯民，故《疏证》不得不作。"[②] 能够以个人书信与正规著作相比较，是最能窥见作者内心真实意图的手段。此中"今人"绝对不会是指程朱，定是那些"理"字不离于口、害人不轻手的在位者和当权派；而《孟子字义疏证》中的"理"字在信札中却都被替换成了"意见"二字，此中深意，已不言自明。因此，与其说《孟子字义疏证》的内容是批判程朱理学，毋宁说是他借批判理学之名，而抨击强权势利者满口仁义道德的"以理杀人"。因为戴震对于程朱学术与理学末流的本质有着清醒的认识，所以《孟子字义疏证》一书实质上是借用"洛闽之言"作为靶子，来抨击朝廷以"理"学为幌子以残害民众，鱼肉百姓，即"其所谓理者，同于酷吏之所谓法"的事实。对此，我们可以借用胡适称"章学诚虽骂戴氏，却是戴学的第一知己"的话，来同理推导出东原虽批判程朱理学"以理杀人"，但是程朱的第一知音。

此外，《孟子字义疏证》一书在写作形式上也深受《朱子语类》问答辩驳式的影响，更是模仿了朱熹弟子陈淳《北溪字义》的词典释义方法，将理学中的几个重要范畴以字义训诂的形式构建起来。陈氏书列出命、性、心、情、仁义礼智信、道、理、诚、经权等二十六门，荟萃宋五子之说，而以朱子说为折

---

① （清）章太炎：《释戴》，《太炎文录初编》卷1，见《章太炎全集》第4册，上海：上海人民出版社，1985年。此节内容可参阅拙作《戴震：治学不为媚时语》（《文史知识》2016年第10期）一文。

② （清）戴震：《与段玉裁书》，见（清）戴震撰，张岱年主编：《戴震全书》第6册，第543页。在戴氏与段氏书札及《与某书》中，类似"今人"、"后儒"、"意见"之词应实有所指，也是其内心真实的观点和情感的表达。

中[①]；戴氏书则以理、天道、性、才、道、仁义礼智、诚、权为目，列为44条，总结出“求观圣人之道，必自孟子始”。因此，陈、戴两书皆以孟子为宗主，形式上的传承更是昭然若揭。对此，洪榜曾在东原去世之时就明确指出《孟子字义疏证》“非言性命之旨也，训诂而已矣，度数而已矣”，意在不能简单地认为《孟子字义疏证》和《与彭允初书》仅仅只是责难程朱之书，而应理解成戴氏为了剔除附着在程朱理学上的异端成分，通过文字考证和经典诠释的手段替程朱做辩护和澄清。故洪氏云：“戴氏《与彭进士书》，非难程朱也，正陆王之失耳；非正陆王也，辟老释之邪说耳；非辟老释也，辟夫后之学者实为老释而阳为儒书；援周孔之言，入老释之教；以老释之似，乱周孔之真，而皆附于程朱之学。”“戴氏之书，非故为异同，非缘隙嚷嘲，非欲夺彼与此，昭昭甚明矣。”[②]洪榜一生服膺东原，为戴氏学说的真实意图而上下游说和宣传，论定戴氏之书的“孟子之功，不在禹下”。故江藩作《汉学师承记》也特为此表彰洪氏，全载此文以为援引，致使后世不至于泯灭戴学“义理”层面的功劳。梁启超指出：洪氏“这几句话批评得对极了，试拿毛西河攻击程朱的书，陆稼书攻击陆王的书，和东原各书相对照，便可以见出东原的态度确是‘学者的’了。”“东原并没有攻击别派的行为，不过将这派那派研究出他们的真相，理清楚他们的系统，叫他们彼此不相蒙混，这种工作，无论对于某种学问，在批评家或历史家是最必要的。我们认东原为最忠实于这种工作的人。”[③] 至此，我们可以说这部“正人心之要”的《孟子字义疏证》一书，用“以词通道”的方法探明“治乱之源”，悟得“圣人之道”，正是秉承了朱子由“道问学”而至“尊德性”的路径而来，也正印证了冯友兰所言：“汉学家之义理之学，表面上虽为反道学，而实则系一部分道学之继续发展也。”[④]

---

① （宋）陈淳：《北溪字义》，北京：中华书局，1983年，第1-3页。《孟子字义疏证》中有数处引用陈淳（1159—1223，字安卿，号北溪，福建龙溪人）之语。另，《孟子字义疏证》有康熙年间休宁人戴嘉禧的参刊本及序文，开篇即为“昔贤教人为学，必先识字”。作为同宗后学，戴震既见陈氏理学书，又袭乡贤戴氏语，可知东原继承和发展朱子学的行迹显而易见。

② （清）洪榜：《上笥河朱先生书》，见《二洪遗稿》卷1，道光扬州梅花书院刊本。

③ （清）梁启超：《戴东原哲学》，见《饮冰室文集》卷40，北京：中华书局，1989年，第56页。

④ 冯友兰：《中国哲学史》，上海：华东师范大学出版社，2000年，第302页。若以冯友兰《新理学》中所称“照着讲”和“接着讲”的哲学体系而言，戴学可以清晰地归入“新理学”的范畴。由此便可将戴学与朱子学的关系，归为由“照着讲”而至于“接着讲”的学术框架之内。

二 通理知欲 明体达用

程朱理学在自宋至清的发展历程中，受到来自释道融合、朱陆之争及阳明心学等诸多思潮的侵染而不断地嬗变。清初的思想界集中批判心学的“致良知”，努力恢复程朱理学的信仰。然而，此时的朱子学虽然处在朝廷官学的地位，却已不是原始意义上的朱子学了。而乾嘉时期的儒者猛烈攻击程朱理学，很大程度上是因抨击阳明心学而上溯深挖、连带及之。对此，傅斯年曾高屋建瓴、洞察幽微地指出：“然则清代汉学家自戴震以降攻击理学者，其最大对象应为心学，不应为程朱。然戴氏之舍去陆王力诋程朱则亦有故。王学在明亡后已为世人所共厌弃；程朱之学在新朝仍为官学之正宗。王学虽与清代汉学家义极端相反，然宗派式微，可以存而不论；朱学虽在两端之间，既为一时上下所宗，故辩难之对象在于此也。”[①] 清初的王学已“人所共厌”，也不堪一击，汉学家的响箭自然落在其后面的程朱身上。在批判心学的思潮里，朱子成为首当其冲的“辩难对象”、众矢之“的”。

清儒与宋儒的思想分歧，既体现在本体论和工夫论的对立上，也有心性论和“理欲观”的差异。朱熹的“天理人欲”观点在自宋至清的时代长河中，已逐渐失去其原本“抑制奢欲，关心民瘼”的本来意蕴。首先，朱熹“存天理，灭人欲”的提出，源于南宋朝廷苟且偷安于临安，而官僚阶层又穷奢极欲，贪婪无度，“禁欲”于民众而“享乐”于自己，致使人民生活于水深火热之中。朱熹针对当时危难的社会境况，欲从学理层面上为百姓争取生存空间，希望统治阶层能够“遏人欲于横流，存天理于既灭”，是怀着深沉的历史责任和危机意识，与统治阶层说“理”的。但人微言轻，也未曾有效，甚至还遭到反对者的谗害，被定为异端邪说和“伪学逆党”。其次，朱熹的“灭欲”，重在对上层社会的“正君心，去淫奢”，而对下层民众则心存悲悯，希望外无旷夫，内无怨女。他反对“肉食者”剥夺民众最基本的生存权利和条件，指

① 傅斯年：《性命古训辨证》，第169-170页。民国时期的学者反思清代汉宋学术，多以为“以理责天下之人，非创宋学者之所为，而为宋学末流之失，安可以咎宋学乎”（吕思勉《理学刚要》）。以清儒为宋学赓续，如惠栋和戴震等汉学家“明避宋学之途，暗夺宋学之席”，“皆未化宋学之迹者也”（叶德辉《与戴宣翘校官书》）。

出“饮食者，天理也；要求美味，人欲也”[①]。“凡居处饮食言语，无不是事，无不各有个天理人欲。敬便是天理，肆便是人欲。”[②] 认为圣贤所言“饮食男女，人之大欲存焉”，有而节之，使无过情、无不及情，即是天理，更合乎人欲。换言之，人性的必需及合理的满足就是“敬”和“天理”；骄奢淫逸、追求美味就是“肆”和“人欲”。如此的人本主义思想和人文情怀，即使在今天也极富现实的启示意义。

朱子“存理灭欲”之说的原始意蕴，随着时代的发展也被负载了相反的作用，成为统治者剥削和压迫人民的工具，结果是“任法律而参洛、闽，是使种马与良牛并驷，则败绩覆驾之术也”[③]。因此，原本以富国强民为宗旨的理学家的理想追求，也逐渐被“言清行浊，设身私欲”的假道学和迂儒蠹吏所污染而变质扭曲。道学家满口仁义道德，倚仗“权势”胡作非为，拿“天理”或“意见”的令牌，让卑弱者“呼天无门”。戴震本人就是遭受这种“天理”残害的牺牲品，东原33岁遭遇横逆，以致终生不曾回乡。他奋力读书，求解于圣贤经典，“为之卅余年，灼然知古今治乱之源”，明了残害自己的原因乃是“后儒以理杀人”。正如章太炎所言：“戴君生雍正乱世，亲见贼渠之遇士民，不循法律，而以闽洛之言相稽，哀矜庶戮之不辜，方告无辜于上，其言绝痛。”[④] “贼渠”为一己之利而“离散天下之子女，以奉我一人之淫乐”，凭借“闽洛之言相稽”，致使“尊者以理责卑，长者以理责幼，贵者以理责贱”，“人死于法，犹有怜之者；死于理，其谁怜之？”基于“天下受其害者众”，戴震发愤著述，“为臣民诉上天”，摧毁那些被后儒末流所污染的“天理”、“意见”，但从未攻击程朱本身。

戴震生活的时代，正是明清社会经济文化迅猛发展的时期，“士农工商”的传统社会秩序已大为松动，商人的物质利益追求、民众合理的生存欲望，已经成为社会不可阻挡的历史潮流。特别是徽商在明清时期的异军突起，更需要寻找理论上的代言人，对现实公正平等的要求、义利关系的重新定位、理欲关系的适度调整等问题，都要得到相应的智力支持和理论支撑。戴震自身也是由商而儒，对待中下层民众的物质欲望或经商利益怀有“同情之了解”

① （宋）黎靖德编，王星贤点校：《朱子语类》卷13，见《朱子全书》第14册，上海：上海古籍出版社、合肥：安徽教育出版社，2002年，第389页。

② （宋）黎靖德编，王星贤点校：《朱子语类》卷15，见《朱子全书》第14册，第467页。

③ （清）章太炎：《释戴》，《太炎文录初编》卷1，见《章太炎全集》第4册，122页。

④ （清）章太炎：《说林》上，《太炎文录初编》卷1，见《章太炎全集》第4册，第117页。

和浓厚的人文情怀，也自有其独到的理解与表达。所以，他对徽商“虽为贾者，咸近士风”的高度评价，以及“体民之情，遂民之欲”的理论证明，也都由此感触应运而生。实际上，《孟子字义疏证》和《原善》的撰述本身，就深刻隐含着徽商活动和民生关怀的大背景，反映了商人阶层的心声与追求。戴氏以为：“天下必无舍生养之道而得存者。凡事为，皆有于欲；无欲则无为矣。有欲而后有为，有为而归于至当而不可易之谓理，无欲无为又焉有理？”[①]如果从徽商情感的角度来看，也可以理解为：凡“经商”皆为有“利”；无“利”则无为矣。有“利”而后有“商”，有“商”而归于“诚信”之谓“儒商”。如此将“义理”与“嗜欲”、“欲望”与“义利”的关系放置在有利于人性需求和商业运营的轨道上加以考量，既便于理解和接受商品经济社会迅猛发展的现实，又有利于促进理欲辩证统一问题的争论。可见戴氏的通理知欲和明体达用，在一定程度上就是为明清商人的生存与发展所做的事实证明和理论支撑，以此抨击传统社会“商为四民之末”的腐朽观念及其对商业和商人的抑制与打击。朱、戴二人虽然针对的侧重点不同，却殊途而同归，皆具修齐治平的人文情怀。

胡适认为：东原倡言“体民遂欲”而成为反抗人欲礼教的急先锋，但在情感上绝无攻击程朱本身的问题，他只是要人们用科学家求知求理的态度与方法来应付人生问题，戴氏和朱子在人情隐曲和人性的终极关怀上是一致的。[②]事实上，朱子所倡导的“财自道生”、“以义取利”思想，在某种程度上也是徽商“贾而好儒”行为的直接导因和取利法宝。从“人欲”的本质来看应兼善、恶两义，饮食男女、常情隐曲，朱子以为善；见利忘义、骄奢淫逸，朱子以为恶。戴震的“理存于欲”则偏于“善”处而言，故其主张遂民之欲；程朱“存理灭欲”则专指“恶”处言之，故要人遏私去欲。无论是上古圣贤，还是汉宋大儒，休养生息、体恤民情皆为儒者一贯的人文关怀和追求，朱子更不例外，其“饮食者，天理也；要求美味，人欲也”，也成为戴震“一人之所欲，天下人之同欲也”的著述命题，由此也充分显示出两代学者关心民瘼、为民请命的民本思想。戴氏云：“遂己之欲者，广之能遂人之欲；达己之情者，广之能达人之情。道德之盛，使人之欲无不遂，人之情无不达，斯已矣。欲之失为私，私则贪邪随之矣；情之失为偏，偏则乖戾随之矣。不私则其欲

---

① （清）戴震：《孟子字义疏证》，见（清）戴震撰，张岱年主编：《戴震全书》第6册，第216页。

② 胡适：《戴东原的哲学》，第41-56页。

皆仁也，皆礼仪也；不偏则其情必和易而平恕也。”① 东原此论，既是儒家义利观和经济伦理的哲理性阐释，也是对徽商争取适当权益的合理合法的诉求，这与朱熹对待“义理”与“嗜欲”的观点完全一致。故胡适指出：戴学重在扩充心知之明，使人体察事物条理，这是一种新的理学，既非“厉禁言理”，更非“蔑理”。其实，戴学最近于程伊川与朱子，同属于致知穷理的学派，实在是程朱的嫡派，又是程朱的诤友，他是撇开“详于论敬而略于论学”，去做那致知穷理的科学事业。② 从一定意义上也可以说，戴氏为理学的“后继”，是在新的时代为徽商“存意开源”的功臣。

三　礼敬乡贤　守正出新

戴震与朱熹在人本主义和理欲观的目标上是相当一致的，若要追究两人之间究竟有何不同，首先是他们所面对的各自时代的不同：朱子肩负着新时代复兴儒学的使命，纵然也倾心于“道问学”，但迫于释、道的挑战压力，不得不专心于“尊德性”的深究。而东原所处的却是乾嘉汉学兴盛之时，“道问学”既是时代的学术思潮，也是其个人的禀赋所向。戴震对数百年前的宋学加以修正，既属于学术内在自省发展的必然，也是后学替先贤剔除身后的不当附会。为了拂去程朱身上的异端附着而欲还其本来面目，戴氏秉持“实事求是”、“空所依傍”的独立精神，向释、道之学的“无欲、无为”和理学末流的“空言心性”及阳明心学的“致良知”发起挑战，以朱子“进学在致知”为路径，“重问学，贵扩充”，“以词通道”，“修辞立诚”。他指出：“宋以前孔孟自孔孟，老释自老释，谈老释者高妙其言，不依附孔孟。宋以来孔孟之书尽失其解，儒者杂袭老释之言以解之。于是有读儒书而流入老释者；有好老释而溺其中，既而触于儒书，乐其道之得助，因凭借儒书以谈老释者。对同己则共证心宗，对异己则寄托其说于六经孔孟。”③ 这种剖析精微、条别是非而各归其是之法，正是“朱子

① （清）戴震：《孟子字义疏证》，见（清）戴震撰，张岱年主编：《戴震全书》第6册，第197页。

② 胡适：《戴东原的哲学》，第133-135页。

③ （清）戴震：《答彭进士允初书》，见（清）戴震撰，张岱年主编：《戴震全书》第6册，第353页。戴震批判陆王更胜于程朱，而抨击当位者更胜于陆王，但终以《孟子字义疏证》此类训诂加义理的表达方式，言其不得不作之情，其中深意可谓大矣。

格物穷理精神”的切实体现。故杨向奎先生称戴震不仅是汉学大师，同时也是宋学大师。

任何一种学派思想的发展，后期必定产生流弊，这是万物的自然规律。我们不能以理学末流之弊而归罪于作始，更不能因程朱创始理学而损害其学术之全部，以一眚掩大德不是客观正确的态度。戴震批判朱子，既有礼敬之心，也有攻错之功。世人以东原批驳宋儒为“讥骂洛闽”，忘本负恩，也是简单片面、“不得旨要”之见。凌廷堪称：“今案其（东原）遗编，学之大者犹可考见，特惧读之者不得旨要之所在，以矜奇炫博遇之，不然或与妄庸巨子讥骂洛、闽者等视而齐观，则先生之学由此而晦矣。”[①] 浙东黄式三云：“夫后儒之疑戴骂戴者，为其说之驳程朱耳。而以程朱之所自言与尊信程朱者之所言参互引证，学者可平心读之，去戴氏之矫枉过正而取其所长，在善学者之实事求是也。”[②] 学术思想的产生和发展极富时代性、复杂性和继承性，不能简单地划归于非此即彼。东原批判理学是时代学风之必然，也是学术争鸣之必须，更有其个人遭际的凄凉背景。实际上，“我国自十七世纪初期，其后凡三百年的学术研究，实在并不是反对朱熹和宋学；相反的，近三百年来的学者实是承继了朱子治学的精神”[③]。作为以恢复孔孟本真为责任的儒者，戴震传承着理学家的道德修身、正心制行之学，努力饬躬笃行，博学力行，与惠栋、江永和钱大昕等清儒一样，他们“批判”宋明理学，但绝不“背叛”程朱，一贯奉行着“六经尊服郑，百行法程朱”的人生准则，即如姚鼐所言：“婺源自宋笃生朱子，传至元、明，儒者继起，虽于朱子之学益远矣，然内行则崇根本而不为浮诞，讲论经义，精核贯通，犹有能守大儒之遗教，而出乎流俗者焉。近世若江慎修永，其尤也。”[④] 戴震师承江永，对朱熹也始终以乡邦大贤而礼敬之，以学术的传承而弘扬之。翻阅戴震著述，未曾见其直呼朱熹之名，而始终以“朱子”或“子朱子”相称。

---

① （清）凌廷堪著，王文锦点校：《校礼堂文集》，北京：中华书局，1998年，第313页。

② （清）黄式三：《申戴氏理说》，《儆居集·经说三》，见《黄式三全集》，上海：上海古籍出版社，2014年，第386页。

③ 葛懋春等辑：《胡适哲学思想资料选》，上海：华东师范大学出版社，1981年，第285页。

④ （清）姚鼐：《吴石湖家传》，见《惜抱轩诗文集》，上海：上海古籍出版社，1992年，第313页。

云："宋之有朱子，近数百年以来学者宗之；朱子者，集宋儒之大成者也"[①]；"先儒为《诗》者，莫明于汉毛、郑，宋子朱子"[②]；"汉之郑康成、宋之子朱子，其学殊绝，其人亘古不能有二之人也"[③]；"陆王，主老释者也；程朱，辟老释者也。今足下主老释、陆王而合孔孟、程朱与之为一，无论孔孟不可诬，程朱亦不可诬"[④]。戴氏早年由熟读朱子《集注》、《或问》进入科举，晚年著述则更为通明达观，厚意称许程朱，对汉宋优劣，唯论其实，不偏一家。他以郑玄和朱熹各为其时代之大儒，不因朱子的理欲观而废其学，不以"尊德性"而掩其"道问学"，云："凡宗仰昔贤，用寄爱慕，虽指不知谁氏之垄而闻名起敬可也。援以证实，用资考核，必有起而辩之者。"[⑤] 其景仰先贤之情溢于言表，而求是不苟之意也直言不讳。梁启超赞之曰："戴氏学术之出发点，实可以代表清学派时代精神之全部。盖无论何人之言，决不肯漫然置信，必求其所以然之故。苟终无足以起其信者，虽圣哲父师之言不信也。此种研究精神，实近世科学所赖以成立。"[⑥] 戴震正是秉承了朱子学的理念，既非全盘否定先贤，也具自我独立精神，故其"论性论道论情论欲也都是用格物穷理的方法，根据古训作护符，根据经验作底子，所以能摧破五六百年推崇的旧说，而建立他的新理学"[⑦]。三百年来，人们对戴震批判朱熹的理论反省，如果能够懂得卓越的学术思想必根植于其同源的历史传统，就能望表而知里，领悟出东原对朱子一贯的恭敬崇慕之情，以及传承朱子学的使命感。

大凡杰出的思想家都有"反传统"的秉性，这与万事万物的遗传变异相类似，也与"穷则变，变则通"的新陈代谢的理论不悖。如墨子学儒术，既而非儒；王肃习郑学，既而攻郑；程朱之学也曾入禅，而辟佛尤深。故"人之于学，

---

① （清）戴震：《闽中师友渊源考序》，见（清）戴震撰，张岱年主编：《戴震全书》第6册，第555页。戴氏著作中多称"朱子"，偶称"朱文公"或"紫阳夫子"，可见朱熹在戴氏心目中的地位和影响。东原一生参与科举，熟读朱子《四书集注》，潜意识中的程朱理学自然盘踞终身。当时许多大学者口头上即使鄙夷宋学，实际上却如梁启超所言："一个个都是稀稀薄薄朦朦胧胧的程朱游魂披上一件许、郑的外衣，那时候思想界的形势大略如此。"

② （清）戴震：《毛诗补传序》，见（清）戴震撰，张岱年主编：《戴震全书》第1册，合肥：黄山书社，1994年，第125页。

③ （清）戴震：《郑学斋记》，见（清）戴震撰，张岱年主编：《戴震全书》第6册，第406页。

④ （清）戴震：《答彭允初书》，见（清）戴震撰，张岱年主编：《戴震全书》第6册，第359页。

⑤ （清）戴震：《答曹给事书》，见（清）戴震撰，张岱年主编：《戴震全书》第6册，第331页。

⑥ （清）梁启超：《清代学术概论》，上海：上海古籍出版社，1998年，第34页。

⑦ 胡适：《戴东原的哲学》，第61页。

既登堂而入室，复操戈以相伐。入而能出，此其所以大也。古今能自成一学派者，可屈指数，要其成功之由，莫不如此”[①]。而“能自成一派”的戴震，之所以能够成为兼涉多域而又异军突起的杰出学者和思想家，定与他“登堂入室”而又“入而能出”的卓越才能密不可分。一般人只关注戴氏对朱子学的“出”，而不见其对朱子学的“入”，忽视他对朱子学在新时代的传承与开拓之功。“他们只知道戴震攻击宋儒的理学，有破坏之功，而不知道戴震的大功在于提倡一种新的理学来代替那矛盾的、不彻底的旧理学。”[②] 胡适此言也正契合了梁启超概论清代学术具有“生、住、异、灭”的演变流程，证明程朱理学“当全盛之后，社会中希附末光者日众，陈陈相因，固已可厌。其时此派中精要之义，则先辈已俊发无余，承其流者，不过捃摭末节以弄诡辩，且支派分裂，排轧随之，益自暴露其缺点。环境既已变易，社会需要别转一方向”，故有“清学之出发点，在对于宋明理一大反动”的精辟论断。[③] 戴震对宋明理学的批判，着力点在于剔除“希附末光者”的“附会”和“诡辩”，而汲取“先辈”之“精要之义”，努力去“建立他的新理学”。那么，作为“后戴震时代”的学者自当以“订讹规过”、“不为贤者讳”的心态来对待学术发展的大势。

综上所述，朱熹与戴震皆为各自时代的学术巅峰，两者之间的关系涉及的不仅是个人之间的学术评价或情感剖析，更多的还会牵涉两个重要时代学术思潮的争议。朱子以创新精神将儒家思想哲理化、精致化，适应时代之需，完成了儒学的全新发展，开创了宋明理学的新时代；数百年后，戴震又在自己的时代里解剖了宋明理学，将考据与义理统一起来，证之以实，运之以虚，建构起清代“新理学”的知识系统，为中国学术思想的发展开辟了新的方向。作为汉学家的戴东原，治学主张实事求是，既有汉儒之博而畅其旨，又有宋儒之潜而洽其趣，对程朱本身及其学问始终充满敬意，并加以传承和弘扬。戴震与朱熹的人本主义和理欲观的目标也相当一致，只因时代的差异以及后世的混淆和偏见，酿成两造缺席下子虚乌有的对垒。或以为戴震抨击程朱理学，是不敬乡贤，数典忘祖，则“是固不知戴学者矣”。戴学之于朱子学，应该理解为“当做诤友，不为佞臣”的关系。他为朱子去其一非，成其百是，

---

① 张舜徽：《清人笔记条辨》，沈阳：辽宁教育出版社，2001 年，第 378 页。

② 胡适：《戴东原的哲学》，第 135 页。与胡适观点近似者，还有李慈铭《越缦堂读书记》曰：“若东原则惟为程朱拾遗补缺，未尝肆言攻击也”；又皮锡瑞《经学历史》曰：“东原未尝薄宋儒也，其著述多采朱子说；虽与朱子说经抵牾，亦只是争辩一‘理’字”。

③ （清）梁启超：《清代学术概论》，第 3-7 页。

也使程朱理学历久弥新，在新的时代仍然具有重要的历史借鉴价值和现实启示意义。至于戴震本身，他早已预见身后“未能免怨尤”；对于后人的误解，也只能说：“立身守二字曰不苟，待人守二字曰无憾。事事不苟，犹未能寡耻辱；念念求无憾，犹未能免怨尤，此数十年得于行事者。其得于学，不以人蔽己，不以己自蔽，不为一时之名，亦不期后世之名。”[①] 一代宗师，诚哉斯言。为人为学，自当如是观。

① （清）戴震：《答郑丈用牧书》，见（清）戴震撰，张岱年主编：《戴震全书》第6册，第373页。学界对于戴震学术和思想领域的研究，除了本文所驳论的戴震与朱熹之间“莫须有”的对垒之外，还有学者将戴震一生的思想划为二段甚至“三段论”，即“早期是程朱理学的干城”，中期受惠栋的影响而反对宋学等说法。事实上，此类简单化的“分段”或“分派”的技术工具性处法，并不适合极其复杂的人文思想发展的真情实态，如同行政地理与人文地理之间，因人为因素的划分和地域人文风俗的不协调，造成诸多令人不解、缴绕不清的纠葛，可参见拙作《早期的戴震不是程朱理学的干城》（《黄山高等专科学校学报》2000年第3期）的辨说。

戴震孟学：承续道统与匡扶人心

赵庆伟[①]

戴震，字东原，又字慎修，安徽休宁人。生于清雍正元年（1723）[②]，卒于乾隆四十二年（1777）。据段玉裁、洪榜、王昶、钱大昕、余廷灿等人有关戴震的传记资料记载[③]，戴震自幼善疑好问，其性耐强记，于群经古注，皆能悉举其辞。曾受学于著名学者江永，被引为忘年交。因故入京期间，朝中文人学士纪昀、朱筠、钱大昕、秦蕙田、翁方纲、王鸣盛、卢文弨、王昶等皆与之往来，声名颇重。其后南下客居扬州，得晤经学大家惠栋，因“论学有合”而“交相推重”。乾隆二十七年（1762）中举，乾隆三十八年（1773）以举人特召充四库馆纂修官。两年后第六次会试不第，“奉命与乙酉贡士一体殿试，赐同进士出身，授翰林院庶吉士”。在馆五年，精心考订，积劳成疾而卒。

戴震精通经学、小学，对天文、地理、历算之学亦有较深入的研究，是乾

---

① 作者简介：赵庆伟，男，中南民族大学民族学与社会学学院教授，主要研究中国古代学术思想史。

② 戴震生年，一般系在雍正元年（1723）。据（清）段玉裁《戴东原先生年谱》，为雍正元年十二月己巳（二十四日），当1724年1月19日。见（清）戴震撰，赵玉新点校：《戴震文集》附录，北京：中华书局，1980年，第215页。

③ （清）段玉裁：《戴东原先生年谱》；（清）洪榜：《戴先生行状》；（清）王昶：《戴东原先生墓志铭》；（清）钱大昕：《戴先生震传》；（清）余廷灿：《戴东原先生事略》。并见（清）戴震撰，赵玉新点校：《戴震文集》附录，第215-275页。

嘉学派中的领军人物。据梁启超《东原著述纂校书目考》[①] 及《戴东原先生全集》所附《戴先生所著书考》[②] 著录，其平生著作及纂校之书即近 50 种。此后，又陆续发现其佚著多种[③]。其中有关儒学义理的著述多涉及孟子，本文拟就这些著述的成书流传情况、所包含的主要思想内容及所体现的诠释方法略作探讨，以期能对戴震孟学有一个相对全面的把握。[④]

一　戴震孟学著述撰作始末及缘由

戴震的儒学义理著述，历来有所谓“义理三书”[⑤]、“义理四书”[⑥] 之说，均是择要而言。对此介绍最为全面者，当数周兆茂所著《戴震哲学新探》，其中考察了戴震哲学著作 18 种。[⑦] 综合来看，与孟子关系密切的大致有以下几种：《原善》三篇、《读易系辞论性》、《读孟子论性》、《原善》三卷、《孟子私淑录》三卷、《绪言》三卷、《孟子字义疏证》三卷及《与某书》、《答彭进士允初书》、《与段若膺论理书》、《与段若膺书》等。[⑧] 从篇名上考察，戴震的孟学著述，有直接标举孟子之名者，也有与孟子思想相关者。但必须说明的是，即便直接标

① （清）梁启超：《东原著述纂校书目考》，见（清）梁启超：《饮冰室合集·文集》之四十，北京：中华书局，2015 年。

② 《安徽丛书》编审会辑：《安徽丛书》第 6 期，《安徽丛书》编印处，影印本，1936 年。

③ 1991—1999 年，清华大学出版社陆续出版了由戴震研究会、徽州师范专科学校、戴震纪念馆编纂的《戴震全集》（全六册）：1991（第一册）、1992（第二册）、1994（第三册）、1995（第四册）、1997（第五册）、1999（第六册）；1994—1997 年，黄山书社相继推出了由张岱年主编，安徽省古籍整理出版规划委员会、安徽古籍丛书编审委员会编纂的《戴震全书》（全七册）：1994（一、二、三）、1995（四、五、六）、1997（七），2010 年又出了修订版。两书所收资料均比较齐全，颇便参考。

④ 笔者自 1999 年在华中师范大学读博士时起，就比较关注戴震孟学的相关问题。近年来，关于戴震孟学的研究陆续发表了一些新的成果，如张丽珠的《戴震孟学对于孟子学发展的影响》（《国学学刊》2014 年第 3 期，第 95-106 页）、王安琪的《戴震孟学的学理依据》（硕士学位论文，兰州大学，2015 年）等。

⑤ 即指《原善》、《绪言》和《孟子字义疏证》。见钱穆：《中国近三百年学术史》（上册），北京：商务印书馆，1997 年，第 358 页。

⑥ 即指《原善》、《孟子私淑录》、《绪言》和《孟子字义疏证》。岑溢成：《戴震孟子学的基础》，见黄俊杰主编：《孟子思想的历史发展》，台北：“中研院”中国文哲研究所筹备处，1995 年，第 191 页。

⑦ 周兆茂：《戴震哲学新探》，合肥：安徽人民出版社，1997 年，第 186-187 页。

⑧ 篇名参照（清）戴震著，何文光整理：《孟子字义疏证》，北京：中华书局，1982 年。

举孟子之名，也并非纯粹限于《孟子》，而是在回归儒学原旨的旗帜下，以整体的古代儒学作为诠释对象，故其中处处《六经》、孔、孟并称。梁启超认为："戴东原的《孟子字义疏证》，为清代第一流著述，但其目的不专在释《孟子》。"[①] 故该书谈及清代《孟子》新疏，只列焦循《孟子正义》。岑溢成在论及"义理四书"时亦指出：

> 在这四部著作里，戴震给自己赋予的主要任务是从宋儒的诠释中把儒家思想的原义解放出来。因此，在这些著作里，戴震对于宋儒的批评，以至对于给宋儒产生负面影响的老、释的批评，分量极重。对于儒家思想的正面澄清或发挥，分量反而较轻。在澄清儒家思想的篇章里，戴震所引所释，遍及《五经》、《论语》、《孟子》，并未完全集中在《孟子》上面，有时甚至不是以《孟子》为核心。[②]

具体说来，《孟子私淑录》三卷，共设问答 25 条，除第 1 条提到孟子之名外，至第 6 条才引用《孟子》之言。《绪言》三卷，共设问答 48 条，至第 6 条才提到孟子之名，至第 8 条才引用《孟子》之言。《孟子字义疏证》三卷，共八类 44 条，分量最重的是第一类《理》，在开篇讨论"理"之名义时，便引用了《孟子》之言。但在卷中第二类《天道》中，却又不曾一提《孟子》之言。由此可见，戴震对《孟子》的选择性是非常明显的，他正是看到了《孟子》中所包含的特有的思想资源而疏证之，从而达到诠释儒学原旨，检核宋儒理学，并建立自己的思想体系的目的。

（一）著述撰作时间及其要义

关于戴震孟学著述本身的研究，是一个颇有价值且引人注意的问题，因为全面地占有材料，并以发展变化的观点加以分析和鉴别，乃是深入探讨其思想演变的前提条件。戴震死后，其学友程瑶田和高足段玉裁即就戴氏义理诸书"孰为定本"的问题进行过讨论[③]，段玉裁又在《戴东原先生年谱》中对其所知戴震全部著述的写作年代进行过编订。尽管段氏和戴震离多聚少，所知有限；而《戴东原先生年谱》又出于晚年追忆，舛误不少，只算是提供了一些线索。

---

① （清）梁启超：《中国近三百年学术史》，见（清）梁启超撰，朱维铮校注：《梁启超论清学史二种》，上海：复旦大学出版社，1985 年，第 316 页。

② 岑溢成：《戴震孟子学的基础》，见黄俊杰主编：《孟子思想的历史发展》，第 192 页。

③ （清）段玉裁著，钟敬华校点：《经韵楼集：附补编·年谱》卷 7《答程易田丈书》，上海：上海古籍出版社，2008 年，第182 页。

但仅此已有相当价值，不容忽视。近代以来，梁启超著有《东原著述纂校书目考》，但主要是著录书目，于成书年代考核难称精当。钱穆在其《中国近三百年学术史》中对此也有考证，惜只涉及“义理三书”。

有鉴于此，王茂在20世纪60年代初期，便把考订写作年代和分析思想内容结合起来，对戴震哲学著作年代进行考订。“首先把有年代可据的著作——包括原文注署了年代的和《年谱》中记载可信的，作为基点，肯定下来。然后，就其所有著作的论点和倾向，逐一加以分析，从逻辑上推断其思想的形成、发展和演变。最后将基点和分析互相印证，逐一作出判断。这就是说，对《年谱》注系的年月，只作为‘外证’，而将通过分析寻绎出来的思想脉络，作为‘内证’。把内证、外证结合起来考察。”① 应该说，这种方法是比较科学的，其结论也基本上是可信的。好就好在，戴震大部分哲学著作之间的逻辑发展相当明显，有迹可循。一般是由简到繁、不断增补的。从《原善》三篇到《原善》三卷，从《孟子私淑录》到《绪言》再到《孟子字义疏证》，无一不是如此。据此，王茂考订出了戴震13种哲学著作的前后次序，其中有关孟学著述者大致如下：《原善》三篇，成于癸酉—癸未（1753—1763）；《读易系辞论性》与《读孟子论性》，成于约1763—1766；《原善》三卷，成于癸未—丙戌（1763—1766）；《孟子私淑录》三卷，成于丙戌（1766）；《绪言》三卷，成于己丑（1769）；《孟子字义疏证》三卷，成于丙申（1776）；《与某书》、《答彭进士允初书》及《与段若膺论理书》，俱成于丁酉（1777）。周兆茂又在其1997年出版的《戴震哲学新探》一书中用同样方法考订戴震哲学著作年代，就孟学著述而言，主要是增补了戴氏临终前一月所书之《与段若膺书》。

总的来看，戴震探寻儒学义理，大致开始于《原善》的写作。《原善》一书有两种形式，即《原善》三篇和《原善》三卷。《原善》三篇，收入孔继涵刻《微波榭丛书》本《戴氏遗书》之《东原文集》卷3及段玉裁刻《经韵楼丛书》本《戴东原集》卷8。段玉裁《戴东原先生年谱》“乾隆二十八年”条载：“先生大制作：若《原善》上、中、下三篇，……皆癸未以前、癸酉甲戌以后十年内作也。玉裁于癸未皆尝抄誊，记先生尝言：‘作《原善》首篇成，乐不可言，吃饭亦别有甘味。’”② 按癸酉为乾隆十八年（1753），戴震时年三十一；甲戌为乾隆十九年（1754），戴震时年三十二；癸未为乾隆二十八年（1763），戴震时年

---

① 王茂：《戴震哲学思想研究》，合肥：安徽人民出版社，1980年，第91-92页。

② （清）段玉裁：《戴东原先生年谱》，见（清）戴震撰，汤志钧校点：《戴震集》附录三，上海：上海古籍出版社，1980年，第465页。

四十一。就具体内容而言，上篇主要论述“善”的内涵及本质特征；中篇主要论述宇宙万物的生成及如何知“善”的问题；下篇则主要论述如何“去私”、“去蔽”以达到“至善”境界。三篇层层递进，逻辑严密，共同构成一个完整的思想体系。戴震在上篇开宗明义：“善：曰仁，曰礼，曰义，斯三者，天下之大本也。显之为天之明谓之命，实之为化之顺谓之道，循之而分治有常谓之理。”[①]也就是说，“善”的内容包括仁、礼、义三方面，而这三者正是“天下之大本”。在戴震看来，“善”集“命”、“道”、“理”于一身，是包罗万有的精神实体和宇宙万物的本原，这当然是对程朱理学“性即理”思想的更高层次的认同与把握。从其“乐不可言”之情状看，戴震对此是颇为自得的。

《原善》三卷有两种版本。一种是扉页标有“清刻本”的《原善》三卷，现藏中国国家图书馆古籍馆，封面上有“清乾隆□□年……江浙采进”等红色印章，大约是编辑《四库全书》时从江浙采进的。另一种是目前通行的《原善》三卷本，它是依据孔继涵刻本《戴氏遗书》之九刊出的。这两种版本虽在分卷形式与基本内容上一致，但亦多有不同。如在体例上，国图善本正文上面有眉批，中间有夹注，均言简意赅，显系名家手笔。更为重要的是，在编排次序与内容方面也不尽相同。其中，国图善本卷上有一章在通行本中移至卷下；卷中有两章在通行本中移至卷上；国图善本无而通行本有者达八章之多（卷上两章，卷中两章，卷下四章），计约3000字。国图善本将《原善》三篇及《读易系辞论性》、《读孟子论性》全文收入，通行本则在收入上文时，对文字进行了较大的增删和改换。如删掉了“无妄”一词，将“中正无邪”改为“纯懿中正”，“至善”改为“懿德”，等等。显然，某些改动已经直接反映出作者思想观点的变化。据分析，国图善本写作时间较早，实系初写本，而通行本则是在初写本的基础上进一步修改补充而成的。关于《原善》三卷的写作时间，段玉裁在《戴东原先生年谱》“乾隆三十一年”条下云：

> 是年，玉裁入都会试，见先生云“近日做得讲理学一书”，谓《孟子字义疏证》也，玉裁未能遽请读。先生没后，孔户部付刻，乃得见，近日始窥其阃奥。盖先生《原善》三篇、《论性》二篇既成，又以宋儒言性……皆非《六经》、孔、孟之言，而以异学之言糅之。故就《孟子》字义开示，使人知“人欲净尽，天理流行”之语病。[②]

---

① （清）戴震撰，汤志钧校点：《戴震集·原善》卷上，第156页。

② （清）段玉裁：《戴东原先生年谱》，见（清）戴震撰，汤志钧校点：《戴震集》附录三，第467页。

此处所言“讲理学一书”即《孟子字义疏证》不确，已为学术界公认为《原善》三卷。在同书的后一部分，段玉裁又称：

> 《原善》卷上、卷中、卷下，孔户部所刊《戴氏遗书》（第九），合为一册。始先生作《原善》三篇，见于户部所刊文集中者也，玉裁既于癸未抄写熟读矣。至丙戌，见先生援据经言疏通证明之，仍以三章者分为建首、比类、合义，古贤圣之言理义，举不外乎是。《孟子字义疏证》亦所以阐明此旨也。[①]

由此可知，段玉裁于“丙戌”（即乾隆三十一年，戴震时年四十四）“见”到《原善》三卷之作，故其写作时间已相当明确。

与《原善》三篇相比较，通行本《原善》三卷在思想方面已有较大变化。仍以其开宗明义之言为例：“善：曰仁，曰礼，曰义，斯三者，天下之大衡也。上之见乎天道，是谓顺，实之昭为明德，是谓信，循之而得其分理，是谓常。”[②] 在这里，“善”已由《原善》三篇中的“天下之大本”变为“天下之大衡”，即由包罗万有的精神实体变成了衡量社会伦理道德的是非标准。戴震还在书中阐述了其治国安民的政治主张，要求统治者对人民施“仁政”，行“王道”：

> 《论语》曰：“君子怀德，小人怀土；君子怀刑，小人怀惠。”其君子，喻其道德，嘉其典刑；其小人，咸安其土，被其惠泽。斯四者，得士治民之大端也。《中庸》论“为政在人，取人以身”，自古不本诸身而能取人者，未之有也。明乎怀德怀刑，则礼贤必有道矣。《易》曰：“安土敦乎仁，故能爱。”《书》曰：“安民则惠，黎民怀之。”孟子论“民无恒产，因无恒心”；论“施仁政于民，省刑罚，薄税敛，深耕易耨；壮者以暇日修其孝悌忠信，入以事其父兄，出以事其长上”；论“死徙无出乡，乡田同井，出入相友，守望相助，疾病相扶持，则百姓亲睦”，明乎怀土怀惠，则为政必有道矣。[③]

---

① （清）段玉裁：《戴东原先生年谱》，见（清）戴震撰，汤志钧校点：《戴震集》附录三，第481页。

② （清）戴震撰，汤志钧校点：《戴震集·原善》卷上，第330页。

③ （清）戴震撰，汤志钧校点：《戴震集·原善》卷下，第348-349页。

他认为，统治者的贪暴才是动乱之源："在位者多凉德而善欺背，以为民害，则民亦相欺而罔极矣；在位者行暴虐而竞强用力，则民巧为避而回遹矣；在位者肆其贪，不异寇取，则民愁苦而动摇不定矣。凡此，非民性然也，职由于贪暴以贼其民所致。乱之本，鲜不成于上，然后民受转移于下，莫之或觉也。乃曰'民之所为不善'，用是而雠民，亦大惑矣！"①

《读易系辞论性》与《读孟子论性》系单篇论文，同收入孔继涵刻本《戴氏遗书》之《东原文集》卷3和段玉裁刻本《戴东原集》卷8。其写作时间介于《原善》三篇与国图善本《原善》三卷之间，从其内容来看，距前者较远，而离后者较近。戴震在写了这两篇论文之后，接着完成了《原善》三卷，故将前者全文收入《原善》卷上，后者全文收入《原善》卷中，也就是说，《原善》三卷正是在《原善》三篇与两文的基础上整合提升而成的。

在《读易系辞论性》中，戴震明确表述了自己对人性起源的看法："《易》曰：'一阴一阳之谓道，继之者善也，成之者性也。'一阴一阳，盖言天地之化不已也，道也。一阴一阳，其生生乎，其生生而条理乎，以是见天地之顺，故曰'一阴一阳之谓道'。"② 也就是说，人的本性是善的，而善则来源于道，道为阴阳气化，故人的善性来自自然界。这就为在《孟子字义疏证》中所谓"人道本于性，而性原于天道"③ 的人性观奠定了基础。随之，戴震又就人性与物性的共同性作了阐发："有天地，然后有人物；有人物，于是有人物之性。人与物同有欲，欲也者，性之事也。人与物同有觉，觉也者，性之能也。"④ 由此可见，戴震的基本思想体系在《读易系辞论性》中已经确立。诚如王国维在《国朝汉学派戴阮二家之哲学说》一文中所言："戴氏之学说，详于《原善》及《孟子字义疏证》，然其说之系统，具于《读易系辞论性》一篇。"⑤ 这也是笔者将其纳入戴震孟学著述的原因。

在《读孟子论性》中，戴震借诠释孟子之语，对告子、荀子等人的人性论提出了责难，由此亦可见其对程朱理学"性即理"命题进行理论检讨的端倪。戴震指出：

> 盖孟子道性善，非言性于同也。人之性相近，胥善也。明理义之

---

① （清）戴震撰，汤志钧校点：《戴震集·原善》卷下，第350页。
② （清）戴震撰，汤志钧校点：《戴震集·读易系辞论性》，第162页。
③ （清）戴震撰，汤志钧校点：《戴震集·孟子字义疏证》卷下《道》，第312页。
④ （清）戴震撰，汤志钧校点：《戴震集·读易系辞论性》，第162页。
⑤ 王国维：《王国维遗书》5《静庵文集》，上海：上海古籍出版社，1983年，第75页。

为性，所以正不知理义之为性者也，是故理义，性也。由孟子而后，求其说而不得，则举性之名而曰理义也，是又不可。古人言性，不离乎材质而不遗理义。……惟不离材质以为言，始确然可以断人之性善。[①]

遗理义而主材质，荀子、告子是也。荀子以血气心知之性，必教之理义，逆而变之，故谓“性恶”，而进其劝学修身之说。告子以上焉者无欲而静，全其无善无不善，是为至矣；下焉者，理义以梏之，使不为不善。荀子二理义于性之事能，儒者之未闻道也。告子贵性而外理义，异说之害道者也。[②]

其后，戴震又有《孟子私淑录》、《绪言》与《孟子字义疏证》的写作，此三书之间的关系，特别是成书先后问题，目前学术界尚无定论。《孟子字义疏证》于戴震去世后的第三年刊刻成书，收入孔继涵刻本《戴氏遗书》。其后又有道光《指海》丛书本、光绪《端溪丛书》本、光宣间《国粹丛书》本、1924 年北京朴社《戴氏三种》本、1936 年《安徽丛书》本、1961 年中华书局何文光整理《孟子字义疏证》本、1980 年上海古籍出版社汤志钧校点《戴震集》本等。其写作时间，据段玉裁称，程瑶田致书玉裁谓：“《孟子字义疏证》，孔渶谷所刻者尚非定本，其定本改名《绪言》。”段玉裁对此作了详细考订，认为《孟子字义疏证》才是定本，其具体写成时间当在“丙申（1776）冬后，丁酉（1777）春前”[③]。按其说极是，今考段氏本《戴东原集》，《孟子字义疏证序》下署有“丙申”二字，可知此时该书已经定稿了。从有关材料来看，《孟子字义疏证》为最后定稿可为定论。问题主要集中在《孟子私淑录》与《绪言》的成书先后问题上。

何文光指出：“在《原善》著成以后，《疏证》定稿前，他（戴震）写了《疏证》的初稿《绪言》和修订稿《孟子私淑录》。”[④] 汤志钧认为：“《绪言》、《孟子私淑录》是《孟子字义疏证》的初稿和修正稿。”[⑤] 朱伯崑亦持类似看法，他指出：

---

① （清）戴震撰，汤志钧校点：《戴震集·读孟子论性》，第 163-164 页。

② （清）戴震撰，汤志钧校点：《戴震集·读孟子论性》，第 164 页。

③ （清）段玉裁撰，钟敬华校点：《经韵楼集：附补编·年谱》卷 7《答程易田丈书》，第 182 页。

④ （清）戴震撰，何文光整理：《孟子字义疏证》“点校说明”，北京：中华书局，1961 年。

⑤ （清）戴震撰，汤志钧校点：《戴震集》“前言”。

> 戴震哲学著作的代表作是《孟子字义疏证》，此书经过多次易稿而成。其初稿为《原善》，写于1766年，内容的重点是讲人性问题，但其哲学、伦理学的基本观点已经形成。后来在此文稿的基础上写了《绪言》。同《原善》相比，此稿从人性问题推广到本体论和认识论的探讨，尤为突出的是直接批判了程朱理学唯心论的体系。后来又加以修订，成为《孟子私淑录》，表明其哲学、伦理学是继承和阐发孟子的传统。最后于1777年临死前，修订为《孟子字义疏证》一书。①

对于这种看法，我们并没有看到更多的说明和论证。黄俊杰据钱穆《中国近三百年学术史》云：

> 戴震在乾隆二十二年（1757）与乾隆二十八年（1763）之间，先撰成《原善》三篇，其后在乾隆三十一年（1766）将《原善》扩大为三卷，续于乾隆三十四年（1769）起草而于乾隆三十七年（1772）完成《绪言》一书。乾隆四十一年（1776）撰成《孟子私淑录》，次年（1777）乃增订而为《孟子字义疏证》。②

今考中华书局1986年据台湾商务印书馆1980年第7版影印之钱著，仍未见《孟子私淑录》。黄著当有所本，果如是，则钱著之论证实为此种看法添一有力证据。

与此相反，王茂则以详细的考订，认为《孟子私淑录》在前，而《绪言》在后。无独有偶，远在海峡彼岸的陈荣捷也从两书字句之改订、内容之详略以及内容之精粗三方面详加比勘，认定《孟子私淑录》完成于《绪言》之前。③ 这种观点已越来越为人们所接受。如董洪利即明言：

> 戴震在《孟子私淑录》的基础上写作了《绪言》，又修改《绪言》而成《疏证》。从《原善》到《孟子私淑录》和《绪言》，再到《疏证》，反映了戴震的哲学思想不断发展日趋完善的过程。④

---

① 朱伯崑：《戴震伦理学说述评》，见袁行霈主编：《国学研究》第1卷，北京：北京大学出版社，1993年，第114-115页。

② 黄俊杰自称，其所据钱著为台湾商务印书馆，1972年台5版。参见黄俊杰：《孟学思想史论》卷2，台北："中研院"中国文哲研究所筹备处，1997年，第333页。

③ 陈荣捷：《论戴震〈绪言〉与〈孟子私淑录〉之先后》，《大陆杂志》第57卷第3期，1978年。

④ 董洪利：《孟子研究》，南京：江苏古籍出版社，1997年，第310-311页。

岑溢成也认为："戴震在义理方面的著作，主要有四部，包括《原善》（1763—1766?）、《孟子私淑录》（1766）、《绪言》（1769）和《孟子字义疏证》（1776）。"[①] 周兆茂进一步指出：王茂以《孟子私淑录》系于乾隆丙戌（1766）不确，其时所成者应为《原善》三卷，此即戴震所谓"讲理学一书"；己丑（1769）所成者才是《私淑录》，也就是戴震"发狂打破宋儒家中太极图"之作；《绪言》则成于乾隆庚寅至壬辰（1770—1772）。[②] 不可否认的是，鉴于此问题的复杂性，特别是文献记载证据的缺乏，周兆茂论证中亦难免有臆断的成分。如特别强调著述需要安定的环境及较长时间等，便难以被视为普遍现象而作证据。戴震某些孟学著述篇幅并不长，加以是在原有基础上改订，故在较短时间内是有可能完成的。但其考订毕竟将此研究又向前推进了一步，可以引发人们更多的思考。

《孟子私淑录》一书，孔继涵刻本《戴氏遗书》未收，洪榜、王昶、钱大昕、余廷灿、卢文弨、凌廷堪、孔广森等人有关戴氏著述[③]及段玉裁《戴东原先生年谱》均未著录，亦不见于1936年《安徽丛书》本《戴东原先生全集》。直到1942年，四川省立图书馆出版的《图书集刊》创刊号才根据覆抄张海鹏照旷阁抄本刊布出来，但是错字不少。张海鹏是清嘉庆时藏书家，曾辑刊《墨海金壶》、《学津讨原》等著名丛书。可见，《孟子私淑录》在嘉庆时已有抄本，只是流布不广。1961年，中华书局出版由何文光整理的《孟子字义疏证》一书，所收《孟子私淑录》即以此抄本为依据，并以北京图书馆和北京大学图书馆所藏三种抄本加以校正。《孟子私淑录》分为上、中、下三卷，共设问答25条，约21000字。从其主要内容来看，乃是对程朱理学的全方位批判。卷上有11条问答，第一条批判程、朱"气质之性"与"义理之性"的性二元论，明确指出：

> 性一而已矣。孟子以闲先圣之道为己任，其要在言性善，使天下后世晓然于人无有不善，斯不为异说所淆惑。人物之生分于阴阳气化，据其限以所分谓之命，据其为人物之本始谓之性。后儒求其说而不得，

---

① 岑溢成：《戴震孟子学的基础》，见黄俊杰主编：《孟子思想的历史发展》，第191页。

② 周兆茂：《戴震哲学新探》，第206-209页。

③ （清）洪榜：《戴先生行状》；（清）王昶：《戴东原先生墓志铭》；（清）钱大昕：《戴先生震传》；（清）余廷灿：《戴东原先生事略》。并见（清）戴震撰，赵玉新点校：《戴震文集》附录，第215-275页。（清）卢文弨：《戴氏遗书序》，见（清）卢文弨：《抱经堂文集》，乾隆六十年（1795）刊本。（清）凌廷堪：《戴东原先生事略状》，见（清）凌廷堪：《校礼堂文集》，《安徽丛书》第4期，《安徽丛书》编印处，影印本，1935年。（清）孔广森：《戴氏遗书总序》，见《四部备要》第89册《集部·清别集·仪郑堂骈俪文》，北京：中华书局，缩印本，1989年。

于是创言理气之辨，其于天道也，先歧而二之。苟知阴阳气化之为天道，则知性矣。①

第2条至第5条，批判程、朱的天道观；第6条，批判程、朱的人道观；第7条至第11条，批判程、朱的理气之辨。卷中有5条问答，集中批判程、朱的性二元论。卷下有9条问答，主要是揭露和批判程、朱天道观与人道观的理论渊源，指出程、朱所言之“道为气之主宰枢纽”，乃是受蔽于老氏、释氏之“神为气之主宰枢纽”；程、朱所言之“理能生气”，乃是受蔽于老氏、释氏之“神能生气”；等等。

《绪言》一书，孔继涵刻本《戴氏遗书》未收，钱大昕、王昶、洪榜、卢文弨、孔广森、凌廷堪、余廷灿诸人亦未著录。该书首先见于段玉裁所撰《戴东原先生年谱》“乾隆三十七年”条：“《孟子字义疏证》原稿名《绪言》，有壬辰菊月写本，程氏易田于丙申影抄。”② 壬辰即乾隆三十七年（1772），丙申为乾隆四十一年（1776）。考南海伍崇曜辑《粤雅堂丛书》于1850年刊有《绪言》三卷，所据为《绪言》和《原善》合刻本。《绪言》究为何人首刻，又是如何流入岭南为伍氏所得，今已无从确知。据周兆茂推测，《粤雅堂丛书》所刊《绪言》极有可能是以胡亦常刊本为底本，此为《绪言》一书成于戴氏50岁（1772）前又得一证。③ 段玉裁《戴东原先生年谱》载，戴震50岁时，由山西入京，会试不第，后在赴浙途中，“与顺德胡亦常同舟月余。亦常能好学得师者，益都李君文藻门下士也”。李文藻曾传抄和刊刻过戴著，是崇仰戴学之人，这一点必然影响到其门人胡亦常。另据钱大昕《孝廉胡君墓志铭》所说：“胡亦常同谦既下第南归，与休宁戴东原同舟，至富春江乃别，舟中抄东原所著书携归，特刊之粤东。”钱大昕乃戴震和胡亦常好友，对二人均有所了解，其言当较可信。

《绪言》亦分上、中、下三卷，共设问答48条，约33000字，较之《孟子私淑录》，多出12000字。卷上23条问答，同于《孟子私淑录》卷上者10条，从《孟子私淑录》卷中移入者5条，新增8条；卷中12条问答，全为《孟子私淑录》所无；卷下13条问答，同于《孟子私淑录》者9条，新增4条。总的来看，新增者均为重要论点、论据，绝大多数又续见于《孟子字义疏证》。如卷中前4

① （清）戴震撰，汤志钧校点：《戴震集·孟子私淑录》卷上，第407页。

② （清）段玉裁：《戴东原先生年谱》，见（清）戴震撰，汤志钧校点：《戴震集》附录三，第472页。

③ 周兆茂：《戴震哲学新探》，第202页。

条通过对孟、荀人性论的比较研究，戴震指出，孟子道性善，荀子道性恶，但都认识到理义为心之所同然，都注重后天教化。尤其是荀子认为，通过学习，“涂之人可以为禹”，“此于性善之说不惟不相悖，而且若相发明”[①]。这方面的内容，又全见于《孟子字义疏证》。

《与某书》、《答彭进士允初书》、《与段若膺论理书》及《与段若膺书》俱成于戴震去世前不久，从内容上看，都是对《孟子字义疏证》的进一步补充和完善。《与某书》收入孔继涵刻本《戴氏遗书》之《东原文集》卷 8 及段玉裁刻本《戴东原集》卷 9，未署写作时间。除论述为学之道外，还提出圣人之道在于达情遂欲，并对程、朱“以理杀人”进行了强烈批判。其文略曰：“圣人之道，使天下无不达之情，求遂其欲而天下治。后儒不知情之至于纤微无憾是谓理，而其所谓理者，同于酷吏之所谓法。酷吏以法杀人，后儒以理杀人，浸浸乎舍法而论理，死矣，更无可救矣!”[②]

《与段若膺论理书》文题下署有“丁酉正月十四日”，《与段若膺书》文题下署有“丁酉四月二十四日”字样，二文原收入 1936 年《安徽丛书》第 6 期《戴东原先生全集》所附《遗墨》中，又同收入 1961 年中华书局版《孟子字义疏证》。前者通过述为学之道，批判了程朱理学的“以意见杀人”；后者则着重指出了《孟子字义疏证》一书的重要性，以其为自己“生平论述最大者”。

《答彭进士允初书》收入段玉裁刻本《戴东原集》卷 8，据段玉裁《戴东原先生年谱》记载，乃是丁酉四月戴震答复彭允初辩难之作。允初名绍升，乾隆三十四年（1769）进士，家居不仕，长斋佛前，仅未削发。治学由程朱而陆王而禅学，以孔、孟、程、朱疏证释氏之言，谓其并无二致。有《二林居集》。丁酉游京师，得读戴书，遂致书辩难。戴震在近五千言的复书中一一予以反驳，指出彭允初杂糅孔、孟、老、释之实，并对程朱理学展开了进一步批判。其言略曰：“足下所主者，老、庄、佛、陆、王之道，而所称引，尽《六经》、孔、孟、程朱之言。诚爱其实乎？则其实远于此。如误以老、庄、佛、陆、王之实为其实，则彼之言，亲切著明，而此费迂就傅合，何不示以亲切著明者也!”[③]又云：“然仆之私心期望于足下，犹不在此。程、朱以理为‘如有物焉，得于天而具于心’，启天下后世人人凭在己之意见而执之曰理，以祸斯民。更淆以无欲

① （清）戴震撰，汤志钧校点：《戴震集·绪言》卷中，第 374 页。

② （清）戴震：《与某书》，见（清）戴震著，何文光整理：《孟子字义疏证》，第 174 页。

③ （清）戴震撰，汤志钧校点：《戴震集·答彭进士允初书》，第 174-175 页。

之说，于得理益远，于执其意见益坚，而祸斯民益烈。岂理祸斯民哉，不自知为意见也。”①

（二）“求观圣人之道，必自孟子始”

戴震于孟子情有独钟，大约是一个不争的事实。诚如胡楚生在《章太炎〈释戴篇〉申论》一文中指出：“戴氏所著义理三书，即名思义，不仅《孟子字义疏证》为阐述孟子义理而作，即《原善》论性命之理，《绪言》论人禽之辨，亦莫不与孟子性善有密切之关系焉，是故言戴氏义理之学，根源于《孟子》而作，论者亦多无疑虑。”②

现在的问题是，戴震为什么要高扬起孟子这面旗帜呢？分析起来，其主要原因当是力图回归原始儒学，捍卫儒家道统正传。戴震在《孟子字义疏证·序》中明确指出：

> 孟子辩杨、墨；后人习闻杨、墨、老、庄、佛之言，且以其言汩乱孟子之言，是又后乎孟子者之不可已也。苟吾不能知之亦已矣，吾知之而不言，是不忠也，是对古圣人贤人而自负其学，对天下后世之仁人而自远于仁也。吾用是惧，述《孟子字义疏证》三卷。韩退之氏曰：“道于杨、墨、老、庄、佛之学而欲之圣人之道，犹航断港绝潢以望至于海也。故求观圣人之道，必自孟子始。”呜呼，不可易矣！③

“求观圣人之道，必自孟子始”等语，出自韩愈《送王秀才序》④，而深得戴震之同情。戴震由《孟子》开始其理论探索，韩愈的影响是显而易见的。

中唐时期，韩愈不满于佛、道在思想领域日趋严重的影响，力图复兴儒学的正统地位，以便与佛、道二派相抗衡，就仿照佛教的传法世系“法统”，在《原道》中首先明确提出了儒家之“道”的传承系统：“斯吾所谓道也，非向所谓老与佛之道也。尧以是传之舜，舜以是传之禹，禹以是传之汤，汤以是传之文、武、周公，文、武、周公传之孔子，孔子传之孟轲，轲之死，不得其传焉。”⑤ 在韩愈看来，这一“道”统自孟子以后就失传了，其原因在于荀

---

① （清）戴震撰，汤志钧校点：《戴震集·答彭进士允初书》，第175页。

② 胡楚生：《清代学术史研究》，台北：台湾学生书局，1988年，第165页。

③ （清）戴震撰，汤志钧校点：《戴震集·孟子字义疏证·序》，第264页。

④ （唐）韩愈：《韩昌黎全集》卷20《送王秀才序》，北京：中国书店，影印本，1991年，第290页。

⑤ （唐）韩愈：《韩昌黎全集》卷11《原道》，第174页。

子与扬雄这些大儒“择焉而不精，语焉而不详”[①]，再加上秦始皇“焚书坑儒”的破坏和汉儒对“大义”的不明[②]。于是，他在《与孟尚书书》中便以继承道统自任，表示要像孟子批判杨、墨那样，担负起捍卫儒家之“道”的历史重任，与佛、道两派进行坚决的斗争。他说：“释、老之害，过于杨、墨；韩愈之贤，不及孟子。孟子不能救之于未亡之前，而韩愈乃欲全于之于已坏之后。呜呼！其亦不量其力，且见其身之危，莫之救以死也。虽然，使其道由愈而粗传，虽火死万万无恨。”[③] 在韩愈所叙述道统中，孟子是个至关重要的人物。要追本溯源必须从孟子开始，要开拓创新也必须从孟子开始。正是由于韩愈等人的推崇，才有了所谓的孟子“升格运动”[④]，孟子的社会地位才有了显著的提高。

韩愈的“道”统论，以及他对整个汉儒的基本估计，为宋儒全盘接受。而其自续“道”统的当仁不让的精神，则更是为后来者所钦慕和模仿。北宋中期，程颢、程颐讲学洛阳，便自以为接续孟子之传。到了南宋，朱熹则明确提出“道统”以概括韩愈关于儒学传承系统的思想，他说：“盖自上古圣神继天立极，而道统之传有自来矣。”[⑤] 但朱熹的道统说却把韩愈排斥在外，认为只有程颢、程颐才是上承孟子的正统思想家：“天先生伏羲、尧、舜、文王，后不生孔子，亦不得；后又不生孟子，亦不得；二千年后又不生二程，亦不得。”[⑥] 同时，朱熹明言自己是二程的私淑弟子，道统的嫡传。他说：“宋德隆盛，治教休明。于是河南程氏两夫子出，而有以接乎孟氏之传。……然后古者大学教人之法、圣经贤传之指，粲然复明于世。虽以熹之不敏，亦幸私淑而与有闻焉。”[⑦] 朱熹门人黄榦进一步明确了朱熹嗣二程的嫡统，他指出：“自周以来，任传道之责，得统之正者，不过数人，而能使斯道章章较著者，一二人而止耳。由孔子而后，曾子、子思继其微，至孟子而始著。由孟子而后，周、程、张子继其绝，至先生而始著。”[⑧] 在这里，“始著”者仅孟子和朱熹两人而已。后来的《宋史·道学

---

① （唐）韩愈：《韩昌黎全集》卷11《原道》，第174页。

② （唐）韩愈：《韩昌黎全集》卷18《与孟尚书书》，第268页。

③ （唐）韩愈：《韩昌黎全集》卷18《与孟尚书书》，第268页。

④ 周予同：《群经概论》，见《民国丛书》第2编第3册，上海：上海书店，1990年，第105-106页。并参徐洪兴：《唐宋间的孟子升格运动》，《中国社会科学》1993年第5期。

⑤ （宋）朱熹：《四书章句集注·中庸章句·序》，北京：中华书局，1983年，第14页。

⑥ （宋）黎靖德编，王星贤点校：《朱子语类》卷93《孔孟周程张子》，北京：中华书局，1986年，第2350页。

⑦ （宋）朱熹：《四书章句集注·大学章句·序》，第1页。

⑧ （宋）黄榦：《朱子行状》，见余肇钧辑：《明辨斋丛书》4集，清同治二年（1863）刊本。

传》，又使朱熹在儒家道统中的地位得到了官方的认可。

宋儒创立理学，本是为了复兴儒学，但其流弊在宋代便暴露无遗。南宋时分化为朱、陆两大派，一派强调“道问学”，主张“性即理”；一派强调“尊德性”，主张“心即理”。理学内部纠缠于心性理气之辨，势必影响了对经世致用的关怀，而远离了社会政治。元、明、清三朝崇尚理学，学子们在《四书》、《五经》中讨生活，甚至束书不观，空言心性，拾宋人之牙慧。虽口称孔、孟，实际上已不知孔孟之道为何物，甚至将佛、老之言当成孔、孟之说而不自知。特别是阳明后学片面夸大主观意志的作用，使儒学成为禅学，求道成了清谈，原始儒学的那种对社会强烈的责任感、积极的入世精神和人本精神丧失殆尽。理学的危机也就是儒学本身的危机，随着理学被历代统治者所推尊，它距儒学的原旨越来越远。

在这种情势之下，戴震奋起批判宋儒，与孟子辟杨、墨，韩愈辟释、老，是一脉相承的。他在《孟子字义疏证》中明确指出：

> 其（宋儒）所谓欲，乃帝王之所尽心于民；其所谓理，非古圣贤之所谓理；盖杂乎老、释之言以为言，是以弊必至此也。然宋以来儒者皆力破老、释，不自知杂袭其言而一一傅合于经，遂曰《六经》、孔、孟之言；其惑人也易而破之也难，数百年于兹矣。人心所知，皆彼之言，不复知其异于《六经》、孔、孟之言矣；世又以躬行实践之儒，信焉不疑。夫杨、墨、老、释，皆躬行实践，劝善惩恶，救人心，赞治化，天下尊而信之，帝王因尊而信之者也。孟子、韩子辟之于前，闻孟子、韩子之说，人始知其与圣人异而究不知其所以异。至宋以来儒书之言，人咸曰：“是与圣人同也；辨之，是欲立异也。”此如婴儿中路失其父母，他人子之而为其父母，既长，不复能知他人之非其父母，虽告以亲父母而决为非也，而怒其告者，故曰“破之也难”。呜呼，使非害于事、害于政以祸人，方将敬其为人，而又何恶也！恶之者，为人心惧也。[①]

戴震认为，数百年以来，程朱理学被认为同于《六经》、孔、孟，世人又以程朱为“躬行实践”的贤哲而尊崇之，其实完全是为其所惑。他辟程、朱，乃是要继孟、韩之后，不仅要揭露其与《六经》、孔、孟之异，而且要阐明其所以为异。正如使失去亲生父母的人子，重新认同血亲，而与收养者分别亲疏。这表

① （清）戴震撰，汤志钧校点：《戴震集·孟子字义疏证》卷下《权》，第329页。

明其目的是要恢复原始儒学，即正宗的《六经》、孔、孟之道，而把篡僭这一统系的异学斥逐出去。

孟子辟杨、墨，韩愈斥释、老，都在各自时代维护了儒学的权威。戴震以他们的继承人自居，自然要接续这项任务。他对宋以来儒学与佛老二教的关系有一个基本的评价：

> 宋以前，孔、孟自孔、孟，老、释自老、释，谈老、释者高妙其言，不依附孔、孟。宋以来，孔、孟之书尽失其解，儒者杂袭老、释之言以解之。于是，有读儒书，而入老、释者；有好老、释而溺其中，既而触于儒书，乐其道之得助，因凭借儒书以谈老、释者。对同己则共证心宗，对异己则寄托其说于《六经》、孔、孟，曰："吾所得者，圣人之微言奥义。"而交错旁午，屡变益工，浑然无罅漏。[①]

宋以后，儒、佛、道三教杂糅，浑然天成。因此，儒学已不是纯粹的原始儒学，这正是戴震痛心疾首之所在。所以他反复强调说："《六经》、孔、孟而下，有荀子矣，有老、庄、释氏矣，然《六经》、孔、孟之道犹在也。自宋儒杂荀子及老、庄、释氏以入《六经》、孔、孟之书，学者莫知其非，而《六经》、孔、孟之道亡矣。"[②]

戴震以"志存闻道"自任，他说："治经先考字义，次通文理，志存闻道，必空所依傍。汉儒故训有师承，亦有时傅会，晋人傅会凿空益多。宋人则恃胸臆为断，故其袭取者多谬，而不谬者在其所弃。"[③] 在他看来，所谓道包括天道和人道："人道，人伦日用身之所行皆是也。在天地，则气化流行，生生不息，是谓道；在人物，则凡生生所有事，亦如气化之不可已，是谓道。"又说："人道本于性，而性原于天道。"[④] 他还明确指出："圣人之道，在《六经》。"[⑤]"六经者，道义之宗而神明之府也。"[⑥] 原始儒家精神已经被后人特别是宋儒弄得湮没不彰，那些理学家以贤智君子自居，世人也这么看，信其言为美，为害人心，为祸斯民，而人们却不能察觉，所以戴震要起来辩驳。他说：

---

① （清）戴震撰，汤志钧校点：《戴震集·答彭进士允初书》，第 166 页。
② （清）戴震撰，汤志钧校点：《戴震集·孟子字义疏证》卷上《理》，第 286 页。
③ （清）戴震撰，汤志钧校点：《戴震集·与某书》，第 187 页。
④ （清）戴震撰，汤志钧校点：《戴震集·孟子字义疏证》卷下《道》，第 312 页。
⑤ （清）戴震撰，汤志钧校点：《戴震集·与方希原书》，第 189 页。
⑥ （清）戴震撰，汤志钧校点：《戴震集·古经解钩沉序》，第 191 页。

> 《孟子》之书，有曰“我知言”，曰“游于圣人之门者难为言”。盖言之谬，非终于言也，将转移人心；心受其蔽，必害于事，害于政。彼目之曰小人之害天下后世也，显而共见；目之曰贤智君子害天下后世也，相率趋之以为美言，其入人心深，祸斯民也大，而终莫之或寤。辩恶可已哉！[①]

同明末清初学者对理学（心学）流弊的批判相比，戴震的批判则显得更为系统。方以智、顾炎武、黄宗羲、王夫之等人，提倡经世致用，或在程朱立场上辟陆王，或在陆王立场上辟程朱，或对自己信奉的程朱或陆王之学进行补偏纠谬。戴震则主张治学须“志存闻道”、“求之六经”，对儒家范畴系统在训诂的基础上进行重新诠释，以重建儒学的人本主义。他要揭露篡僭者之非正宗真传，对理学提出挑战，这就意味着，他要否定朱熹所编定的道统。由此可见，《孟子字义疏证》的辨理欲，其实是辨证儒学统系的正传与偏闰。

戴震之钟情孟子，还与《孟子》中所包含的思想资源密切相关。从记载尧舜周孔之道的儒家典籍看，言及性理者多是些只言片语，诚如《论语·公冶长》所谓“夫子之言性与天道，不可得而闻也”。而在孟子的言论中，心性学说作为其全部思想的基础，得到了较为充分的阐发。戴震选取《周易》、《论语》、《中庸》、《乐记》等典籍中关于性理的言论，使之统会于《孟子》，这样，他就占有了与理学论辩的基本材料。再者，《孟子》一书具有鲜明的民本思想，孟子从其性善论出发，提出了“仁政”、“王道”等政治学说，认为先王的“仁政”乃是源于“不忍人之心”，《孟子·公孙丑上》称“以不忍人之心，行不忍人之政，治天下可运之掌上”。在孟子的“仁政”思想中，突出了“民”的地位，《孟子·尽心下》称：“民为贵，社稷次之，君为轻。”孟子还大力宣扬“王道”，而且为其制定了具体措施，如保民以安、制民之产、取民有制、用民以时、教民孝悌、养民孤老等。而自称接续孔孟道德的后世理学家却对人民疾苦“忍而不顾”，甚至“以理杀人”，贻祸斯民。戴震以私淑孟子的姿态出现，与理学家辨别异同离合，这就使他的理论批判立于进退有据的地位。这两点，正是我们拟在下文详细加以阐述的。

---

① （清）戴震撰，汤志钧校点：《戴震集·孟子字义疏证·序》，第263-264页。

二 《孟子字义疏证》与戴震孟学义理

在戴震研究孟学义理诸书中，《孟子字义疏证》毫无疑问是代表之作。戴震在乾隆四十二年四月二十四日（其去世前一月）给段玉裁的信中明确指出：“仆生平论述最大者，为《孟子字义疏证》一书，此正人心之要。今人无论正邪，尽以意见误名之曰‘理’，而祸斯民，故《疏证》不得不作。”① 《孟子字义疏证》凡三卷、8目、44条。其中卷上为“理（15条）”；卷中为“天道（4条）”、“性（9条）”；卷下为“才（3条）”、“道（4条）”、“仁义礼智（2条）”、“诚（2条）”、“权（5条）”。全书以“求观圣人之道，必自孟子始”为宗旨，用文字训诂的方式，就程朱理学在阐发孟子学说中所探讨的上述诸范畴，集中进行正本清源。必须指出的是：《原善》、《孟子私淑录》、《绪言》等书，虽非代表之作，但毕竟系独自成篇之专著，它们在许多方面和《孟子字义疏证》彼此辉映，互为补充，使戴震的孟学义理观形成了一个以批判程、朱正统学说为特征的思想体系。

（一）对宋儒理欲观的批判

天理、人欲关系的辨证，是戴震思想最为成熟的形态，也是《孟子字义疏证》全书论说的核心。虽然这一思想早在戴震撰写《原善》三篇时即已萌芽，但将其作为一种完整的、系统的思想主张提出，则是由《孟子字义疏证》来完成的。戴震在《孟子字义疏证》卷上只列“理”，占据全书篇幅的三分之一。戴震之所以要与宋儒辨理欲，主要是为了破除其“存天理、灭人欲”观念之弊，以正人心、救风俗，从基本伦理观念的角度，将人们以礼教束缚中解脱出来。戴震的理欲观具有丰富的思想内涵，大致上包括以下三个联系密切、层层递进的方面，即：阐明理的真正含义，反对将理欲相对立；论证宋儒存理灭欲之说，系源于老、庄、释氏之言，与儒家圣贤思想相对立；提出遂欲达情的社会主张，要求建立一个能够满足人民正当欲求的理想社会。

自宋以来，理学家往往将理神秘化，认为理“如有物焉，得于天而具于

① （清）戴震：《与段若膺书》，见（清）戴震著，何文光整理：《孟子字义疏证》，第186页。

心”[①]，创造理气之说，这实际上是引释、老之说以就儒学，即“老氏之‘抱一’，‘无欲’，释氏之‘常惺惺’，彼所指者，曰‘真宰’，曰‘真空’，而易以理字便为圣学”[②]。在戴震看来，理字的本义很平实，就是万事万物本身所具有的基本法则，并非如宋儒所说出自上天的赋予。他称引汉儒郑玄、许慎“理，分也”的解释以证成已说：“理者，察之而几微必区以别之名也，是故谓之分理；在物之质，曰肌理，曰腠理，曰文理（亦曰文缕。理、缕，语之转耳）；得其分则有条而不紊，谓之条理。”[③] 植物有植物之理，动物有动物之理，“尽乎人之理非他，人伦日用尽乎其必然而已矣”[④]。理是与人情、人欲密不可分的：“理也者，情之不爽失也，未有情不得而理得者也。”[⑤] 理节制人情，但并不与人欲相对立，儒家论理“不出乎日用饮食而已矣；舍是而言理，非古圣贤所谓理也”[⑥]。戴震认为：

> 孟子言“养心莫善于寡欲”，明乎欲不可无也，寡之而已。人之生也，莫病于无以遂其生。欲遂其生，亦遂人之生，仁也。欲遂其生，至于戕人之生而不顾者，不仁也。不仁，实始于欲遂其生之心，使其无此欲，必无不仁矣。然使其无此欲，则于天下之人，生道穷促，亦将漠然视之。己不必遂其生，而遂人之生，无是情也。然则谓“不出于正则出于邪，不出于邪则出于正”，可也；谓“不出于理则出于欲，不出于欲则出于理”，不可也。欲，其物；理，其则也。不出于邪而出于正，犹往往有意见之偏，未能得理。[⑦]

这就是说，欲不可无，它是实行仁政与建立和谐社会秩序的重要基础。无欲，虽然能够消除不仁的现象，但与此同时，仁也失去了存在的前提，仁政、仁爱也就无从谈起。因为我们不能指望一个无欲之人，能以仁心对待他人。在戴震看来，人欲并不可怕，关键只是在于节制。所以他说：“天理者，节其欲而不穷人欲也。是故欲不可穷，非不可有；有而节之，使无过情，无不及情，可谓之

① （清）戴震撰，汤志钧校点：《戴震集·孟子字义疏证》卷上《理》，第 267 页。
② （清）戴震撰，汤志钧校点：《戴震集·孟子字义疏证》卷上《理》，第 277 页。
③ （清）戴震撰，汤志钧校点：《戴震集·孟子字义疏证》卷上《理》，第 265 页。
④ （清）戴震撰，汤志钧校点：《戴震集·孟子字义疏证》卷上《理》，第 278 页。
⑤ （清）戴震撰，汤志钧校点：《戴震集·孟子字义疏证》卷上《理》，第 265 页。
⑥ （清）戴震撰，汤志钧校点：《戴震集·孟子字义疏证》卷上《理》，第 267 页。
⑦ （清）戴震撰，汤志钧校点：《戴震集·孟子字义疏证》卷上《理》，第 273 页。

非天理乎！”[1] 也就是说，只要能以情为尺度加以节制，那么天理就存在于人欲之中。

从纯洁儒学出发，戴震层层深入地论证了宋儒理欲观与佛、道二家的密切联系。他说：

> 宋以来之言理欲也，徒以为正邪之辨而已矣，不出于邪而出于正，则谓以理应事矣。理与事分为二而与意见合为一，是以害事。夫事至而应者，心也，心有所蔽，则于事情未之能得，又安能得理乎？自老氏贵于“抱一”，贵于“无欲”，庄周书则曰：“圣人之静也，非曰静也善，故静也；万物无足以挠心者，故静也。水静犹明，而况精神，圣人之心静乎！夫虚静恬淡，寂寞无为者，天地之平，而道德之至。”周子《通书》曰：“‘圣可学乎？’曰：‘可。’‘有要乎？’曰：‘有。’‘请问焉。’曰：‘一为要。一者，无欲也；无欲则静虚动直。静虚则明，明则通；动直则公，公则溥。明通公溥，庶矣哉！’”此即老、庄、释氏之说。朱子亦屡言“人欲所蔽”，皆以为无欲则无蔽，非《中庸》“虽愚必明”之道也。[2]

不仅如此，戴震还从社会实践的角度，论证了宋儒理欲观给世道人心带来的严重危害。他说：“古之言理也，就人之情欲求之，使之无疵之为理；今之言理也，离人之情欲求之，使之忍而不顾之为理。此理欲之辨，适以穷天下之人尽转移为欺伪之人，为祸何可胜言也哉！”[3] 又说：“人死于法，犹有怜之者；死于理，其谁怜之？呜呼！杂乎老、释之言以为言，其祸甚于申、韩如是也！”[4] 在《与某书》中，戴震更是发出了“后儒以理杀人”的呐喊。

与此同时，戴震又从性命的角度，为人欲、人情的合理性进行辩护。他指出：

> 人之血气心知，原于天地之化者也。有血气，则所资以养其血气者，声、色、臭、味是也。有心知，则知有父子，有昆弟，有夫妇，而不止于一家之亲也，于是又知有君臣，有朋友；五者之伦，相亲相洽，则随感而应为喜、怒、哀、乐。合声、色、臭、味之欲，喜、怒、

① （清）戴震撰，汤志钧校点：《戴震集·孟子字义疏证》卷上《理》，第 276 页。

② （清）戴震撰，汤志钧校点：《戴震集·孟子字义疏证》卷上《理》，第 273-274 页。

③ （清）戴震撰，汤志钧校点：《戴震集·孟子字义疏证》卷下《权》，第 329 页。

④ （清）戴震撰，汤志钧校点：《戴震集·孟子字义疏证》卷上《理》，第 275 页。

哀、乐之情，而人道备。“欲”根于血气，故曰性也，而有所限而不可逾，则命之谓也。仁义礼智之懿不能尽人如一者，限于生初，所谓命也，而皆可以扩而充之，则人之性也。谓（性）犹云“藉口于性”耳；君子不藉口于性以逞其欲，不藉口于命之限之而不尽其材。后儒未详审文义，失孟子立言之指。①

戴震还特别强调，仁、义、礼、智绝不能像宋儒所说的那样，成为限制人性的苛刻礼教，相反，它只是对人类日常行为规则的一种概括而已：

古贤圣之所谓道，人伦日用而已矣，于是而求其无失，则仁义礼之名因之而生。非仁、义、礼有加于道也，于人伦日用行之无失，如是之谓仁，如是之谓义，如是之谓礼而已矣。②

戴震充分肯定了孟子的社会政治学说：“孟子告齐、梁之君，曰‘与民同乐’，曰‘省刑罚，薄税敛’，曰‘必使仰足以事父母，俯足以畜妻子’，曰‘居者有积仓，行者有裹粮’，曰‘内无怨女，外无旷夫’，仁政如是，王道如是而已矣。”③ 其社会理想乃是建立一个达情遂欲的社会，为此，必须去欲之“私”、去情之“偏”、去知之“蔽”。他说：

天下之事，使欲之得遂，情之得达，斯已矣。惟人之知，小之能尽美丑之极致，大之能尽是非之极致。然后遂己之欲者，广之能遂人之欲；达己之情者，广之能达人之情。道德之盛，使人之欲无不遂，人之情无不达，斯已矣。欲之失为私，私则贪邪随之矣；情之失为偏，偏则乖戾随之矣；知之失为蔽，蔽则差谬随之矣。不私，则其欲皆仁也，皆礼义也；不偏，则其情必和易而平恕也；不蔽，则其知乃有所谓聪明圣智也。④

写作时间稍后于《孟子字义疏证》的《与段若膺论理书》，篇幅不长，但内容颇为精彩，可以看作戴震对其理欲观的系统总结：

孟子辟杨、墨曰：“率兽食人，人将相食”，语告子曰：“率天下之人而祸仁义”，两称“圣人复起，不易吾言”，皆承“生于其心，害于

① （清）戴震撰，汤志钧校点：《戴震集·孟子字义疏证》卷中《性》，第305-306页。
② （清）戴震撰，汤志钧校点：《戴震集·孟子字义疏证》卷下《道》，第314页。
③ （清）戴震撰，汤志钧校点：《戴震集·孟子字义疏证》卷上《理》，第275页。
④ （清）戴震撰，汤志钧校点：《戴震集·孟子字义疏证》卷下《才》，第309页。

事，害于政”。夫仁义何以祸斯民？观近儒之言理，吾不知斯民之受其祸之所终极矣！

古人曰“理解”者，即寻其腠理而析之也。曰“天理”者，如庄周言“依乎天理”，即所谓“彼节者有间”也。子贡问“有一言而可以终身行之者”，子曰“其恕乎！己所不欲，勿施于人”。《大学》絜矩之道，不过“所恶于上，毋以使下”云云。曰“所不欲”，曰“所恶”，指人之常情不堪受者耳。以己絜之人，则理明。孟子对齐王好货、好色曰：“与百姓同之”，非权辞也。好货、好色，欲也；与百姓同之，即理也。

后儒以理欲相对，实杂老氏无欲之说。其视理欲也，仅仅为邪正之别；其言“存理”也，又仅仅为敬肆之别。不知必敬必正，而理犹未得。其言“人欲所蔽”，仅仅以为无欲则无蔽。不知欲也者，相生养之道也。能视人犹己则忠，以己推之则恕，忧乐于人则仁，出于正不出于邪则义，恭敬不侮慢则礼，无差谬则智。曰忠恕，曰仁义礼智，岂有他哉？在常人为欲，在君子皆成懿德。使去欲而后一于理，是古贤人圣人体民之情、遂民之欲，皆非也。

况欲之失，为私不为蔽。自以为得理，而所执之理实谬，乃蔽而不明。圣人而下，罕能无蔽，有蔽之深者，有蔽之浅者。自谓蔽而不明者有几？问其人曰：“圣矣乎？”必不敢任；而讥其失“理”，必怒于心。是尽人不知己蔽也。昔人异于今人。一启口而曰“理”，似今人胜昔人。吾谓昔人之胜今人正在此。盖昔人斥之为意见，今人以不出于私即谓之“理”。由是以意见杀人，咸自信为“理”矣！聊举一字言之，关乎德行、行事匪小。[①]

不可否认，戴震对宋儒理欲观的批判，有其偏颇之处。从宋儒理欲观之本意看，其所谓存天理灭人欲，并不是否认人的正常的基本需求，所灭者主要指的是违反纲常伦理过分追求的私欲。而戴震却将其极端化和片面化，把存天理灭人欲的“欲”，解释为人的生存欲望，人的本能需求，这和程、朱所说的人欲具有本质的区别。因此，戴震对宋儒理欲观的批判，实际上有曲解理学之嫌，并没有完全击中理学的要害，不足以服理学家之心。但是，戴震将宋儒理欲观

① （清）戴震：《与段若膺论理书》，见（清）戴震著，何文光整理：《孟子字义疏证》，第184-185页。

受佛、道二教影响的事实和盘托出，揭露了作为正统意识形态的理学在传播中所导致的严重社会弊端，揭露了理学所鼓吹的纲常礼教在实践中“以理杀人”的社会本质。在戴震看来，当时的社会政治格局是，“尊者以理责卑，长者以理责幼，贵者以理责贱，虽失，谓之顺；卑者、幼者、贱者以理争之，虽得，谓之逆。于是下之人不能以天下之同情、天下所同欲达于上；上以理责其下，而在下之罪，人人不胜指数”[①]。因此，他在书中提出了“体民之情，遂民之欲”的政治主张，憧憬“与民同乐”的“王道”。戴震的政治理想，虽然并未逾越孟子的“仁政”学说，但是它在乾隆中叶的问世，实质上正是清王朝盛极而衰现实的折射，蕴含于其间的社会意义是不容低估的。诚如高翔所指出的那样，戴震对宋儒理欲观的批判，“击中了理学宣传的要害”，“对明清时期的中国社会来说，对18世纪中国知识界来说，这种大胆的、尖锐的批判，能起到振聋发聩的作用，能起到推动思想解放的作用”[②]。

近代著名学者王国维评论戴学，认为戴震“晚年欲夺朱子之席，乃撰《孟子字义疏证》等书。虽自谓欲以孔孟之说还之孔孟，宋儒之说还之宋儒，顾其书，虽力与程朱异，而亦未尝与孔孟合”[③]。说戴学“未尝与孔孟合”，是有一定道理的，这一方面是时势使然，另一方面也与戴氏有意建立自己的思想体系不无关联。但仅以“夺朱子之席”而概括戴著宗旨，恐怕还可商量。《孟子字义疏证》的批判精神，绝不仅仅在于与程朱立异，它还表现为对当权者“以理杀人”的黑暗现状的不满和抨击，应当说这才是戴震孟学著述最终的落脚点。

（二）以“血气心知”为人性立说

戴震对宋儒理欲观的批判，是建立在其以“血气心知”为主体的人性论基础上的。在戴震看来，理学家所谓的“二本”论，不过是杂糅傅合老、庄、释诸家之说的大杂烩而已：

> 程子、朱子尊理而以为天与我，犹荀子尊礼义以为圣人与我也。谓理为形气所污坏，是圣人而下形气皆大不美，即荀子性恶之说也；而其所谓理，别为凑泊附着之一物，犹老、庄、释氏所谓“真宰”、

① （清）戴震撰，汤志钧校点：《戴震集·孟子字义疏证》卷上《理》，第275页。

② 高翔：《近代的初曙——18世纪中国观念变迁与社会发展》，北京：社会科学文献出版社，2000年，第117页。

③ 王国维：《王国维遗书》2《观堂集林》卷12《聚珍本戴校水经注跋》，上海：上海古籍出版社，1983年。

> "真空"之凑泊附着于形体也。理既完全自足，难言于学以明理，故不得不分理气为二本而咎形气。①

与此相反，戴震认为天下没有所谓二本，只有一本。他明确指出：

> 天下惟一本，无所外。有血气，则有心知；有心知，则学以进于神明，一本然也；有血气心知，则发乎血气心知之自然者，明之尽，使无几微之失，斯无往非仁义，一本然也。苟歧而二之，未有不外其一者。②

在戴震看来，研究人的本质、人的认知，应该从性着手，这是因为性是区别事物属性的基本范畴，而性又源于自然的规范与约束。他说：

> 性者，分于阴阳五行以为血气、心知、品物，区以别焉，举凡既生以后所有之事，所具之能，所全之德，咸以是为其本，故《易》曰"成之者性也"。气化生人生物以后，各以类滋生久矣；然类之区别，千古如是也，循其故而已矣。③

也就是说，戴震承认人所具有的客观自然属性，并认为人的社会属性，人的基本伦理关系，均建立于自然属性基础之上，否定人的自然属性，违背人的自然属性，脱离人的自然属性去追求所谓性与理，是违背人伦的。

戴震将人的生理和心理的基本需求作为人性的基础，他认为，人的血气心知的共同作用构成人性，这就从根本上否定了宋明理学的心性本体论。他指出：

> 人生而后有欲、有情、有知，三者，血气心知之自然也。给于欲者，声色臭味也，而因有爱畏；发乎情者，喜怒哀乐也，而因有惨舒；辨于知者，美丑是非也，而因有好恶。声色臭味之欲，资以养其生；喜怒哀乐之情，感而接于物；美丑是非之知，极而通于天地鬼神。声色臭味之爱畏以分，五行生克为之也；喜怒哀乐之惨舒以分，时遇顺逆为之也；美丑是非之好恶以分，志虑从违为之也，是皆成性然也。④

由此，戴震明确提出儒家的纲常伦理是建立在血气心知的基础上的，必须符合人性的需要，而不能违背人性。他说："古圣贤所谓仁义礼智，不求于所谓欲之

---

① （清）戴震撰，汤志钧校点：《戴震集·孟子字义疏证》卷上《理》，第281页。
② （清）戴震撰，汤志钧校点：《戴震集·孟子字义疏证》卷上《理》，第286页。
③ （清）戴震撰，汤志钧校点：《戴震集·孟子字义疏证》卷中《性》，第291页。
④ （清）戴震撰，汤志钧校点：《戴震集·孟子字义疏证》卷下《才》，第308-309页。

外，不离乎血气心知，而后儒以为别如有物凑泊附着以为性，由杂乎老、庄、释氏之言，终昧于《六经》、孔、孟之言故也。”[①]

基于其血气心知的一本论，戴震对孟子的性善论进行了新的诠释。“善”作为儒家传统的伦理范畴，在孟子那里第一次得到了系统的说明。《孟子》一书中，“善”字共出现 111 次[②]，其主旨在于阐明人性本善。孟子确信人具有一种先验的善性，而人性之所以是善的，是因为人生来就具有四种“善端”，即《孟子·公孙丑上》中所谓“恻隐之心，仁之端也；羞恶之心，义之端也；辞让之心，礼之端也；是非之心，智之端也”。《孟子·告子上》则曰：“仁义礼智，非由外铄我也，我固有之也。”孟子强调人的本性存在先验的“善”的同时，认为人之所以会不善，主要是由于受外物的影响，或者是其自身没有向善的主观愿望。戴震认为，由性而善，是一个由自然而必然的趋向。他说：

> 《易》言天道而下及人物，不徒曰“成之者性”，而先曰“继之者善”。继谓人物于天地其善固继承不隔者也；善者，称其纯粹中正之名；性者，指其实体实事之名。一事之善，则一事合于天；成性虽殊而其善也则一。善，其必然也；性，其自然也；归于必然，适完其自然，此之谓自然之极致，天地人物之道于是乎尽。[③]

也就是说，人凭借其血气心知之自然，可以达到仁义礼智的必然。这就是“一本”，这就是戴震特有的性善论，也是理解戴学的关键。戴震指出：

> “孟子道性善，言必称尧、舜”，非谓尽人生而尧、舜也。自尧、舜而下，其等差凡几？则其气禀固不齐，岂得谓非性有不同？然人之心知，于人伦日用，随在而知恻隐，知羞恶，知恭敬辞让，知是非，端诸可举，此之谓性善。于其知恻隐，则扩而充之，仁无不尽；于其知羞恶，则扩而充之，义无不尽；于其知恭敬辞让，则扩而充之，礼无不尽；于其知是非，则扩而充之，智无不尽。[④]

孟子未在四端之上各加一“知”字，而戴震则用增字解经之法，认为人性之所以为“善”，能“知”而已。“人以有礼义，异于禽兽，实人之知觉大远乎物则

---

① （清）戴震撰，汤志钧校点：《戴震集·孟子字义疏证》卷中《性》，第 296 页。

② 杨伯峻：《孟子译注》下《孟子词典》，北京：中华书局，1960 年，第 432 页。

③ （清）戴震撰，汤志钧校点：《戴震集·孟子字义疏证》卷下《道》，第 312-313 页。

④ （清）戴震撰，汤志钧校点：《戴震集·孟子字义疏证》卷中《性》，第 295-296 页。

然，此孟子所谓性善。”[①]

那么，人之为不善又如何解释呢？戴震认为：

> 孟子言“人无有不善”，以人之心知异于禽兽，能不惑乎所行之为善。且其所谓善也，初非无等差之善，即孔子所云“相近”；孟子所谓“苟得其养，无物不长；苟失其养，无物不消”，所谓“求则得之，舍则失之；或相倍蓰而无算者，不能尽其才者也”，即孔子所云习至于相远。不能尽其才，言不扩充其心知而长恶遂非也。彼悖乎礼义者，亦自知其失也，是人无有不善，以长恶遂非，故性虽善，不乏小人。[②]

戴震是以小民的政治代言人的立场，运用思想武器与所谓“贤智君子”的“仇民”理论作斗争的，这决定了他必然摒弃荀子的性恶论而趋向孟子的性善论，决定了他必然摒弃“民所为不善”而趋向于“人无有不善”[③]。这样，关于人有不善的现象，就不能不在理论上淡化或加以回避。

戴震的性善论与孟子的性善论是不尽相同的。王茂有言：“孟子道性善，戴震也言性善。然而此‘善’与彼‘善’不尽同。”[④] 冒怀辛说得更为具体：“戴震的性善说与孟子的性善说，在表象上是相同的，而本质上截然不同。戴震的仁、义、礼、智等道德观念或善性，如前所述，是从实际生活（人伦日用）中产生的，而孟子的‘仁义礼智根于心’（《孟子·尽心上》）则认为人的道德与生俱生，是在出生的同时人脑中就具有的。”[⑤]

戴震的人性论，虽多用孟子之名，实际上在某些方面与荀子也有相近之处。乾嘉之际，程瑶田尝言：“东原言性，与荀子性恶，相为表里。”[⑥] 近人章太炎更详论此义，他在《释戴》一文中指出：“戴震资名于孟子，其法不去欲，诚孟子意耶？……虽然，以欲当为理者，莫察乎孙卿。……极震所议，与孙卿若合符。以孙卿言性恶，与震意拂，故解而赴《原善》。”[⑦] 安正辉也认为：“（戴震）充分

---

① （清）戴震撰，汤志钧校点：《戴震集·孟子字义疏证》卷中《性》，第 302 页。

② （清）戴震撰，汤志钧校点：《戴震集·孟子字义疏证》卷中《性》，第 296 页。

③ （清）戴震撰，汤志钧校点：《戴震集·原善》卷下，第 350 页。

④ 王茂等著：《清代哲学》，合肥：安徽人民出版社，1992 年，第 626 页。

⑤ 冒怀辛：《戴震与〈孟子字义疏证〉》，见（清）戴震撰，冒怀辛译注：《孟子字义疏证全译》，成都：巴蜀书社，1992 年，第 13 页。

⑥ （清）程瑶田：《通艺录·论学小记》，《安徽丛书》第 2 期，《安徽丛书》编印处，影印本，1933 年。

⑦ （清）章太炎：《太炎文录》卷 1《释戴》，见（清）章太炎撰，傅杰编校：《章太炎学术史论集》，北京：中国社会科学出版社，1997 年，第 358 页。

肯定了人的正当的欲望和要求的合理性。这种观念，尽管打的是孟轲性善说的旗号，实际上与孟轲的唯心的先验的道德论是不同的，而恰恰是荀况以来肯定情欲的观点的继续和发展。"[①] 胡楚生又据荀子《性恶》、《正名》、《礼论》等篇有关情况的说法，以与戴震"体情遂欲"的观点相比较，从而断言："就前述孟、荀所持理欲之论言之，则戴氏东原所谓'体情遂欲'、'理欲不离'之说，委实亦近于荀卿而远于孟轲者，是为不争之事实。"[②]

戴震在孟子与荀子之间进行取舍的依据，乃是前面提到的"一本"论，即礼义与情欲同源。戴震认为："天之生物也，使之一本，荀子以礼义与性为二本，宋儒以理与气质为二本，老聃、庄周、释氏以神与形体为二本。然而荀子推崇礼义，宋儒推崇理，于圣人之教不害也，不知性耳。老聃、庄周、释氏，守己自足，不惟不知性而已，实害圣人之教者也。"[③] 他又说："是孟子矢口言之，无非血气心知之性。孟子言性，曷尝自歧为二哉！二之者，宋儒也。"[④] 正是基于这一点，戴震舍弃了荀子的性恶论，而选择了其与孟子人性论可以互相发明的重"学"的观点。他说：

> 荀子知礼义为圣人之教，而不知礼义亦出于性；知礼义为明于其必然，而不知必然乃自然之极则，适以完其自然也。就孟子之书观之，明礼义之为性，举仁义礼智以言性者，以为亦出于性之自然，人皆弗学而能，学以扩而充之耳。荀子之重学也，无于内而取于外；孟子之重学也，有于内而资于外。夫资于饮食，能为身之营卫血气者，所资以养者之气，与其身本受之气，原于天地非二也。故所资虽在外，能化为血气以益其内，未有内无本受之气，与外相得而徒资焉者也。问学之于德性亦然。有己之德性，而问学以通乎古贤圣之德性，是资于古贤圣所言德性埤益己之德性也。冶金若水，而不闻以金益水，以水益金，岂可云已本无善，己无天德，而积善成德，如罍之受水哉！以是断之，荀子之所谓性，孟子非不谓之性，然而荀子举其小而遗其大也，孟子明其大而非舍其小也。[⑤]

依其说，则孟子意可包涵荀子意，亦可谓其说已化荀而归孟。虽其辞意之间似

---

① 安正辉：《戴震哲学著作选注》前言，北京：中华书局，1979年，第10-11页。

② 胡楚生：《清代学术史研究·章太炎〈释戴篇〉申论》，第169页。

③ （清）戴震撰，汤志钧校点：《戴震集·绪言》卷下，第401页。

④ （清）戴震撰，汤志钧校点：《戴震集·孟子字义疏证》卷中《性》，第297页。

⑤ （清）戴震撰，汤志钧校点：《戴震集·孟子字义疏证》卷中《性》，第299-300页。

有是孟而非荀之迹，但究其旨归，实欲破孟荀以下性善性恶之壁垒，以“血气心知”为人性创立新说。

三　戴震孟学方法论

作为一代经学考据大师，戴震由诠释《孟子》以“观圣人之道”，自有其方法论的基础。戴震的孟学方法论，既重视训诂考据，更重视义理阐发。用他自己的话，简而言之，就是由“故训”以明“理义”：“故训明则古经明，古经明则贤人圣人之理义明，而我心之所同然者，乃因之而明。”[①] 黄俊杰在其有关孟学思想史的研究中，称戴震的方法是“将诠释学问题转化成训诂学问题”[②]。这种方法贯穿于戴震孟学研究的全过程，从而也就成了探讨戴震孟学必须关注的一个重要问题。

(一) 义理与考据之间

从戴震有关孟学的著述来看，其孟学方法论的发展演变大致可以分为前后两个时期。前期以《读易系辞论性》、《读孟子论性》及《原善》三篇等为代表，大体仍然遵循宋儒“摆落训诂，直寻义理”的理学方法；后期则以《原善》三卷、《孟子私淑录》、《绪言》及《孟子字义疏证》等为代表，将义理之学建立在训诂考据，也就是对经典进行实证分析的基础之上。其间的转折，大致是以乾隆二十二年（1757）戴震南下客居扬州得晤经学大师惠栋为契机的[③]。

戴震孟学方法论的发展演变，与其对于义理与考据关系认识的不断深化直接相关。戴震早年曾说：“天下有义理之源，有考核之源，有文章之源，吾于三者皆庶得其源。”[④] 乾隆二十年（1755），他在《与方希原书》中也说：“古今学问之途，其大致有三：或事于理义，或事于制数，或事于文章。事于文章者，等而末者也。”[⑤] 此处所谓“理义”即义理，“制数”则主要指典章制度，也就是

① （清）戴震撰，赵玉新点校：《戴震文集》卷11《题惠定宇先生授经图》，第168页。

② 黄俊杰：《孟学思想史论》卷2，第360页。

③ 详见钱穆：《中国近三百年学术史》（上册），第355-357页。

④ （清）段玉裁：《戴东原先生年谱》，见（清）戴震撰，赵玉新点校：《戴震文集》附录，第246页。

⑤ （清）戴震撰，赵玉新点校：《戴震文集》卷9《与方希原书》，第143页。

考据的对象，有时也可指代考据。既然文章是“等而末者”，那么，什么是本呢？戴震主张“以道为本”。他明确指出：“圣人之道在《六经》：汉儒得其制数，失其义理；宋儒得其义理，失其制数。”[①] 不难看出，戴震在评论汉儒与宋儒的得失时，既承认了汉儒在制数即考据方面的成就，也肯定了宋儒对经典义理的阐扬。他所强调的，乃是义理、考据兼治，汉、宋经学的不可偏废，这显然已有沟通二者之意。

肯定宋儒的义理之学，正是戴震沿用宋儒经学方法论的反映。章学诚晚年出于卫道诋毁戴学云：“戴君学术，实自朱子道问学而得之，故戒人以凿空言理，其说深探本源，不可易矣。顾以训诂名义，偶有出于朱子所不及者，因而丑诋朱子，至斥以悖谬，诋以妄作，……此则谬妄甚矣！”[②] 这段话，正好从经学方法论的角度，揭示了戴震由信奉程、朱向批判程、朱的思想转变。

同年，戴震在《与姚孝廉姬传书》中，再一次对汉宋学术进行了总体评价：

> 先儒之学，如汉郑氏，宋程子、张子、朱子，其为书至详博，然犹得失中判。其得者，取义远，资理闳，书不克尽言，言不克尽意；学者深思自得，渐近其区；不深思自得，斯草秽于畦而茅塞其陆。其失者，即目未睹渊泉所导，手未披枝肄所歧者也；而为说转易晓，学者浅涉而坚信之，用自满其量之能容受，不复求远者闳者。……诚有能志乎闻道，必去其两失，殚力于其两得，既深思自得而近之矣，然后知孰为十分之见，孰为未至十分之见。[③]

很多学者把此处所谓“得失中判”与《与方希原书》中的“汉儒得其制数，失其义理；宋儒得其义理，失其制数”等同起来，其实戴震在此并未就汉儒与宋儒分别评价，而是通论其得失。他们的“得”在于“取义远，资理闳”；他们的“失”在于“目未睹渊源所导，手未披枝肄所歧”。由此可见，戴震认为汉儒对制数的研究中同样蕴含着对义理的诉求，汉儒与宋儒对经学的研究都指向义理，指向经中之“道”，但都未达到对“道”的完全把握，即未至“十分之见”。

那么，怎样才能达到对“道”的完全把握呢？戴震在乾隆十八年《与是仲明论学书》中云：

---

① （清）戴震撰，赵玉新点校：《戴震文集》卷9《与方希原书》，第144页。

② （清）章学诚：《文史通义》内篇3《书朱陆篇后》，见（清）章学诚撰，叶瑛校注：《文史通义校注》（上），北京：中华书局，1994年，第276页。

③ （清）戴震撰，赵玉新点校：《戴震文集》卷9《与姚孝廉姬传书》，第142页。

> 仆自少时家贫，不获亲师，闻圣人之中有孔子者，定《六经》示后之人，求其一经，启而读之，茫茫然无觉。寻思之久，计于心曰："经之至者道也，所以明道者其词也，所以成词者字也。由字以通其词，由词以通其道，必有渐。"求所谓字，考诸篆书，得许氏《说文解字》，三年知其节目，渐睹古圣人制作本始。又疑许氏于故训未能尽，从友人假《十三经注疏》读之，则知一字之义，当贯群经，本六书，然后为定。①

在这段话中，应当引起注意的主要有两点：一是"由字以通其词，由词以通其道"；二是"一字之义，当贯群经，本六书，然后为定"。前者侧重于由个别细节的理解上升到整体的理解，后者侧重于由整体的理解指导个别细节的理解。二者有机结合，便构成了围绕经典文本的解释循环。所谓"必有渐"，乃是指由字通词、由词通道是一个循序渐进的过程。戴震认为："经之至者道也，所以明道者其词也，所以成词者未有能外小学文字者也。由文字以通乎语言，由语言以通乎古圣贤之心志，譬之适堂坛之必循其阶，而不可以躐等。"②

乾隆三十年（1759），戴震撰《题惠定宇先生授经图》，其中对考据与义理的关系已有了新的看法：

> 言者辄曰："有汉儒经学，有宋儒经学，一主于故训，一主于理义。"此诚震之大不解也者。夫所谓理义，苟可以舍经而空凭胸臆，将人人凿空得之，奚有于经学之云乎哉？惟空凭胸臆之卒无当于贤人圣人之理义，然后求之古经；求之古经而遗文垂绝、今古悬隔也，然后求之故训。故训明则古经明，古经明则贤人圣人之理义明，而我心之所同然者，乃因之而明。贤人圣人之理义非它，存乎典章制度者是也。松崖先生之为经也，欲学者事于汉经师之故训，以博稽三古典章制度，由是推求理义，确有据依。彼歧故训、理义二之，是故训非以明理义，而故训胡为？理义不存乎典章制度，势必流入异学曲说而不自知，其亦远乎先生之教矣。③

戴震反对把汉儒经学与宋儒经学之别看成"故训"与"理义"之别，这与他在《与方希原书》中以"制数"与"义理"区别汉儒经学和宋儒经学已经有所不

---

① （清）戴震撰，赵玉新点校：《戴震文集》卷9《与是仲明论学书》，第140页。

② （清）戴震撰，赵玉新点校：《戴震文集》卷10《古经解钩沉序》，第146页。

③ （清）戴震撰，赵玉新点校：《戴震文集》卷11《题惠定宇先生授经图》，第168页。

同。因为义理就存在于典章制度之中，而了解典章制度就必须以训诂为手段。更可注意的是，义理存乎典章制度，亦即义理必由考据出，这也就意味着戴震对宋儒义理之学的扬弃。

戴氏晚年又谓："义理即考核、文章二者之源也，义理又何源哉？吾前言过矣。"① 据余英时考证，此语"至早在1766年，至迟在1772年，要之不出此五六年之内耳"②。此时戴震已经将义理与考据两大系统成功地配合起来，有了训诂考据的坚强支撑，他在义理的探求方面便更加自信。

段玉裁《戴东原集序》中所言，大约可以代表戴震对于义理、考据、辞章三者的基本看法："始玉裁闻先生之绪论矣，其言曰：'有义理之学，有文章之学，有考核之学。义理者，文章、考核之源也。熟乎义理，而后能考核、能文章。'"③ 戴氏之言，似有矛盾之处。但这正反映了他既重视考据之学，又以义理之学为最终目标的思想。段玉裁称其师之学云："先生合义理、考核、文章为一事，知无所蔽，行无少私，浩气同盛于孟子，精义上驾乎康成、程、朱，修辞俯视乎韩、欧焉。"④ 他又详细申论说：

> 夫圣人之道在《六经》，不于《六经》求之，则无以得圣人所求之义理，以行于家国天下，而文词之不工，又其末也。先生之治经，凡故训、音声、算数、天文、地理、制度、名物、人事之善恶是非，以及阴阳、气化、道德、性命，莫不究乎其实，盖由考核以通乎性与天道。既通乎性与天道矣，而考核益精，文章益盛。用则施政利民，舍则垂世立教而无弊。浅者乃求先生于一名一物一字一句之间，惑矣。先生之言曰："六书、九数等事，如轿夫然，所以舁轿中人也。以六书、九数等事尽我，是犹误认轿夫为轿中人也。"又尝与玉裁书曰："仆生平著述之大，以《孟子字义疏证》为第一，所以正人心也。"噫！是可以知先生矣。⑤

这段话论述了戴震通义理、精考据、能文章，并进而或施政利民，或垂教立世

① （清）段玉裁：《戴东原先生年谱》，见（清）戴震撰，赵玉新点校：《戴震文集》附录，第246页。

② 余英时：《论戴震与章学诚》，北京：生活·读书·新知三联书店，2000年，第131页。

③ （清）段玉裁：《戴东原集序》，见（清）戴震撰，赵玉新点校：《戴震文集》卷首，第1页。

④ （清）段玉裁：《戴东原先生年谱》，见（清）戴震撰，赵玉新点校：《戴震文集》附录，第246页。

⑤ （清）段玉裁：《戴东原集序》，见（清）戴震撰，赵玉新点校：《戴震文集》卷首，第1-2页。

的思想。既然义理之学是“轿中人”，考据之学是“轿夫”，那么，显然考据之学对于义理之学来说只具有方法论的意义。

章学诚早年推崇戴学，认识颇为深刻，曾较客观地记述了戴氏晚年对义理与考据关系的看法：

> 余于训诂、声韵、天象、地理四者，如肩舆之隶也。余所明道，则乘舆之大人也。当世号为通人，仅堪与余舆隶通寒温耳。①

章氏又称：

> 凡戴君所学，深通训诂，究于名物制度，而得其所以然，将以明道也。时人方贵博雅考订，见其训诂名物，有合时好，以为戴之绝诣在此。乃戴著《论性》、《原善》诸篇，于天人理气，实有发前人所未发者；时人则谓空说义理，可以无作，是固不知戴学者矣。②

综合各种记载而言，戴震孟学方法论的“晚年定论”，乃是由“故训”以明“理义”。前者是形式，是手段；而后者是内容，是目的。顾炎武倡导以经学代替理学，在经学中去谈义理，开启了一代训诂考据之风，但他本人并没有以考据方法去建立一门义理之学。乾嘉时期，考据之风大盛，使得考据之学与义理之学之间的张力凸显，成为学术界的核心问题之一。戴震最终以考据学方法来建立义理之学，主要是为了解决义理与考据的关系问题，消解两者之间的矛盾紧张局面，迎接来自考据学家的责难和挑战，同时也为如火如荼的汉学考据指明进一步发展的方向。

（二）由“故训”以明“理义”

戴震由“故训”以明“理义”的孟学方法论，乃是清代中期学术思想转向的重要标志之一，它奠定了汉学义理之学的规范，使得概念范畴意识得到充分发展。宋明理学用佛道的理论框架来重新审视儒家经典，注重的是主观体证，追求的是“有我之境”，可谓“以我观物”；清代汉学家对儒家经典注重客观分析，追求的是“无我之境”，可谓“以物观物”。正是由“故训”以明“理义”的方法论，决定了清代汉学义理之学既不是宋明理学“道问学”一途的简单发

---

① （清）章学诚：《文史通义》内篇3《书朱陆篇后》，见（清）章学诚撰，叶瑛校注：《文史通义校注》（上），第275页。

② （清）章学诚：《文史通文》内篇3《书朱陆篇后》，见（清）章学诚撰，叶瑛校注：《文史通义校注》（上），第275页。

展，也不是沿着宋明理学的理路继续前进。

与宋儒“摆落训诂，直寻义理”的学术方法论正好相反，戴震所提出的由“故训”以明“理义”则是明确主张把义理之学建立在对经典的客观分析基础上，即建立在训诂考据的基础上。戴震以训诂考据为工具，对重要的概念范畴加以疏解，尽力挖掘这些概念范畴在经典中的原始意义。他坚信，通过训诂考据的方法，完全可以求得“十分之见”。

顾炎武曾言：“故愚以为读九经自考文始，考文自知音始。以至诸子百家之书，亦莫不然。”① 尽管百分之百地理解经典是不可能的事情，但学术界因此相信通过考据学的方法能够发现原典中包含的真理。戴震也正是带着这种自信把经学方法论运用到义理探求之中。他明确指出：

> 治经先考字义，次通文理，志存闻道，必空所依傍。汉儒故训有师承，亦有时傅会，晋人傅会凿空益多。宋人则恃胸臆为断，故其袭取者多谬，而不谬者在其所弃。我辈读书原非与后儒竞立说，宜平心体会经文，有一字非其的解，则于所言之意必差，而道从此失。
>
> 宋以来儒者，以己之见，硬坐为古贤圣立言之意，而语言文字实未之知。其于天下之事也，以己所谓理，强断行之，而事情原委隐曲实未能得，是以大道失而行事乖。②

在戴震看来，宋儒对经典的阐释融入了太多的主观见解，这不仅是多余的，而且是有害的，对经典进行完全客观的实证分析是建立义理之学的必由之路。

《孟子字义疏证》实际上是以讲概念范畴为主要特征的，上卷专门解说理，中卷解说天道、性，下卷解说才、道、仁义礼智、诚、权。戴震在每个范畴标题下都标明了条数，以此表明采取了考据学的方法，这也正是该书取名“疏证”的用意所在。在中国学术思想史上，以范畴为核心来阐释义理并非戴震首创，而恰恰是朱熹一派的治学传统。朱熹高弟陈淳有《北溪字义》、程端蒙有《性理字训》；朱熹三传弟子休宁程若庸有《增广性理字训》；明末清初，歙县理学家黄扶孟有《字诂》、《义府》等。其中，戴震《孟子字义疏证》受陈淳《北溪字义》的影响极为明显。康熙甲午年（1714），休宁人戴嘉禧据清漳州本将《北溪字义》刊刻于徽，并为之作序曰：“昔贤教人为学，必先识字。……字各有义，

① （清）顾炎武撰，华忱之点校：《顾亭林诗文集·亭林文集》卷4《答李子德书》，北京：中华书局，1959年，第73页。

② （清）戴震撰，汤志钧校点：《戴震集·与某书》，第187页。

识字而不究其义，虽识得此字，何所用之?"[①] 戴震所谓"由字以通其词，由词以通其道"，颇与此相类。《北溪字义》上卷阐释了命、性、心、情、才、志、意、仁义礼智、忠信、忠恕、一贯、诚敬、恭敬；下卷阐释了道、理、德、太极、皇极、中和、中庸、礼乐、经权、义权、鬼神、佛老。这些范畴绝大多数复见于《孟子字义疏证》。二书在体例上也基本相同，都是先下定义，次述义理，再论述范畴的理论渊源及其相互关系。不过此书的目的在于阐释、推广朱熹的理学思想，其思维方式亦与朱子无异。戴震的《孟子字义疏证》则是以实证分析的方法来阐释义理，而非宋儒主观体证、形上体悟的方法，虽然《孟子字义疏证》所提到的范畴都是宋儒提到过的，但戴震以新的方法将其赋予了新的内涵。

戴震之后，许多学者依照这一规范进行义理探究，影响较大的有焦循的《论语通释》、阮元的《性命古训》、陈澧的《汉儒通义》、黄以周的《经义比训》、刘师培的《理学字义通释》、傅斯年的《性命古训辨证》等。他们都是以训诂考据为工具建构自己的义理之学，大大地推进了中国古代学术概念范畴意识的发展。惠栋曾作《易微言》，其方法、体例皆与《孟子字义疏证》同，但影响却远不如后者，而且其所论范围也仅局限于易学。钱穆论及《易微言》，称其"大抵上卷言天道，下卷言人道，所谓义理存乎故训，故训当本汉儒，而周、秦诸子可以为之旁证也。当时吴派学者实欲以此夺宋儒讲义理之传统，松崖粗发其绪而未竟"[②]，可谓知言。

不可否认，戴震把义理之学的建立完全当作通过考据学的方法"发现"原典中的"真理"的过程，这就不可避免地走向另一极端，从而暴露出许多缺陷。通过对经典进行实证分析来建立义理之学固然不失为一方法，但客观分析毕竟不能取代主观理解与体悟，宋儒"摆落训诂，直寻义理"的高明之处就在这里。由"故训"以明"理义"，逻辑上蕴涵着"言"能尽"意"，义理之学的建立完全可以通过语言分析来完成，即通过训诂学来实现义理之学的建构，这实际上混淆了训诂系统与义理系统的相对独立性。章学诚论戴学方法有云：

> 其自尊所业，以谓学者不究于此，无由闻道。不知训诂名物，亦一端耳。古人学于文辞，求于义理，不由其说，如韩、欧、程、张诸儒，竟不许以闻道，则亦过矣。[③]

---

① （宋）陈淳：《北溪字义》附录2《清戴嘉禧序》，北京：中华书局，1983年，第94页。

② 钱穆：《中国近三百年学术史》（上册），第359页。

③ （清）章学诚：《文史通义》内篇3《书朱陆篇后》，见（清）章学诚撰，叶瑛校注：《文史通义校注》（上），第275页。

平心而论，宋明理学虽有别先秦，然无愧于先秦；虽暗引佛老，然不逊于佛老。《四库全书总目》论及清初经学的变迁有云："要其归宿，则不过汉学、宋学两家互为胜负。夫汉学具有根柢，讲学者以浅陋轻之，不足服汉儒也；宋学具有精微，读书者以空疏薄之，亦不足服宋儒也。消融门户之见而各取所长，则私心祛而公理出，公理出而经义明矣。"① 尽管其将清初学术归结为汉宋之争尚有可商榷之处，但其"根柢"、"精微"之说，颇能道出汉、宋学术之价值特点；其所谓"消融门户之见而各取所长"，更属不刊之论。戴震想在义理之学方法论上一举推翻宋明理学，因而走向了极端，其得失孰多孰少，是值得深思的。

戴震用训诂考据的方法来阐释经典中的"真理"，其出发点就带有理想主义的色彩。对经典的研究不可能达到完全客观的"十分之见"，只能是尽量接近经典的原旨。方东树说：

> 若谓义理即在古经训诂，不当歧而为二；本训诂以求古经，古经明，而我心同然之义理以明，此确论也。然训诂不得义理之真，致误解古经，实多有之。若不以义理为之主，则彼所谓训诂者，安可恃以无差谬也！诸儒释经解字，纷纭百端。吾无论其他，即以郑氏、许氏言之，其乖违失真者已多矣，而况其下焉者乎！总而言之，主义理者，断无有舍经废训诂之事；主训诂者，实不能皆当于义理。何以明之？盖义理有时实有在语言文字之外者。故孟子曰："以意逆志，不以文害辞，辞害意也。"汉学家专泥训诂，如高子说《诗》，所以多不可通（如惠氏《古义》、臧氏《杂记》及近时诸家新说）。故宋儒义理，原未歧训诂为二而废之。有时废之者，乃正是求义理之真，而去其谬妄穿凿，迂曲不可信者耳。②

无论从训诂之学本身的局限性来看，还是从现代哲学解释学的角度看，方东树的批评都有独到之处。这是因为作者与解读者之间历史间距的存在，是不可避免的，真正的经典也因之成为开放的文本，为读者提供了无穷的阐释空间。随着这一距离的不断加大，经典阐释背离原旨之处必不可免。

---

① （清）永瑢等：《四库全书总目》卷1《经部总叙》，北京：中华书局，1965年，第1页。

② （清）方东树：《汉学商兑》卷中之下，见（清）江藩、（清）方东树著：《汉学师承记（外二种）》，北京：生活·读书·新知三联书店，1998年，第320-321页。

结　语

戴震孟学著述中概念、范畴、命题等，不唯儒与老、释不能混淆，《六经》、孔、孟、程、朱、陆、王亦不可同日而语。而戴氏则径取以为疏证之材料，其失实在所难免。蔡元培在1910年撰写《中国伦理学史》时，便已注意到此："惟群经之言，虽大义不离乎儒家，而其名词之内容，不必一一与孔孟所用者无稍出入，东原囿于当时汉学之习，又以与社会崇拜之宋儒为敌，势不得有所依傍。故其全书，既依托于孟子，而又取群经之言一一比附，务使与孟子无稍异同，其间遂亦不免有牵强附会之失。"①

戴震继承了顾炎武"读九经自考文始，考文自知音始"② 的经学研究方法，并把它发展为"由字以通其词，由词以通其道"，从经学史的角度看，戴震与顾炎武是一致的。但是，从思想史的角度讲，戴震与顾炎武的思想还是有距离的。顾炎武反对脱离经学讲义理之学，反对脱离典章制度讲性与天道，以经学代理学的背后实际上是要以朴学代理学，取消义理之学的独立性。戴震虽然强调训诂考据对义理之学的基础性和工具性价值，但从来没有取消义理之学的独立地位之意，而且，突出义理之学的优先性是他一贯的学术宗旨，《孟子字义疏证》就是戴震在对经典的实证分析的基础上建立的义理之学。

戴震企图由"故训"以明"理义"，难免会有捉襟见肘之时。黄俊杰在《戴震的孟子学解释及其涵义》一文中，以"心与理的关系"为例，从孟学思想史的角度，具体地分析了戴震"以训诂学方法解决诠释学问题"方法的实际操作，并讨论了这一方法潜在的问题，最后指出：

> 戴震解释孟子学所采用的是训诂学的方法，他将诠释学问题转化为训诂学的问题。由于这种方法论上的翻转，使他在清儒中别树一帜，自成体系；但是，也使他从孟子学与宋儒的思想脉络中脱逸出去，不仅未能掌握孟子学的思想内涵，也使他对宋儒的攻击虽雄浑有力，但并不致命，因为他并未进入宋儒思想的"诠释之环"。在这个范围之

① 蔡元培：《中国伦理学史》，见张汝伦编：《文化融合与道德教化——蔡元培文选》，上海：上海远东出版社，1994年，第122页。

② （清）顾炎武撰，华忱之点校：《顾亭林诗文集·亭林文集》卷4《答李子德书》，第73页。

> 内，也在这个意义上，我们可以说，戴震的孟子学虽然有心于经由释孟以驳宋儒，但是方法论的限制使他未进入孟子学与宋儒的“诠释之环”，遂使他的孟子学变成为不成功的护教学。[①]

结合前文对戴震孟学义理的考察，黄俊杰的话虽然表面看来说得有些过分，但也确有其合理之处。

作为一位代小民立言的杰出思想家，戴震孟学中的理性思维，既是严峻社会现实的反映，也预示着深刻的社会危机已经来临。然而这种盛世危言，在戴震生前不仅没有引起共鸣，反而招来宋学中人如姚鼐、翁方纲、程晋芳诸人的非议、攻击，乃至于有“横肆骂詈者”[②]。戴震去世后，同郡后学洪榜为其撰写行状，全录《答彭进士允初书》，翰林院编修朱筠见之，竟称：“可不必载，戴氏可传者不在此。”[③] 一如朱筠的曲解戴学，戴震的生前好友诸如钱大昕、王昶等，也对《孟子字义疏证》的学术价值不置一词。私淑戴震的凌廷堪，虽然肯定《孟子字义疏证》为“至道之书”，但却以“其书具在，俟后定论云尔”[④]，回避作具体的评价。《孟子字义疏证》在当时的遭遇，于此可见一斑。戴震试图以《孟子字义疏证》去开创一种由“故训”以明“理义”的新学风，然而在当时的历史条件下，以复兴古学为号召的汉学方兴未艾，学人们沉溺于经史考据之中无法自拔。何况训诂之与义理，规律各一，不可替代；戴震所示范的训诂方法，并非探讨义理之学的必由之路；加以清廷文化专制的严重制约，要企求学界改弦易辙，实在是不切实际的一厢情愿而已。因此，戴震去世后，其文字训诂、天文历算、典章制度诸学，皆得段玉裁、王念孙、孔广森、任大椿诸弟子张大而越阐越密，唯独义理之学则无形萎缩，继响乏人。直到嘉庆间焦循崛起，始以《读书三十二赞》对《孟子字义疏证》加以表彰[⑤]，并称引其说于所著《孟子正义》中，谓戴震“生平所得力，而精魄所属，专在《孟子字义疏证》一书”[⑥]。不过这与戴震辞世相去近四十年，学风世道，显然已不可同日而语。

---

① 黄俊杰：《戴震的孟子学解释及其涵义》，见黄俊杰著：《孟学思想史论》卷2，第371页。

② （清）章学诚：《文史通义》内篇3《书朱陆篇后》，见（清）章学诚撰，叶瑛校注：《文史通义校注》（上），第275页。

③ （清）江藩：《国朝汉学师承记》卷6《洪榜》，北京：中华书局，1983年，第98页。

④ （清）凌廷堪：《校礼堂文集·戴东原先生事略状》，见《安徽丛书》第4期。

⑤ （清）焦循：《雕菰集》卷6《读书三十二赞》，《丛书集成初编》本，北京：中华书局，1985年，第85页。

⑥ （清）焦循：《雕菰集》卷7《申戴》，《丛书集成初编》本，第95页。

论戴震对荀子思想的扬弃

朱冉琦[①]

一　宋儒之重孟轻荀

孟子地位的升格肇始于中唐韩愈儒家道统论之建构。韩愈本孟子道统之说首次提出儒家的道统谱系："尧以是传之瞬，舜以是传之禹，禹以是传之汤，汤以是传之文、武、周公，文、武、周公传之孔子，孔子传之孟轲。轲之死，不得其传焉。"[②] 孟子赫然跻身儒学道统之传，而荀子则被斥于道统之外。儒家道统论发展到宋代，孟子之学已被宋儒奉为圭臬，而于荀学或置之不论，或多所否弃。在程颢看来，"孟子言性善是也，虽荀，杨亦不之性。孟子所以独出诸儒者，以能明性也。性无不善，而有不善者才也。性即是理，理则自尧、舜至于途人一也"[③]。孟子所言性善便是理，而荀、杨之性恶论，是因为他们"不知

---

① 作者简介：朱冉琦，男，湖北天门，汉族，中南民族大学民族学与社会学学院中国古代史专业硕士研究生。

② （唐）韩愈著，马其昶校注：《韩昌黎文集校注》，上海：上海古籍出版社，1986年，第18页。

③ （宋）程颢、程颐：《河南程氏遗书》卷18，见《二程集》，第1册，上海：商务印书馆，1935年，第204页。

性”。为了尊孟贬荀，理学家们从韩愈评价荀子“大醇小疵”之论着手，抵黜荀学。程颐、程颢认为“荀子极偏驳，只一句‘性恶’，大本已失。”[①] 认为荀子之学非得“圣人之道”：“荀卿才高学陋，以礼为伪，以恶为性，不见圣贤，虽曰尊子弓，然时相去甚远。圣人之道，至卿不传。”[②] 直言荀子之学为伪学。朱熹认为，荀子所谈之“性”仅为“气禀使然”，而非“性之本然”[③]，以荀子之学“全是申韩”而将其归为法家，甚至告诫自己的弟子“不需理会荀卿”[④]。孟、荀二学虽皆为儒学，但在唐宋时代命运迥异，究其原因，一是受“孟子升格运动”的影响，宋儒极力鼓吹孟子地位，反感荀子对孟学的批评。二是因为宋儒在原始儒家经典的基础上吸收了佛老思想，以四书重构儒家理论，提倡“行事在天”、“天人合一”的内圣思想，这与以经学为主的荀学所倡导的“制天命而用之”、“天人相分”的外王思想等观点相悖。至此，尊孟抑荀之风愈演愈烈，后至明嘉靖年间荀子配享孔庙的资格也被取消，荀子之学被打入冷宫。

二 清初荀学的渐兴

明清易代，满洲贵族入主中原，清廷统治者为建构其文化上的正统性，选择以程朱理学作为统治思想。因此，尊孟贬荀的理学传统在清初理学名臣中已然盛行。理学儒臣熊赐履的《学统》将荀学归为杂学，称其“见道不明，师心自是”[⑤]。张伯行则对宋代司马光曾上书奏请朝廷印行《荀子》一事表示不满，指出荀子性恶之说是害道之本，其言曰：“荀、杨辈或云性恶，或云善恶相混，邪僻之见，足以害道。”[⑥]

然而，与庙堂理学迥异其趣的是，明遗民学者则从“明亡追究”的动机出发，掀起一股理学批判思潮。在此一思潮下，理学家之尊孟立场亦受到挑战和批驳，而荀子思想则渐为学人所重。清初“研荀第一”人的傅山对《性恶》篇

① （宋）程颢、程颐：《河南程氏遗书》卷19，见《二程集》，第2册，第56页。

② （宋）程颢、程颐：《河南程氏外书》卷10，见《二程集》，北京：中华书局，2004年，第403页。

③ （宋）黎德靖编，王星贤点校：《朱子语类》卷4，台北：正中书局，1962年，第68页。

④ （宋）黎德靖编，王星贤点校：《朱子语类》卷137，第4825页。

⑤ （清）熊赐履：《学统·杂学》，上海：商务印书馆，1936年，第556页。

⑥ （清）张伯行：《正谊堂文集·续集》卷4《性理正宗序》，北京：中华书局，1985年，第57页。

最为推崇，言："《性恶》立意甚高，而文又不足副之。'伪'字有别义，而为后世以为诈伪，遂昧从人从为之义。此亦会意一种。"① 他将文字、声韵作为考证的基础方法来解释《荀子》，并借《荀子》来斥责当时空谈无用的儒生为"偷儒"、"瞽儒"，对后世学者启示良多。三大家之一的王夫之以《易经》论性，提出了"继善成性"的观念，言："性可存也，成可守也，善可用也，继可学也，道可合而不可据也。"② 他认为性善是一个需要后天积累的过程，并提出了"性日生日成"的观点，从而否定了宋明理学家认为的先天性善。这与荀子的"化性起伪"即承认人之性情作为自然属性需要外在力量约束的崇礼思想是相似的。同样以《易》解孟子的黄宗羲认为，孟子之"性善论"兼含了善恶两体，而孟子之"性善"不过是揭示人性至善的能动性，并非单指先天性善。其言曰："朱子云《易》言'继善'，是指未生之前；孟子言'性善'，是指已生之后。此语极说得分明。盖一阴一阳之流行往来，必有过有不及，宁可齐之理？"③ 他指出朱熹之言"性善"有别于孟子，有片面之嫌，反对理气之二元性。又道："孟子'性善'，单就人分上说。生而禀于清，生而禀于浊，不可言清者是性，浊者非性。"④ 通过"清"、"浊"之分来强调性善与性恶都是存在于人性之中的"一阴一阳"。其虽不言荀子，但是从理学反动的角度出发，明清易代导致的社会动乱，使得一些学者开始对理学的性论观渐有非议。

与黄宗羲同出一门的陈确，幼时读《性理集要》便"不悦理学家言"，他以《中庸》一书论断宋儒将天理和人性分裂而谈，其言："盖孔孟之言性，本天则人；诸家之言性，离人而尊天。离人而尊天，不惟诬人，并诬天矣，盖废人而天亦无由见矣。"⑤ 宋儒主张的"存天理，灭人欲"似在抑人尊天，实在抑天。他认为天人不二，宋儒之"本然之性"和"天命之性"取之佛老之道，为空谈，其言："本体二字，不见经传，此宋儒从佛氏脱胎来者。……宋儒惟误以此为本体，故曰'人生而静以上不容说，才说性，便已不是性'，则所谓性而容说者，恰好在何处耶？教佛氏之说，更加玄幻矣。此言体之大惑也。"⑥ 陈确以人道见天道，性之善是通过气、情、才来体现的，而人性向善，却受"习"影响。

---

① （清）傅山评注，吴连城释文：《傅山〈荀子〉〈淮南子〉评注手稿》，上海：上海古籍出版社，1990年，第272页。

② （明）王夫之：《周易外传·系辞上传第五章》，北京：中华书局，1962年，第153页。

③ （明）黄宗羲：《黄宗羲全集·孟子师说》，杭州：浙江古籍出版社，1985年，第77页。

④ （明）黄宗羲：《黄宗羲全集·孟子师说》，第77页。

⑤ （明）陈确：《瞽言三·性解下》，见《陈确集》，北京：中华书局，1979年，第451页。

⑥ （明）陈确：《瞽言四·与刘伯绳书》，见《陈确集》，第466页。

“习”承孔子“性相近，习相远”，人“习”于善则善，“习”于恶则恶，习行之道影响习性，在这一点上与颜元“学重习行”却为相似。颜元反对理学家“静坐澄心，体认天理”，他倡导实用之学，希望能够经世济民。他认为“人性之善需要学习之功”，强调六德、六艺、六行之“习”，主张在“礼”的实践中为善。其言：“圣人无他治法，惟就其性情所自至，制为礼乐，使之习于善，以不失其性，不惟恶念不参，俗情亦不入。”① 他肯定了礼对“情”和“性”的重要影响，其重礼思想是对荀学的推崇。

三 戴震对荀子思想的批判继承

至清乾嘉年间，汉学盛行，其学风由大而化精。学者们继承顾炎武提出“道在六经”的观点，以考据之法研治诸经，“其治学根本方法，在‘实事求是’、‘无征不信’。其研究范围，以经学为中心，而衍及小学、音韵、史学、天算、水地、典章制度、金石、校勘、辑佚等等”②。因荀子“崇礼问学”，乾嘉学者们肯定了荀子有功于诸经，进而提出了恢复其配享孔庙的建议。一如梁启超所说：“汉代经师，不问为今文家古文家，皆出荀卿（汪中说）；二千年间，宗派屡变，壹皆盘旋荀子肘下。”③

戴震出生于重商重教的徽歙地区，10岁受教便日数千言不肯休，曾就《大学章句》质疑《右经一章》，儿时便有着为学寻根问底、怀疑传统的批判性格。20岁师从顾炎武、阎若璩嫡派传人婺源经学名家江永，受到“惟震能得其全”的美誉。中年，戴震受当地豪族迫害，避仇入都因而结交了许多著名学者如纪昀、钱大昕等人，当时“名公卿争相交焉”，“叩其学，听其言，观其书，莫不击节叹赏”④，“皆折节与之定交”⑤。其后，戴震南下扬州，结识经学大师惠栋，两人交相推重，引为知己。受惠栋“汉学”之流的影响，戴震的治学思想发生变化。50岁时，受纪昀等人推荐，入京四库全书馆担任纂

---

① （清）颜元著，王星贤、张芥尘，郭征点校：《颜元集》，北京：中华书局，1987年，第730页。

② （清）梁启超撰，朱维铮导读：《清代学术概论》，上海：上海古籍出版社，1998年，第5页。

③ （清）梁启超撰，朱维铮导读：《清代学术概论》，第84页。

④ （清）戴震：《戴震集》，上海：上海古籍出版社，2009年，第460页。

⑤ （清）戴震：《戴震集》，第460页。

修官，后又受翰林院庶吉士，一直至去世，都致作“悉心耘力于编纂工治，焚膏宵分不倦”。

论戴震义理学思想，当推他的三本著作《原善》、《绪言》、《孟子字义疏证》。特别是《孟子字义疏证》是其一生义理的精髓，以当世孟子自居的戴震欲借此书以“正人心”，效法孟子力辟杨、墨之精神而辟除儒学异端，重塑圣贤之道。他的义理之法，是异于当时盛行的考据学风及庙堂理学的。戴震不满当时皓首穷经的迂腐之风，坦言“是故训非以明义理，而故训胡为?”[①] 他曾与段玉裁书曰：“仆自十七岁时，有志闻道，谓非求之《六经》、孔、孟不得，非从事于字义、制度、名物，无由以通其语言。宋儒讥训诂之学，轻语言文字，是犹渡江河而弃舟楫，欲登高而无阶梯也。为之三十余年，灼然知古今治乱之源在是。”[②] 在他看来，文字训诂好比渡江河的船，登高的阶梯，训诂之终极目的应是闻道。而宋明理学之义理，又是“舍经而空凭胸臆”，是脱离实际的空谈之说。由此，他确立了“由字以通其词，由词以通其道”的“明道”之法。

戴震义理之学一经阐发，在当世便有学者认为其思想与荀子近似。如程田瑶便言：“今之言学者，动曰去私、去蔽，……其根由于不知性善之精义，遂以未治之身为业尤集愆之身，虽亦颇疑于性善，及其著于录也，不能不与《荀子·性恶》篇相表里，此说之所以不能无歧也。”[③] 他认为戴震主张人之情欲有私有蔽之论已与孟子性善说不一致，反而更加接近荀子性恶说。晚清大师章太炎答客问“戴震资名于孟子，其法不去欲，诚孟子意邪?”亦曰：“极震所议，与孙卿合符。”[④] 在他看来，戴震的思想与荀子思想相似，但因戴震继承孟子性善说，与荀子性恶之说大相径庭，故著《原善》以论区别。钱穆论戴震义理，其言：“晚周诸子，善斥自然者莫过荀子，东原即以其意排老、释，而复以孟子性善之论移加于荀子。近人章炳麟言之，……此为善论东原之学矣。”[⑤] 同样以为戴震的义理与荀子思想有若干相符之处，仅仅区别在于对人性善恶论的定义。

（一）戴震对荀子的继承

戴震义理的着眼点虽是《孟子》一书，但其中不乏荀子思想之内涵。这说

① （清）戴震：《戴震集》，第 192 页。

② （清）戴震：《戴震集》，第 455 页。

③ （清）程田瑶：《论学小记·诚意义述》，上海：上海古籍出版社，1995 年，第 643 页。

④ （清）章太炎：《太炎文字初编》卷 1，上海：上海书店，1924 年，第 85 页。

⑤ 钱穆：《中国近三百年学术史》，北京：九州出版社，2011 年，第 357 页。

明戴震所开创的新义理，是继承了荀子思想的。二者在对情欲说、重心知、重礼、重积习等方面都是有相似之处的。

1. 情欲说

荀子论性："性者，天之就也；情者，性之质也；欲者，情之应也。以所欲为可得而求之，情之所必不免也；以为可而道之，知所必出也。"① 在荀子看来，性是与生俱来的，人的好恶、喜怒哀乐之情是人内在本质。感官之欲则是人面对外在之事的反应，情欲二者一内一外以知为引导发展。在这一点上，戴震论性同样认为"人生而后有欲，有情，有知，三者，血气心知之自然也。给于欲者，声色臭味也，而因有爱畏；发于情者，喜怒哀乐也，而因有惨舒；辨于知者，美丑是非也，而因有好恶。……是皆成性然也"②。人性在接触外在之事后，对声色臭味的爱畏之分便是欲，所产生的喜怒哀乐的感受便是情。心知便是认知，能辨别美丑是非，也能引导情欲发展。故荀子和戴震论性，都认为"情"、"欲"、"知" 皆为人性。

2. 重心知

荀子言："形具而神生，好恶、喜怒、哀乐臧焉，夫是之谓天情。耳目鼻口形能，各有接而不相能也，夫是之谓天官。心居中虚以治五官，夫是之谓天君。"③ 他认为，人的外在情感能体现在人的五官之上，耳目口鼻为"天官"，而心最为重要，其为"天君"，各有其特点，相互作用又不能相互取代。戴震同样以耳目口鼻的例子来强调心知与情欲的关系与地位，其言："心能使耳目鼻口，不能代耳目鼻口之能，彼其能者各自具也，故不能相为。……耳目鼻口之官，臣道也；心知官，君道也，臣效其能而君正其可否。"④ 可见耳目鼻口的情欲感官是受到心知的调节作用的。在荀子看来："性之好、恶、喜、怒、哀、乐谓之情。情然而心为之择谓之虑。心虑而能为之动谓之伪。虑积焉、能习焉而后成谓之伪。"⑤ 人性之中情欲之性受到外在事物的影响后，"心" 会本能地做出选择，当这种本能的反应积累越来越多了，就变成了人思考选择的能力，这种能

① （清）王先谦撰，沈啸寰、王星贤点校：《荀子集解》，北京：中华书局，1988 年，第 428 页。

② （清）戴震：《戴震集》，第 309 页。

③ （清）王先谦撰，沈啸寰、王星贤点校：《荀子集解》，第 302 页。

④ （清）戴震：《戴震集》，第 272 页。

⑤ （清）王先谦撰，沈啸寰、王星贤点校：《荀子集解》，第 399 页。

力被称之为“伪”，“伪”即“为”也，而“为”即为“心知”之性。戴震同样认为情欲之失会让人流于偏私，故言：“有是身，故有声色臭味之欲；有是身，而君臣、父子、夫妇、昆弟、朋友之伦具，故有喜怒哀乐之情。惟有欲有情而又有知，然后欲得遂也，情得达也。天下之事，使欲之得遂，情之得达，斯已矣。惟人之知，小之能尽美丑之极致，大之能尽是非之极致。然后遂己之欲者，广之能遂人之欲；达己之情者，广之能达人之情。道德之盛，使人之欲无不遂，人之情无不达，斯已矣。”① 人因为有气血之躯，因而有了情欲之感官，这种感官包括声色臭味，还有人伦之系，由此而来的情欲之情如果能以“心知”引导，那么不仅能让自己达到满足，更能推己及人让他人满足。

3. 重礼

在论及礼义一事上，他们也有着相似之处。在他们看来，圣人制礼引导来规范这个世界，荀子云：“圣人者，以己度者也。故以人度人，以情度情，以类度类，以说度功，以道观尽，古今一度也。”② 圣人在古今皆同的基础上以礼义度人情事理。戴震也认为：“人伦日用，圣人以通天下之情，遂天下之欲，权之而分理不爽，是谓理。”③ 圣人以礼仪来引导天下之情欲并使其合情合理。情欲之性是心知之性的具体体现，既然心知之性对情欲之性有引导作用，那重视礼法就是对情欲之性最好的方法。荀子言：“礼者，养也。刍豢稻粱，五味调香，所以养口也；椒兰芬苾，所以养鼻也；雕琢、刻镂、黼黻、文章，所以养目也；钟鼓、管磬、琴瑟、竽笙，所以养耳也；疏房、檖貌、越席、床笫、几筵，所以养体也。”④ 荀子把礼具体到了人伦日用之中，虽然礼仪与人性是两种不同的存在，但是两者由内到外的联系是非常紧密的，故荀子主张以礼养情以达到“君子既得其养，又好其别”的目的。戴震同样认为礼仪对于人的情欲是一种有效的引导方法，他认为：“礼者，天地之条理也，言乎条理之极，非知天不足以尽之。即仪文度数，亦圣人见于天地之条理，定之以为天下万世法。礼之设所以治天下之情，或裁其过，或勉其不及，俾知天地之中而已矣。”⑤ 仪文度数作为圣人怀圣贤之心所定，可以有效引导

① （清）戴震：《戴震集》，第309页。
② （清）王先谦撰，沈啸寰、王星贤点校：《荀子集解》，第82页。
③ （清）戴震：《戴震集》，第323页。
④ （清）王先谦撰，沈啸寰、王星贤点校：《荀子集解》，第346-347页。
⑤ （清）戴震：《戴震集》，第318页。

天下人之情欲，以礼治情达到理想状态。所以，荀子与戴震都看到了情欲之性的不足之处，都重视礼义的作用。

4. 重积习

荀子言："今使涂之人伏术为学，专心一志，思索孰察，加日悬久，积善而不息，则通于神明，参于天地矣。故圣人者，人之所积而致矣。"[①] 他认为人的才学品行的差别不在于先天，而在于长时间的积累。如果一个普通人能专心致志地思考和细致地观察，久而久之，他所积累的才学品行便与圣人无异。在戴震看来，人虽然有先天的差异，但是通过后天的学习是可以致贤致圣的，其言："颜子之言又曰：'夫子循循然善诱人，博我以文，约我以礼。'《中庸》详举其目，曰博学、审问、慎思、明辨、笃行，而终之曰：'果能此道矣，虽愚必明，虽柔必强。'盖循此道以至乎圣人之道，实循此道以日增其智，日增其仁，日增其勇也，将使智仁勇齐乎圣人。"[②] 人必须通过博学、审问、慎思、明辨、笃行方式日复一日地提高自己的智、仁、勇，长此以往，便能向圣人看齐。

（二）戴震对荀学的批判与超越

戴震对荀学不是简单的继承，而是在批判基础上的继承和发展。从以上论述可见，戴震之义理之本质实为"孟皮荀骨"，一方面他肯定荀子的思想，并加以继承；另一方面，我们可以看到戴震从性善论的基础上指出了荀子思想中的弊端。荀子论性，是以性本恶来着眼的，他明确反对孟子的性善之说，他认为情欲之性若无心知引导节制，必然趋向于恶。故言："人生而有欲，欲而不得，则不能无求；求而无度量分界，则不能不争；争则乱，乱则穷。先王恶其乱也，故制礼义以分之，以养人之欲，给人之求，使欲必不穷乎物，物必不屈于欲，两者相持而长，是礼之所起也。"[③] 这也是荀子论礼之重要性的根本原因，其又言："故枸木必将待檃栝、烝、矫然后直，钝金必将待砻厉然后利。今人之性恶，必将待师法然后正，得礼义然后治。"[④] 就像曲木和不锋利的兵器经过加工后变得笔直和锋利，人若能重视学习礼义，按照礼义所规劝的方向去发展，那么就是向善的方向发展。因此，荀子是主张礼义与情欲二分的，他之所以这么

---

① （清）王先谦撰，沈啸寰、王星贤点校：《荀子集解》，第 443 页。

② （清）戴震：《戴震集》，第 316 页。

③ （清）王先谦撰，沈啸寰、王星贤点校：《荀子集解》，第 346 页。

④ （清）王先谦撰，沈啸寰、王星贤点校：《荀子集解》，第 435 页。

主张，是为了说明性本来就是天生的，所以要强调人的后天的修养功夫，同样他认为，“善”虽然是外在而生的，却是人主观能动性的选择，“善”同样可以被人所拥有。而戴震认为：“常人之欲，纵之至于邪僻，至于争夺作乱；圣人之欲，无非懿德。欲同也，善不善之殊致若此。欲者，血气之自然，其好是懿德也，心知之自然，此孟子所以言性善。”① 人的情欲如若不向邪僻方向发展，是因为情欲之性流于偏差，人之本性与圣人之本性是一样的。同时，戴震提出：“孟子直云恻隐、羞恶、恭敬、是非之心，四者由心知而生，是乃仁义礼智之端绪也；既得端绪，则扩充有本，可以造乎仁义礼智之极，明仁义礼智，人皆有根心而生之端，非以仁义礼智为性，恻隐、羞恶、恭敬、是非为情也。人之性善，其血气心知异于物，故其自然之良，发为端绪，仁义礼智本不阙一耳。”② 恻隐、羞恶、恭敬、是非是由心知而产生的，具有性善的趋向，人性以此四端为基础可以将性善发展到极致。情欲之性为人性的一部分，有心知引导，同样是趋向于善的。

戴震在《原善》一书中将历来学者的人性论分为三类，其言：“凡远乎《易》、《论语》、《孟子》之书者，性之说大致有三：以耳目百体之欲为说，谓理义从而治之者也；以心之有觉为说，谓其神独先，冲虚自然，理欲皆后也；以理为说，谓有欲有觉，人之私也。……以有欲有觉为私者，荀子之所谓性恶在是也；是见于失其中正之为私，不见于得其中正。”③ 在他看来，荀子性恶之说与理学家的“去私欲”都只言及人性中恶的一面，有失中正。并且以程朱为代表的理学家在其思想中还杂糅了佛老天命观，以反理学的态度而论，这是不符合“一阴一阳谓之性”的人性本体论的。以此推之，荀子之思想与程朱理学的性理二元论无异，他言：“宋儒于性与心视之为二，犹荀子于礼义与性视之为二也。……如宋儒之说，惟圣人气质纯粹，以下即〔质〕美者亦不能无恶；荀子谓必待学以变化此性，与宋儒必待学以变化气质，无二指也。”④ 不仅如此，就戴震个人而言：“荀子之所谓性，亦孟子之所谓性；孟子知性之全体，其余皆不知性之全体，故惟孟子与孔子合。”⑤ 荀子论性将人性与礼义割裂二分，只看到了礼义对人的重要性，但在人性至善中，礼义只是其中的一部分。又言：“荀子

① （清）戴震：《戴震集》，第 285 页。
② （清）戴震：《戴震集》，第 383 页。
③ （清）戴震：《戴震集》，第 340-341 页。
④ （清）戴震：《戴震集》，第 400 页。
⑤ （清）戴震：《戴震集》，第 430 页。

知礼义为圣人之教，而不知礼仪亦出于性；知礼义为明于其必然，而不知必然乃自然之极则，适以完其自然也。”[①] 荀子虽然明白问道必须要重视礼义之教，但不知道自然之性发展到最后便是礼义的体现。但戴震对荀子的肯定也是有的，不过依然是基于他反理学的观念出发，他言：“盖程子、朱子之学，借阶于老、庄、释氏，故仅以理之一字易其所谓真宰真空者而余无所易。……《六经》、孔、孟而下，有荀子矣，有老、庄、释氏矣，然《六经》、孔、孟之道犹在也。自宋儒杂荀子及老、庄、释以入《六经》、孔、孟之书，学者莫知莫非，而《六经》、孔、孟之道亡矣。”[②] 荀子之学相对于六经、孔孟之道来说只是因为人性论中“荀歧为二”，本质上还是遵循六经、孔孟之道的。然而理学家们掺杂异端之说，六经、孔孟之道被他们歪曲，理学已然歧出为他学。总的来讲，戴震之义理与其说是对孟子性善论的拨乱反正，倒像是戴震看到了荀子之学的不足之处，并引以孟子之学加以补充，更像是对荀子性恶论的升华。

结　语

由今观乾嘉学术，礼学复兴，蔚为大观，荀学复兴也是必然。在关于荀学、孟学二者的关系上，清儒为调和荀、孟做了不少新的诠释，郝懿从孔子“性相近也，习相远也”[③] 来折中孟、荀性善性恶论的不同，认为其只不过各有所偏罢了。张惠言就调和荀、孟性论的问题说：“孔子言仁而孟子益之以义，荀子则约仁义而归之礼。夫义者，人之裁制也；礼者，仁义之检绳也。孟子之教，反身也切；荀子之教，检身也祥。”[④] 论证了孔子之仁、孟子之义、荀子之礼三者之间的关系，也反映出乾嘉学者们反对空谈性理，强调以礼检束行为的倾向。凌廷堪甚至对荀子罢祀亦深感不公，其言：“切惟《太史公书》以孟子、荀子同传，未尝有轩轾于其间，而孟、荀之称，由汉迄唐无异辞。若夫罢荀卿从祀，祧七十子而以孔、孟并举，此盖出后儒之意，于古未之前闻也今《孟子》得凤

① （清）戴震：《戴震集》，第299页。

② （清）戴震：《戴震集》，第286页。

③ （宋）朱熹：《论语集注·阳货第十七》，见《四书章句集注》卷9，北京：中华书局，2003年，第175页。

④ （清）张惠言著，严明、董俊珏选注评点：《张惠言文选》，苏州：苏州大学出版社，2001年，第33页。

石及阎氏、周氏实事求是搜讨靡遗，而《荀卿子》三十二篇，自二三号故君子为之校正审定外，无过问者，甚且遭陋者妄加删改，几其失真，斯亦儒林之深耻也。”① 他们的观点说明，乾嘉学者们看到了荀子的价值是不可湮没的，也说明戴震的义理虽然以孟子为尊，但是他也意识到荀子思想之精华是需要汲取的，只有兼采孟荀，才能实现问道。

戴震之义理兼采荀孟，肯定人情人欲的存在，也强调心知的主观能动性，主张以情代理。究其原因，与戴震重视礼学不无关系，其常言：“为学须先读《礼》，读《礼》要知得圣人礼意。”② 乾嘉学者主张归本六经，重视以子证经、史诸子之学，多元化地相互补充，追求问学以成德。在大多数学者看来，清代学者之义理乏善可陈，但实际上以戴震义理为开端，凌廷堪、阮元、焦循等乾嘉学者们继戴震之后更是以礼学为蓝本，提出“以礼代理”的思潮，开一时经世之风。

① （清）凌廷堪：《校礼堂文集》，北京：中华书局，1998年，第243页。
② （清）戴震：《戴震集》，第488页。

从惠注、俞注《太上感应篇》看清代不同时期汉学之风格

屈武亮[①]

引　言

善书是明清的一种民间宗教文献，既对民间社会的一般信仰与思想产生较大影响，又反映了民间社会的思想取向。《太上感应篇》是流行于明清时期的一篇道教劝善书，学界通常认为其成书于宋代[②]。因其文多吸收儒家仁义思想，清代汉学名家惠栋、俞樾均对《太上感应篇》作注，是为《太上感应篇笺注》和《太上感应篇缵义》两篇，两家之注的异同也透露出不同时代的汉学取向，但目前尚未见到对这一变化的发微，故而本文希望能对此稍加梳理。

惠栋（1697—1758），字定宇，号松崖，今江苏省苏州市吴中区东渚乡人，清代著名经学家，吴派创始人，朴学奠基者，有清一代最重要的思想家之一。

---

① 作者简介：屈武亮，男，河南洛阳人，回族，中南民族大学民族学与社会学学院历史系2015级本科生。

② 关于其成书年代，学界大体有三种观点：① 此篇成书于北宋初年，由某道士编纂。② 此篇编纂于北宋末南宋初，作者不详，所据为《道藏提要》。③ 此篇成书于靖国元年至政和七年(1101—1117)。相关研究参见李冀：《〈太上感应篇〉文本来源及其成书时间考析》，《宗教学研究》2017年第1期，第119页。

据王昶《惠先生墓志铭》，惠栋生于1697年11月18日（康熙三十六年丁丑十月初五日），卒于1758年6月27日（乾隆二十三年戊寅五月二十二日），年六十二，葬于吴中区光福镇香雪村。惠注《太上感应篇》是惠栋27岁随父督学广东所著，为早年之作，[①] 其学术取向可从中一窥，同时惠栋又是清代汉学奠基之人，此中亦可看到早期汉学博猎典籍、考据学术的特点。俞樾（1821—1907），字荫甫，号曲园，浙江德清人，曾任河南学政，罢官后客居苏州。他长期从事群经、诸子等领域的研究，取得了重要的学术成果，是“汉学”在晚清得以出现恢复性发展局面的一位关键人物。俞注《太上感应篇》是其中年所作，学术思想已经较为成熟。俞樾注文的原因虽然看似在于惠注“有乖注体”，但其实则通过注文阐发了晚清时期的汉学取向。这一时期的汉学取向偏诸儒家经典，重视以诸家注儒家，既是时代使汉学产生危机使然，又是“汉学”重获生命力的一次“拨乱反正”。

一 惠注与俞注的缘起

先看二人作注之动机。惠栋在《太上感应篇笺注》序文中提到其作注缘由，主要有二，一是“盖魏晋以前，道家之学未尝不原本圣人。惟是圣人赞化育以天地万物为坎离，道家炼精魄以一身为坎离，为较异耳。然《玉钤经》言求仙者必以忠孝、友悌、仁信为本，故《道藏》有《太上感应篇》一卷，即抱朴子所述汉世道戒，皆君子持己立身之学”[②]。为之作注，“不惟可以劝善，且使后世道家知魏晋以前求仙之本，初未尝有悖于圣人。反而求之忠孝、友悌、仁信之间，而致力焉。是亦圣人之徒也”[③]。二是“雍正之初，先慈抱病，不肖栋日夜尝药，又祷于神，发愿注《感应篇》以祈母疾。天诱其衷，母疾有间，因念此书感应之速，欲公诸同好而未果。”[④] 这里可以看出，惠栋主要目的在于宣扬“道家之说本合于圣人”，魏晋之前尤是如此。从学理上来说，暗合了惠栋的

① 郑朝辉：《惠栋学术简谱考论》，见黄黎星、崔波、丁四新主编：《黉门菊灿——萧汉明教授七秩华诞纪念文集》，长春：吉林文史出版社，2008年，第291页。

② （宋）李昌龄、郑清之等注：《太上感应篇集释》，北京：中央编译出版社，2016年，第276页。

③ （宋）李昌龄、郑清之等注：《太上感应篇集释》，第276页。

④ （宋）李昌龄、郑清之等注：《太上感应篇集释》，第276页。

“道士习气”。虽序文主要在于论述圣人之学如何如何，但这主要是为惠栋论及两者之合而将“圣人之学”这面大旗高举，再加上自己的“道家偏好”，此一点不可不察。从时代上说，暗合了惠栋的汉学风气。正如梁启超批评惠栋所云：“其‘纯粹的汉学’，则惠氏一派，洵足当之矣。夫不问‘真不真’，惟问‘汉不汉’。”① 道家之说在魏晋以前，两汉之时，合于圣人之学，故而暗合了惠栋的时代取向。这两线暗合实则反映了惠栋的“汉学取向”。

俞樾在其注的序文中写道：“惟国朝惠定宇先生，以经师硕儒而注此书，征引渊博，文字雅驯，然余犹惜其多用骈词，有乖注体。且原文明白易晓，初不待注而明。惟宜附以经义，证以秦汉古书，使人知其与儒书表里，不敢鄙夷，自然敬信奉行，于身心有益。”② 这里可以看出，俞樾作注缘由有二：一是对惠注的不满，二是希望能“使人知其与儒书相表里，不敢鄙夷”。其实在惠注之后，已无多少人敢再鄙夷此书，又何来此说？笔者认为，俞樾为此书作注的实际原因主要是感受到了清末汉学衰微的危机，但其挽救危机的方式由于“运势使然”使其选择了“回到原典”这一路径。所以我们能够看到俞樾本人虽属“通儒”式的学者，且其注虽仍有吴派汉学博闻强记的余风，但注文的主要内容却在于以儒家经典以及强调儒家伦理等级思想来阐发原文意蕴了。而俞樾正是希望通过这一方式来重振汉学。

二 惠注和俞注的文本分析

（一）文本结构之比较

惠注《太上感应篇》注释庞杂，涉及诸家经典、道经、史传等一系列文献，朱新屋在《作而非述——从〈太上感应篇注〉看惠栋的学术取向》③ 一文中对其引文进行了统计，现摘录如表1。

---

① （清）梁启超：《清代学术概论》，北京：中华书局，1954年，第25页。

② （宋）李昌龄、郑清之等注：《太上感应篇集释》，第440页。

③ 朱新屋：《作而非述——从〈太上感应篇注〉看惠栋的学术取向》，《苏州科技学院学报（社会科学版）》2012年第5期，第58-63页所引引文中的表格不再标明出处，下同。

表 1　惠栋《太上感应篇注》引文情况简表

引文	引次	引文	引次
《左传》	60	《淮南子》	17
《礼记》	46	《尚书》	17
《汉书》	38	《周易》	17
《国语》	36	《史记》	15
《抱朴子》	20	《荀子》	14
《后汉书》	19	《公羊传》	13
《庄子》	18	《战国策》	12
《诗经》	18		

朱新屋主要是从文献征引的种类和频率来分析，同时认为惠注使《太上感应篇》儒家化了，从而为士林阶层所接受。笔者也基本认同朱先生的看法，但这里笔者想要从结构主义的视角来分析惠注文本的特点和思想。

笔者效仿朱先生对俞樾注本《太上感应篇》进行引文的粗略统计。笔者统计的方法，与朱先生类似，均是将同类文献一同计算，如《周礼》、《仪礼》、《大戴礼》均计入《礼记》统计次数，《尚书》各篇均归为《尚书》等。经过统计，列出了出现 5 次以上的主要文献见表 2。

表 2　俞樾注本《太上感应篇》引文情况简表

引文	引次	引文	引次
《礼记》	38	《管子》	14
《尚书》	24	《庄子》	12
《荀子》	14	《吕氏春秋》	8
《周易》	13	《孟子》	6

由表 2 可知，俞樾在引注的频率上远远不及惠栋，惠注《左传》引用频率最高，为 60 次，而俞注最高则为《礼记》，仅 38 次。惠注中《周易》引用较为频繁，符合易学在惠栋学术思想中之地位，也由于《太上感应篇》为宗教性质体例，且又为儒家经典，故以易学论述稍便。所以无论是惠栋还是俞樾，对《易经》的引用频率都属前列。但俞樾于诸经之中，最为重视《春秋》，亦有学

者认为俞樾学术思想中的公羊学成分尤甚[①]，而在俞注《太上感应篇》之中，不仅《公羊传》引用频率甚少（仅有1次），《春秋》三传引用频率亦不高，总共仅有5次。大概在俞樾眼中，《春秋》三传不若史传论述有力，且无法更有力地宣扬“圣人之学”，故而未过多引用《春秋》三传。俞注则也未过多引用《史记》、《汉书》以及《后汉书》之类的史传，而是选择了杂家类的《吕氏春秋》来作为“事例论证”，大概因为《吕氏春秋》是“先秦古书”且由于其属杂家类，收录较为灵活，便于俞樾进行捡择。

列维-施特劳斯是结构主义的著名学者，其对结构的定义即“结构是要素和要素间关系的总和，这种关系在一系列的变形过程中保持着不变的特性”[②]。注文限于文体，必须受到原文的文本限制，无法自由发挥，但也是绝好的“述而不作”的场域。在分析惠注的结构之前，有必要稍稍分析一下道藏本《太上感应篇》的文本结构。

文本结构中最重要的部分即为模式性结构和内容性结构。模式性结构包括起始部分、结尾部分以及中间转承部分。内容又分为两类，一类是主题性的论述，一类是论据性的论述。前者重视阐述文本本身想要表达的内容，而后者通过具体的细则来论述，虽然其目的依旧是为了阐发其论点，但能够提供多种丰富的具体信息。文本结构图示如图1。

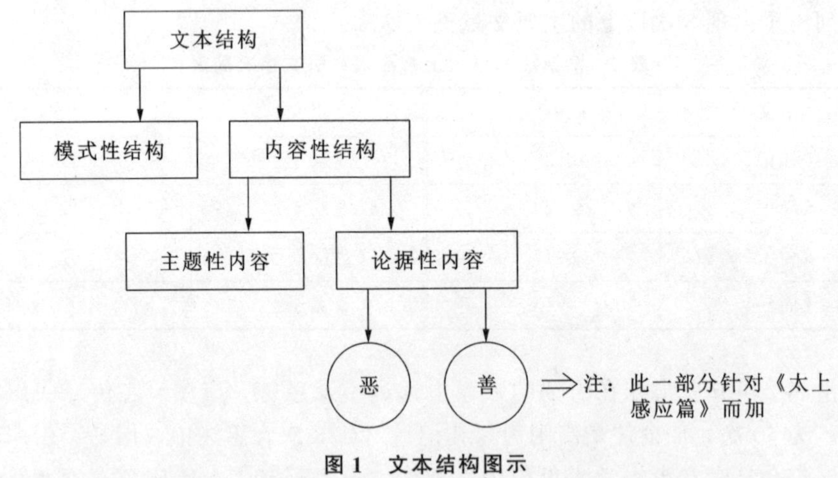

图1　文本结构图示

① 罗雄飞：《论公羊学在俞樾经学思想中的地位》，《齐鲁学刊》2006年第2期，第16-19页。

② 〔日〕渡边三公著，周维宏、李巍、翁春等译：《列维-施特劳斯结构》，石家庄：河北教育出版社，2002年，第5页。

《太上感应篇》的模式性结构包括起始部分为“太上曰：祸福无门，唯人自召。善恶之报，如影随形。”引出所论，其后是主题性内容的宗教劝喻部分，再后则是转承句接入论据性的内容。因《太上感应篇》主要从“善”和“恶”两方面来劝人向善，故而本文的转承部分即为“是道则进，非道则退”和“苟或非义而动，背理而行”，这两句之间即是“善”的部分，而后直到结尾的大幅篇幅则是“恶”的部分。准确地说，《太上感应篇》没有结构上的结尾部分，最后是以主题性的宗教劝喻来结尾，即照应起始句之后的宗教主题句。其为“夫心起于善，善虽未为，而吉神已随之。或心起于恶，恶虽未为，而凶神已随之。其有曾行恶事，后自改悔，诸恶莫作，众善奉行。久久必获吉庆，所谓转祸为福也。故吉人语善，视善，行善。一日有三善，三年天必降之福。凶人语恶、视恶、行恶，一日有三恶，三年天必降之祸，胡不勉而行之。”并以此来进行世俗倡导，希望能够“诸恶莫作，众善奉行”。

从整个篇幅比例来说，内容性结构占 96. 86%，论据性内容中的“善”部占文本的 12. 66%，而“恶”的部分占据文本的 66%，主题性的内容则仅占有 18. 2%；模式性结构为 3. 14%。这样的文本结构，正如《〈太上感应篇〉直讲》的“序文”所云：“篇中前半劝善说大纲，后半戒恶说细目。据管窥之见，窃以为众善之细目，即具在诸恶之对面。如忠字是纲，后半轻蔑天民等句之对面，便是目；孝字是纲，后半违父母训等句之对面，便是目；不彰人短句，是纲，后半凡说口过之对面，都是目；推多取少句，是纲，后半凡说贪财之对面，都是目。”《〈太上感应篇〉直讲》将其比为“纲目”，实则也透露出《太上感应篇》作为道教早期文献的特征，一如包筠雅（Cynthia Brokaw）所言：“《感应篇》与较早的道教及佛教经典一样，最关心的事是防范作恶，即以惩罚的危险使人感到害怕。”① 笔者对其文本结构的占比进行了初步的统计，如图 2 所示。

由图 2 可知，《太上感应篇》作为一篇道教劝善书，其模式性结构并不多，主要仍是内容性结构占主导地位，内容性结构中主题性内容主要是对读者的呼吁，而论据性内容则集中在如何“劝善”和“禁恶”部分，这样的文本结构既有利于在民间传播，又有利于士人进一步阐释，这也是《太上感应篇》能够被士人称为“劝善书之首”的缘故。

① 〔美〕包筠雅（Cynthia Brokaw）著，杜正贞、张林译：《功过格：明清社会的道德秩序》，杭州：浙江人民出版社，1999 年，第 37-38 页。

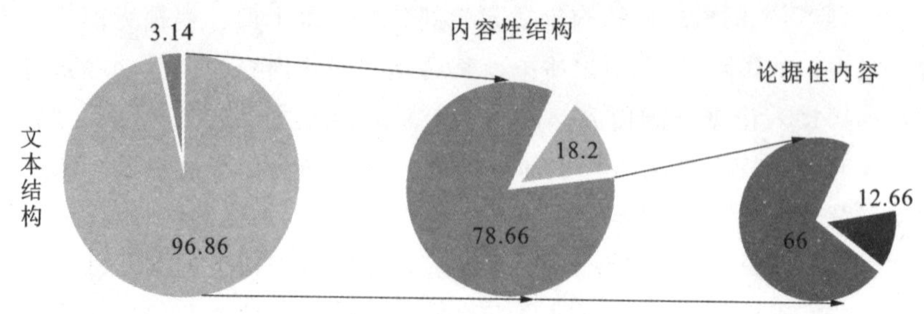

图 2　《太上感应篇》文本结构内容比例图示

因为注体无法脱离原文的结构，故而首先将《太上感应篇》的文本进行了稍加分析。而惠注文本基本未脱离这一原文的架构，只有少许部分惠栋以主题性内容的语言，诸如星宿、五行、神明等内容论述《太上感应篇》中的论据性内容。如在“禁恶”部分的“虚诬诈伪”条下注云：“《诗》云：神之吊矣，诒尔多福。民之质矣，日用饮食。夫使机械日生，而奸伪并起，上下相遁，神奚自而降福乎？有起信险肤之族，则高后崇降弗祥。”① 又云：“上下皆有嘉德，至治德馨，感于神明矣。”② 在这里，惠栋以人民质朴、上下相安即可获得神明赐福来论述如若虚伪、奸诈之人不但劳心劳神，生活也将一日不如一日。原文本是点出不符伦理道德之品质，而惠栋虽引用了《诗经》，却将其与神明感应相联系，体现出惠栋其人的学术取向。惠注基本上没有脱离原文的基本结构，在某一结构下作相似结构的注文。俞注则不同，原文中虽大部分是论据性内容，在价值尺度上大抵为中性，只不过其内容切合儒家伦理，但其中仍然有作为道教文献的“主题性内容”，这一部分均是鬼神云云。俞注尽力突破这一结构，构建文本的“暗线结构”，即以自己的主题为暗线，附于原文的注文之中。俞樾的暗线结构即是序文中所提到的：“附以经义，证以秦汉古书，使人知其与儒书表里。”如能避免论及道教神祇就尽量避免，如在“众邪远之”条下，惠注为：“义厌不惠，德胜不详。鬼不神于有道，妖不作于守常。乃知庶疫刚瘅，不在逐彪之毅歧，而在制行之直方也。”③ 其直言鬼神，与原文的结构特征相符，而俞注则云：“贾子曰：‘方直不曲谓之正，反正为邪。’是正与邪相反也。古之君子，席不正不坐，割不正不食。所见者正事，所闻者正言，所行者正道。然则

① （宋）李昌龄、郑清之等注：《太上感应篇集释》，第 292 页。

② （宋）李昌龄、郑清之等注：《太上感应篇集释》，第 292 页。

③ （宋）李昌龄、郑清之等注：《太上感应篇集释》，第 288-289 页。

邪恶得而干之？晋文公见大蛇当道，退而修政，而蛇死。汉武帝使越巫诅董仲舒而越巫毙。是以《淮南子》曰：'身有丑梦，不胜正行。国有妖祥，不胜善政。'邪不胜正，自昔而然。郦道元谓曾参所居，枭不入郭，非虚语矣。"[①] 俞注直接将"邪"训为"邪恶"，将妖邪论述为人间邪恶之事以及汉儒的天人感应之说，与原文的结构特征相去甚远。在主题性内容之下，俞樾依然不愿按照《太上感应篇》的结构特征来论述，反而持之以恒于自己的目的，即"使人知其与儒书表里"。

（二）文本内容之比较

从内容来看，惠栋喜好关注道家玄虚之物，而俞樾则更喜欢以"人事"论及不可避免的"玄虚"之事。

首先，二人对于"太上"即持不同看法。俞注云："太上，有以位言者"，"太上，天子也"；"有以德言者"，"太上，上德之人也"；"有以时言者"，"太上，谓三皇五帝之世也"；"是古释'太上'有此三科"。其后又以《荀子》"太上之禁"，论述两者相合。[②] 而惠注也言"贵德"之说，但又引《真诰·甄命授》曰："太上者，道之子孙，审道之本，洞道之根，是以为上清真人，为老君之师。"其下则以"老子《道经》云太上下知有之"论述，同时又云："有感必有应，自然之道也。"[③] 由二人开篇也可得知，惠栋虽然表面是在论述"圣人之学"，实则是仍有很大程度的"道家立场"、"道教习气"。而俞樾则是纯粹的"儒者立场"，以为道书与《荀子》暗合，故以此论述，体现了二人的不同视角。

惠栋仍然保留的"道教习气"，使其对"方术"、"杂类"等领域十分关注，这也体现在注文之中。如"壅塞方术"条，《太上感应篇》本是道教文献，对"壅塞方术"持批评态度，而惠栋作为"当世名儒"却在注文中同样持相同态度，这就值得玩味了。惠注云："墨子游齐，道逢日者。中行在晋，梦值巫皋。会方士于旗亭，问楚人于东市。皆能探抽冥赜，参验人区。若乃斥以卑污，比之贱简，至使知星宿者无望覆衣，索廷篿者几为夺糈。亦通人之弊，而盛德之累也。宋忠、贾谊，前事可鉴者矣。"[④] 对比俞注则更有意思，同条俞注云："方，尤道也。方之训道，见于经传者，不可胜数。然则方术犹道术也。考《汉

① （宋）李昌龄、郑清之等注：《太上感应篇集释》，第 454 页。
② （宋）李昌龄、郑清之等注：《太上感应篇集释》，第 441 页。
③ （宋）李昌龄、郑清之等注：《太上感应篇集释》，第 277 页。
④ （宋）李昌龄、郑清之等注：《太上感应篇集释》，第 297-298 页。

书·艺文志》，凡数术百九十家，皆明堂、羲和、史、卜之职也。是故大幽五行，题曰神农；长柳占梦，本之黄帝。至于风后孤虚，羡门式法，孰非古先圣之遗书。不能疏通，又从而壅塞之，其亦甚矣。”① 明堂、羲和之职均掌祭祀、日历，风后孤虚则是指测算吉凶福祸之事，刘歆《七略》中录有《风后孤虚》二十卷。这里俞樾直接将方术训为道术，将方术之职归为“古先圣之遗书”，如果尽然如此，又何来上文惠栋对方术之职待遇的担心？这里也可看出两家虽同属汉学，却有着完全不同的学术取向。前者由于处于草创时期，故而兼修并包，对儒学之外的诸家典籍均不排斥，尽量达到“六经注我”的目的。而俞樾由于面临新学的冲击，肩负着重新复兴汉学传统的责任，故其文尤其重视强调儒家典籍、儒家礼仪，虽然亦是“六经注我”，却和乾嘉汉学相差很远了。

其次，惠栋经常引用道经文献。如“对北恶骂”条，惠栋直接引自《云笈七签·禁忌篇》云：“凡人勿北向唾骂，犯魁罡神。”又引自《金书仙志戒》曰：“勿向北唾骂。犯破毁王。”② 这里惠栋甚而不提供一个学理上的解释而直接求助于宗教文献的权威，可谓“道教习性”十足了。而俞樾则是从儒家伦理等级制度出发解释“对北之意”，俞注云：“古以东向为尊，而朝廷之礼，则以南面为上。故曰君必南乡，答阳之义也。臣之北面，答君也。古之君子，不敢对北涕唾及溺，避君位也……夫天子之国在西，而诸侯不敢背之建国。然则人君之位在北，士大夫敢对之涕唾及溺乎？若谓不敢触忤玉晨，斯道家之说矣。”③ 这里一方面从等级尊卑来解释“向北之讳”，另一方面也委婉地批评了惠栋的“道家取向”。

最后，俞樾的引文最多来自《礼记》相关文献，而引《礼记》则是为了以祭祀之说来论及劝善书中无法避言的“鬼神”之说。与惠栋注文不同且值得注意的是，除了《抱朴子》以外，俞樾拒绝使用任何佛道经典。如“三台北斗神君条”，俞注以《周官》祭礼起言，继而以天星之说来解释注文，避免使用道教文献。又如“三尸神”条，俞樾仅以葛洪《神仙传》为依据论述了“三尸神”说的根据，后仅言“则三尸之说，自西汉时已有之”④，而未进一步阐述。又如“灶神”条，俞樾更是以“五祀说”大幅阐述这一论点，其文献依据则是《周礼》以及《荀子》。还有许多诸如此类的取向，明确地体现了二人的不同。

---

① （宋）李昌龄、郑清之等注：《太上感应篇集释》，第465页。

② （宋）李昌龄、郑清之等注：《太上感应篇集释》，第327页。

③ （宋）李昌龄、郑清之等注：《太上感应篇集释》，第497页。

④ （宋）李昌龄、郑清之等注：《太上感应篇集释》，第445页。

当然，他们二人作为汉学大家，自然存在诸多相似点，这里仅就一点而言，即二人都对星宿、天象等知识十分重视。如“恶星灾之”条，惠注云：“岁在豕韦，苌洪识蔡侯之祸。星出婺女，裨灶知晋国之凶。盖德隆则晷星，星隆则晷德。惟天时与人事相参，斯六贼与五残并会。德之不修，禳之何益？终逮于丧亡而已。”① 这里先是以种种天人感应的典故为例，倡导“修德”，总体上属于公羊学取向。而在俞樾的学术思想中，公羊学恰好占有重要地位。俞注在此条下也大体持同样论调。“《天官书》有‘五残六贼’之名，《星经》有‘哭星泣星’之号，皆是恶星，非必彗孛也。《管子》称‘星掌和，和为事’，是人事实应星象。昔贤人聚而德星见焉，然则凶人之所在，恶星临之矣。”② 这里比之惠栋，更加注重“天人感应”学说，“星宿分野”成为其“公羊学”取向的“现实”支撑。

三　惠注与俞注的汉学取向

《太上感应篇》作为明清善书运动的经典文献，流行程度之广亦可从其刊录版本和名家序文中看出。据包筠雅（Cynthia Brokaw）统计，刊行于晚明和19世纪之间的版本较多：“《太上感应篇经传》（1604年）；《太上感应篇经传辑要》（明朝刘明震编，清朝刊行）；《天下第一种好书》（贺胜修和曹德麟编）；《太上感应篇》（徐行志编，1664年）；《太上感应篇通解》（王梦兰编，1664年）；《太上感应篇疏衍》（1667年）；《太上感应篇新注》（王家祯，1676年）；《太上感应篇图说》（马俊编，1694年）；《太上感应篇集释》（王道全编，1758年）；《太上感应篇注讲证案汇编》（清朝刊行）；《太上宝符》（黄正元编，清朝版）；《太上感应篇集注》（陶宁祚编，1734年）；《太上感应篇注证合编》（王泥溍编，1843年）；《太上感应篇注》（王砚堂编，清朝刊行）。”③ 另外，俞注本序言也云：“故自宋以来，虽流传不绝，不过闾巷细民共相诵习。”④ 虽然俞樾鄙薄“闾巷之习”，且认为“其注释诸家，亦多浅陋丘里之言”，但这也从反面得知其流传程

---

① （宋）李昌龄、郑清之等注：《太上感应篇集释》，第279页。

② （宋）李昌龄、郑清之等注：《太上感应篇集释》，第444页。

③ 〔美〕包筠雅（Cynthia Brokaw）著，杜正贞、张林译：《功过格：明清社会的道德秩序》，第115页。

④ （宋）李昌龄、郑清之等注：《太上感应篇集释》，第440页。

度和影响之大。笔者这里选取惠注本和俞注本，是因为惠栋与俞樾在清代汉学史上地位颇为重要，惠栋作为清代汉学吴派的奠基者，从早期的《太上感应篇》注本也可看出早期的“汉学特征”。“栋受家学，益弘其业”①。其祖父惠周惕，虽重汉学，然仍“引据确实，树义深切”②，其父惠士奇仍未能严格区分汉宋界限。虽然到了惠栋之时，其治学大体奠基了汉学之石，但从《太上感应篇》惠注中仍可看到其“道家习性”，好“玄虚之言”，虽然总体而言，惠注的考据特征尤其明显，其注先由音韵考证其义，再究其出处，如在“众邪远之”条下，惠注先述“远，于万切”；“厌，伊叶切”；“彪，古魅字”；“歧，音亥已”。③ 又如在“背理而行”条下，惠注云：“背，音佩。”④ 与其晚年《易大义》中“重古音，重古字”的考据学特征是相同的，惠注也是这一特色的发微，但其早期的治学特征亦不可不明。笔者认为，惠栋对于宋儒的看法，“宋儒可与谈心性，未可与穷经”⑤，也正是这一时期惠栋乃至汉学的总体特征，即汉学大框架已立，而其中仍带有宋学特色，惠栋本人对“心”、“气”之类宇宙论学说颇为关注，故其晚年也开始转向易学研究了。

俞樾注本是同治元年（1862）十月十二日所出，这一年俞樾刚刚由江浙抵达天津。太平天国运动也开始陷入低潮。俞樾于同治五年（1866）才得以执掌诂经学舍，故而这一时期的俞注本《太上感应篇》处处强调儒家伦理也可知其缘由了。俞樾是德清人，直接面临太平天国运动的波及，其避居苏州便是受到太平军的影响。所以俞樾对摧毁儒家思想的太平军十分敌视。也正是这一政治背景，使得俞樾的思想极为保守，也难怪有学者讥其为“章句孺”。俞樾治学，其特色在于博涉诸家，这一点与惠栋颇为相似。二人都是通儒类型的学者，但这也是时代赋予其二人的学术特征。俞樾之前，受到战乱和汉学自身衰颓的二重影响，清代汉学地位岌岌可危，这时俞樾便顺应了这一时代要求，尤其是在太平天国运动失败后，曾国藩极力恢复战乱地区的文化传统，江浙安徽等地在乾嘉时期人才辈出，有汉学两大重镇，即吴派和皖派。俞樾作为这一文化传统的继承者，成为汉学复兴的重要人物，又加之随后的书院扩张，俞樾在清代的

---

① （清）梁启超：《清代学术概论》，第 23 页。

② 转引自王法周：《惠栋与清代学术》，见《中国社会科学院近代史研究所青年学术论坛 1999 年卷》，中国社会科学院近代史研究所，1999 年，第 68 页。

③ （宋）李昌龄、郑清之等注：《太上感应篇集释》，第 288 页。

④ （宋）李昌龄、郑清之等注：《太上感应篇集释》，第 290 页。

⑤ （清）惠栋：《九曜斋笔记》卷 2，《丛书集成续编》，第 92 册，上海：上海书店出版社，1994 年，第 514 页。

学术地位也因此而奠定。在俞樾所处的时代，汉学面临内忧外患的局面，内忧人才不继，外患局势不平，故而俞樾的“紧迫感”也可理解，其注本《太上感应篇》中处处对儒学伦理的强调也可得知其背景了，虽然俞樾整体的学术取向属通儒性质，但由于特殊的时代背景，造成了其本身特有的“儒学原教旨思想”，无论是其政治思想还是学术思想都属于保守派，这一点在《太上感应篇缵义》中也有直观体现。

结　论

梁启超在《清代学术概论》中将清代学术的发展大体划分为三大阶段，第一阶段由明清直至康、雍年间，第二阶段为乾、嘉、道、咸年间，第三阶段为同、光年间。[①] 惠栋处在第一阶段时期，其学问特征带有鲜明的草创之气，而俞樾处于晚清学术时期，经俞樾重新振兴的汉学不过是回光返照，根本无法解决时代赋予的重任，但俞樾由于其本人的性格特征，仍旧固守于儒学之下，正与清室号称的“中兴”相似，俞樾虽然靠“时势”重振了汉学，但这并不能挽救其衰颓的趋势，从其学生也可看出，章太炎虽治古文经，却是个十足的“革命派”。虽然俞越也持废除中医等激进的主张，但一个人的思想毕竟是复杂的，笔者所能做的仅是从文本中对其作一管窥了。

① （清）梁启超撰，朱维铮导读：《清代学术概论》，上海：上海古籍出版社，1998 年，第 3-7 页。

“昌明正学” 与“汉宋之辨”
——试析清儒李慈铭的学术观

马建强[①]

一 李慈铭生平及学术简介

李慈铭（1830—1894），字爱伯，号越缦，又号霞川，小字莼客，室号越缦堂，世称越缦先生、越缦老人，浙江会稽（今绍兴）人，晚清名士、文学家、学者。李慈铭所生之时，正值乾嘉学术转进嘉道学术之际，乾嘉大师凋零，学术坛坫为龚自珍、沈垚、张穆、祁寯藻等所据，一时学士大夫尚有王引之、包世成、唐鉴、方东树、陈澧诸人。[②] 年长后北游入都，与当时学界俊彦如张之洞、王先谦、周寿昌、谭献、黄以周、朱一新等交游。李慈铭“生有异才”，却一生困于科场，厄于仕途。科场、仕途双重困厄中的李慈铭寄情于文章学术。

李慈铭“覃思劬学，于书无所不窥”[③]，认为“古今无学问外人才，天下无读书外事业”[④]。为学最服膺清朝乾嘉之学，尝谓：“考证之学，国朝为最，国朝

① 作者简介：马建强，历史学博士，《湖北大学学报》编辑部编辑。

② 参见麦仲贵：《明清儒学家著述生卒年表》，台北：学生书局，1977年，第715-717页。

③ （清）平步青：《掌山西道监察御史督理街道李君莼客传》，闵尔昌《碑传集补》卷10，见周骏富辑：《清代传记丛刊·综录类5》，第120册，台北：明文书局，1985年，第644页。

④ 张桂丽：《李慈铭年谱》，博士学位论文，复旦大学，2009年，第29页。

尤以乾嘉之间为盛，能读其书者，庶于经史无误文别字，谬辞枝说。士生其后，可谓千载一时之幸。"[①] 李慈铭孳磨经史，无论寒暑贫病，其读经史，必穷究本原，"丹黄手校，必严必精"[②]。"每读一书，必求其所蓄之深浅，致力之先后，而评骘之，务得其当。"[③] 故于训诂、校勘、目录、版本、金石诸学，均有心得，论者曰其"读书'敛蓄'得法，的确功不可没"[④]。李慈铭的"敛蓄"所得，主要呈现于他那部享有盛名的《越缦堂日记》中，可谓以日记为著述[⑤]，后人评论说："生平精力尤荟萃于《日记》一编，积数百万言，亘三十余年。其用力也，罔有或辍；其为事也，无乎不赅。近之可方湘乡日课之勤，远之可继亭林《日知》之博。"[⑥]

李慈铭诗文颇受时人推重，同光文人圈中有"生不愿作执金吾，惟愿尽读李公书"[⑦] 之说。《清史稿》评曰："为文沉博绝丽，诗尤工，自成一家。"[⑧] 曾朴所著晚清讽世小说《孽海花》中的李纯客，便是以李慈铭（李莼客）为原型，称赞他"文章为四海宗师"[⑨]。

后世对李慈铭学术评价主要围绕着史学与经学。有认可其史学者如《清儒学案·小传》曰："于史学致力最深。"[⑩] 徐世昌《晚晴簃诗汇》称其"生平博综

---

① （清）李慈铭：《越缦堂文集》卷4《致陈德甫书》，见（清）李慈铭著，刘再华点校：《越缦堂诗文集》，上海：上海古籍出版社，2008年，第821页。

② （清）李慈铭：《越缦堂骈体文》卷1《城西老屋赋》，见（清）李慈铭著，刘再华点校：《越缦堂诗文集》，第1054页

③ 赵尔巽等：《清史稿》卷486《文苑传三》，北京：中华书局，1977年，第13441页。

④ 唐微：《李慈铭阅读形象面面观》，《图书馆杂志》2011年第8期。

⑤ 李慈铭一生著述据平步青在《掌山西道监察御史督理街道李君莼客传》中的统计如下："于经学有《十三经古今文义汇正》、《说文举要》、《音字古今要略》、《越缦经说》，于史学有《后汉书集解》、《北史补传》、《历史论赞》、《补正历代史胜》、《闰史》、《唐代官制杂钞》、《宋代官制杂钞》、《元代重儒考》、《明谥法考》、《南渡事略》、《国朝经儒经籍考》、《军兴以来忠节小传》、《绍兴府志》、《会稽新志》，又有《越缦读书录》、《越缦笔记》、《柯山漫录》、《孟学斋古文内外篇》、《湖塘林馆骈体文钞》、《白华绛跗阁诗初集》、《杏花香雪斋诗二集》、《霞川花隐词》、《桃花圣解庵乐府》，凡百数十卷。"但其最为傲人的鸿篇巨制在于《越缦堂日记》。

⑥ （清）王存：《征刊越缦堂日记启》，见（清）李慈铭：《越缦堂日记》第1册卷首，扬州：广陵书社，2004年，第1页。

⑦ （清）李慈铭：《越缦堂日记》（光绪十七年（1891）三月初六日），第12805页。

⑧ 赵尔巽等：《清史稿》卷486《文苑传三》，第13440页。

⑨ （清）曾朴：《孽海花》，北京：中华书局，2001年，第152页。

⑩ 徐世昌编纂，沈芝盈、梁运华点校：《清儒学案》卷185《越缦学案》，北京：中华书局，2008年，第7143-7144页。

群籍，尤精于史。”[①] 杨树达认为，李慈铭的史学“乃承钱（大昕）、洪（颐煊）之流，而为有清一代之后殿者也”[②]。有认可其经学者，如《清儒学案·小传》评价其经学曰：“说经确守乾、嘉诸老家法”，“洞明《三礼》，尤精小学，博极群书，勤于考订，兼尊宋学，……学者服其翔实，翕然称之”。[③] 汪辟疆则否定李慈铭的经学而肯定其史学曰：“越缦喜谈经学，实非所长。一生学术，乃在乙部，披阅诸史，丹黄满帙。其博闻强记为时流所叹服。”[④] 民国学者王重民曰：“（李氏）宗许郑之家法，有徐庾之藻翰，文苑儒林兼而有之，在清代学者中，可称后劲。”[⑤]

李慈铭在《六十一岁小象自赞》中自我嘲讽曰：“呜呼！儒林耶！文苑耶！听后世之我同。”[⑥]《清史稿》置李慈铭于《文苑传》，代表了清末民初学界对李慈铭的认同。

二　崇郑崇汉、昌明正学的学术立场

李慈铭的时代已是清代学术走向“汉宋兼采”的时代，但是在李慈铭心中对整个清代学术最为看重的仍是乾嘉汉学。李慈铭尝谓“国朝经史之学，直踵两汉，可称极盛。”[⑦]“说经之家昭代为盛，乾嘉之际硕儒辈兴，间已前无古人，

---

① 徐世昌著，傅卜棠编校：《晚晴簃诗话》，上海：华东师范大学出版社，2009年，第1251页。

② 杨树达：《〈越缦堂读史札记〉序》，见（清）李慈铭：《越缦堂读史札记全编》卷首，北京：北京图书馆出版社，2003年，第5页。

③ 徐世昌编纂，沈芝盈、梁运华点校：《清儒学案》卷185《越缦学案》，第7143-7144页。

④ 汪辟疆：《李慈铭小传》，《近代诗人小传稿》，见（清）李慈铭著，刘再华点校：《越缦堂诗文集·附录一相关传记资料辑录》，第1533页。

⑤ 王重民：《李越缦先生著述考》，见《国立北平图书馆馆刊》第6卷第5号，北京：书目文献出版社，1992年，第489页。

⑥ （清）李慈铭：《越缦堂文集》卷11《六十一岁小象自赞》，见（清）李慈铭著，刘再华点校：《越缦堂诗文集》，第1012页。

⑦ （清）李慈铭：《越缦堂文集补》卷3《书国朝文录后》，见（清）李慈铭著，刘再华点校：《越缦堂诗文集》，第1339页。

后无来者。"[①] "论经学而至我朝乾嘉之际，美矣盛哉！可谓千载一时者矣。"[②] 他的这种学术观念来自经典崇拜理念下对郑学的推崇。郑玄继尼山之业，有功经学故而深得李慈铭的敬意。李慈铭在同治十一年（1872）郑玄生日时与张之洞、吴大澂等集会纪念，并作文记之，文中对郑玄遍注群经的事迹大加表彰，其言曰：

> 溯自苍姬德衰，素王道应；尼山感祷，空桑辟诬。既综述作至原，遂有庚子之拜。然而奠楹梦諗，传经术分，西河谨其亲承，兰陵宏其私淑。暴秦灰灭，炎汉薪传。盖多抱残守阙之功，未有摧陷廓清之力。懔乎一线，歧出千途。自周敬王壬戌之年，至汉顺帝丁卯之岁，月在鹑尾，日纪摄提，凡历六百有五年，而后大儒出焉。迹其通研六艺，遍注群经，网三代之微言，括两汉之精诂。江河不废，赞叹奚穷？至于异代蚍蜉，俗儒疻痏。自王肃、孙毓、虞翻、李譔，冥行擿埴，私臆测天，方炫危言，旋同沃雪，下至六季乱王梅之学，两宋标道学之名，流及有明，益为大惑。咄彼张（孚政）程（敏政）之奸，妄敢议俎豆于宫墙。既干非圣之诛，奚取下愚之觉？事非待辨，道乃益光。[③]

李慈铭以为儒家经典溯自黄帝之德，尼山孔子祖述尧舜、宪章文武，子夏、荀子二家有传经之功。而秦火以后，儒家经典尠有完帙，汉初诸儒抱残守缺，有保存经典的功绩。但是自此以后儒家事业"懔乎一线，歧出千涂"，从孔子去世到郑玄诞生，凡六百有五年。郑玄降世，通习六艺，遍述群经。其事业"纲三代之微言，括两汉之精诂"，无论在保存经典，发挥经义上都功过汉代诸儒，所以对经学有"江河不废"之功，李慈铭还对明嘉靖九年（1530）张孚政、程敏政主持的孔庙改制罢祀郑玄提出了批判。李慈铭认为郑玄对经学之贡献卓著，故而对郑玄才具有特别的崇敬之情。[④] 光绪五年（1879），值郑司农诞辰日，李慈铭作诗曰：

---

① （清）李慈铭：《越缦堂文集》卷4《与顾河之孝廉书》，见（清）李慈铭著，刘再华点校：《越缦堂诗文集》，第819页。

② （清）李慈铭：《越缦堂文集补》卷1《昆山张纬余明经星鉴国朝经学名儒记序》，见（清）李慈铭著，刘再华点校：《越缦堂诗文集》，第1271页。

③ （清）李慈铭：《越缦堂骈体文》卷4《壬申七月北海郑司农生日集郑龛记》，见（清）李慈铭著，刘再华点校：《越缦堂诗文集》，第1217页。

④ 李慈铭推崇郑玄是乾嘉学者之遗风，清代乾嘉学者崇尚许郑之学，是他们治学背后的一种学术信念。

己卯溯炎汉，先生去冀州。
一年陨乔岳，千古障洪流。
独抱遗经感，常深老病忧。
秀眉如可见，寤寐此生求。①

又有诗曰：

异代经师尊伏胜，九流学海匹康成。
读书深愧知非晚，闻道还期炳烛明。②

这些诗不仅表达了自己对郑玄“千古障洪流”的经学贡献，还表达了自己愿意寤寐以求，继经学之遗志，学圣人之步履。因为对郑玄学术的崇拜，李慈铭以追随郑学作为自己的学术理想，有诗曰：“青帙围床遍，丹豪点句宜。毕生高密学，心事礼堂知。”在李慈铭的思维中，他将清代的汉学与汉代的郑学相联系，他曾吟咏郑玄曰：

宋学蜩唐会，经芜五百年。
纬书原小累，性理岂真传。
复古逢昭代，追崇议近贤。
肃瞻遗像在，愿执后车鞭。③

他认为昭代的学术便是远续郑学而来，而作为乾嘉之后的学者，他也“愿执后车鞭”。在这样的思想基础之上，李慈铭颇为认可从事清代乾嘉汉学的学者成就。他曾以诗为论：

圣清励实学，经训勤疏治。
阎顾朱胡陈，筚路先驱驰。
硕儒启小惠（松崖时称小红豆先生），遮窗穷娥义。
一传得艮庭，写经参籀斯。
卢（抱经）褚（鹤侣）实骖骐，王（西庄）钱（竹汀）共维持。

① （清）李慈铭：《己卯岁郑司农生日作》，《杏花香雪斋诗丙集》，见（清）李慈铭著，刘再华点校：《越缦堂诗文集》，第344页。

② （清）李慈铭：《七月二十九日王厚斋尚书生日许竹篔朱鼎甫两编修袁哀公屣户部濮梓泉庶常觞予于松筠庵为豫作五十之寿赋诗奉酬二首》，《杏花香雪斋诗丙集》，见（清）李慈铭著，刘再华点校：《越缦堂诗文集》，第336页。

③ （清）李慈铭：《汉大司农郑君像为昆山张纬余明经星鉴题二首》，《白华绛跗阁诗己》，见（清）李慈铭著，刘再华点校：《越缦堂诗文集》，第123页。

孔（广孙）、邵（二云）、孙（渊如）、洪（稚存）、凌（次仲），继起分舍苗。

元明积壅秽，悉辞而辟之。
万汇索奥啧，千秋绝攀跻。
是皆宗高密，精神无他师。
洙泗侍一线，微言接缁帷。
别出有江戴，金（檠斋）段相追随。
稍逊惠学宓，未与郑志违。
幸际高宗朝，千载开昌期。
大典授秘逸，石经正伪遗。
翘材列四库，章逢赓委蛇。
典礼及名物，爬梳咸受此。
训诂及章句，斟董罔弗釐。
粲然六经籍，巨细长昭垂。
中天竞再睹，轹汉凌苍姬。①

李慈铭以为清代学者勤于疏治的经学乃是正学、实学，是接续高密精神，远崇洙泗儒道的学术。他认为，"国朝勇复古，亭林首张目。十部至廿一，研析递繁缛"②。这些被他认可的有功汉学的还有阎若璩、胡渭、朱鹤龄、陈启源。这些人才是清代复汉代古学规模、定清代学术绳准的人物。后继者又有惠栋、卢文弨、王鸣盛、钱大昕、邵晋涵、孙星衍、洪亮吉、凌廷堪等吴派学者，这些人物乃是汉学之正宗，最终"洙泗侍一线"。除此如江永、戴震、金榜、段玉裁等皖派学者虽为别出，却"未与郑志违"，他们都奋起扫除污秽，昌明经学，使有清一代的学术直追两汉。他认为，清代学术除了清初顾亭林率先张目奠定规模以外，到了吴派惠氏起才真正走向经学复古的学术盛世，所以他对东吴经学一系又特为推崇，除了上引之文以外尚有许多论述，如其尝言：

东吴治经薮，惠氏为适传。九经遍劘绎，古义遂以宣。
书勘梅传伪，易抉虞义偏。折衷康成氏，一扫性理禅。
艮庭与古农，高弟追渊骞。集注复孔籀，钩沉补唐贤。

---

① （清）李慈铭：《答王子常同年咏霓见赠之作》，《白华绛跗阁诗壬》，见（清）李慈铭著，刘再华点校：《越缦堂诗文集》，第 203-204 页。

② （清）李慈铭：《题岘樵枌东老屋校韵图》，《白华绛跗阁诗癸》，见（清）李慈铭著，刘再华点校：《越缦堂诗文集》，第 212 页。

岳岳褚员外，士礼穷钻孧。力辟君善谬，功在贾李先。
䶗䶗王光禄，墨守廿九篇。抉去子雍蠹，日星同回旋。
铿铿段大令，许书频绝编。字必求达诂，二徐破拘挛。
赜谊辟奥窍，异文穷波沿。赖此六君子，孔书明千年。
锦帆一泾水，远与洙泗连。英髦遂踵起，家自勤丹铅。
校雠谁绝出？黄顾称尤专。孝廉富精椠，百宋溢一廛。
文学辑四部，思适颜齐榜。所诣皆卓绝，宋后无齐肩。
务博似繁碎，专门绝旁缘。读书无家法，何由致精坚？[①]

这里李慈铭主要表彰了吴派一系的学者，红豆山房惠氏被慈铭称为国朝经学之“眉目”[②]，认为其“折衷康成氏，一扫性理禅”，加之稍后江声、余萧客、褚寅亮、王鸣盛、段玉裁（段氏后迁吴地）等六君子使得“孔书明千年”最后亦“远与洙泗连”。之后如黄丕烈、顾广圻、陆心源等人虽有“务博似繁碎”之嫌，然终是“宋后无齐肩”者。

清代汉学诸家的治学精神在于征实、实事求是，治学理路则是由文字、训诂、考据入手。李慈铭十分认同这样的学术理路，认为形声、训诂乃读经治学之首桄，曰：

古未有形声、训诂之不明而能通经者，未有名物、象数之不讲而能知学者。夫朱子，理学之大宗，而或推为集经义之大成者也。然其言曰“一书不读，即缺一书之义；一物不知，即缺一物之理”，此不特训诂不可略，而词章、术数、小说、释老亦在所不弃矣。且经之训诂，其事甚啧，其功甚劳，其效甚微，昔人亦何好焉，而必孜孜于拾遗掇坠，抱残守缺，若甚于性命身心不得已者。盖章句不明，即经旨晦；文字不审，则圣学疏；节文、度数、形器之不详，则礼、乐、兵、刑、食、贷舆图，均不得其要。宁都罗台山为宋儒之学者也，而其言曰：“训诂不明，则文字根不真，支离杜撰，规矩荡然。”是诚见其本者矣。宋明以来，解六经、四书者，往往有文义不顺，近于害理。传教国朝，

① （清）李慈铭：《题伯寅藤荫老屋勘经图》，《白华绛跗阁诗癸》，见（清）李慈铭著，刘再华点校：《越缦堂诗文集》，第220页。

② （清）李慈铭：《越缦堂读书记》“越缦堂学术札记”，沈阳：辽宁教育出版社，2001年，第1199页。

诸儒深研古义，旁通形声，多所是正。①

李慈铭阅读武进臧玉林《经义杂记》而曰："其书精核训诂文字之学，国朝汉学实开其先。"② 又阅华亭倪思宽《二初斋读书记》曰："其书多考据经义，间及古人诗赋，虽未为博奥，而实事求是，亦汉学之有根底者。"③ 可见其对于汉学的基本认识便在于精核训诂、文字之学为其方式，"实事求是"则是汉学之根柢。在李慈铭看来，郑玄沟通古今，遍注群经、清儒矻矻于考据、孜孜以求经义背后的精神所在亦无非一个"实事求是"。李慈铭对清代学术的评判具有独特的个人特色，这种特色就表现为他鲜明的崇郑崇汉心理，以汉学为正学，进而热衷于清朝昌明汉学的乾嘉之学。

三　以汉统宋、各有门户的学术分判

嘉道以后一般"汉宋兼采"的学者多是清儒之考据的同时亦是宋儒之义理，认为二者均为儒家治学的方法，不该以门户区别对待，是"考据与义理"兼采的汉宋合流。李慈铭却与他们不尽相同，他在"实事求是"的汉学精神之下，区别于一般"汉宋兼采"的学者去理解宋儒的解经。其曰：

> 至谓宋儒解经亦尽有是处，尤见持平折衷。鄙人尝细读《诗》之欧《本义》、朱《集传》，《书》之苏传、蔡传，其议论亦间有较胜汉儒者。而国朝惠氏之《易》，王氏鸣盛、孙氏星衍、江氏声之《书》，专述郑义，字字抉剔，亦不免自相违反。盖康成总集诸义，博观会通，千虑一失，岂能毕照？《书》注既亡，出于裒拾，更不能无所羼乱。使郑君生于今世，必不竟弃宋儒，如惠氏、王氏、江氏之竱也。至程子之《易》、朱子之《易》与《礼》，尤与汉儒相辅不北。惟宋儒之患，在不善学者尽弃训诂名物，以孟浪行之，而谓《易》可无象，《诗》、《书》可无序，则一切古书俱可不读矣。④

---

① （清）李慈铭：《越缦堂文集》卷6《书沈光禄起元题水西书屋藏书目录后》，见（清）李慈铭著，刘再华点校：《越缦堂诗文集》，第900-901页。

② （清）李慈铭：《越缦堂读书记》"经义杂记条"，第130页。

③ （清）李慈铭：《越缦堂读书记》"二初斋读书记条"，第673页。

④ （清）李慈铭：《越缦堂文集》卷4《复桂浩亭书》（同治二年（1863）八月），见（清）李慈铭著，刘再华点校：《越缦堂诗文集》，第838-839页。

李慈铭站在“实事求是”的精神前提之下，肯定宋儒解经“尽有是处”，认为即使是他所最尊崇的康成“生于今世”，“必不竟弃宋儒”，又说“不废宋儒，乃真能尊汉学、扶郑义者”①。这其中原因便是他认为“实事求是”的汉学、郑学精神必不会在解经的道路上鄙弃宋儒，而是会揆为一体，与“惠氏、王氏、江氏”一视同仁。除此之外，他也肯定程子之《易》和朱子之《易》与《礼》，于汉儒可以相辅不北，所谓相辅不北乃在于肯定其中义理之是。宋儒之患不在所有学者，亦不在学者的所有学问，在于其中“不善学者尽弃训诂名物，以孟浪行之”，如此则难免歧途穷出，空疏无根，由此则离是远矣。所以他反对宋人解经亦是从此立场而论，其曰：

> 前儒说经，解说而已，至宋而说之不足，则论而议，议而辨。往往于无可疑者而疑，既疑之则以身质疑事，小则改张前说，大则颠倒经文，俨若有圣人复起，言提其耳而命之更正者。②

又曰：

> 宋人解经，每以后世文法绳改古人，朱子之逻《大学》、《孝经》章句，分《中庸》章节，皆不免此病。……余不喜驳斥宋儒，而此等是非，自不可泯，聊一发之。惟康谓朱子说视旧说益为允当，真村夫子之见矣。此书用力甚勤，亦颇平心求是，而不知古义，识解卑近，惟便于初学而已。③

李慈铭批评宋儒如朱熹者解经时疑改古经，逻《大学》、《孝经》章句，分《中庸》章节，均病于不求其是。他论惟康论朱子之说比旧说允当则认为是不知古义的村夫子之见。最终又认为其“用力虽勤”但是“颇平心求是”所以虽然“识解卑近”尚足便于初学。这样的论述否定了朱子的不“是”，否定了惟康的“不知古义”同时又肯定其“平心求是”。

又如其阅《论语旁证》而曰：

> 其书采取不多，然颇能引用宋儒诸书，平心求是，发明朱注之说。此与黄氏《论语后案》，皆家塾必读之书也。④

① （清）李慈铭：《越缦堂文集》卷4《复桂浩亭书》（同治二年（1863）八月），见（清）李慈铭著，刘再华点校：《越缦堂诗文集》，第839页。

② （清）李慈铭：《越缦堂读书记》“集虚斋学古文条”，第1065页。

③ （清）李慈铭：《越缦堂读书记》“学诗详说条”，第47页。

④ （清）李慈铭：《越缦堂读书记》“论语旁证条”，第117页。

李慈铭所肯定在于此书引用宋儒，但是尚能平心求是。从这两个例子，可见“求是”亦是其评骘汉学者是否精良、宋学者是否可取的一个立场。故而笔者以为李慈铭出于对经典的崇拜与对郑学的崇尚而热衷清代乾嘉之汉学，其背后贯穿的是“实事求是”的精神源头，亦即汉学之根柢者，其实际是以汉学的精神统摄宋学。此乃慈铭于清末“汉宋之辨”学术浪潮之中的对待汉宋态度的特别之处。

李慈铭区别汉宋还有另一准绳，便是汉学有其功效、宋学亦有其功效，各有家法，各为一学。其崇尚汉学对于经学的贡献，也认可宋学对于道德修养的作用。

李慈铭论汉学与宋学各有家法曰：

> 然予谓晚世说经，总以有家法者为贵。盖名物之学，汉儒已尽之，后人不过掇拾其散佚；义理之学，宋学亦已尽之，后人不过推演其绪余。《易》之讲象数者，汉家法也；讲理蕴者，宋家法也。王弼之《易》，仅汉之别子小宗，不足成家。后世有述者，或汉或宋，皆所不祧，而与其为宋，不若为汉。何则？宋儒说《易》之书具在，元明更推阐之，其理已明，无取屋下架屋。汉儒之书已尽亡，自王厚斋始拾遗举坠，畸僻单零，容有未尽，区区汲古之士，从而辑缀之，实为古学首功，是所谓笃信谨守者也。京费所传，岂无诡杂，郑虞之义，亦有支离，得失并存，无伤儒术。近儒若惠氏栋，汉之大宗；张氏惠言，其继大宗者矣。若李文贞，宋之嫡子，朱文端其嗣嫡子者矣。我朝《易》学，有此四家，绍往嬗来，便足以卓立一代。至于毛氏奇龄，则支子挺生；焦氏循，则旁宗递衍，不守师承；各有所得，取备一说可耳。[1]

李慈铭论学认为说经以家法为贵，汉儒之长在于名物，宋儒之长在于义理。后世说经凡有家法者，无论其祧汉或祖宋，均有其是。但是对于汉宋的地位而言，“与其为宋，不若为汉”，因为宋儒之书俱在，而汉儒之义已阙，汲古之士，乃当以汉学为重。其又论曰：

> 申耆之学，本出于抱经卢氏，颇研精于考据训诂。后交魏默深、刘申甫、庄卿珊诸人，则薄东汉而尊西京。再后交陈硕士、姚石甫、方植之诸人，则又薄汉学而尊宋学。自谓兼综虚实，不分门户，而究

① （清）李慈铭：《越缦堂读书记》“易守条”，第5页。

之出主入奴，泛滥无归。其《与方植之书》，谓曩时读书甚不喜康成，而于朱子亦时时腹诽，今当痛改前失云云。植之诞妄不学，其文章芜鄙，盖无足言，而剿窃语录余唾，自谓圣学复兴，诋毁汉儒，恣肆无忌。申耆性素拘谨，故虽好其学，而尚不敢昌言攻击，同其猖狂。①

于此论中可见李慈铭对汉宋地位的区分，他认为李兆洛等人薄汉学而尊宋学，自谓“兼综虚实，不分门户”，实际乃是颠倒主奴，不知先后。汉学相较于宋学来说更为根本。而其对宋儒的认可在于道德主义的治心之上。慈铭尝曰：

予尝谓自程朱生后，天下气象，为之一变。束发之儒，耻事两姓，曳柴之女，羞醮二夫，尤其明效大验。故虽雅不喜读宋儒经说，尤厌其语录，而从不敢非毁之。盖汉儒守经之功大，宋儒守道之功大也。②

是其以汉儒为守经，宋儒为守道，各有其功也。《宋史》析《儒林》而别出《道学》，自兰台以来未尝有也。此在清代颇受学者议论，至阮文达代表清代官方立论，撰《拟国史儒林传序》，实际为“持汉学、宋学之平”③。阮元以为《宋史》分《道学》、《儒林》实暗合《周礼》师、儒之分。“是故两汉名教，得儒经之功，宋、明讲学，得师道之益，皆于周孔之道得其分合，未可偏讥而互诮也。我朝列圣，道德纯备，包涵前古，崇宋学之性道，而以汉儒经义实之。”④ 慈铭于此亦有自己的看法，其撰《拟宋史儒学传序》曰：

自《汉书》传《儒林》，历史因之，至宋而有道学之别。呜呼！谁为此名？可谓不学者矣。道者，六经是也。儒者之所习，无二学也。惟伊、洛立教，渐为空虚，高定愈张，实学滋晦。朱熹思以博考审辨，求践履之实。而其时，程学大兴，专门名家之儒，久绝于世，无所师授，不能通晓其训，故至于诗述易，遂为无本之义，多取不根之谈。诗弃小序，尤为口实，斯岂通人之蔽，抑亦晚学之征乎？要其弟子，若蔡原定、蔡沈父子皆能有所著述，以翼经教，视夫陆、程之门人有殊焉。

① （清）李慈铭：《越缦堂读书记》“李养一先生文集条”，第1018页。

② （清）李慈铭：《越缦堂读书记》“遂雅堂集条”，第1008页。

③ （清）阮福：《揅经室一集》卷2《拟国史儒林传序》后案语，见（清）阮元撰，邓经元点校：《揅经室集》，北京：中华书局，1993年，第38页。

④ （清）阮元：《揅经室一集》卷2《拟国史儒林传序》，见（清）阮元撰，邓经元点校：《揅经室集》，第37页。

> 九渊兄弟负绝人之才，具高明之识，深穷理欲，抗异新安，分道并驰。至以睽辙，师心太过，几流猖狂，衷其间者，惟吕祖谦。永嘉之学，醇醇近古。而际学者驰鹜洛、闽，敷说心性，并为一谈，深而益肤，畅而益支，乃转与推崇，以自掩饰。盖亦知所学，根柢不坚，姑习大言，谓尧、舜、禹、汤、文、武、周、孔，思意命脉真传，至是始出。汉唐千载未涉其境，更取异名，别于儒林，以文其不学之迹，言语日繁，性道日歧，沿及明代，五百余年，遂无言知学问者。呜呼可慨也！已是真儒学之厄、圣道之累也。原其人类，能狷介自守，名节占立，若真德秀、魏了翁、杨万里、陈传良、叶适、袁燮之徒，亦皆有功业卓卓可称者，固不可谓性理之学，无裨实事矣。①

李慈铭以为《宋史》于《儒林》外别立《道学》实在是不学者所为，其实儒家六经即是道，儒术本无二途。只是“伊、洛立教，渐为空虚，高定愈张，实学滋晦。”所以宋学多无本之义，取不根之谈。殆及后来性道日岐，渐无知学者。其所谓学，乃是儒家经义实学，而非宋明性理之学，但是他又举宋代名儒中颇能“狷介自守，名节占立”者，以为“不可谓性理之学，无裨实事矣”。

综上可知，于晚清“汉宋合流”、“汉宋兼采”的学术背景之下，李慈铭虽然以汉学为根本，置汉学之地位高于宋学，乃至以汉学之精神统摄宋学。但是他反对阮元论道学与儒林是儒、道之分，而肯定汉学有守经之功，宋学有守道之功，实际乃是门户各立，功效各异。另外，李慈铭认为，“欲学汉儒之治经，当先学宋儒之治心。一生不敢菲薄宋儒，良以此也”②，这也是就汉学宋学各自门户各自功效而言的。但是李慈铭区分汉宋高下的思想理路仍在于对清代乾嘉学术的推崇，对乾嘉学术的推崇又在于其学有功经学，神通高密，远祧汉儒，与洙泗一线，最终归于对儒家经典的崇拜。

---

① （清）李慈铭：《越缦堂文集》卷 2《拟宋史儒学传序》，见（清）李慈铭著，刘再华点校：《越缦堂诗文集》，第 805-806 页。

② （清）李慈铭：《越缦堂日记》（光绪元年（1875）三月初七日），第 6463 页。

首都图书馆藏《温经楼年谱》稿、抄本考论

李文昌[①]

年谱兼具纪传、编年二体史书之长，是知人论世的重要史料。根据撰作人的不同，年谱可分为两类，一是自撰年谱，由谱主本人撰写，逐年增订或事后追忆；二是他撰年谱，多为谱主去世后由弟子、友朋或后学追述而成。历代年谱中，又以自撰年谱较为少见。年谱之学，自宋而始，至清而盛。《温经楼年谱》即为清人自撰年谱之一种，记谱主孔广林一生读书、交游、应试、治经诸事，然因未有刊本问世，一直以来束诸高阁，所以鲜被学者关注和利用。庆幸的是，首都图书馆不仅藏有该谱稿本，还有后人抄本一部，皆世所仅存。今欲在比较稿、抄本的基础上，对其撰作、流传及价值等略作探究。

一　成书时间商榷

《温经楼年谱》，署名“阙党赘翁自叙”，首都图书馆现藏两种。一种为稿本，一函两册，不分卷。乌丝栏，半叶10行，行20字，双行小字夹注，楷书。版心上端有黑鱼尾，中书“年谱”二字，下为页码。每年顶格书写，正文皆低

① 作者简介：李文昌，山东潍坊人，首都师范大学历史学院博士研究生，研究方向为明清史、清代学术史。

二格，凡遇须尊敬字样均提行且高出栏上一格。首页有朱文“首都图书馆藏书之章”印，末页则有白文“臣彝曾读”钤印。另一种为抄本，一函一册，不分卷。版心上端书“年谱”二字，下为页码。行书，有朱文校改。内有朱印“首都图书馆藏书之章”，其他书写格式与稿本相同。

谢魏《中国历代人物年谱考录》、黄秀文《中国年谱辞典》、来新夏《近三百年人物年谱知见录》、周洪才《孔子故里著述考》皆著录该谱，但对该谱之收藏情形及谱名等多有误解。如来新夏先生在《近三百年人物年谱知见录》中著录《温经楼年谱》称：“原题《阙党赘翁自叙》，清孔广林自编，清稿本”，“以乌丝栏半页十行纸清正，分订二册。北京图书馆藏”。[①] 但检索国家图书馆藏书，未有是谱记录；而我们在首都图书馆则发现了《温经楼年谱》的两种版本。另外，来先生及有的学者认为，是谱又名《阙党赘翁自叙》，实则此乃孔广林的署名，而非谱名。之所以有此误解，可能缘于未曾亲目该谱吧。

《温经楼年谱》稿本、抄本皆无牌记、序跋，难以断定到底是何时所记。但通过阅读《温经楼年谱》文本，比较两本异同，我们大致可以断定两部年谱的成书时间。

抄本据稿本朱笔增字、改字或换行之处颇多。稿本、抄本记事皆至“嘉庆十九年甲戌、六十九岁”条止，且本年并无孔氏活动具体内容。稿本分两册，“乾隆五十八年癸丑、四十八岁”条及之前为一册，其后为一册，通篇皆有句读；抄本不分册，且句读至“乾隆五十五年庚戌、四十五岁”条止，以后历年再无标示。抄本中有多处一行未完，则朱笔空格，另起一行书写，以求与稿本每行字数相同。抄本其他改动之处，如“九岁”条增一“日”字，“十一岁”条置换“刻一”为“一刻”，“二十一岁”条改“暎”为“焕”、“四十五岁”条改“金兰”为“兰交”，等等，皆为朱笔校改。经过与稿本进行比对，我们发现，抄本改动之处，皆以稿本为依据，欲与稿本保持一致。由是可知，稿本成书要早于抄本，抄本据稿本抄录而成。

稿本、抄本皆有因避讳而缺笔或改字之处。避讳，是断定古籍年代的重要依据。清代系少数民族入主中原，为加强思想控制，大兴文字狱，避讳制度甚严。陈垣先生称：“清之避讳，自康熙帝之汉名玄烨始，康熙以前不避也。雍乾之世，避讳甚严，当时文字狱中，至以诗文笔记之对于庙讳御名，有无敬避，为顺逆凭证。”[②] 稿本中凡遇“玄”、“眩”、“弦”字，皆缺最后一笔，而“宁”

① 来新夏：《近三百年人物年谱知见录》（增订本），北京：中华书局，2010年，第207页。

② 陈垣：《史讳举例》，北京：中华书局，2012年，第225页。

字不讳，可证其为道光之前所记。又谱主孔广林“生于乾隆十一年正月初一日（1746 年 1 月 22 日）辰时，嘉庆十九年四月二十三日（1814 年 6 月 11 日）亥时去世，享年 69 岁”①，且谱中有“自叙《年谱》，录示诸儿”② 等语，因此基本可以断定稿本为谱主本人自撰。抄本则恰相反，遇“玄”、“昡”、“弦”、“歷”字皆不避，而“寧”字出现九次，但只有六处缺笔，殊为不解，首都图书馆著录为“民国抄本”，不知其所据为何。

此外，稿本末页“臣彝曾读”钤印也为我们断定稿本年代提供了重要信息。“彝”当指孔宪彝。孔宪彝，字叙仲，号绣山。道光十七年（1837）举人，官内阁侍读。嘉庆十三年（1808）生，同治二年（1863）卒，享年 56 岁。那他与孔广林又是什么关系呢?《孔氏大宗谱》有详细记载，我们据之将二人关系勾勒如下：“孔传铎（袭封衍圣公，孔子第六十八代孙，广林祖父）—孔继洞（传铎第三子，广林之父继汾同母兄，即广林伯父）—孔广彬（继洞第四子）—孔昭杰（广彬长子）—孔宪彝（昭杰次子）。”③ 因此，孔宪彝对广林生平著述很是了解。孔宪彝撰有《阙里孔氏诗抄》，载孔广林诗二首，并有小传：

> 孔广林字丛伯，号幼髯，廪贡生，署太常寺博士。著有《周礼肊测》七卷、《仪礼肊测》十八卷、《吉凶服名用篇》九卷、《禘祫觿解篇》一卷、《明堂亿》一卷、《士冠笺》一卷、《通德郑氏遗书所见录》七十二卷、《延恩集》一卷、《幼髯韵语录存》一卷、《外集》一卷、《温经楼游戏翰墨》二十卷。幼髯从祖，为止堂公长子。博雅好古，专治郑学。生平著作一百三十二卷，凡四十四万五千余言。年二十六即绝意进取。芸台相国尝谓：“海内治经之人，无其专勤。”积诗三千六百余篇，自以为不足传，悉焚其稿，仅刻《悼亡》十五首，云以示子孙。④

桂文灿《经学博采录》、孔祥霖《曲阜清儒著述记》以及民国《续修曲阜县志》

① 详见林存阳、李文昌：《清儒孔广林生卒年考》，《中国史研究》2014 年第 3 期，第 206-208 页。

② （清）孔广林：《温经楼年谱》，“嘉庆十二年丁卯、六十二岁”条，清稿本，第 63 页。

③ （清）孔继汾等：《孔氏大宗谱·崇本堂支谱》，第“七十二代”条，清同治十二年（1873）刻本，第 3-4 页。

④ （清）孔宪彝：《阙里孔氏诗抄》卷 8《孔广林》，清道光二十三年（1843）刻本，第 1 页。

对孔广林著作皆有著录，且大体上沿袭了孔宪彝的说法。[①] 查《温经楼年谱》“嘉庆十八年癸酉、六十八岁”条，广林自云：“通计生平所著，内集、外集，凡百三十一卷，为字四十四万五千有奇。续录《外集》一卷不在算。”[②] 孔宪彝所论与此正合。连卷数、字数都统计得如此准确，若未亲目《温经楼年谱》恐无可能。而孔宪彝所编《阙里孔氏诗抄》，录广林诗《鸳鸯篇并引》、《甲午九月避寇乡居作》两首，皆出自《温经楼年谱》之中。因此，基本可以断定“臣彝曾读”之“彝”系指孔宪彝。孔宪彝生时广林尚在世，加之服属未远，其因编选阙里诗文而亲读《温经楼年谱》，亦在情理之中。

由上可知，现存《温经楼年谱》稿本是孔广林本人自撰，谱成于嘉庆十九年，孔宪彝曾借阅观览；抄本当晚出，且据稿本抄录而成，然何人所抄尚难确定。

二　撰作与流传

《温经楼年谱》谱主孔广林，原名广枋，字丛伯，别号幼髯，晚年自号赘翁，山东曲阜人。乾隆年间廪贡生，署太常寺博士。晚年因其弟广廉之请而貤封刑部广东司候补主事。孔广林是孔子第七十代裔孙，衍圣公孔传铎之孙，经学家孔广森之兄。他早年便绝意棘闱，覃心三礼，撰成《孔丛伯说经五稿》三十七卷，颇得礼学之要。平生又以表彰郑玄为职志，著有《通德遗书所见录》七十二卷，辑郑学 18 种，用力至勤，多有发明。是以阮元尝有“海内治经之人，留心郑学者，如常博，斯可谓专且勤矣”[③] 之赞誉。此外，孔广林还“深于曲学，尤精元剧”[④]，曾将所作传奇、杂剧、南北散套小令汇成《温经楼游戏翰墨》二十卷、《续录》一卷，在清代戏剧学史上也据有一席之地。

《温经楼年谱》是孔广林晚年自撰年谱。据该谱嘉庆十二年（六十二岁）条

---

① 参见（清）桂文灿著，王晓骊、柳向春点校：《经学博采录》卷 2，上海：华东师范大学出版社，2010 年，第 70 页；孔祥霖：《曲阜清儒著述记》，《山东文献集成》第二辑第 21 册，济南：山东大学出版社，2006 年，第 289 页；民国《续修曲阜县志》卷 5《人物志》，济南同志印刷所 1934 年铅印本，第 27 页。

② （清）孔广林：《温经楼年谱》，“嘉庆十八年癸酉、六十八岁”条，第 79 页。

③ （清）阮元：《小沧浪笔谈》卷 4，《丛书集成初编》本，北京：中华书局，1985 年，第 123 页。

④ 郑振铎：《清人杂剧二集·题记》，长乐郑振铎印本，1934 年，第 11 页。

记载："予自去秋追忆六十年来少而壮，壮而衰，中间事实，自叙《年谱》，录示诸儿。"[①] 可知，是谱始作于嘉庆十一年（1806）谱主61岁时，以后又续有增订，迄于嘉庆十九年止。

关于该书之流传，据书内旧书签所标示"著者原稿本"、"北平孔德图书馆藏"等字样，可知《温经楼年谱》稿本曾在民国时期入藏孔德学校。那么，年谱是如何由曲阜而辗转流落北京的呢？桂文灿《经学博采录》为我们提供了重要线索，据载："壬子之秋，予获交博士从孙绣山舍人于京师，稔知博士之学，并闻舍人云，博士遗书稿本藏于家，汉阳叶润臣舍人曾录其副云。绣山舍人名宪彝，道光丁酉举人，官内阁中书，以文学见称于世。尝辑存《阙里孔氏诗抄》、《曲阜诗抄》共若干卷刊之，自著诗文稿共若干卷。又以先儒陆道威尝著论谓，王者宜藏书于孔氏，一代典章文集录送其贰，凡书皆萃焉，以为斯文之宗主。……舍人因商之宗公，于奎文阁制大厨七，阮文达属以角、亢、氐、房等字编之，将求海内经籍藏之阙里。舍人又于京师公邸建致经堂先庋之，俟盈箧则载以归云。"[②] 据《温经楼年谱》书后"臣彝曾读"印章，可知孔宪彝曾借读过该谱，后其赴京为官，将该谱携之入都亦在情理之中。而叶润臣曾就孔氏藏书录副，录副之书是否包含《温经楼年谱》，尚需进一步佐证。桂文灿与孔宪彝曾直接接触，所言应当可信。

考叶润臣（1811—1859），即叶名澧，字翰源，一字润臣，湖北汉阳人，出身书香世家。先世自江南溧水迁汉阳，世有魁硕巨儒。祖父叶继雯，嘉庆间曾官给事中，侃侃建言，世称云素先生。父亲叶志诜，是清代著名藏书家。兄为清后期著名疆臣叶名琛。道光十七年（1837）举人，历任内阁中书、同文馆、玉牒馆帮办，内阁侍读，至浙江候补道员。居恒嗜诗，著有《敦夙好斋诗集》等。国家图书馆现藏孔广林《郑学十八种》抄本，内有"汉阳叶氏藏书"钤印，书末有跋云："嘉庆六年（1801）岁在辛酉，夏六月，偕俞理初上舍借校于后孙公园研山草堂。汉阳叶志诜记。"[③] 由此可知，叶氏自嘉庆年间已经收藏有孔氏所著之书，叶名澧抄录孔广林藏书，很可能是受其父叶志诜影响。

孔宪彝去世后，《温经楼年谱》几经辗转，最终入藏孔德学校。孔德学校始创于1917年，是华法教育会利用庚子赔款的退款筹建的新型学校。由蔡元培、李石曾组织创办，蔡元培为校长。当时的北大教授沈尹默、马叔平、钱玄同、

① （清）孔广林：《温经楼年谱》，"嘉庆十二年丁卯、六十二岁"条，第63页。
② （清）桂文灿著，王晓骊、柳向春点校：《经学博采录》卷2，第72-73页。
③ （清）孔广林：《郑学十八种》，清抄本，叶志诜《跋》。

沈兼士、朱希祖等人皆曾在此兼课。“孔德”之名并不与孔子和儒家有关，而是法国实证主义哲学家、历史学家孔德的中文音译，蔡元培先生述该校宗旨说：“我们这个学校用‘孔德’的姓做校名，并不是说除他一个人的学问之外都不注意，也并不是就用他的哲学来教小学生。我们是取他注重科学的精神，研究社会组织的主义来做我们的教育的宗旨。为注重科学的精神，所以各科教学偏重实地观察，不单靠书本子同教师的讲授。”①

孔德学校建校之后，便四处访求图书，建立了初具规模的图书馆。据钱秉熊先生回忆说：“自一九二四年起，由沈尹默、马隅卿等人去挑选购买图书。……共计买到经、史、子、集书二千四百三十三种，四万六千五百一十二册；方志类四百七十八种，七千一百二十七册；日文书籍四百二十九种，四百五十二册；词曲小说五百三十六种，五千四百五十六册；车王府曲本四千六百二十册；全馆共藏书六万四千多册。……鲁迅研究中国小说史曾来校阅看词曲旧小说。”② 时任图书馆馆长马廉，字隅卿，浙江鄞县（今鄞州区）人，近代著名藏书家、小说戏曲家，从其所选购的图书来看，显然对小说戏曲有所偏好。《温经楼年谱》稿本应当在此一时期入藏孔德学校，而抄本也有可能是馆员据稿本誊录的副本，但今已不可考。不惟《温经楼年谱》，孔广林其他著作也曾入藏该馆。1934 年，郑振铎先生编印《清人杂剧二集》时所参校的孔广林《温经楼游戏翰墨》即出自该馆，郑先生在《题记》中写道：“马隅卿先生将孔德学校图书馆所藏孔幼髯稿本《温经楼游戏翰墨》……见假入集。”③ 此二集共一函十二册，第十册为孔广林《璇玑锦》、《女专诸》、《松年长生引》三部杂剧，皆据孔德学校图书馆所藏稿本影印。这很有可能是孔宪彝去世后流散市井的藏书。1952 年，孔德学校图书馆藏书全部由首都图书馆接管保存，这批藏书后来成为首都图书馆藏书的主要组成部分，也是该馆较有特色的藏书，其中不乏孤本、珍本。

---

① 转引自钱秉雄：《我所见到的孔德学校》，见《文史资料选编》第 31 辑，北京：北京出版社，1986 年，第 180 页。

② 钱秉雄：《我所见到的孔德学校》，见《文史资料选编》第 31 辑，第 190 页。

③ 郑振铎：《清人杂剧二集·题记》，第 15 页。

三　价值与内容管窥

《温经楼年谱》的发掘，不仅为我们了解孔广林生平学行、孔氏家学传承等一系列问题提供了最直接可靠的史料，而且为我们了解当时的学术与社会演进也提供了重要线索。其价值主要体现在如下几个方面。

首先，对孔广林生平学行的补正。关于孔广林的生平，不仅正史无传，各种清人传记亦鲜有提及，加之其著作“卷帙浩繁，屡刊不成”[①]，因而流传不广，其学行遂黯然不彰。但据广林同族后学孔宪彝所云：“巽轩从祖为止堂公次子，学究汉儒，与幼髯公兄弟齐名。”[②] 清末学者王懿荣亦曾言：“乾隆间，翰林院检讨孔广森通春秋公羊何氏学、大戴礼，太常寺博士孔广林治高密郑氏学。兄弟同时卓然经师，文章之美，冠绝当世。”[③] 可知广林当日与其弟广森共研经学，兄弟齐名，并有美誉，其称名于世者皆在经学。只是后来广森声名鹊起，广林几为其弟光芒所掩，学界不仅不明二人之长悌关系，更有甚者将二人误作一人。梁启超先生在介绍清代辑佚之学时对广林多有涉及，然皆误以广林为广森。如其介绍清代辑佚学的情况时说：“《尚书大传》……清儒先后搜辑，则有仁和孙氏之騄本，德州卢氏见曾本，曲阜孔氏广森本。孔本较善，然讹漏犹不免。”[④] 而此《尚书大传》实际上是孔广林所辑，收入所著《通德遗书所见录》。张之洞《书目答问》则将孔广林误作“广森弟”[⑤]。博学如梁启超、张之洞尚有此误，可想而知广林其人其学在当日之境遇。而《温经楼年谱》的发掘，使以往对孔广林生卒年、广林与广森之关系等问题的误解皆得以澄清。

关于孔广林所著《通德遗书所见录》的历次勘订，《温经楼年谱》中也有详细记载。与《孔丛伯说经五稿》相比，《通德遗书所见录》的结集与修订经历了更为复杂的过程。据《温经楼年谱》所载，《通德遗书所见录》从开辑到定本，

---

① （清）桂文灿著，王晓骊、柳向春点校：《经学博采录》卷2，第70页。

② （清）孔宪彝：《阙里孔氏诗抄》卷8《孔广森》，清道光二十三年（1843）刻本。

③ （清）王懿荣：《王文敏公遗集》卷2《训饬衍圣公向学并饬整理衍圣公府地产疏》，民国求恕斋丛书本，第23页。

④ （清）梁启超：《中国近三百年学术史》（新校本），北京：商务印书馆，2011年，第288-289页。

⑤ （清）张之洞撰，范希曾补正：《书目答问补正》，上海：上海古籍出版社，2011年，第259页。

至少经历了三次结集过程。乾隆三十九年（1774），29岁的孔广林“取向所录《郑志》重校付梓”①，是为广林著作有刻本之始。此本即流传至今的乾隆三十九年甲午古俊楼所刻之《北海经学七录》，这也是广林对以往辑佚著作的第一次结集。是书之刊刻，在当时引起了不小的反响。卢文弨在致广林族叔孔继涵的信中称：“令侄丛伯所梓《郑志》极佳，在诸本中，最有条理，且点画亦致不苟，几与相台岳氏所刻诸经相伯仲。”② 卢文弨为之手校，并遗诸同好，《北海经学七录》也因此广为流传。先是吴骞从卢文弨处借得手校本抄校，后陈鳣又从吴氏手中借得卢本，校录于武原倪氏六十四砚斋，并记跋语于后，而其校录之底本则出自丁杰所赠③，足见是书在当时已流传甚广。后来书版残缺，孔氏后人又续有修整。据是书不全本孔宪琴跋云：“伯祖丛伯公著有《北海经学七录》，刊自乾隆甲午，迄今百有余年，海内穷经之士，时有来刷印者，皆因书板残缺，未暇补刻，是以世少全书。今年秋，宪琦弟、庆元、庆豫两侄，商之于予，检家藏旧本而修整之，以广流传。”④

乾隆四十二年（1777），《北海经学七录》编入《通德遗书所见录》，为第十七种，这是广林辑佚著作的第二次结集。《温经楼年谱》对此事有详细记载：

> 予自己丑岁（1769）辑郑康成《六艺论》、《易注》、《书注》、《书大传注》、《书中候注》、《毛诗谱》、《三礼目录》、《答周礼难》、《鲁礼禘祫义》、《丧服变除》、《针膏肓》、《发墨守》、《释废疾》、《论语注》、《论语篇目弟子》、《驳五经异义》、《郑志》、《孝经注》，凡十八种。至是粗有辜较，叙而录之为七十二卷，备增订焉。⑤

由此可知，《通德遗书所见录》在乾隆四十二年就已经成书。

在《通德遗书所见录》成书之后，广林又续有修订。直至嘉庆十八年（1813），方应儿辈所请，将旧稿录成清本。据《温经楼年谱》载：

> 上年既成《说经五稿》，乃取旧辑《通德遗书所见录》七十二卷细

---

① （清）孔广林：《温经楼年谱》，“乾隆三十九年甲午、二十九岁”条，第20页。

② （清）卢文弨著，王文锦点校：《抱经堂文集》卷20《与孔荭谷继涵书》，北京：中华书局，2006年，第283页。

③ 关于《北海经学七录》在当时的流传情况，可参见吴骞之子吴寿旸所作《拜经楼藏书题跋记》卷1《北海经学七录》，清道光二十七（1847）年刻本，第21页。

④ 杨士骧等修：《山东通志》卷129《艺文志》，山东通志刊印局1915—1918年铅印本，第47页。

⑤ （清）孔广林：《温经楼年谱》，“乾隆四十二年丁酉、三十二岁”条，第23页。

为审校，漏者增之，赘者削之，部居未当者详核而更正之。今岁人日乙亥，始录清本。首录《易注》、《书注》、《中候注》、《大传注》，凡三十二卷，三月九日丙子竣。次录《论语注》、《篇目弟子》、《驳异义》、《郑志》、《孝经注》，凡三十卷，五月三日己巳竣。次录《六艺论》、《毛诗谱》、《三礼目录》、《答周礼难》、《鲁礼禘祫义》、《丧服变除》、《箴膏肓》、《发墨守》、《释废疾》，凡九卷，六月丙申朔竣。最后录《叙录》一卷并《后记》，告竣则六月九日甲辰也。[①]

这也是广林所辑《通德遗书所见录》的最终定本，光绪十六年（1890）所刻之《通德遗书所见录》便以此为底本。然而遗憾的是，《孔丛伯说经五稿》和《通德遗书所见录》在广林生前皆未及刊刻，仅以抄本的形式在同好之间流传。

其次，对《孔氏家仪》案的补阙。关于《孔氏家仪》案，《清代文字狱史料汇编》、《清代文字狱档》等史料，皆不见载。而作为该案的亲身经历者，孔广林在《温经楼年谱》中详细记载了这一事件发生、发展的全过程。"《孔氏家仪》案"系发生于乾隆五十年（1785）的文字之祸。此案源于族人孔继戌状告孔继汾《孔氏家仪》一书"语涉悖违"而起，经巡抚奏明而上达皇帝，轰动一时。刑部会审将孔继汾遣戍伊犁，《孔氏家仪》藏板及刷印各书悉行焚毁，广林及相关族众俱被隔离审讯。孔继涑不忍其兄万里奔波，遂请交罚银一万五千两代赎，才使继汾免遭遣戍之苦。而先前孔继汾因"营造虚坟"一事已自认五万两罚银，交豫工充用。黄立振先生《〈孔氏家仪〉禁毁及作者罹难经过考》一文，曾对此案中孔继汾被治罪的经过以及《孔氏家仪》一书的禁毁情况做过详细考证[②]，陈冬冬《乾隆年间〈孔氏家仪〉文字狱案》一文则分析了此案背后深层次的原因及其影响[③]，曲阜孔府档案对此事也有零星记载，但关于孔继汾、孔广森父子二人南下筹款、"死于家难"的过程涉及较少，《温经楼年谱》所载，可为补充。

《孔氏家仪》案发生后，孔继汾虽变卖产业，竭力措办罚银，然所差尚多。因此，孔继汾于乾隆五十年南赴杭州，向江浙诸亲友乞援。作为此案的亲历者，广林在《温经楼年谱》中详细记载了父继汾不幸染疾、客死异乡及弟广森奔波筹款、"死于家难"的全过程：

---

① （清）孔广林：《温经楼年谱》，"嘉庆十八年癸酉、六十八岁"条，第 79 页。

② 黄立振：《〈孔氏家仪〉禁毁及作者罹难经过考》，载孔继汾《孔氏家仪》书末，济南：山东友谊出版社，1989 年，第 643-664 页。

③ 陈冬冬：《乾隆年间〈孔氏家仪〉文字狱案》，《历史档案》2015 年第 4 期，第 128-131 页。

去冬（指乾隆四十九年冬——笔者注）十一月，有挟嫌以先大夫所撰《孔氏家仪》语涉悖逆，诬控于藩者，藩白诸抚，抚军被人怂恿，不敢决。三月，奏闻。奉旨交刑部严讯，举家凛惧。后恭闻纯皇帝有“好好的问，不要难为他”口旨，仰荷天恩，感悚无地。当事者多劝供明谗构实情，先大夫尊祖敬宗，恐累宗子，坚执不肯。仰蒙睿鉴，书中实无悖违，仅以撰述沽名交部议发伊犁。十二叔父不忍先大夫万里奔波，请交银万五千代赎，得旨：报可。[①]

甲辰冬至、是年五月，三次交豫项三万两，未解者止凑得七千，尚缺万三千两。先大夫忧之，传谕召三弟速赴杭面议。时三弟解银未返，得谕即自汴南行。先大夫令三弟呈恳豫抚奏请展限。七月，三弟归，传谕虽请展限，总上紧筹措为要。三弟以七月四日乙巳自杭起程，先大夫即于是日感受风邪，误服生脉饮，以致外邪内秘，遂成痁痢，痛于八月六日丙午戌刻，终于梁氏宅。

…………

三弟自甲辰冬赴汴解银，归即从先大夫赴省。乙巳春，随侍刑部。秋，送先大夫南行，还即解银河南。本年夏，又往解银，自汴赴杭，南北奔驰，心力交瘁。自杭归，中途得病，已不可支。闻讣，病益甚。十一月八日戊寅，殉先大夫于地下矣。予恸其死于家难，立主祠之左厢，岁时从食焉。[②]

孔继汾、孔广森死后，欠银更无力偿清，幸得时任河南巡抚毕沅奏请，余银得“加恩宽免”。然而事情并未就此止息。因“《孔氏家仪》案”牵连到整个孔氏家族，族人怨声载道，公议广林父子死后皆不得葬入孔林。作为孔氏家族的一员，此案对孔广林的打击之大可想而知。

《孔氏家仪》案对孔广林的治学路向也产生了很大的影响。广林本欲仿《毛诗笺》作《仪礼笺》，因遭家难而中辍。他在《说经五稿·后记》中谈道：“郑君注三礼七十二篇，《仪礼》十七篇注最略。广林自既冠即研究淹经，窃不自揣，仿郑笺《毛传》，为《仪礼笺》，增所未备，申所未显，更辨其所可疑。而经中仪节及礼辞之未具者，参考互证，亦补于篇，细绎有年，具皆草创。……不意《士冠笺》甫脱稿，遭家多故，遂中辍。”[③] 其所笺者，仅《仪礼》之第一

① （清）孔广林：《温经楼年谱》，“乾隆五十年乙巳、四十岁”条，第29页。

② （清）孔广林：《温经楼年谱》，“乾隆五十一年丙午、四十一岁”条，第30-31页。

③ （清）孔广林：《孔丛伯说经五稿·后记》，清光绪十六年（1890）山东书局刻本，第21页。

篇《士冠礼笺》成书，附于《说经五稿》之后，并署曰“幼髯孔氏未竟稿”，实未成之业，令人不胜叹惋。据《温经楼年谱》所记，“《孔氏家仪》案”发生前后的十几年，广林沉寂无闻，几乎没有任何著作问世，足见此案对广林治学影响之深，这或许也是促使其晚年游心词曲的主要原因。

再者，《温经楼年谱》中有系统的气象资料记载。黄秀文先生曾指出：“（《温经楼年谱》）每岁还记有兖州地区（曲阜时属兖州府）当年时令、节气及运历，有近60年天文、气候资料可采。”[①] 在学人年谱中系统记载气象资料，较为少见。《温经楼年谱》每年之下先记该年节气等事，六十余年未曾间断。例如乾隆十一年、作者一岁时，《温经楼年谱》载：

> 年前十二月二十七日五元甲子翼火直日。二十九日丙寅巳初三刻十四分大寒。本年正月十四日辛巳寅正二刻立春。予生大寒第三日，故为乙丑金命。是年闰三月。星太阳直年，正月角木直月，元旦氐土直日。时为丙辰，亦氐土直时。二月二十八日六元甲子氐土，闰三月二十八日七元甲子箕水，五月二十九日一元甲子虚太阳，八月朔二元甲子奎木，十月二日三元甲子毕太阴，十二月三日四元甲子鬼金。[②]

又每十年进行一次总结，兹录嘉庆十年、作者六十岁所记于后：

> 年前十二月二十日乙亥酉初三刻十一分大寒。正月五日庚寅午正一刻五分立春。是年闰六月。二月十日一元甲子，四月十一日二元甲子，六月十二日三元甲子，七月十四日四元甲子，九月十五日五元甲子，十一月十五日六元甲子。已上十年，凡四闰月，六十一甲子，三千六百六十一日。通前五十年，凡二十三闰月，三百六十五甲子，二万一千九百四十一日。第一六元甲子前赢五十六日，第三百六十五六元甲子得四十五日。[③]

此外，《温经楼年谱》对乾嘉时期的重要事件，如乾隆皇帝历次东巡曲阜、王伦起义、嘉庆年间天理教攻入紫禁城后士人的心态，以及地方自然灾害等事，都皆有详细的描述，对曲阜当地婚丧嫁娶等风俗也有直接记载，可谓当时社会生活的真实写照。

---

① 黄秀文主编：《中国年谱辞典》，上海：百家出版社，1997年，第429页。

② （清）孔广林：《温经楼年谱》，“乾隆十一年丙寅、一岁”条，第1页。

③ （清）孔广林：《温经楼年谱》，“嘉庆十年乙丑、六十岁”条，第58页。

综上可知，《温经楼年谱》稿本是孔广林自撰，孔宪彝曾借读，后在民国时期辗转北平孔德学校，而最终入藏首都图书馆；抄本可能是叶名澧录副之本，抑或孔德学校馆员据稿本抄录而成，但尚待进一步考证。该谱不仅是研究乾嘉学者孔广林生平学行的第一手资料，而且对当时的学术与社会也有直接反映，很值得我们关注。

嘉、道之际普通士人的书籍购藏与思想表达
——以姚燮的《大梅山馆藏书目》为中心

李立民[1]

姚燮（1805—1864），字梅伯，号复庄，又号大梅山民，浙江宁波府镇海县人，晚清著名文学家、藏书家。姚燮擅画梅，“画之所入，一日可得百十金，而尽以其金购书”[2]。除购书外，他还勤于钞书，“先生钞书日二十余纸，病中犹手不释卷”[3]。日积月累，姚氏所购藏的书籍甚富，并将之藏于大梅山馆。姚燮晚年隐居在“息游园”，曾手编《大梅山馆藏书目》十六卷（下文简称《书目》）以传世。姚燮藏书乃其一生阅历之结晶，在晚清藏书史中独树一帜。其藏书思想已经走出了乾嘉时期“佞宋嗜古”的鉴藏文化，从而开启了浙东藏书文化的社会化转向。

一　科举经历与时文教育类书籍的藏购

姚燮自从道光十四年（1834）八月在杭州中举人后，此后的十二年间五赴

① 作者简介：李立民，中国社会科学院历史研究所清史研究室副研究员，主要从事清代学术史研究。

② （清）王荣商：《容膝轩文集》卷2《大梅山馆书目记》，《四明丛书》第8集，第33册，扬州：广陵书社，2006年，第90页。

③ （清）王荣商：《容膝轩文集》卷2《大梅山馆书目记》，《四明丛书》第8集，第33册，第90页。

京师参加会试。他远离故土，试图希望通过科举走上通达之途。起初，姚燮对自己信心十足，即使落榜后，还劝慰同人“圣世无遗佚，文章尔自珍”①。但在经历了5次名落孙山后，姚燮的心态发生了变化，不禁感慨道：“读书颇了天下事，证诸阅历多龃龉。”② 道光二十四年（1844）会试失败后，姚燮已绝意仕途，毅然南归，其友人魏源劝慰道：“回光养性浴咸池，一朝丹成着翅飞。”③ 多次会试落第的经历，让姚燮对科举有着一种复杂的感受，也让其藏书思想中保留了诸多科举痕迹。

经学是清代科举考试的大宗。姚氏《书目》在经部中除了收录传统十三经外，还特设“制艺呈式”一类，著录有《举业琐言》、《起讲八法》、《举业童子问》等书。④ 这些书内容涉及科举常识及写作技巧，显然是指导士子科举的入门书。值得关注的是，有关书法类的图书，以往藏书目录皆入子部艺术类，而姚氏则在经部特设“书类”，收入了《书品》、《书势》、《欧阳询书法》、《书法指要》等书。⑤ 清代自道咸以降，科举衡文不重新义，一味追求程式。考官阅卷时，书法是否工整尤为重要，“但通体圆整，无一点画讹错，即可登上第”⑥。可见，将书法类图书置于经部，姚燮用意在于指导士人的科举考试。

除了“四书”、“五经”等书本知识外，清代科举还注重对考生时务能力的考查。姚氏《书目》在史部中设有“纪注时政”类，涉及教匪、水利、边防、贸易等方面内容的图书。⑦ 集部中设有“论策”一类，著录有《试策典要》、《经论策表》、《乾嘉三科鼎甲策录》、《道光七科鼎甲策》等书。⑧ 姚氏购藏这些书

---

① （清）姚燮著，周劭标点：《复庄诗问》卷8《送同郡诸君南归》，上海：上海古籍出版社，1988年，第267页。

② （清）姚燮著，周劭标点：《复庄诗问》卷27《曹户部楙坚席上醉后长歌赠魏源兼示汤郎中》，第1014页。

③ （清）魏源：《走笔送姚梅伯归四明》，见《魏源集》（下册），北京：中华书局，1976年，第758页。

④ （清）姚燮：《大梅山馆藏书目》，见林夕主编：《中国著名藏书家书目汇刊·明清卷》，北京：商务印书馆，2005年，第152-153页。

⑤ （清）姚燮：《大梅山馆藏书目》，见林夕主编：《中国著名藏书家书目汇刊·明清卷》，第149页。

⑥ （清）李岳瑞：《春冰室野乘》卷上《曹杜两相得谥文正之由》，《丛书集成续编》，第26册，上海：上海书店出版社，1994年，第548页。

⑦ （清）姚燮：《大梅山馆藏书目》，见林夕主编：《中国著名藏书家书目汇刊·明清卷》，第182页。

⑧ （清）姚燮：《大梅山馆藏书目》，见林夕主编：《中国著名藏书家书目汇刊·明清卷》，第291页。

籍，亦旨在开拓士子考试视野，为科举考试做准备。而史部还设有“恩遇”一目，这也与姚氏参加科举的亲历有关。[①] 清制，会试三年举行一次，但姚燮十二年中有五次应会试，其中遇有两次是“恩科”：一是道光十五年（1835），皇太后六十大寿，诏开恩科；一是道光二十一年（1841）道光帝自己六十大寿所举恩科。尽管这两次“恩科”姚氏均未中举，但其收藏的这些科举掌故类图书，或许正是对自己应试的一种感慨与纪念。

二　雅集与冶游：姚燮藏书思想中的消遣文化

以诗歌酬唱为主要内容的雅集，是古代文人社交的重要形式。姚燮早年在家曾与同伴共举“雪莲诗社”。道光八年（1828），作为“甬上名秀才”的姚燮，受友人叶元堦之邀，参加了设在宁波府城的“枕湖吟社”。姚燮自云其盛况曰：“八月七日夜集月湖揽碧庄，风炉热檀，羊灯围蜡。深红侍坐，浅翠上衣。愁乐并交，笑言相错，不知东方之既白也。”[②]

来到京师参加会试期间，在备考的闲暇之际，姚燮也积极参加各种社交活动，尝作诗以记之，主要有《饮陈宗伯师用光太乙舟席上》、《同端木先生国瑚饮藤花馆寓室》、《偕同人游尺五庄饮王氏酒垆》等。这些宴饮与雅集，让姚燮的社交网络突破了同郡同乡的局限，“虽身世毷氉，而友朋之乐亦至矣”[③]。与其他藏书家有所不同的是，姚氏《书目》集部中，还设置了集句、唱和、述感、游仙、揽胜、咏史等目。[④] 这些书籍都是以诗文为表达形式的一种社交活动。姚氏将其置于集部，分类属之，体现了其对文学类书籍所具有的社会交往功能的独特认识。

除了士人间的雅集酬唱外，姚燮藏书思想中的一个重要特征是对普通百姓文化的关注。这从他对藏书分类中即可窥见一斑。自乾隆年间纂修《钦定四库

---

① （清）姚燮：《大梅山馆藏书目》，见林夕主编：《中国著名藏书家书目汇刊·明清卷》，第189页。

② （清）姚燮著，沈锡麟标点：《疏影楼词·齐天乐·前调·自序》，杭州：浙江古籍出版社，1986年，第10页。

③ （清）姚燮：《复庄骈丽文榷二编》卷4《扬州寄汤海秋郎中书》，见《清代诗文集汇编》，第618册，上海：上海古籍出版社，2010年，第633页。

④ （清）姚燮：《大梅山馆藏书目》卷前目录，见林夕主编：《中国著名藏书家书目汇刊·明清卷》，第105页。

全书总目》后，正式确立了官方所认可的经、史、子、集四部分类法，“从来《四库》书目以经、史、子、集为纲领，裒辑分储，实为古今不易之法”[①]。姚氏《书目》却打破了这一图书分类格局，将藏书分为经、史、子、集、小说、三藏、道藏、古今杂剧八大类。尤其是将“古今杂剧”这类被传统士人视为“不登大雅之堂”者，提升至与经、史、子、集同为一级类目的地位，足见姚燮对百姓文化的重视。[②]

早在年轻乡居时，姚燮便参加了方河里的曲社，并与民间乐师、梨园子弟多相往来：“游踪所至，骚客、侠士、方外、艺术、山人、闺媛，无不乐与唱酬。诗酒声歌，风流辉映。”[③] 这样的经历，使他对百姓文化情有独钟。在客居京师备考期间，姚燮还创作了许多剧本，“镇海姚梅伯孝廉燮……在日下谱《香山愿》、《退红衫》，优伶争演习之，名重一时”[④]。

姚燮对普通百姓文化的关注，也彰显了其藏书思想不拘于传统礼法束缚的一种“旷达”。传统藏书目录的子部，包罗万象。尽管子部著录繁杂，但很少有违背传统礼教的内容。姚燮则突破了这一藩篱，在《书目》子部中居然设有“妓品”、“名优”二目。[⑤] 这也是从一个侧面对姚燮性情与生活的写照。姚氏自云：“少年忘检束，避礼法如栏囚。”[⑥] 在宁波府城居住期间，他曾一度冶游，出入歌楼酒肆。在苏州期间，还认识了歌女时湘文，为其写有剧本《梅心雪》。姚氏友人王韬云：“蛟川二石生，名下士也。所眷有云、霞二仙，皆尤物也。云以纤丽胜，霞以秾粹。云仙始与二石生遇于四明郡，邂逅定情，缱绻沦髓。及来沪上，重寻旧盟，素欢更洽。”[⑦] 姚燮藏书目录中所著录的这些消遣类图书，正是其不羁性格的一种体现。但这种旷达的背后，姚燮自有难言之隐：“读书三十年，终与驽蹇瓦砾为等。咄嗟兮奈何！出门远望，云日在天，迈心孤行，一往

---

① （清）纪昀著，四库全书研究所整理：《钦定四库全书总目·卷首》乾隆三十八年二月十一日奉上谕，北京：中华书局，1997年，第1页。

② （清）姚燮：《大梅山馆藏书目》卷前目录，见林夕主编：《中国著名藏书家书目汇刊·明清卷》，第99-107页。

③ 光绪《诸暨县志》卷34《人物志》，清宣统二年（1910）刻本。

④ （清）阮亨：《瀛舟笔谈》卷9，嘉庆二十五年（1820）刻本。

⑤ （清）姚燮：《大梅山馆藏书目》卷前目录，见林夕主编：《中国著名藏书家书目汇刊·明清卷》，第103页。

⑥ （清）姚燮：《复庄骈丽文榷二编》卷4《陈桐屋明经春明集序》，见《清代诗文集汇编》，第618册，第629页。

⑦ （清）王韬：《海陬冶游录》卷下，见《历代笔记小说·清代笔记小说》，石家庄：河北教育出版社，1996年，第332页。

无涘，其甘颓弃以自放耶？而以牢骚落度之意，一寄诸幽馨顽艳之中。”[①] 可见，姚燮藏书思想中所折射的“旷达”情怀，也是对其自身窘迫境遇的一种无奈宣泄。

三　民间信仰的适时表达

与消遣类图书形成对照的是，姚燮藏书思想中还体现了当时百姓信仰的一个侧面。这种藏书思想的形成，与姚燮自身的知识结构密切相关：“某（梅）伯以绝人之资，读书恒十行下。自经传子史，至传奇小说，以旁逮乎道藏空门者言，靡不览观。”[②] 尤其是对佛道专研甚深，“若乃演其智慧，阐乎奥微。蕴悟五空，动而无动；禅通三昧，玄之又玄”[③]。受此影响，在其藏书目录中，又收录了诸多有关佛道的书籍。

传统藏书家目录中，有关佛、道之书常常作为二级类目，设置在子部中。而姚燮在其藏书目录中，将佛教、道教之书突出地设置成一级类目。且以往藏书家所著录的佛、道书籍并无类例，仅依次收录类下。姚氏《书目》却在大类下，又分二级子目，条理更加明晰。如“三藏”类中又分为经论、此土著述、语录、天主教；道藏类下又分为经典、记载、斗箓、炼笔、科仪、法秘、丹旨、文帝全书、吕祖全书。[④]

从这些书籍的内容来看，可以总结出晚清以降，浙东民间宗教发展的一些特点：其一，多神崇拜。如“道藏”类中，既收录有道教的自造神，又收有文昌帝君、吕祖神仙书籍。文昌帝君是主掌官禄功名之神，吕祖则是炼养成仙之神。其二，受到秘密宗教的影响。明清以来的秘密宗教中普遍盛行“三世说”，即有先天、中天、后天的划分，作为引导教民信教的依据。这种思想在姚氏所收藏的书目中也有体现。如《先天奏告符秘》一卷、《先天召合混炼》一卷、《先天督抚府元科》一卷等。其三，宗教的世俗化。如姚氏收录的有关道教神

---

① （清）姚燮：《十洲春语·后序》，见张宇澄编：《香艳丛书》第 8 册，上海：上海书店出版社，1991 年，第 241 页。

② （清）姚燮著，周劭标点：《复庄诗问》附录三，第 1293 页。

③ （清）姚燮著，周劭标点：《复庄诗问》附录二，第 1291 页。

④ （清）姚燮：《大梅山馆藏书目》卷前目录，见林夕主编：《中国著名藏书家书目汇刊·明清卷》，第 106-107 页。

仙、修炼和方术之书甚多，这些书多数都是祈福延寿之书；还有《文帝忠经》、《文帝孝经新注》等书，带有鲜明的维护封建秩序的色彩。[①]

在姚燮所收录的佛、道书籍中，两类书籍所占的比例相差悬殊。笔者统计，姚燮收录佛经书籍 62 部，而道教书籍竟有 194 部。从这个角度看，姚燮自己对道教的信仰甚于佛教。道光二十三年（1843）夏，姚燮曾染重病，几欲不治。姚燮接受友人建议，在宁波城北玉清道观中静养。据友人陆玑云："癸卯秋，养疴玉清道院，恍惚中若有人告之者：'多作绮语，当入无间狱，不独疾之不愈也。'乃猛然愧悔，即焚小说板，愿注《玉枢经》。"[②] 尽管陆氏所言不免带有神话色彩，但在养病期间，姚燮闭门注《玉枢经》却是事实。徐时栋亦曰："是岁，余客杭州，有传某（梅）伯死者，比归知无恙。过之观中，方作道士装，为人忏悔，相视而笑。出手注《玉枢经》，沦茗共读。"[③] 半年后，其病竟痊愈。这一亲身经历，让姚燮对道教的兴趣更加浓厚。

相传，姚燮因常年伏案写作，患有目疾。据孙锵曰："一日携杖过道士观，适值吕祖临沙。急唤门外瞽者来，问：'目疾要愈否？'对曰：'求愈不得。'则勖以非雷经不可。答云：'未见之书，何敢妄注？'则又勖其移诸观中，令之日诵道藏。姚先生以耳代目，墨记在心。出所心得，以成此篇。而书既成，而目复明矣。"[④] 据此，姚氏目疾的治愈，也得益于道教。这则故事固然不足取信，但从当时的社会背景来考察，至少从一个侧面反映民间社会对道仙吕洞宾的信仰。也正基于此，姚氏《书目》"道藏"类下，专设"吕祖全书"一类，以示民间信仰。

此外，在姚氏《书目》"三藏类"下，还设有"天主教"一目，收录了有关天主教《福音书》以及《圣经》中的使徒保罗传教书。道光二十年（1840），第一次鸦片战争爆发。两年后，中英签署了《南京条约》，开辟广州、厦门、福州、宁波、上海五处为通商口岸。道光二十四年，宁波正式对外开埠，西方传教士也相继来到宁波。他们通过兴办各种教会学校传道布道。至光绪十九年（1893），天主教教会在宁波共有 12 所教会学校，传教人士有 20 余人。[⑤] 姚氏《书目》内的"天主教"类书籍，正是这样背景下的时代产物，反映了晚清民间社会信仰的一个缩影。

---

① （清）姚燮：《大梅山馆藏书目》，见林夕主编：《中国著名藏书家书目汇刊·明清卷》，第 425-445 页。

② （清）陆玑：《玉枢经篇序》，上海：上海新学会社，1922 年。

③ （清）姚燮著，周劭标点：《复庄诗问》附录三，第 1294 页。

④ （清）孙锵：《玉枢经篇跋》，上海：上海新学会社，1922 年。

⑤ 参见张彬主编：《浙江教育史》，杭州：浙江教育出版社，2006 年，第 321 页。

结　语

清代乾嘉时期，考据学盛行于学术界，流风所及，于藏书家，更兴起一股尊崇宋元旧椠之风。叶德辉尝论曰：清人之藏书，“佞宋之癖，入于膏肓，其为不情之举，殆有不可理论者矣”①。然自道咸以降，随社会与时局之变迁，这种藏书文化逐渐发生了变化。

以宁波姚燮为代表，其大梅山馆藏书虽然不重宋元旧椠，所购藏者也多是日常通行本，但他的藏书是自身经历的一种折射，反映了普通士人与百姓的文化崇尚。姚燮的藏书特色，从一个侧面展现了晚清浙东士人藏书从“尊赏鉴”到“重藏读”的社会文化转向。因此，姚燮的藏书不仅仅是他个人感情的寄托，更蕴含着深刻的时代文化印记。

① （清）叶德辉：《书林清话》，长沙：岳麓书社，1999年，第243页。

从《大清畿辅先哲传》到《清儒学案》
——徐世昌清学史著作编纂之演进

朱曦林[①]

清中叶以降，以“国朝”、“皇朝”、“清儒”、“近儒”为名发愿纂著《清儒学案》者代有人出，但发愿者、尝试者虽多，而成书者则寥寥，或书成而散佚，或仅有发凡而尚未着手，以故迄今尚能看到完帙者，唯唐鉴的《国朝学案小识》和徐世昌的《清儒学案》。但若以《明儒学案》、《宋元学案》的标准“三段式”结构为参照[②]，则仅有徐世昌的《清儒学案》堪符“学案”之称。

《清儒学案》的编纂，自1928年秋倡修，迄于1938年春蒇事，历时十年而成。其编纂之难固然如钱穆先生所言，因清代学术本身“脉络筋节难寻”，造成“无统宗纲纪可标”、“无派别源流可指”，而难于措手。[③] 但学者的传、志、著作搜罗非易亦是重要原因，总责其事的曹秉章就曾感慨立案之难：“大凡作案，既

---

① 作者简介：朱曦林，男，中国社会科学院文学研究所，主要从事清代学术史研究。

② 按：学界对“学案体”体裁的界定仍存在争论，对于这种三段式的结构，陈祖武先生认为以“总论、传记、学术资料选编”（《中国学案史》，上海：东方出版中心，2008年，第119-124页），卢钟锋先生则认为以“传记、言论和著作、学者对传主评论”（《中国传统学术史》，郑州：河南人民出版社，1998年，第369-371页），而朱义禄先生则认为“设学案以明‘学脉’、写案语以示宗旨、选精粹亦明原著”并“承担学术思想史与学术思想资料选编的双重作用的载体”（《论学案体》，《哈尔滨工业大学学报》1999年第1期，第111-114页）。三位先生的看法虽存在差异，但就通论一朝学术而言的《明儒学案》、《宋元学案》，三位先生所论及处皆囊括其中。因此，以体裁论，这两部《学案》不啻为“学案体”的标准形式。

③ 钱穆：《清儒学案序目》，见钱穆：《中国学术思想史论丛》（八），北京：九州出版社，2011年，第548页。

要书，又须求其传、状、碑、志采辑作传，时代远者，固多散佚，而时代近者，又少流传。故每作一案，皆不能旦夕立成也。"[①] 徐世昌得以纂成此书，固然与其在晚清民国间显赫的地位密不可分，但从1914年至1928年间，其主持纂修大型学术著作所积累的经验及由此形成的编纂队伍、文献基础亦不可忽视。从《清儒学案》上溯，《晚晴簃诗汇》、《大清畿辅书徵》、《大清畿辅先哲传》皆为《清儒学案》的修纂提供了借鉴和文献基础。并且这些著作的编纂之间，也紧密相连，承前启后，如在《大清畿辅先哲传》、《大清畿辅书徵》编纂之时，贺葆真就建议"编集《畿辅文徵》、《诗徵》"[②]，徐世昌受此启发，遂提出选编有清一代之诗[③]，是为此后的《晚晴簃诗汇》。因此，梳理从《大清畿辅先哲传》到《晚晴簃诗汇》的成书过程，对于探讨《清儒学案》的编纂，实有佐益。然而迄今为止，对于《清儒学案》的编纂研究，几乎不涉及徐世昌的清学史著作编纂经历。[④] 有鉴于此，本文拟对此一过程作系统梳理，以明其渊源。不足之处，尚祈方家赐正。

一 《大清畿辅先哲传》、《大清畿辅书徵》纂修述论

徐世昌，字卜五，号菊人、东海，晚号水竹邨人、弢斋、石门山人，直隶天津人。生于清咸丰五年（1855），卒于民国二十八年（1939），享年85岁。在清末，曾历任东三省总督，军机大臣，巡警部、邮传部尚书，内阁协理大臣等。民国三年（1914），出任国务卿，七年（1918）十月，由"安福国会"选为大总统。在任期间，世昌提倡文治，阐扬颜李之学，推动《四库全书》的影印，对保存和弘扬中国传统文化做出了积极的贡献。十一年（1922）六月，被迫下野。自后，息影津门，不问政事，以著述终老。

---

① 曹秉章整理，徐世昌批示：《清儒学案曹氏书札》，见俞冰主编：《名家书札墨迹》第12册，北京：线装书局，2007年，第16页。

② 贺葆真著，徐雁平整理：《贺葆真日记》卷26，"1915年5月2日"条，南京：凤凰出版社，2014年，第293页。

③ 贺葆真著，徐雁平整理：《贺葆真日记》卷28，"1917年12月13日"条，第438页。

④ 近年涉及《清儒学案》编纂的相关研究，如刘凤强先生的《〈清儒学案〉研究》（北京：光明日报出版社，2013年）虽辟有专节探讨徐世昌的文献编纂、刊刻活动，但并未探讨从《大清畿辅先哲传》到《清儒学案》之间的过程、关系；而吴小沛先生的《〈清儒学案〉研究》（硕士学位论文，福建师范大学，2012年）则并未涉及此问题。

《大清畿辅先哲传》作为徐世昌倡修的第一部清学史著作，其编纂的动议始于1914年。是年，徐世昌经两年的告假省亲后，在时任大总统袁世凯的再三敦劝下，出任国务卿一职。适逢民国政府倡修清史，并于是秋开馆，[①] 而徐氏至交王树枏亦受聘出任史馆总纂，由是遂在徐氏的主持下，约同纪钜维、李符曾、刘仲鲁等同乡、部属商办纂辑畿辅文献，并委派赵衡、贺葆真等筹划办法，以备编纂《大清畿辅先哲传》。[②] 不久，徐世昌在其内办公室宴请参与编纂诸人，"宣布征求畿辅文献宗旨"[③]，聘请王树枏主持纂修[④]，并于畿辅先哲祠设"编书处"，正式开局修书。

1915年，徐世昌主持畿辅先哲祠春祭，祭毕至编书处与编纂诸君商谈。是日，徐氏于日记中记下数语，颇涉编纂宗旨："因清史馆征书恐有遗漏，特设此局，请王晋卿同年纂辑应入儒林、文苑各传底稿，以为史馆之助。所有经费，余独任之。开局数月，已成书数卷矣。"[⑤] 此中，徐氏虽言其编纂目的在于补清史征书之遗漏，亦备清史儒林、文苑传之采择，但若参酌王树枏所作《大清畿辅先哲传序》，则其倡修该书之缘由实不止此，谨将序文录之如下：

> 有清建国以来，崇儒右文，圣道昌明，远驾千古。皇畿为首善之区，海内通才硕士，鳞萃都下。生其间者，耳目渐染，取法最近，亦濡化最先，故二百数十年来，畿辅人才之众，几甲天下。往者，读魏莲陆、尹元孚《北学》正续诸编，叹其取材太狭，且不无入主出奴，门户之私，识者病焉。光绪初元，树枏尝辑直隶人物，依圣门四科之目，分类纂录：曰德行科，性理之学属之；曰言语科，词章之学属之；曰政事科，经济之学属之；曰文学科，考据之学属之。总名之曰《北学师承记》。惜其时搜讨未备，迄未成书。二十余年宦游四方，稿本泰半散失。甲寅之岁，弢斋徐公有纂修《大清畿辅先哲传》之举，索树

---

① 许师慎：《有关〈清史稿〉编印经过及各方意见汇编》（上），台北："中华民国"史料研究中心，1979年，第1-3页。

② 贺葆真著，徐雁平整理：《贺葆真日记》卷25，"1914年12月3日"条，第272页。

③ 贺葆真著，徐雁平整理：《贺葆真日记》卷25，"1914年12月26日"条，第276-277页。

④ 王树枏：《陶庐老人随年录》，北京：中华书局，2007年，第76页。

⑤ 徐世昌：《韬养斋日记》，"乙卯三月十二日（1915年4月25日）"条，天津图书馆藏稿本影印本。关于搜辑畿辅文献以备史馆采择的宗旨，在《凡例》中亦有体现："清初纂修明史，编辑诸公多系南人，北方名彦遗漏颇多，万季野曾痛切言之。今值创修清史之时，窃恐二百数十年文献，仅凭官家采访，不无遗漏，因设局搜辑，积四年之久，始成此书，上之史馆，以备采择。"虽言之凿凿，其实不难看出，徐世昌更多的是从为了表彰畿辅先贤、恐清史有遗漏的地域立场出发。（徐世昌：《大清畿辅先哲传》卷首《例言》，北京：北京古籍出版社，1993年，第4页）

> 枏旧稿，存者寥寥，且简略不足备甄择。公乃博为搜辑，凡国史所载以及私家撰著，其文献实有可以征信者，罔不穷搜博考，力为表章。阅时三年，凡为传目八，为卷四十，而以列女附焉。鸣呼，盛已！夫中国者，众学之渊薮，而学者一国之范围也。经数千百年，圣作明述，以造成一国之学。经数千百年，君相之作育，师友之渊源，以造成一国之人。其达而在上也，则行其所学可以兼善天下；其穷而在下也，则守其所学可以独善一身。自将相、师儒，立德、立功、立言之大，下逮愚夫、愚妇，其为善俗所熏陶、日用所行习者，亦皆足以扶名教而植纲常。降及末世，学非所学，邪说恣行。其甚者，至欲举古圣先师之所以经世训俗者，一是屏弃之，以为无足与今之天下。学术之忧，正未知何所届也。公之为是书也，岂第一乡之文献已哉？其所以正人心，维风化，以诏后学者，举于是乎在。……①

王树枏此序，大要有三：其一，概述有清一代畿辅地区文化之大略，盛赞清代崇儒右文之国策，并将畿辅地区人才兴盛、文化繁荣归结于清廷的文化政策及靠近都城的地理优势，借以夸耀清代畿辅人才之盛。其二，从学术及人物去取的角度上，认为魏一鳌、尹会一《北学编》“专取理学一门，规模稍狭”②，又存在“入主出奴，门户之私”，难得畿辅人物之详。而王树枏依孔子四科所辑的《北学师承记》又未能成书。因此，为表彰畿辅先哲，徐世昌认为“学问之道无尽，识大识小皆为圣人所师，不可以一格拘也”，故而此书“凡国史所载以及私家撰著，其文献实有可以征信者，罔不穷搜博考”，共成四十卷，分八目，远迈魏、尹、王之著。其三，针对倡导西学而蔑弃中学之风气，认为中国之学、中国之人乃经数千百年“圣作明述”、“君相之作育，师友之渊源”而成，故上者“兼善天下”，下者“独善其身”，皆“足以扶名教而植纲常”。而是时“邪说恣行”，其甚者更是“欲举古圣先师之所以经世训俗者，一是屏弃之，以为无足与今之天下”。因而，徐世昌编纂此书之目的并非局限于保存一乡之文献，以存

① 王树枏：《大清畿辅先哲传序》，见徐世昌：《大清畿辅先哲传》卷首，第1-2页。

② 徐世昌：《大清畿辅先哲传》卷首《例言》，第1页。

“桑梓耆俊之嘉言懿行”[①]，而是为了“正人心，维风化，以诏后学者”[②]。

以上三点，不啻为徐世昌编纂此书之宗旨。书中，因徐氏出于“正人心，维风化，以诏后学者”之目的，故于儒林、文苑二传颇为着意，并由王树枏亲自编纂。是书为将“道学”、“词章考据诸学”纳入其中，而不致“名类杜撰”，遂对儒林、文苑之名分别进行改易，将《儒林传》易为《师儒传》，而“古之所谓道学者皆统之矣”；将《文苑传》易为《文学传》，而“词章考据诸学皆统之矣”。其中，对《师儒传》的表彰尤为不遗余力，称：“学虽殊途，其揆则一，依次编录，以示景行。”[③] 书中以徐氏所言畿辅三大派分别详述师传渊源：“直隶有明至清，学术三大派，刁蒙吉、王余佑诸人为一派（宗程、朱），孙夏峰诸人为一派（宗陆、王），其后又有颜李一派。”[④] 三派之中，则以夏峰学派和颜李学派著笔为多，对于孙奇逢[⑤]，特别强调“其倡明道学，继往开来，其所重尤在此，不在彼，故列之《师儒传》中”，其弟子“凡属畿辅者，皆摘出作弟子列传”[⑥]。对颜李学派的处理方式亦与之相同，而对其表彰则尤过之，徐氏称：“颜李为吾畿辅自有之学派，吾于程朱、陆王、诸儒学派之取诸他省者，尚为之分别立传。夫程朱、陆王各派，吾皆重之，然究不若颜李为吾畿辅自有之学派，尤宜特著之也。颜李之传，无论其及门及同时讲学诸君，或传其学行，或列举其名，以附见可也。”[⑦] 又说：“颜李门徒属直隶者，既皆录以为传矣，其在他省者亦可搜集之，以备他日作渊源录，别成一书也。”[⑧]

而若具体于各传的编纂，亦可窥见《大清畿辅先哲传》编辑之精心，以下

---

① 徐世昌：《序》，见（清）李棠阶著，穆易点校：《李文清公日记》卷首，长沙：岳麓书社，2010年，序言第1页。

② 此外，从《例言》中言“吾家自浙江鄞县北迁顺天之大兴，始于明季；四世祖端叔公再迁天津，遂世为天津人。历代先德，详志家乘。兹纂是编，同年王君晋卿谓不可不分载传中，以昭来许。是编凡吾先人诸传，皆晋卿手纂，依年编次，与诸传同例。”尚可作一点补充，即此书之编纂亦有徐世昌表彰其先人之意，故于徐氏先人特立专传，详述功绩。（徐世昌：《大清畿辅先哲传》卷首，第4页）

③ 徐世昌：《大清畿辅先哲传》卷首《例言》，第3页。

④ 《清儒学案》稿本第263册《湘乡学案》，国家图书馆藏稿本。

⑤ 徐世昌对于孙奇逢的推崇，于其日记中不难看出，其入仕之初，时常诵读《理学宗传》，并于1897年、1912年两度拜谒“孙征君祠墓”。（见《韬养斋日记》“丁酉三月廿九日（1897年4月30日）”条、“壬子十月初五日（1912年11月13日）”条）

⑥ 王树枏：《王树枏就编辑〈畿辅先哲传〉进展情况致信徐世昌》，见林开明等编：《北洋军阀史料——徐世昌卷》第8册，天津：天津古籍出版社，1996年，第190页。

⑦ 贺葆真著，徐雁平整理：《贺葆真日记》卷27，“1916年2月16日”条，第334-335页。

⑧ 贺葆真著，徐雁平整理：《贺葆真日记》卷27，“1916年2月26日”条，第337页。

仅就《师儒传》中孙奇逢一传为例以见其概。孙奇逢传是《大清畿辅先哲传》中较早编辑的列传，在撰写初稿时，王树枏已颇多措意，贺葆真曾记道：

> 访晋卿年丈……言及孙奇逢传，余曰：“传已甚完备，可无改动。”晋卿曰：“前所为传，乃修《畿辅通志》时所为，今拟少变其体。”余曰：“搜求事实为传所未载，贴签其上，以备先生自编入不可乎?”曰：“善。即将全文附夹其中亦可。不特事迹，即他人说论亦可采也。”晋卿又云：“子可搜集事迹，而即编辑也。”①

从引文中，不难看出王树枏编辑的孙奇逢传初稿是以《畿辅通志·孙奇逢传》为蓝本的，因而贺葆真认为“传已甚完备，可无改动”②。但王树枏仍对此不甚满意，故而提出“今拟少变其体”。而变更的方式，除补入未载的事迹外，较大的变动则是在传文中采入他人的论说。若将《大清畿辅先哲传》与《碑传集》、《儒林传稿》、《汉学师承记》、《国朝先正事略》、《清国史》、《清史列传》等书同传对比，诸书虽各具特色，但《大清畿辅先哲传》中于论学之处则较他书为详。如传文中所录赵御众、汤斌对孙奇逢学术评述，则为他书所未载。③

值得注意的是，此后《清儒学案·夏峰学案》编纂亦取材自《大清畿辅先哲传》。在国家图书馆所藏《清儒学案》稿本中，该册学案编辑者夏孙桐就说道：“此卷引《畿辅先哲传》最多，嗣经讨论，本人著书，不当引本人之书为据。《先哲传》原出处有可知者，有难悬揣者，今姑就可踪迹者注之，不免有从略之处，此无可如何也。”④ 也就是说，今定本《夏峰学案》文后虽注明所征引各书，实则乃借《大清畿辅先哲传》先成学案，而后再作标注。由此，也从另一方面证明了《大清畿辅先哲传》中各传编纂之精心。⑤

除此以外，《大清畿辅先哲传》在校勘方面也颇为精审，负责此事的贺葆真曾致书徐世昌谈及校勘问题，谨过录如下，以见其详：

---

① 贺葆真著，徐雁平整理：《贺葆真日记》卷26，“1915年1月25日”条，第283-284页。

② 按：笔者翻阅光绪《畿辅通志·孙奇逢传》，该传内容实与贺葆真评价相符，唯有关生平事迹、论学评价的记载逊于《大清畿辅先哲传》。参见（清）李鸿章、黄彭年等纂修：光绪《畿辅通志》卷231《孙奇逢传》，宣统二年（1910）刊本。

③ 徐世昌：《大清畿辅先哲传》卷10《孙奇逢传》，第329-335页。

④ 《清儒学案》稿本第3册《夏峰学案》。

⑤ 关于《夏峰学案》的编纂，可参见拙著《〈清儒学案·夏峰学案〉纂修述略》（《清史论丛》2016年第1期，第132-148页）。

大总统钧鉴：

顷奉传谕，饬将同学贾廷琳所递禀交葆真阅视。葆真曾以贾廷琳所校《先哲传》事渎陈钧座，兹奉谕当将此次所禀与原书详为校核，条举于左：

一、《凡例》，宫梦仁本泰州人，以静海籍成进士，见《泰州志》，《天津志》亦同。原禀谓似不必详为辩论至数百言，似宜酌减其语云云。此词句之修正，非关重要，可否照旧？但外人亦有谓此条可删者。

一、申涵光、井焜两传，原书系以甲子纪年，因此误为前后六十年之甲子，设法改正。

一、纪昀、朱筠两传，以其长篇文字，故本多讹误，后以贾廷琳来函，已详校改正。

一、《胡范传》所述本系吏迹而载入孝友，其子《胡具庆传》又重载之，且事亦无出入，宜将《孝友传》删去。

一、魏亨逵，忠义中既有专传，宜将《文学》、《林征韩传》中附传及其父《元烺传》附记者删去。

一、目录，师儒中如王生洲，贤能中赵廷延、崔钥等名，原刊讹误，久已改正。

一、《名臣传》刘武元，按《贰臣传》谓为辽东人，《江西通志》谓为汉军，此书之例，旗籍皆不载，则此人即系宛平人，亦可删去。

一、张果中之妻，考其致鹿太公书有秦晋允谐语，故《文献徵存录》谓为鹿氏甥女，与孙夏峰无涉，应改正。

一、申涵光、彭毓宗传中，有误沿前人记载，谓指清兵为寇贼语，宜改刊。

一、《哈元生传》，原禀谓纪述多遗漏，曾将《圣武记》所载哈公事摘录数条，可补其缺，但改刊亦殊不易。

一、《方履籛传》载其为县宰祷雨事，与《列女》、《吕氏传》不符，宜将《列女传》更正。

一、《高赓恩传》中误将其兄棠恩之官为其父静之官，亦宜改正。

以上各条皆就原禀所陈者，先为禀闻。其余误字及年月、地名之讹舛陆续改正者，不下百余处，贾廷琳所记，亦多已修正。再，名臣中刘源灏，其乡人谓其碌碌无所表见，后以逗留被劾罢官，事亦见

《庸庵笔记》，拟将此传删去，已与晋卿年丈酌商矣。《曹克忠传》脱稿后，亦已付刊于《名将传》后，合并陈明。肃复，恭请崇安。贺葆真谨上。①

此札中所言贾廷琳②，为贺涛门人，经贺葆真推荐而参徐世昌幕府，此后徐氏所编之书，如《大清畿辅书徵》、《颜李学》三种、《晚晴簃诗汇》等皆曾经其校勘，所校之书堪称精审。从此札中，贺氏将贾氏所校阅之处与原书校核，涉及较大处之修改已有 12 处，而“误字及年月、地名之讹舛”更是不下百余处，可见贾氏校书之精。因而在《清儒学案》的编纂中，凡涉及畿辅人物者，即从《大清畿辅先哲传》中多所取材。

与《大清畿辅先哲传》同时稍后，王树枏提出编纂《大清畿辅书徵》③，徐世昌也很快应允此议，并嘱贺葆真转告王树枏：“凡畿辅之著述，已刻未刻，苟有其书，虽未见亦记之，将来可择其佳者刻之，或录副本，以传将来。”④ 但经搜辑，因所见之书不及十一，不得不稍作改订：“初相国属余告晋卿，言《畿辅书徵》每书将已见、未见、或存、或佚分别注于下。晋卿初从其言，既而因书之见者不及十一，存佚无由知，因少变其例，仅注抄本于目下，不知则缺。”⑤因此，现所见定本之《大清畿辅书徵》，仅在已知各书目之下注明抄本、刊本，未知者仅存书目，不注版本。而在体例上，则仍与初编时贺葆真所言相近：“《书徵》者，艺文志也。略仿近代藏书志体例，附作者小传及原书序跋等。”⑥即略仿近代藏书志之体，而稍作变更，并以直隶各府为单位，将有清一代畿辅学人按籍贯分别收入。《大清畿辅书徵》原拟作四十一卷，因承德府书少难以单独成卷，遂附于保定府后，而减去一卷，最终共得四十卷。

是书的编纂缘由，正如徐世昌在序中所言：“窃叹宿儒硕彦、淹雅方闻之士往往其人事迹不少概见，而生平撰述时时见于他说者，所在皆是。余与同人网罗搜辑，无论其书之或传或不传，及见与未见，凡有可征而信者，辄为采录，

① 《贺葆真与徐世昌等来往函稿》，中国社会科学院近代史档案馆藏稿本。

② 贾廷琳，字君玉，据贺葆真所述可知其概，“贾君，光绪丙午科优贡，尝肄业保定文学馆，先君于诸生中，独称其学问渊雅。后从毛实君方伯于甘肃，重要公牍多出其手，毛公养疴金阊，复招之至苏，又尝主于张小飒中丞。贾君天性好学，尤留心近代故事及名臣奏议”（见《贺葆真与徐世昌等来往函稿》，中国社会科学院近代史档案馆藏稿本）。

③ 贺葆真著，徐雁平整理：《贺葆真日记》卷 26，“1915 年 1 月 25 日”条，第 284 页。

④ 贺葆真著，徐雁平整理：《贺葆真日记》卷 26，“1915 年 11 月 9 日”条，第 316 页。

⑤ 贺葆真著，徐雁平整理：《贺葆真日记》卷 27，“1916 年 4 月 7 日”条，第 343 页。

⑥ 贺葆真著，徐雁平整理：《贺葆真日记》卷 26，“1915 年 1 月 15 日”条，第 280 页。

以备后人之甄择。”[①] 即在于保存先贤著作，体现其“以书存人，以人存书之意”，以备后人甄采。因此，除未见之书仅注书目，以之存书存人外，所见之书皆注明版本，并将书中之序跋全文辑录。如孙奇逢一卷中，即将其所见之著作一一载入，自《夏峰先生年谱》以迄《苏门诗草》，凡有序跋即全录，抄本、刊本一一标识。如此则既保存先贤之著作，亦便于后世之访寻，与《大清畿辅先哲传》互为表里，为《清儒学案》的编纂提供了坚实的文献基础。

1916 年 8 月，徐世昌委派贺葆真负责刊印《大清畿辅先哲传》、《大清畿辅书徵》。[②] 翌年，二书的编纂接近尾声，在贺氏的主持下，又迭经稿本的审定、刊刻款式的选择、刻样的校勘，至 20 世纪 20 年代始陆续出版。[③]

二　从《晚晴簃诗汇》到《清儒学案》

1915 年，在《大清畿辅先哲传》、《大清畿辅书徵》尚在编纂之时，贺葆真曾向徐世昌建议“编集《畿辅文徵》、《诗徵》”[④]，并先后与徐氏的故交徐坊、纪钜维等人商议此事。二人对此举颇为赞同，其中纪氏更有意独自编选《诗徵》。由是，在 1916 年初，贺葆真向徐世昌提出，“现既有编书局搜集畿辅书籍，若因此机会，选集畿辅诗文作为诗徵、文存等编，自可力少而成功多”，并认为纪氏“于诗文所见甚深”，可由其主持此事。[⑤] 徐世昌亦应允此议，但不知何故，纪氏却并未着手《诗徵》的编纂。

至 1917 年秋，在《大清畿辅先哲传》、《大清畿辅书徵》编纂蒇事之际，纪钜维入京拜谒徐世昌，再次向其建议“宜及此时选畿辅诗”[⑥]。徐世昌随即嘱咐贺葆真“将纪君言条记之”，并委派贺氏主持《畿辅诗徵》的编纂。是年底，贺氏谒见徐世昌，徐氏提出欲在“子前所言选诗事”的基础上，“大其规模，选清

---

① 徐世昌：《大清畿辅书徵》卷首序，国家图书馆藏民国铅印本。

② 贺葆真著，徐雁平整理：《贺葆真日记》卷 27，“1916 年 8 月 8 日”条，第 358 页。

③ 按：据贺葆真日记的记载，至 1919 年 6 月 1 日时仍记“饬速刊《先哲传》”（贺葆真著，徐雁平整理：《贺葆真日记》卷 30，“1919 年 6 月 1 日”条，第 502 页），故是时二书当仍在刊刻中。

④ 贺葆真著，徐雁平整理：《贺葆真日记》卷 26，“1915 年 5 月 2 日”条，第 293 页。

⑤ 贺葆真著，徐雁平整理：《贺葆真日记》卷 27，“1916 年 2 月 26 日”条，第 337 页。

⑥ 贺葆真著，徐雁平整理：《贺葆真日记》卷 28，“1917 年 9 月 22 日”条，第 427 页。

一代之诗，继《元诗选》、《明诗综》之后”[1]。即将选诗的范围从畿辅一地扩展为有清一代。但由于是时政局纷争，先有张勋复辟，后有直皖之争，徐世昌调停其间，而未能着手主持诗汇的选编。及至1919年，徐氏任总统，遂设晚晴簃诗社于中南海集灵囿西花园，约一时名士参与选诗，据时任总统府秘书厅办事员的贺葆真记载，最初受邀者有樊增祥、周树模、王树枏、柯劭忞、郭曾炘、张元奇、秦树声、宋伯鲁、林纾、纪钜维、姚永概、马其昶、吴传绮、王式通、易顺鼎、徐树铮、曹秉章、赵衡、陈田、吴闿生等19人，又有协事员冯仲轶、赵宾序、张佛昆、周志辅、柯燕舲等。[2]

诗社开办之初，由总统府办公厅向各省刊发《征诗通启》，“颁行各省区民政长官转发所属道县一体征集”，具体范围谨过录如下，以见其概：

《晚晴簃选诗社征求清代诗集简例》

一、清代诗集浩如烟海，名流硕彦传播固多，僻壤寒乡隐沦何限。本社志存博采，尤乐阐扬，广为搜求，期诸同志。

一、各省已刊之诗，总集以外，专集尤繁，拟先由本社汇编清代诗集目录，提挈纲要，庶便考索。

一、选诗固贵博收，而发凡起例必有定衡，本社拟先订义例若干条，以免泛滥。

一、往代选家不录生存，其义过狭，兹拟无论存殁，凡生于清代者概皆登采，庶免阙漏。

一、各省官私已刊总集专集，应由本省长官分饬所属道县转约士绅分头采访，仍呈省长汇送本社。

一、未刊诗集收藏家应开明住址、册数，交采访士绅，呈送各该地方官汇呈省长，转送本社，填给收据，俟录副后随时发还，如愿得酬亦可声明议给。

一、各处呈送诗集虽系刊本，而仅存孤帙，或虽非孤帙，而视同珍秘，必须收回，或愿得酬者，亦可如前办理。

---

① 贺葆真著，徐雁平整理：《贺葆真日记》卷28，“1917年12月13日”条，第438页。按：关于《晚晴簃诗汇》的编纂，李佳行《〈晚晴簃诗汇〉的编纂及文献价值初探》（硕士学位论文，北京大学，2004年）、陆瑶《〈晚晴簃诗汇〉研究》（硕士学位论文，苏州大学，2013年）都曾分别论及，但因其研究主题所限，并未将之置于徐世昌清学史著作编纂的脉络之中进行探讨。

② 贺葆真著，徐雁平整理：《贺葆真日记》卷30，“1919年3月6日、4月6日”条，第489、495页。

一、在京官绅所藏已刊、未刊诗集，可即径送本社，办法同前。

一、诗集以外，凡评诗之书，如诗话、词话、笔记等类，足资考证者，应一律征采。各省、县新旧志乘，及其他关于风土人物之书，亦由各该地方官，分别搜采检送。

一、撰著家初本系闻人，生平事实为人所共知者外，其余不论已刊、未刊各集，均由收藏家暨采访士绅，将作者名字、里贯、出处、事实，开列并寄。其有碑志传状者，并望附送，藉为知人论世之资。

一、撰家诗集之外，如并有别项著述者，亦应一并汇送，以征蕴抱。或系底稿，或系孤本，办法均视诗。

一、各省通人硕士，如能就其乡人所著，选辑成编，送备采录，如果选择精善，本社采录之后，即代印行以当酬赠。

一、迁人孤客，沦殁异乡，或姓字之久淹，或嗣息之俱绝，其所撰著，尤应极意搜罗，以阐幽隐。此外，羽流释子，淑女才媛，但有佳章，例应附著。乩诗鬼语，里谚村谣，俚不失雅，幻不涉妄者，并宜一并采送，期臻宏括。

一、本社克日举办，应征书集，除已先就京都书肆，广为搜购外，各省道县，统限得信后三个月，汇送一次，万勿旷延。

一、本社设于京都集灵囿晚晴簃，即以名社。各省赍送书集者，径投交纳勿误。①

据此通告，可见当时征集范围之广，综而论之有以下几点：其一，征集区域，由各省到各县，凡生于清代者皆属其列，并且释道、闺秀亦为搜录。其二，征书之类型，除诗集外，评诗之书、“各省、县新旧志乘及其他关于风土人物之书”以及诗集以外各人之撰著，不管已刊、未刊，都属于征集的范围。其三，各人生平之资料，不仅涉及作者的名字、里贯、出处、事实，与之相关的碑志传状亦一并征集。

由于这一征书令是以政令形式颁行各省，各省省长皆积极响应，很快又以训令形式转发各道、县以及各院校、图书馆。② 与之同时，一时报刊对此多有报道，如《晨报》曾载徐世昌与樊增祥对征书界限的不同看法：“闻总统已行文各

① 《晚晴簃选诗社征求清代诗集简例》，天津《益世报》1919 年 4 月 5 日。

② 笔者所见江苏省、安徽省在接到总统办公厅《征书令》后，即行颁发各道县、院校、图书馆（参见《江苏省政府公报》第 1887 期、《安徽省教育月刊》第 16 期）。此外，像北京大学等院校在收到此令后，亦积极响应（《北京大学日刊》第 351 期），由此可见此《征书令》在当时的影响。

省，饬征集一切之钜制。唯目下总统主张征集诗词以已死前清之名流隐逸著作为限，以蔚为一代之钜制。而樊山等人则偏欲并未死之名流著作，一并列入其意，专在将自己著作列入清选，因之刻下关于征集界限尚未定。”[①] 而对晚晴簃诗社的活动亦颇多关注，如记当时的宴会情形道：“总统昨日午刻在集灵囿西花园设备午餐，宴请晚晴簃诗社社员，计与宴者为樊樊山、陈田、柯邵忞、秦树声等十三人，席间谈论诗文，颇一时之盛云。”[②] 从政学两界及社会舆论的积极响应上看，徐世昌的《征书令》在当时颇具反响，因之所征集之书亦颇具规模，稍后贺葆真为其整理藏书时即称“原存及刷印各书，堆积如山”，仅晚晴簃所藏集部之书已有“四千余种”，而这些书中的很大一部分即来自是时所征集之书。[③]

1922 年，徐世昌下野，诗社选诗的工作亦告中辍，迄于 1923 年徐氏命曹秉章重理其事，选诗之事才续为进行。但相对于诗社初开时的名士云集，后期参与选诗者仅寥寥数人，闵尔昌曾撰《记晚晴簃诗汇》一文，谈及选诗的相关情形，弥足珍贵，录之如下，以见其详：

> 天津徐公以民国七年任大总统，公笃于故旧，雅好艺文，其明年，遂有晚晴簃选诗社之举。晚晴簃者，集灵囿西花园之一坐落也。被邀入社者，厥初为恩施樊君云门、胶县柯君凤孙、新城王君晋卿、醴泉宋君芝洞、闽侯郭君春榆、天门周君少朴、闽侯张君贞午、固始秦君右衡、汉寿易君实甫、汾阳王君书衡（原注：尚有数君，以后不复至，不常至，不备举），而嘉善曹君理斋实司收掌交际等事。府秘书同人继续入社者，为绍兴沈君吕生、长沙郑君叔进、镇江丁君闇公及尔昌，外此则吉林成君祝三、长沙章君曼仙、南海关君颖人也。萧县徐君又铮，尝斥数千圆购赠总别集若干种，谦曰：“吾武人，不足言诗，第能为诸先生供奔走耳。”徐公既出所藏书，又由府秘书厅行文各省，广事征求，然以清代诗人众多，社中所有，皆群知而习见者，其珍异冷僻之本，固甚尠也。月凡数集，值星房虚昴四日午后，徐公暨同人咸至，雍容谈论，半日而罢。每新年及旧历中秋，则设宴款焉。顾诸老矜重，于选录殊不置意，云门年辈高，则推其选《初学》、《有学》两集，春榆、芝洞、书衡，尚乐于从事，余则偶录一二家而已。两三年来，写成者不过百数十家。徐公既去位，遄回天津，社事中辍。十二年，理

① 《晨报》1919 年 4 月 1 日。

② 《晨报》1919 年 4 月 8 日。

③ 《贺葆真与徐世昌等来往函稿》，中国社会科学院近代史档案馆藏稿本。

斋承公命商量续选，旧友仍邀书衡与尔昌，别邀江阴夏君闰枝、杭县吴君印丞、嘉兴金君篯孙入社，假江安傅君沅叔藏园，仍月四五集。同人分事搜采，以尔昌于清人事迹向尝究心，属为审正邑里、时代、科分、官职，而因此与同人乃不能无违迕焉。斯集本名《清诗汇》，后以采录入民国诸人之作，乃去“清”字。……十三年，印丞物故，尔昌亦辞去，仅夏、王、金、曹四人完成其事。序为书衡手笔，诗话同人固各有所作，太半亦书衡润色，文章尔雅，方诸静志居，庶嗣其响焉。十七年刊印毕事，于是创修《清儒学案》。”①

从此文中可概见《晚晴簃诗汇》的编纂过程，其中以 1922 年徐世昌下野为断，可分为前后两期，前期参与者虽多，但成稿甚少；后期的编纂者，除王式通和闵尔昌外，其余皆由曹秉章另邀入社，如夏孙桐、金兆蕃、吴昌绶等，其中夏、王、金、曹四人则是《晚晴簃诗汇》的总成者。而这些后期的编纂者随后也参与到《清儒学案》的编纂之中。需要指出的是，闵尔昌称“十七年刊印毕事，于是创修《清儒学案》”，但据《清儒学案曹氏书札》，《晚晴簃诗汇》迄于 1929 年底徐世昌方称“刻下《诗汇》已将刻成”②。民国十七年为 1928 年，是时《晚晴簃诗汇》的选辑行将结束，而刊印则尚未蒇事，故应为闵尔昌误记之故。

1928 年 9 月，《晚晴簃诗汇》的选辑告一段落，陆续发文楷斋刊印，于是徐世昌遂有倡修《清儒学案》之议。最终，《晚晴簃诗汇》共成二百卷，收录六千一百五十余家，自清初孙奇逢、黄宗羲、顾炎武，以迄清季汪康年、严复等人，并及闺秀、释道、方外、属国，是清诗总集中最为完备之作。是书曾有两个时期的刊本，即 1929 年的试印本和 1931 年的刻印本，皆由文楷斋刊印。试印本在 1929 年底刻出之后，在曹秉章的主持下，又经曹葆宸、汪惟韶、贾廷琳等人校勘，并续有增补，最终于 1931 年初刻印出版。

而《清儒学案》的编纂，接续于《晚晴簃诗汇》之后，是时郑沅、金兆蕃等人虽已先后南归③，但仍然参与到《清儒学案》的编纂中，因此不管是编纂的

---

① 闵尔昌：《记晚晴簃诗汇》，徐世昌辑：《晚晴簃诗汇》，《诗歌总集丛刊·清诗卷》，上海：上海三联书店，1989 年，卷首第 1-2 页。

② 曹秉章整理，徐世昌批示：《清儒学案曹氏书札》，见俞冰主编：《名家书札墨迹》第 11 册，第 170 页。

③ 参见拙作《金兆蕃参编〈清儒学案〉史事考实——以国图藏金兆蕃致曹秉章书札为中心》，《文献》2017 年第 3 期，第 106-124 页。

组织形式，还是编纂人员的构成上，其实仍一如《晚晴簃诗汇》之时；而从《大清畿辅先哲传》到《晚晴簃诗汇》所积累的丰富藏书，也保证了《清儒学案》编纂的顺利进行，其中诸多清代学者的著作，即取阅自徐氏的藏书。另外，在具体的编纂过程中，《晚晴簃诗汇》的编纂也为其提供了诸多的借鉴。如徐世昌等人最初修订《清儒学案》原拟的“卒于宣统三年为断”的入案下限时，即曾借鉴《诗汇凡例》中“从前选家惧涉标榜，往往不录生存。兹编亦从其例，凡所甄采，以清代为断”之义，[①] 即在具体的学人去取上模糊其“生于”、“卒于”清代的概念，使得徐氏推崇的贺涛、王树枏、柯劭忞等人得以顺利入案，并最终在形成定本《学案凡例》时将此下限摒弃。又如，在《清儒学案》次序的编排上，编纂者最初亦曾参考《晚晴簃诗汇》的排序方式，但此后经徐世昌、夏孙桐、曹秉章、沈兆奎等人的往复讨论，最终改订为以从祀两庑十一人居前，其后以生年为序的编排方式。由以上可见，从《晚晴簃诗汇》到《清儒学案》，虽然体裁不同，侧重之处不同，但在具体的编纂上实则为先后相承的关系。

结 语

1914年，民国政府设立清史馆，撰修《清史》，徐世昌深恐畿辅先贤有所遗漏，遂聘请时任清史馆总纂的王树枏主持《大清畿辅先哲传》的编纂，“以为史馆之助”。自是迄于1928年秋倡修《清儒学案》，十余年间，徐世昌陆续编就《大清畿辅先哲传》、《大清畿辅书徵》、《晚晴簃诗汇》等清学史著作，这些书籍的编纂，无疑为《清儒学案》的最终成书奠定了基础。撮其大要，有如下几点值得注意。

其一，为《清儒学案》的编纂积累了坚实的文献基础。[②] 如果说，《大清畿辅先哲传》、《大清畿辅书徵》仅是侧重于畿辅文献方面，那么《晚晴簃诗汇》编纂之时，徐世昌以大总统身份颁布《征书令》，面向全国征书，则是最终得以纂成一代学术文献的先决条件。这些书籍最后成为徐氏在京、津两处的藏书，

① 徐世昌等辑：《晚晴簃诗汇》，《诗歌总集丛刊·清诗卷》，卷首第4页。《诗汇凡例》修改之事，见《清儒学案曹氏书札》（俞冰主编：《名家书札墨迹》第12册，第62页）。

② 在《学案》编辑时，编纂者均有《大清畿辅先哲传》和《大清畿辅书徵》可随时参酌，曹秉章就说道：“《先哲传》与《书徵》，同人均有其书，随时可以翻检。”（曹秉章整理，徐世昌批示：《清儒学案曹氏书札》，见俞冰主编：《名家书札墨迹》第12册，第65页）

即晚晴簃诗社藏书、书髓楼藏书及存津藏书。[①] 据学者统计，现所见徐世昌《书髓楼总目》中，共著录经部四百种，史部一千种，子部八百种，集部约五千种，合计约七千余种，堪称宏富。[②] 无怪乎为其编订《书目》的贺葆真称："清代提倡文学诸巨公殆无与比，盖继阮文达、曾文正、张文襄诸公而益大其规模，钦佩曷极。"[③]

其二，编纂成员的相对稳定，并接连参与大型学术著作的编纂，为之积累了丰富的经验。其中，《清儒学案》的主要编纂者，曹秉章、王式通、夏孙桐、金兆蕃、章华、郑沅、闵尔昌等，都曾在不同时期参与《晚晴簃诗汇》的选编，而王式通、夏孙桐、金兆蕃等更是长期参与《清史稿》的纂修。徐世昌就曾盛赞夏孙桐、王式通："《诗汇》、《学案》两书成三百年之文献，一代之典章国故，闰枝、叔衡两先生，烂熟胸中矣。"[④] 并称夏氏："《学案》得公主持，已成十之九。"[⑤]

其三，从《大清畿辅先哲传》到《清儒学案》，可见徐世昌清学史著作的编纂，是一个由地方文献到全国文献的过程，彼此之间相互关联。如在《大清畿辅先哲传》编纂之时，因王树枏的提议，遂续纂《大清畿辅书徵》；而在《大清畿辅先哲传》、《大清畿辅书徵》的编纂临近结束之时，因贺葆真的建议，又拟定选辑《畿辅诗徵》，进而徐世昌又将之扩充为选编有清一代之诗的《晚晴簃诗汇》；最后在《晚晴簃诗汇》蒇事之际，为"阐扬儒术，津逮后学"[⑥]，徐氏又以之为基础，倡修《清儒学案》。

揆诸史实，从《大清畿辅先哲传》、《大清畿辅书徵》，到《晚晴簃诗汇》，再到《清儒学案》，可见徐世昌清学史著作的编纂是一个循序渐进、相互关联、不可分割的整体。

---

① 《贺葆真与徐世昌等来往函稿》，中国社会科学院近代史档案馆藏稿本。

② 郑伟章：《文献家通考》，北京：中华书局，1999年，第1226页。

③ 《贺葆真与徐世昌等来往函稿》，中国社会科学院近代史档案馆藏稿本。

④ 《清儒学案》稿本第207册《星伯学案》。

⑤ 过溪：《〈清儒学案〉纂辑记略》，见《艺林丛录》第七编，香港：商务印书馆香港分馆，1961年，第118页。

⑥ 曹秉章整理，徐世昌批示：《清儒学案曹氏书札》，见俞冰主编：《名家书札墨迹》第11册，第344页。

“经之运动”与“史之改造”——解读19世纪20年代梁启超的“学术转向”及其自我书写

袁立泽[①]

梁启超作为清季民初极富代表性的政治家、思想家，一生跌宕起伏，进退成败，波谲云诡；得失之间，异彩纷呈。他裹挟在时代的潮流与政治的旋涡中，顽强坚守传统士人救时济世的特有情怀，始终活跃在政治和舆论的舞台，数十年间奔走呼号，殚精竭虑，启迪民智，不遗余力，成为政学两界广涉博通、影响尤巨的领袖人物。

他的经历较为丰富，思想较为敏锐，建树较为广泛，在近代中国社会政治、思想、文化各个领域，高屋建瓴，披荆斩棘，标新领异，卓然自任，创辟之功，前无古人，无愧为杰出的先行者、卓越的奠基人。可以说，“过去半世纪的知识分子，都受了他的影响”[②]。

他“不仅亲历了从戊戌维新到北伐战争的三十年间中国政局的一切变化，而且多次置身于变化的漩涡中心”[③]。激剧动荡的社会进程，亦相应造成其“善变”的特异表现。“随时转移，巧于通变”[④]，进退屡变，沉浮无定，同时代人诟

---

① 作者简介：袁立泽，中国社会科学院历史研究所图书馆原馆长、副研究馆员，主要研究清代学术史。

② 曹聚仁：《中国学术思想史随笔》，北京：生活·读书·新知三联书店，1986年，第350-351页。

③ 朱维铮：《〈清代学术概论〉导读》，见（清）梁启超撰，朱维铮导读：《清代学术概论》，上海：上海古籍出版社，1998年，第3页。

④ 郭湛波：《近五十年中国思想史》，济南：山东人民出版社，1997年，第35页。

病于此，指责与夹攻杂沓而至。梁启超尝自言："启超太无成见。其应事也有然，其治学也亦有然。"[①]

可以说，梁氏一方面是中国近代政治的开风气者，另一方面又是中国近代学术的开先河者。他一生著述逾千万字，成果丰硕，被誉为中国近代百科全书式的学者，"不惟其为学领域之广博，在他那个时代罕有匹敌，而且其锐意创新之开拓精神，在中国学术史上更是堪称不朽"[②]。他秉持学术自觉和学术救国的理想信念，尝谓"泰西之政治，常随学术思想为转移；中国之学术思想，常随政治为转移，此不可谓非学界之一缺点也"[③]，切望能以"学术之势力"来"左右世界"，直言"学术思想之在一国，犹人之有精神也"。曾不无忧虑地表示，"自今以往二十年中，吾不患外国学术思想之不输入，吾惟患本国学术思想之不发明"[④]，奋力疾呼"欲救今日之中国，莫急于以新学说变其思想"[⑤]。

因此，"总结他在开拓道路上的成败得失，对他的研究成果作出实事求是的、科学的评价，是很有必要的"[⑥]。本文围绕梁启超20世纪20年代的"学术转向"及其自我书写，尝试从以下几个方面，略作粗浅的梳理和解读。

一　"治学与问政"的"善变"交错

对于梁启超的"善变"，已有学者总结其"前后约有十变"[⑦]，称："因为梁启超多变，当时便遭到来自对立方面和自己营垒的种种非议。孙中山痛斥其'忽言革命，忽言破坏'，'一人而持二说，首鼠两端'。章太炎指责他'始言革命，终言立宪，浮夸转变，……其心固非有定见。'《民报》甚至载文骂他是'蝙蝠名士'、'反复小人'。曾经热烈赞扬梁启超'一字千金'的挚友黄遵宪，

---

① （清）梁启超撰，朱维铮导读：《清代学术概论》，第89页。

② 陈祖武：《清代学术源流》，北京：北京师范大学出版社，2012年，第401页。

③ （清）梁启超撰，夏晓虹导读：《论中国学术思想变迁之大势》，上海：上海古籍出版社，2001年，第51页。

④ （清）梁启超撰，夏晓虹导读：《论中国学术思想变迁之大势》，第6页。

⑤ 丁文江、赵丰田编：《梁启超年谱长编》，上海：上海人民出版社，1983年，第277页。

⑥ 陈祖武：《清代学术源流》，第380页。

⑦ 李华兴：《近代中国的风云与梁启超的变幻》，《近代史研究》1988年第2期，第198-217页。

后来也责怪他‘言屡易端，难于见信’。”乃师康有为急斥之曰“流质易变”[①]，这也成为对梁氏近乎标志性的评语。

为此，梁启超坦承，“吾数年来之思想，已不知变化流转几许次”[②]，检讨说：“见理不定，屡变屡迁，此吾生之所以最短也……平生遗憾，莫此为甚。”[③]有时也会“不可思议”于自己“何以锐退如此其疾也”[④]。不过，他也尝自辩，“善变”肯定不能算是他的“成心”之举。在写给孙中山的一封信中，谈及“办事宗旨”，称：“弟数年来，至今未尝稍变，惟务求国之独立而已。若其方略，则随时变通。但可以救我国民者，则倾心助之，初无成心也。”[⑤] 其“不变”者，可见一斑。

郑振铎在梁启超去世不久，作长文悼念，还特意将此点拈出，大加谈论了一番，说：“梁任公最为人所恭维的——或者可以说，最为人所诟病的——一点是‘善变’。无论在学问上，在政治活动上，在文学的作风上都是如此。”[⑥] 进而评价说：“他之所以‘屡变’者，无不有他的最强固的理由，最透澈的见解，最不得已的苦衷。他如顽执不变，便早已落伍了，退化了……；他如不变，则他对于中国的供献与劳绩也许要等于零了。他的最伟大处，最足以表示他的光明磊落的人格处便是他的‘善变’，他的‘屡变’。”[⑦]

朱维铮认为，身负“改革家兼政论家的名望”[⑧]、“精力更显得超群”的梁启超，“以一身推进‘言论与政治并行’，顾此失彼，自不可免”[⑨]。“他是清末的改革家，民初更直接登上国内政坛”[⑩]，身处在“中国受外患最危急的一个时代”里，面对“进取”与“保守”的时代潮流，在目睹了军阀统治的种种恶劣与不

① 丁文江、赵丰田编：《梁启超年谱长编》，第299页。

② （清）梁启超：《饮冰室文集》原序，见吴松等点校：《饮冰室文集点校》第1集，昆明：云南教育出版社，2001年，第1页。

③ （清）梁启超：《答和事人》，见吴松等点校：《饮冰室文集点校》第3集，第1606页。

④ （清）梁启超：《政治学大家伯伦知理之学说》，见吴松等点校：《饮冰室文集点校》第1集，第459页。

⑤ 丁文江、赵丰田编：《梁启超年谱长编》，第181页。

⑥ 郑振铎：《梁任公先生》，见夏晓虹：《追忆梁启超》（增订本），北京：生活·读书·新知三联书店，2009年，第73页。

⑦ 郑振铎：《梁任公先生》，见夏晓虹：《追忆梁启超》（增订本），第74页。

⑧ 朱维铮：《〈清代学术概论〉导读》，见（清）梁启超撰，朱维铮导读：《清代学术概论》，第2页。

⑨ 朱维铮：《〈清代学术概论〉导读》，见（清）梁启超撰，朱维铮导读：《清代学术概论》，第21页。

⑩ 朱维铮：《〈清代学术概论〉导读》，见（清）梁启超撰，朱维铮导读：《清代学术概论》，第3页。

堪和社会政治的种种晦暗与衰颓后，时时"令人呕气"，备感心力交瘁，回首"历年之政治谭，皆败绩失据"①，况且"屡为无聊的政治活动所牵率，耗其精而荒其业"②。在给女儿的信中，他悔叹说："国内种种棼乱腐败情状，笔安能罄……吾在此日与妖魔周旋，此何可耐，要之无论何路，皆行不通，而又不能不行，此所以为苦也。"③ 后来，梁启超还反省说："中国的学者，向来什有九都和政治有关系。这种关系每每妨碍思想之独立，最少也分减了研究的岁月和精神。"④ 故此，梁氏屡言退出政治。

早在1914年辞去政府职务、避居天津的时候，梁启超就萌发了退出政治的念头。第二年创办《大中华》杂志，梁氏致《发刊辞》，表达对政治的极端失望，说"我国民积年所希望所梦想，今殆一空而无复余"，故不必讳言，"今日之政治，与吾侪之理想的政治甚相远……吾以为中国今日膏肓之疾，乃在举全国聪明才智之士，悉辏集于政治之一途!"⑤ 同期他还撰文《吾今后所以报国者》，称"吾二十年来之生涯，皆政治生涯也。……吾尝自讼，吾所效之劳，不足以偿所造之孽也"，"故吾自今以往，不愿更多为政谭……至其政治上言论行动，吾决不愿有所与闻，更不能负丝毫之连带责任"。他对自己提出的要求是："吾虽不敏，窃有志于是，若以言论之力，能有所贡献于万一，则吾所以报国家之恩我者或于是乎在矣!"⑥

1917年10月，他辞去北洋政府财政总长的职务，从此"官运"终结。至1918年夏，梁启超着手考虑"出杂志，专言学问，不涉政论"⑦。错综复杂的社会矛盾，变幻莫测的时代进程，充满彷徨与变数的政治生涯，对梁启超的身心造成累累伤痛，已无丝毫可"沾沾自喜"的地方。而打破这一"心结"的契机是随后开启的"欧游"之旅。

第一次世界大战期间，梁氏力主对德宣战。结果"欧战以协约国得胜告终，给力主中国参战的梁启超带来了出头机会，他很快取得大总统徐世昌的支持，

---

① （清）梁启超：《吾今后所以报国者》，《大中华》1915年第1卷第1期。

② （清）梁启超撰，朱维铮导读：《清代学术概论》，第90页。

③ 丁文江、赵丰田编：《梁启超年谱长编》，第663-664页。

④ （清）梁启超：《明清之交中国思想界及其代表人物》，见刘东、翟奎凤选编：《梁启超文存》，南京：江苏人民出版社，2012年，第467页。

⑤ （清）梁启超：《大中华·发刊辞》，《大中华》1915年第1卷第1期。

⑥ （清）梁启超：《吾今后所以报国者》，《大中华》1915年第1卷第1期。

⑦ 丁文江、赵丰田编：《梁启超年谱长编》，第863页。

由政府提供大半经费，‘以个人资格前往欧洲’”[①]。

1918年10月26日，梁启超在出游欧洲前，接受《申报》采访，再一次宣称：“一年以来，闭户自精……自审心思才力，不能两用，涉足政治，势必荒著述，吾自觉欲效忠于国家社会，毋宁以全力尽瘁于著述，为能尽吾天职，故毅然中止政治生涯，非俟著述之愿略酬，决不更为政治活动。故凡含有政治意味之团体，概不愿加入。”[②]

出游欧洲前夕，梁氏与他的几个晚辈朋友竟夜未眠，“谈了一个通宵，着实将从前迷梦的政治活动忏悔一番，相约以后决然舍弃，要从思想界尽些微力。这一席话……换了一个新生命”[③]。后来。梁启超自诩说，自己“生平是靠兴味做生活源泉”，而且两种兴味——学问兴味与政治兴味“都甚浓”，只是两样比较之下，“学问兴味更为浓些”。他常常梦想着，能够在稍为清明些的政治之下，“容我专作学者生涯”。但又感觉，若不管政治，便意味着逃避责任，所以应该“做个学者生涯的政论家”[④]。而这一次“欧游”，终于使他有机会从“问政”中抽身，转到“治学”的方向上来了。

二 “欧游心影”的“转捩”自觉

梁启超于第一次世界大战后的1918年10月，赴欧考察，1920年3月初归国，前后历时一年多。同时，他所作的《欧游心影录》于1920年3月至6月在北京的《晨报》和上海的《时事新报》上连载刊登。这一次“欧游”之行，究竟给他造成了怎样的影响呢？

1919年6月9日，旅途中的梁启超作《与仲弟书》，兴奋之情，溢于言表，说：“数月以来，晤种种性质差别之人，闻种种派别错综之论，睹种种利害冲突之事……吾自觉吾之意境，日在酝酿发酵中，吾之灵府必将起一绝大之革命，惟革命产儿为何物，今尚在不可知之数耳。”[⑤]

---

① 朱维铮：《〈清代学术概论〉导读》，见（清）梁启超撰，朱维铮导读：《清代学术概论》，第6页。

② 丁文江、赵丰田编：《梁启超年谱长编》，第868页。

③ 丁文江、赵丰田编：《梁启超年谱长编》，第874页。

④ （清）梁启超：《外交欤内政欤》，见吴松等点校：《饮冰室文集点校》第6集，第3651页。

⑤ 丁文江、赵丰田编：《梁启超年谱长编》，第880-881页。

1920年3月，梁启超欧游归来即在上海的中国公学发表演讲，向国人介绍欧洲资本主义世界在第一次世界大战和俄国十月革命之后的诸般景象，发出许多惊人之语。他说："此次游欧，为时短而历地多，故观察亦不甚清切，所带来之土产，因不甚多，惟有一件可使精神受大影响者，即将悲观之观念完全扫清是已。因此精神得以振作，换言之，即将暮气一扫而空。"① 他乐观地表示："鄙人自作此游，对于中国，甚为乐观，兴会亦浓。且觉由消极变积极之动机，现已发端，诸君当知中国前途绝对无悲观，中国固有之基础，亦最合世界新潮。"

朱维铮解释说："引起轰动的主要是文中的两个见解，那就是对'科学万能'的诅咒，对'东方文明'的讴歌。"② 不过，"诅咒"一词显然言过其实了。朱维铮又补充说："他的针砭本身也属于悖论，如他在批判'科学万能之梦'一节'自注'所说，'我绝不承认科学破产，不过也不承认科学万能罢了'。"③

倒是《梁启超年谱长编》的编者别具慧眼，评论说："先生在欧游期中，其随时随地所经历观察和感想都有记述……上面这几篇文章里最要紧的是第一文（注：指《欧游心影录》）的下篇——《中国人之自觉》，因为读了这篇文章可见先生思想见解转变之迹，和对于将来政治社会等问题的主张。"④ 朱维铮强调："欧游一年，对梁启超的思想与政见的影响确实不小，尽管未必可说'换了一个新生命'，却在言论取向上起了一个大变化。"⑤

在《欧游心影录》中，梁氏惊呼，这是"人类历史的转捩"⑥，"所以我觉得这回大战，还不是新世界历史的正文，不过一个承上起下的转捩段落罢了"⑦。那么彼处的"转捩"，在梁氏这里又是怎样表现的呢？

梁启超在《思想之矛盾与悲观》一节中说："凡一个人，若是有两种矛盾的思想在胸中交战。最是苦痛不过的事。"⑧ 他看到，"近代的欧洲，新思想和旧思想矛盾，不消说了。就专以新思想而论，因为解放的结果，种种思想同时从各

---

① （清）梁启超：《梁任公在中国公学之演说》，《东方杂志》1920年第17卷第6期。

② 朱维铮：《〈清代学术概论〉导读》，见（清）梁启超撰，朱维铮导读：《清代学术概论》，第16页。

③ 朱维铮：《〈清代学术概论〉导读》，见（清）梁启超撰，朱维铮导读：《清代学术概论》，第19页。

④ 丁文江、赵丰田编：《梁启超年谱长编》，第895页。

⑤ 朱维铮：《〈清代学术概论〉导读》，见（清）梁启超撰，朱维铮导读：《清代学术概论》，第10页。

⑥ （清）梁启超：《欧游心影录》，北京：商务印书馆，2014年，第6页。

⑦ （清）梁启超：《欧游心影录》，第8页。

⑧ （清）梁启超：《欧游心影录》，第21页。

方面迸发出来。都带几分矛盾性”。即便是在积弱的中国面前，不可一世的强者——欧洲，亦概莫能外地深陷在它自身所造成的重重矛盾中，以致“愈发展得速，愈冲突得剧”。

在下篇《中国人之自觉》最后一节《中国人对于世界文明之大责任》中，梁启超不无欣慰地倡言：“我觉得我们因此反省自己从前的缺点，振奋自己往后的精神，循着这条大路，把国家挽救建设起来决非难事。……明白这道理，自然知道我们的国家，有个绝大责任横在前途。什么责任呢？是拿西洋的文明，来扩充我的文明，又拿我的文明去补助西洋的文明，叫他化合起来成一种新文明。”[①]

这个“酝酿”着的“转捩”，一经“发酵”的结果，遂使得梁启超跳出了一国一地之“狭隘”，开始用一种崭新的“世界”的眼光，打量起整个世界与世界中的中国。“不是把自己的国家弄到富强便了，却是要叫自己国家有功于人类全体”，即“我们人数居全世界人口四分之一，我们对于人类全体的幸福，该负四分之一的责任。不尽这责任，就是对不起祖宗，对不起同时的人类”[②]。梁氏头一回将中国，看作整个“世界文明”、人类文明的一个组成部分，所以，他热切期盼，要唤起“国民”的自觉，唤起“国民”的“运动”，“现在的欧洲……万事万物，都是‘群众化’”[③]。

他力主“文化运动向实际的方面进行”[④]，在《欧游心影录》的《国民运动》一节分析说：“‘怎样才叫做国民运动？’‘第一，要不是政客式的运动；第二，要不是土豪式的运动；第三，要不是会匪式的运动。是要全国真正良善人民的全体运动。’”[⑤] 而在 1921 年 12 月的一次演讲中，梁氏自责说：“因为我从前始终脱不掉‘贤人政治’的旧观念，始终想凭藉一种固有的旧势力来改良这国家。所以和那些不该共事或不愿共事的人，也共过几回事。虽然我自信没有做坏事，多少总不免被人利用我做坏事，我良心上无限苦痛。”而“国民运动”，就是“由少数弱者的自觉，唤起多数的自觉；由少数弱者的努力，拢成多数的努力”[⑥]。

至于说梁启超本人“转捩”的自觉，则如其所言，即“专作学者生涯”。此

---

① （清）梁启超：《欧游心影录》，第 48-49 页。

② （清）梁启超：《欧游心影录》，第 51-52 页。

③ （清）梁启超：《欧游心影录》，第 23 页。

④ （清）梁启超：《改造》发刊词，《改造》1920 年 9 月第 3 卷第 1 号。

⑤ （清）梁启超：《欧游心影录》，第 47 页。

⑥ （清）梁启超：《外交欤内政欤》，见吴松等点校：《饮冰室文集点校》第 6 集，第 3643 页。

际的梁氏已然在自觉履行跟友人的"承诺"——认真做起"转向学术"的事情。一方面,"我很盼望最近的将来,有真正的国民运动出现";另一方面,"倘若有么,我梁启超应该使役我的舌头和笔头,来当个马前小卒"。[①]

1922年初,梁启超为庆祝《申报》五十周年,作《五十年中国进化概论》。他先是总结五十年来中国人的"学问进步"经历了三期发展,谓"革命成功将近十年,所希望的件件落空,渐渐有点废然思返。……恰值欧州大战告终,全世界思潮都添许多活气。……所以最近两三年间,算是划出一个新时期来了"[②]。讲到后面,别有会心,不忘将自己那一代人拎出来,大大提上一笔,说:"从甲午、戊戌到辛亥……后起的人,一时接不上气来,所以中间这一段,倒变成了黯然无色。但我想,这时代也过去了,从前的指导人物,象是已经喘过一口气,从新觉悟,从新奋斗,后方的战斗力,更是一天比一天加厚,在这种形势之下,当然有一番新气象出来。"[③] 文中所指"从前的指导人物",不言自明;而"一番新气象",更是实有所指。

是年10月10日,《梁任公近著第一辑》编定成书,梁氏自序称:"民国九年春,归自欧洲,重理旧业,除在清华、南开诸校担任功课,及在各地巡回讲演外,以全力从事著述。已仰布者有《清代学术概论》约五万言,《墨子学案》约六万言,《墨经校释》约四万言,《中国历史研究法》约十万言,《大乘起信论考证》约三万言。又三次所辑讲演集约共十余万言。其余未成或待改之稿有《中国韵文里头所表示的情感》约五万言,《国文教学法》约三万言,《孔子学案》约四万言,又《国学小史稿》及《中国佛学史稿》全部弃却者各约四万言,其余曾经登载各日报及杂志之文,约三十余万言,辄辑为此编,都合不满百万言,两年有半之精力,尽在是矣。"[④]

短短两年多的时间里,这位"从新觉悟"、"从新奋斗"的"指导人物",著述之勤,成果之丰,"战斗力"之"厚",不得不令人瞠目。

---

① (清)梁启超:《外交欤内政欤》,见吴松等点校:《饮冰室文集点校》第6集,第3651页。

② (清)梁启超:《五十年中国进化概论》,见吴松等点校:《饮冰室文集点校》第5集,第3250页。

③ (清)梁启超:《五十年中国进化概论》,见吴松等点校:《饮冰室文集点校》第5集,第3251-3252页。

④ 丁文江、赵丰田编:《梁启超年谱长编》,第966页。

三 “今文学运动”的“叙述”反复

晚清“今文学”运动是中国学术从传统向近代过渡的关键环节，梁启超作为晚清“今文学”营垒中的“健将”，担当了“猛烈的运动宣传者”角色。在他“转向学术”的过程中，如何运用学术的方式，给自己作一个相对允当的评价，显非易事。

梁启超治清代学术史的“处女作”是《近世之学术》。1902 年，梁氏发愿结撰《论中国学术思想变迁之大势》，原拟作十六章，但仅写至第六章《隋唐佛学》，便因故搁笔。两年后，才于 1904 年夏，续作第八章。[①] 以《近代之学术》为题，代替了原来十六章结构中的第八章《衰落时代》和第九章《复兴时代》。

1920 年 10 月，梁启超撰成《清代学术概论》的初稿，以《前清一代思想界之蜕变》为题，交《改造》杂志连载；次年 2 月，单行本由商务印书馆刊行。“谁都知道当年的上海商务印书馆主持者很有‘经济’头脑，他们在梁启超死后第三年即一九三二年，赶在中华书局将本书收入《饮冰室合集》而印出之前又抢先出了本书第八版，便可证本书受读者欢迎的程度。”[②]

继《清代学术概论》之后，1924 年，梁启超又将其在清华等校讲授“清学史”的讲稿整理后，交《晨报》、《国文学会丛刊》、《史地学报》、《东方杂志》等陆续刊载，此即梁著“清学史”的又一名著——《中国近三百年学术史》。[③]

合此三著，蔚成梁启超“对清代学术史的开创性研究”，尤其后两种，“实在是梁先生最后的贡献于学术界的成绩，而为后来研究梁先生的学术的人们所不可不读之书”[④]。1936 年，郭湛波在其再版的《近五十年中国思想史》中，对梁氏评价说：“我以为他最大的贡献，要算他有清一代的思想学术的整理，非他人所可比及。”[⑤]

① 参见陈祖武：《清代学术源流》，第 380-384 页。

② 朱维铮：《〈清代学术概论〉导读》，见（清）梁启超撰，朱维铮导读：《清代学术概论》，第 2 页。

③ 张勇：《梁启超与晚清“今文学”运动》，北京：北京大学出版社，2017 年，第 4 页。

④ 郑师许：《我国学者与政治生活——为哀悼梁任公先生而作》，见夏晓虹：《追忆梁启超》（增订本），第 97 页。

⑤ 郭湛波：《近五十年中国思想史》，第 222 页。

兼有晚清"今文学运动"亲历者和叙述者双重身份，梁启超在这三部"清学史"著作里进行了怎样的措置呢？在《清代学术概论》的《自序》中，他解释说，自己的"根本观念"与此前的《近世之学术》，"无大异同。惟局部的观察，今视昔似较为精密。且当时多有为而发之言，其结论往往流于偏至。——故今全行改作，采旧文者十一二而已"[①]。在《中国近三百年学术史》的开篇，梁氏叙曰："我三年前曾作过一部《清代学术概论》。那部书的范围和这部讲义差不多，但材料和组织很有些不同。"[②] 一则"无大异同"，一则"差不多"，可不论是晚清"今文学运动"的叙述安排，还是梁启超"个人角色"的"盖棺之论"，三部著作在这两方面却都存在着不小的出入。

"今文学"在清学史中地位如何？《近世之学术》将清学分为四期，"今文学"不过居其一，属于第三期；《清代学术概论》中，则与前期"考证学"并列为清学两大潮流之一；至《中国近三百年学术史》，"今文学"已无独立的位置，成为融入晚清新思想大潮的若断若续的支流。[③]

梁启超的"个人角色"又表现如何呢？在《近世之学术》中，康有为和谭嗣同被推为主角，梁氏未曾给自己留下什么位置；《清代学术概论》则巨峰突起，给予了梁氏"猛烈"的"运动宣传者"[④] 的自我定位，且十分自信地说："'今文学'之运动，鄙人实为其一员，不容不叙及。"[⑤] 自陈："梁启超可谓新思想界之陈涉。虽然，国人所责望于启超不止此。以其人本身之魄力，及其三十年历史上所积之资格，实应为我新思想界力图缔造一开国规模。若此人而长此以自终，则在中国文化史上，不能不谓为一大损失也。"[⑥] 因此他对自己痛加深责："晚清思想界之粗率浅薄，启超与有罪焉！""以现在执笔之另一梁启超，批评三十年来史料上之梁启超也。其批评正当与否，吾不敢知。"[⑦]《中国近三百年学术史》则继续这种"高调"，自己从"猛烈宣传"的"一员走卒"，跃升至清末思想界的四大"重镇"，"好的坏的影响，他们都要平分功罪"[⑧]。但"已少从

---

① （清）梁启超撰，朱维铮导读：《清代学术概论·自序》，第2页。

② 朱维铮校注：《梁启超论清学史二种》，上海：复旦大学出版社，1985年，第91页。

③ 张勇：《梁启超与晚清"今文学"运动》，第73-74页。

④ （清）梁启超撰，朱维铮导读：《清代学术概论》，第83页。

⑤ （清）梁启超撰，朱维铮导读：《清代学术概论·自序》，第2页。

⑥ （清）梁启超撰，朱维铮导读：《清代学术概论》，第89页。

⑦ （清）梁启超撰，朱维铮导读：《清代学术概论·自序》，第2页。

⑧ 朱维铮校注：《梁启超论清学史二种》，第125页。

今文学立论，代之以更多强调其在晚清政治变革和吸收外来思想方面的作用和影响。”[①]

从两方面“叙述”的反复中，不难看出，“久抱著《中国学术史》之志”[②]，力图在思想界“缔造”一开国规模的梁启超，的确是想“要在学术史上留下悠远的效应”[③]。难怪朱维铮说他“自己在年尚未‘知天命’之前，便给自己预作了盖棺之论”[④]，“这位至死‘仍于政治方面有泛运动之兴趣’的人物，晚年的学者生涯，其实是中年政治生涯的直接继续”[⑤]。只是这一“接”，算不上“直”，反倒脱离了旧的轨道，带着学问的“兴味”，抵达了治学的“大路”。

四 “有清一代学术”的“观察”重启

当初，梁启超撰《清代学术概论》，“本是作者应邀为友人蒋方震所著《欧洲文艺复兴史》写的序言，就是说原来的确没有打算写成一部书”[⑥]。梁启超在《自序》中坦承，“吾著此篇之动机有二”，列在首位的“动机”是“胡适语我：晚清‘今文学运动’，于思想界影响至大，吾子实躬与其役者，宜有以纪之”。至于“蒋著”新成，“索余序……作此文以代序”[⑦]，则被放在“其二”的位置上。“人们往往乐于重复梁氏所谓原为蒋方震……作序，因篇幅几等于蒋著，遂独立成篇的逸事”[⑧]，而忽略了“首先是因为接受胡适的劝告”[⑨] 这一层开篇前就特意申明的理由。

① 张勇：《梁启超与晚清“今文学”运动》，第75页。

② （清）梁启超撰，朱维铮导读：《清代学术概论·第二自序》。

③ 朱维铮：《清代学术概论〈导读〉》，见（清）梁启超撰，朱维铮导读：《清代学术概论》，第29页。

④ 朱维铮：《清代学术概论〈导读〉》，见（清）梁启超撰，朱维铮导读：《清代学术概论》，第32页。

⑤ 朱维铮：《清代学术概论〈导读〉》，见（清）梁启超撰，朱维铮导读：《清代学术概论》，第15页。

⑥ 朱维铮：《清代学术概论〈导读〉》，见（清）梁启超撰，朱维铮导读：《清代学术概论》，第1页。

⑦ 朱维铮：《清代学术概论〈导读〉》，见（清）梁启超撰，朱维铮导读：《清代学术概论·自序》，第1页。

⑧ 张勇：《梁启超与晚清“今文学”运动》，第9页。

⑨ 朱维铮：《清代学术概论〈导读〉》，见（清）梁启超撰，朱维铮导读：《清代学术概论》，第3页。

再往下读梁氏的《自序》，便会发现"端倪"。他接着讲："余于十八年前，尝著《（论）中国学术思想变迁之大势》，刊于《新民丛报》，其第八章论清代学术……余今日之根本观念，与十八年前无大异同。"① 上一节已弄清楚《论中国学术思想变迁之大势》与《清代学术概论》的前后关系，问题是"这里梁启超两次提到'十八年前'，提醒人们注意他'今日的根本观念'，早在一九〇二年便基本定型了"②。事实却不然。据朱维铮考证，"其中'十八年'，应改为'十六年'，才算属实"③。何以会如此呢？原来"梁启超不是本世纪（注：指20世纪）研究清学史的第一人"④。

朱维铮说："周予同先生首先指出这一点：'梁氏论述近三百年学术史，实是从章太炎《清儒》那里来的。"⑤ "《清儒》是章著《訄书》重订本的第十二篇。这个重订本于一九〇四年首刊于日本东京，与梁著《近世之学术》同年。"⑥ 其实，《近世之学术》行文中，梁氏明确标出，是参考了同年面世的章著《清儒》等篇内容，称："以上叙传授派别，颇采章氏《訄书》而增补之。"⑦ 既是"颇采"而后"增补"，那么他的"根本观念"，就不可能不打下章氏的"烙印"。故此，从1904年到1920年，应该是十六年，而非从1902年到1920年的十八年。

朱维铮进一步论述："难道十六年后梁启超在学术上变得不诚实了吗？可以说是，也可以说不是。这十六年中梁启超与章太炎政治上异大于同，尤其是南北分裂中间，他们的政治态度绝异。这时梁启超著书，即使单从政见考虑，也会缩小他曾从章太炎那里获得的学术启迪……当然不会明白地承认曾受章太炎的影响。"⑧ 朱维铮又一针见血地指出，梁启超之所以使出"倒填著论时间"的

---

① （清）梁启超撰，朱维铮导读：《清代学术概论·自序》，第1-2页。

② 朱维铮：《清代学术概论〈导读〉》，见（清）梁启超撰，朱维铮导读：《清代学术概论》，第23页。

③ 朱维铮：《清代学术概论〈导读〉》，见（清）梁启超撰，朱维铮导读：《清代学术概论》，第24页。

④ 朱维铮：《清代学术概论〈导读〉》，见（清）梁启超撰，朱维铮导读：《清代学术概论》，第23页。

⑤ 朱维铮：《清代学术概论〈导读〉》，见（清）梁启超撰，朱维铮导读：《清代学术概论》，第25页。

⑥ 朱维铮：《清代学术概论〈导读〉》，见（清）梁启超撰，朱维铮导读：《清代学术概论》，第24页。

⑦ （清）梁启超撰，夏晓虹导读：《论中国学术思想变迁之大势》，第122页。

⑧ 朱维铮：《清代学术概论〈导读〉》，见（清）梁启超撰，朱维铮导读：《清代学术概论》，第25页。

“手法”，是要与章太炎“来争‘论清代学术’的首创权”[①]。

《清代学术概论》是梁启超“转向学术”后第一部系统之作，长期风行不衰，“获得雅俗共赏的悠远效应”，自有其优长所在，远非“局部的观察”所可限量。陈祖武认为：其先，在《论中国学术思想变迁之大势》这部著作（包括《近世之学术》）中，“虽然对章炳麟所著《訄书》有所借鉴，但是却以较之太炎先生略胜一筹的高屋建瓴之势，对 200 余年间学术演进的历史作了鸟瞰式的勾勒……在清代学术史研究中，实在是一个创举”[②]。以 1920 年《清代学术概论》的发表为标志，梁启超“二度进入清代学术史研究领域”[③]，且在“更深的程度和更广的切面上，展示了他对清代学术史的思考，从而使这部论著成为他晚年治清代学术史的纲领性著作”[④]。

梁启超曾在《清代学术概论》中，鼓励自己说：“识者谓启超若能永远绝意政治，且裁敛其学问欲，专精于一二点，则于将来之思想界尚更有所贡献，否则亦适成为清代思想史之结束人物而已。”[⑤] 事实上，梁启超正是以既“专”且“精”的清学史著作，后来居上，“开辟了清代学术史研究的崭新天地”[⑥]。

与章氏不同，梁启超更为关注的是学术本身的发展脉络，朱维铮说他“尤其爱好考察‘学术源流’”[⑦]。关键是，他能够据此对今后中国学术的发展趋势做出自己的、富有前瞻性的预判，而不是仅就清代学术而论之。这种不拘一代、一学之研究的广博气象，恰恰是与他同时代的人万所不及的。“正是无所依傍的大胆开拓，构成了他的清代学术史研究独具一格的特色，使他取得了超越前人的卓越成就。”[⑧] 所以，朱维铮也客观地承认，梁启超虽然“并非治清学史的第一人”，但“却是‘五四运动’后重新讨论清学史的第一人”[⑨]。只可惜，不论梁氏如何强调他十八年前的“根本观念”，都注定争不到论清代学术的“首创权”了。

---

① 朱维铮：《清代学术概论〈导读〉》，见（清）梁启超撰，朱维铮导读：《清代学术概论》，第 24 页。

② 陈祖武：《清代学术源流》，第 381 页。

③ 陈祖武：《清代学术源流》，第 384 页。

④ 陈祖武：《清代学术源流》，第 384 页。

⑤ （清）梁启超撰，朱维铮导读：《清代学术概论》，第 90 页。

⑥ 陈祖武：《清代学术源流》，第 402 页。

⑦ 朱维铮：《清代学术概论〈导读〉》，见（清）梁启超撰，朱维铮导读：《清代学术概论》，第 3 页。

⑧ 陈祖武：《清代学术源流》，第 392 页。

⑨ 朱维铮：《清代学术概论〈导读〉》，见（清）梁启超撰，朱维铮导读：《清代学术概论》，第 23 页。

由《清代学术概论》衍生出的这段耐人寻味的"插曲"，亦不失为一个观察"转向学术"中的梁启超犹未走出政治"心影"的别致注脚。

五 "史之改造"的"方法"分合

"转向学术"的生涯，使梁启超得以"晚年作为学者论史"①。当时学者即对他有如是评价："综合任公一生学术上之贡献，当以史学为其中心。"② "任公于学，所造最深者唯史。"③ "梁氏的事业，除了政论家外，便始终是一位历史家。他的对于中国学术思想的研究也完全是站在历史家的立场上的。"④ 就连梁氏自己也不讳言这一点，甚至自鸣得意地说："我自己素来嗜好史学，固然有些话像特别替他鼓吹。"⑤

梁启超无疑是近代中国最早将进化论运用于史学研究领域，继而做出巨大"实绩"的人。1901年，他在《中国史叙论》中率先表述了"史之界说"，"认为新史学和旧史学不同"⑥。次年，撰成《新史学》，断言"历史者，叙述进化之现象也"⑦，登高立帜，大声喊出"史界革命"的口号，批判旧史学"陈陈相因"，痛诋"陆沉我国民之罪，史家实尸之矣"⑧，论定"新史学"之"界说"，并宣告："史界革命不起，则吾国遂不可救。悠悠万事，惟此为大。新史学之著，吾岂好异哉，吾不得已也。"⑨ 正如他后来以"新思想界之陈涉"自况，谓："启超之在思想界，其破坏力确不小，而建设则未有闻。"⑩梁启超以全无所惧的挑战

---

① 朱维铮：《清代学术概论〈导读〉》，见（清）梁启超撰，朱维铮导读：《清代学术概论》，第16页。

② 张其昀：《梁任公别录》，见夏晓虹：《追忆梁启超》（增订本），第114页。

③ 张荫麟：《跋〈梁任公别录〉》，见夏晓虹：《追忆梁启超》（增订本），第118页。

④ 郑振铎：《梁任公先生》，见夏晓虹：《追忆梁启超》（增订本），第61页。

⑤ （清）梁启超：《我对于女子高等教育希望特别注重的几种学科》，见吴松等点校：《饮冰室文集点校》第6集，第3314页。

⑥ 汤志钧：《〈中国历史研究法〉导读》，见（清）梁启超撰，汤志钧导读：《中国历史研究法》，上海：上海古籍出版社，1998年，第8页。

⑦ （清）梁启超：《新史学》，见《梁启超史学论著四种》，长沙：岳麓书社，1985年，第247页。

⑧ （清）梁启超：《新史学》，见《梁启超史学论著四种》，第244页。

⑨ （清）梁启超：《新史学》，见《梁启超史学论著四种》，第246页。

⑩ （清）梁启超撰，朱维铮导读：《清代学术概论》，第89页。

姿态，对中国的“旧史学”发出了振聋发聩的“狮子吼”。

同时，他还以“中国之新民”为笔名，在新创办的《新民丛报》上发表《新民说》，论“新民”为今日中国第一急务，释“新民”之义，称：“新民云者，非欲吾民尽弃其旧以从人也。新之义有二：一曰淬厉其所本有而新之；一曰采补其所本无而新之。二者缺一，时乃无功。”①

其“不得已”，乃在救亡图存；其“新民”，则欲立族强国。他在《论中国学术思想变迁之大势》中说：“伫看近世史中我中华学术思想之位置何如矣……凡一国之立于天地，必有其所以立之特质。欲自善其国者，不可不于此特质焉，淬厉之而增长之。今正当过渡时代苍黄不接之余，诸君如爱国也，欲唤起同胞之爱国心也，于此事必非可等闲视矣。”②

陈祖武总结说：梁启超“把进化论引进史学领域，在中国近代史学史上，率先举起了‘史界革命’的旗帜。《近世之学术》及其先后发表的一系列史学论著，正是他倡导‘史界革命’的产物”③。

如果说《新史学》是“革命产儿”，《中国历史研究法》便可称作“史学新婴”。“欧游”归来，梁启超惊异地发现，“欧洲人做了一场科学万能的大梦，到如今却叫起科学破产来。这便是最近思潮变迁一个大关键了”④。他开始对一度深信不疑的“科学主义”和“进化史观”，“不能不起一个疑问”了。

《中国历史研究法》（以下简称《研究法》）原是梁启超于1921年秋在天津南开大学所作的演讲。同年11月、12月，《改造》第4卷第3～4号曾部分摘载，成书时文字上又有修改。⑤ 在《研究法》中，梁启超对“史学”做出新的“定义”，谓：“史者何？记述人类社会赓续活动之体相，校其总成绩，求得其因果关系，以为现代一般人活动之资鉴者也。”⑥ 与贴满“进化”标签的“新史学”相比，这个定义更贴近于史的“意义及其范围”，含有了“建设”的指向。这样，梁启超就顺其自然地回到了他那“蓄志此业逾二十年，所积丛残之稿亦既盈尺”⑦ 的、“最擅长”的学术事业上。

---

① （清）梁启超：《新民说》，见吴松等点校：《饮冰室文集点校》第1集，第550页。

② （清）梁启超撰，夏晓虹导读：《论中国学术思想变迁之大势》，第6页。

③ 陈祖武：《清代学术源流》，第382页。

④ （清）梁启超：《欧游心影录》，第18页。

⑤ 汤志钧：《〈中国历史研究法〉导读》，见（清）梁启超撰，汤志钧导读：《中国历史研究法》，第9页。

⑥ （清）梁启超撰，汤志钧导读：《中国历史研究法》，第1页。

⑦ （清）梁启超撰，汤志钧导读：《中国历史研究法·自序》，第2页。

在《史之改造》一节，梁氏针对中国学界已陷于"历史饥饿"的状况，认为"史学范围当重新规定"[①]。而且"学术愈发达则分科愈精密"，遂提出"今日所需之史，当分专门史与普遍史之两途。……分途以赴，而合力以成。如是，则数年之后，吾侪之理想的新史或可望出现"[②]。

尽管《研究法》仍保持着对"旧史学"的批判矛头，仍说旧史书汗牛充栋，"幼童习焉，白首而不能殚"，固然还要当头喝问"中国历史可读耶?"但是，在梁氏的叙述中，两者已非水火不容，新、旧史学间的"火药味儿"，已不似以往那么浓了。他接着说："然则此数万卷者以之覆瓿，以之当薪，举凡数千年来我祖宗活动之迹足征于文献者，认为一无价值而永屏诸人类文化产物之圈外，非惟吾侪为人子孙者所不忍，抑亦全人类所不许也。"故而反问："中国历史可不读耶?"[③] 对于过去的中国史学，梁氏给出了新的"定语"，说："中国于各种学问中，惟史学为最发达。史学在世界各国中，惟中国为最发达。"[④]

然而，梁启超还不满足于他已有的"变"。到1926年的《中国历史研究法补编》（以下简称《补编》），他仍在执着"求变"，自语："此次所讲的《历史研究法》，与几年前所讲的《历史研究法》迥然不同。……诸君不要以为此次所讲的就是前次讲过的，我那旧作《中国历史研究法》只可供参考而已。此次讲演实为旧作的一种补充。凡《中国历史研究法》书中已经说过的，此次都不详细再讲。所以本篇可名之为《补中国历史研究法》或《广中国历史研究法》。"[⑤]

此前，他发表题为《研究文化史的几个问题》的演讲，提出要"对于旧著《中国历史研究法》"进行修补和修正。他说对于"历史现象是否为进化的"问题，本来毫无疑义，但现在觉得，该给它"重新规定一回"，要"重新修正进化的范围"，称："人类平等及人类一体的观念，的确一天比一天认得真切，而且事实上确也著著向上进行。"[⑥]"世界各部分人类心能所开拓出来的'文化共业'永远不会失掉，所以我们积储的遗产的确一天比一天扩大。"[⑦]"只须这两点站得

---

① （清）梁启超撰，汤志钧导读：《中国历史研究法》，第32页。
② （清）梁启超撰，汤志钧导读：《中国历史研究法》，第38-39页。
③ （清）梁启超撰，汤志钧导读：《中国历史研究法·自序》，第1页。
④ （清）梁启超撰，汤志钧导读：《中国历史研究法》，第10页。
⑤ （清）梁启超撰，汤志钧导读：《中国历史研究法》，第145页。
⑥ （清）梁启超撰，汤志钧导读：《中国历史研究法》，第142-143页。
⑦ （清）梁启超撰，汤志钧导读：《中国历史研究法》，第143页。

住，那么，历史进化说也尽够成立哩。”[①] 当初《中国历史研究法》中强调的“发明史中因果”的讲法，现在回过头来看，竟然也站不住脚了。梁氏称：“我去年著的《中国历史研究法》内中所下历史定义便有‘求得其因果关系’一语，我近来细读立卡儿特著作，加以自己深入反覆研究，已经发觉这句话完全错了！”[②]

许冠三在《新史学九十年》一书中对梁氏有这样的评语：“任公新史学的成长经历，恰好是一个从迷信西学到择善而取、从背离传统到选优发扬的辩证过程。”[③] 诚如所言，在《补编》中，梁氏明确表示：“历史家的责任，贵在把种种事实摆出来，从新估定一番。总括起来说，就是从前有价值现在无价值的，不要把它轻轻抹杀了；从前无价值现在有价值的，不要把它轻轻放过了。”[④] “中国史书既然这么多，几千年的成绩，应该有专史去叙述他。”[⑤]

《补编》最大的特点是在“研究方法”上划分出总论、分论两个部分，将《研究法》中“专门史”与“普遍史”的“两途”，做出更具体的表述。在论及“学术思想史”问题时，梁启超无比自豪地宣布：“中国史家向来都以史为一种表现道的工具。”[⑥] “这种以史明道的学术之发达及变迁，为研究中国史学史所不可不注重之点，在外国是没有的。”[⑦] 至此，梁启超不仅不再一味地全面否定“旧史学”，而且鼓起力气，改作新史，“写出许多的史书，史传来，以示新的历史”[⑧]。从“偏至”的“破坏”转向建设的“改造”，从新史学的政治意气转向新方法的学理展开，梁氏逐渐平定心智，冷静下来，开始“迫切”地总结和研究传统史学的丰富遗产了。

结　语

总之，梁启超的一生，是始终“善变”的一生，是自觉“转捩”的一生，

---

① （清）梁启超撰，汤志钧导读：《中国历史研究法》，第 143 页。
② （清）梁启超撰，汤志钧导读：《中国历史研究法》，第 138 页。
③ 许冠三：《新史学九十年》，长沙：岳麓书社，2003 年，第 14 页。
④ （清）梁启超撰，汤志钧导读：《中国历史研究法》，第 153 页。
⑤ （清）梁启超撰，汤志钧导读：《中国历史研究法》，第 297 页。
⑥ （清）梁启超撰，汤志钧导读：《中国历史研究法》，第 310 页。
⑦ （清）梁启超撰，汤志钧导读：《中国历史研究法》，第 312 页。
⑧ 郑振铎：《梁任公先生》，见夏晓虹：《追忆梁启超》（增订本），第 61 页。

是以著述为"天职"的一生。从早年初涉政坛，即为"宣传运动者"，到晚年"专作学者生涯"，践行"著史之志"，大体而论，他的"善变"只是一种表象，表象之下，其出乎于内的"转向"，才是我们特别需要关注的"大关键"所在。郑振铎在悼念梁启超时就说过这样的话："他的'变'，并不是变他的宗旨，变他的目的；他的宗旨他的目的是并未变动的，他所变者不过方法而已，不过'随时与境而变'，又随他'脑识之发达而变'其方法而已。他的宗旨，他的目的便是爱国。"[①]

因而，我们不应该只局限于梁启超个人所表现出的矛盾性与复杂性，而要从更广的方面，结合到整个时代的"表现"中去，如此说来，他的这一"转向"才不致让我们别生"成见"，陡觉"突兀"。正是个人与时代的主动交汇，"保守性"与"进取性"的异常"交战"，这一"转向"才不致囿于"偏至"，流于"肤浅"。而诟病他的人，在当时的历史"情状"下，并不能完全领会他这一"转向"所蕴含的"苦衷"与"见解"。

如果我们来替梁启超作一下解释的话，应该说他的"转向"，并非出于对政治风险的畏缩，也不是缘于对个人际遇的忧虑，究乎根本，是带有思想深致与学术理想的明智抉择，是带有精神寄托与责任自觉的执着追求，是融会贯通了古今、中西、新旧的斑斓色彩之后的"精进不已"。我们或可从中窥见，一则是他淡出政治、"转向学术"的理性升华；一则是他践行"为己之学"，奠定学理内在转向的心智写照。

尽管同时代人纷纷对他表示不解，对他指责乃至夹攻，但他一步步的"变"，考诸一生行迹，自有来路，尽管累经政治"沧桑"，"徘徊于治学与问政"之间，却最终得以凭借着蔚成体系的学术成果，完成了外在的"转向学术"与内在的"学理转向"的双重"蜕变"。梁氏勇于直面自己的"善变"，敢于尝试自己的"转向"，不惮人言，"不惜以今日之我，难昔日之我"[②]，"把自己作为一个历史人物进行解剖"，振启中国学术本来之内蕴，发明中国文化固有之活力。

他之所以能够有这种"虚怀若谷"的精神境界，正在于其一以贯之地持守学术救国的志向，以"变"为权，以"转"为务；以"变"为用，以"转"为任，因乎时代的潮流，"无所傍依地大胆开拓"，用自己痛诋的"善变"，换得自己执着的"转向"，以自我的"所执"，打破政治的束缚，打破古今的界限，打破中西的隔阂，打破新旧的条框，将政治、学术作为一个相兼并济、"交互影

---

① 郑振铎：《梁任公先生》，见夏晓虹：《追忆梁启超》(增订本)，第74页。

② (清)梁启超撰，朱维铮导读：《清代学术概论》，第86页。

响”的整体，将中国的命运作为整个人类文明的部分，经由学术的“转向”、学术的“淬厉”、学术的“采补”，一言以蔽之，最后归诸学问的“运动”、学理的“改造”。从客观上看，虽然他的这一转向，仍难以摆脱种种挥之不去的政治“心影”，但无可否认，这一转向是在特定的时代氛围中，以绝大的勇气和魄力，在中国社会濒临崩解、中国文化被近代西方与西学冲击得支离破碎的情势下，自我超越与自我期许的隐忍“爆发”。

没有这一学术转向的“淬厉”，我们可能就无从深刻发现梁启超思想境界的“崭新天地”；没有这一学术转向的“采补”，我们可能就无从完整解读梁启超理念追求的内在逻辑。因是之故，在多维度的时代变局中，这一“学术转向”的取径，更显弥足珍贵。正是这一“学术转向”，使得梁氏一生的种种之“变”，扎牢了思想的根基，获得了“同情”的理解，镀上了精神的暖色，寻见了职命的归宿。他为此所作的充满“学术兴味”的书写，亦随之弥漫起“时代”的大势、“历史”的厚味。

的确是这样，“梁启超在‘浮处’的失败，并不意味着他在‘实处’毫无成绩”①。尤其他晚年在“实处”取得的“成绩”，足以使他无愧为一位“无地不深入的，无人不受到”其“影响与势力”② 的、“始终能随了时代而走的”③、总能导引时代风气的领袖人物。若非天不假年，我们真难于想象他会做出怎样不可限量的更大“规模”来！

当然，我们还可以将他看作一位“过渡时代”的人物，但绝对不是一位“退化人物”、“结束人物”，而且迄今为止，仍然是一位“未能论定”的人物。所以，对梁启超而言，对他“学术转向”的解读，不应该过于指责他的“善变”，说他“务广而荒”，说他“粗率浅薄”，说他“急于用世”，说他无非政治失意的“落伍者”……而是应该清晰地看到，他“为国家和民族的学术事业而奋斗”的人格精神，继承他所留下的学术文化遗产，完成他所未竟的事业，“恐怕就是我们今天对他最好的纪念”④。

---

① 朱维铮：《清代学术概论〈导读〉》，见（清）梁启超撰，朱维铮导读：《清代学术概论》，第 22 页。

② 郑振铎：《梁任公先生》，见夏晓虹：《追忆梁启超》（增订本），第 55 页。

③ 郑振铎：《梁任公先生》，见夏晓虹：《追忆梁启超》（增订本），第 69 页。

④ 陈祖武：《清代学术源流》，第 399 页。

从清朝定鼎北京看我国古代的建都思想

张佐良①

“立国之道，建都为本。”② 作为“天子之居”的国家政治中心，都城与国运盛衰密切相关，历来受到统治者的高度重视。我国历史悠久，王朝更迭频繁，都城分布广③、种类多④、数量大⑤，在长期实践中形成了丰富的建都思想⑥。相对于僻处一方或仅占据半壁河山的朝代而言，大一统王朝更能充分体现我国古

---

① 作者简介：张佐良，河南省社会科学院历史与考古研究所副研究员，主要从事清代政治史、思想史研究。

② （明）涂山辑：《新刻明政统宗》附卷《建都总论》，明万历刻本。

③ “除过这一省两市（海南省和上海市、天津市——引者注）不说，其他各省市区就都建立过古都。这样的普遍性是应该得到肯定的”。见史念海：《中国古都和文化》，北京：中华书局，1998年，第173页。

④ 刘玉堂在《中国古都类别略析》（《长江建设》1996年第3、4期）文中，将我国古都按性质划分为“远古传说之都”、“三代之都”、“方国之都”、“诸侯国之都”、“统一的中央王朝之都”、“偏安政权之都”、“割据政权之都”、“边疆少数民族政权之都”、“农民起义政权之都”、“别都”等10种类型。

⑤ 史念海：《中国古都和文化》（第164页）；朱士光：《中国古都与中华文化关系研究》（《陕西师范大学学报（哲学社会科学版）》2004年第1期）；辛向阳、倪健中主编：《首都中国：迁都与中国历史大动脉的流向》（上）（北京：中国国际广播出版社，1997年，第29页），分别认为我国古都数目为217处、220处以上、350个左右。

⑥ 侯丕勋在《中国古代建都思想述略》（《天水师专学报（社会科学版）》1997年第4期）一文中，将我国古代建都思想梳理为“天下之中”、“头项”、“扼亢”、“四塞之地”、“沃土”、“三善咸备”、“徙都”、“风水”、“丧乱”、“守德”、“万世”等11说。

代的建都思想。考察清朝建都问题[①]，于此别具典型意义。

一 建都关外

16世纪末，努尔哈赤顺应历史趋势，起兵统一女真。明万历十五年（1587）正月，为加快统一步伐，努尔哈赤“于硕里口，虎拦哈达东南，加哈河两界中之平冈，筑城三层，并建宫室”[②]。此城即费阿拉，俗称“旧老城”，由栅城、内城、外城三部分组成，已具国都雏形，为清朝肇基之地。六月，努尔哈赤“始定国政，禁悖乱，戢盗贼，法制以立。”[③] 此后十余年间，努尔哈赤以费阿拉为中心，陆续统一建州女真，并征服长白山女真三部。随着实力的增强和军事战争的需要，努尔哈赤于万历三十一年（1603）正月“自虎拦哈达南冈，移于祖居苏克苏浒河、加哈河之间赫图阿喇地，筑城居之”[④]。两年后，又“于赫图阿喇城外，更筑大城环之”[⑤]。赫图阿拉城位于苏克苏浒河与加哈河“两水间，颇有形势”，闻为“遣术士相地而筑之”[⑥]。此城布局严整，功能齐备，“内城高七丈，杂筑土石，或用木值横筑之城上，环置射箭穴窦，状若女墙，门皆用木板。内城居其亲戚，外城居其精悍卒伍”，“北门外则铁匠居之，专治铠甲，南门外则弓人、箭人居之，专造弧矢，东门外则有仓廒一区，共计一十八照，每照各七八间，乃是贮谷之所”[⑦]。努尔哈赤以赫图阿拉为根据地，先后征服了哈达、辉发、乌喇等部女真。万历四十四年（1616）正月，努尔哈赤以赫图阿拉为都，称“覆育列国英明皇帝”，“建元天命”[⑧]。天命三年（1618）四月十三日，努尔

---

① 前期相关成果主要有王彬：《后金的建立及其都城的迁徙》，《大庆高等专科学校学报》1994年第3期；王充闾：《努尔哈赤迁都探赜》，《社会科学辑刊》1994年第6期；白洪希：《清入关前都城研究》，沈阳：辽宁大学出版社，2007年；王明德：《论清初定都及其历史意蕴》，《满族研究》2009年第1期；等等。

② 《清太祖实录》卷2，万历十五年正月庚寅，北京：中华书局，1986年，第35页。

③ 《清太祖实录》卷2，万历十五年六月壬午，第35页。

④ 《清太祖实录》卷3，万历三十一年正月戊午，第46页。

⑤ 《清太祖实录》卷3，万历三十三年三月乙亥，第47页。

⑥ 徐恒晋校释：《建州闻见录校释》，沈阳：辽宁大学历史系，1978年，第41页。

⑦ （明）程开祜：《东夷奴儿哈赤考》，见潘喆等编：《清入关前史料选辑（一）》，北京：中国人民大学出版社，1984年，第104页。

⑧ 《清太祖实录》卷5，天命元年正月壬申，第64页。

哈赤在赫图阿拉誓师，以“七大恨告天”，“率步骑兵二万征明”[①]。次年，努尔哈赤在萨尔浒之战中大败明军，并乘势灭除叶赫，统一女真诸部。时其疆土“东自海，西至明辽东界，北自蒙古科尔沁之嫩乌喇江，南暨朝鲜国境，凡语音相同之国，俱征讨徕服而统一之。”[②]

天命六年（1621）三月，努尔哈赤统率八旗劲旅，与明朝决战辽东，先后攻取沈阳、辽阳。辽阳城为明代辽东重镇，具有重要的战略地位。努尔哈赤有意迁都于此，遂召集贝勒诸臣商议：“天既眷我，授以辽阳，今将移居此城耶？抑仍还我国耶？”诸人“俱以还国对”。努尔哈赤则晓以利害，称：“国之所重，在土地人民。今还师，则辽阳一城，敌且复至，据而固守。周遭百姓，必将逃匿山谷，不复为我有矣。舍已得之疆土而还，后必复烦征讨，非计之得也。且此地，乃明及朝鲜、蒙古接壤要害之区，天既与我，即宜居之。”诸人听后皆为叹服，“遂定议迁都，迎后妃、诸皇子”[③]。努尔哈赤“与贝勒诸臣及将士居”“南大城”，“移辽阳官民居于北城关厢”[④]。次年三月，努尔哈赤认为辽阳城颓坏，周边形势不稳，难以成为攻明的坚固后盾，意欲重建新城。他对诸贝勒大臣说：“我国家承天眷佑，遂有辽东之地。但今辽阳城大年久倾圮，东南有朝鲜，北有蒙古，二国俱未弭帖。若舍此征明，恐贻内顾忧。必更筑坚城，分兵守御，庶得固我根本，乘时征讨也。”诸人颇有顾虑，说：“舍见居之城郭室庐，更为创建，毋乃劳民耶？”努尔哈赤称，“今既与明构兵，岂能即图安逸。汝等所惜者一时小劳苦耳，朕所虑者大也。苟惜一时之劳，何以成将来远大之业耶？朕欲令降附之民筑城，而庐舍各自营建。如此，虽暂劳亦永逸已”。诸贝勒大臣“皆曰善”。遂筑城于辽阳城东五里太子河边。努尔哈赤“创建宫室，迁居之，名曰东京。”[⑤]

天命十年（1625）三月初一日，努尔哈赤又“欲自东京，迁都沈阳”。诸贝勒大臣认为，“迩者筑城东京，宫室既建，而民之庐舍尚未完缮。今复迁移，岁荒食匮，又兴大役，恐烦苦我国”。努尔哈赤态度极为坚决，谕称：“沈阳形胜之地。西征明，由都尔鼻渡辽河，路直且近；北征蒙古，二三日可至；南征朝鲜，可由清河路以进。且于浑河、苏克苏浒河之上流，伐木顺流下，以之治宫

① 《清太祖实录》卷5，天命三年四月壬寅，第69页。

② 《清太祖实录》卷6，天命四年，第92页。

③ 《清太祖实录》卷7，天命六年三月癸亥，第105页。

④ 《清太祖实录》卷7，天命六年三月丙寅，第105页。

⑤ 《清太祖实录》卷8，天命七年三月己亥，第117页。

室、为薪，不可胜用也。时而出猎，山近兽多，河中水族，亦可捕而取之。朕筹此熟矣！汝等宁不计及耶！"[①] 二十三日，努尔哈赤即率众"至沈阳"[②]。皇太极继位后，开始大力经营都城沈阳。天聪五年（1631），"因旧城增拓其制，内外砖石高三丈五尺，阔一丈八尺，女墙七尺五寸，周围九里三百三十二步，四面垛口六百五十一，敌楼八座，角楼四座。改旧门为八：东之大东门曰抚近，小东门曰内治；南之大南门曰德盛，小南门曰天佑；西之大西门曰怀远，小西门曰外攘；北之大北门曰福胜，小北门曰地载。池阔十四丈五尺，周围十里二百四步。钟楼一，在福胜门内大街。鼓楼一，在地载门内大街。遂创天坛、太庙，建宫殿，置内阁、六部、都察院、理藩院等衙门，尊文庙，修学宫，设阅武场，而京阙之规模大备，于是遂更名曰盛京"[③]。天聪十年（1636）四月，皇太极在沈阳称帝，"建国号曰大清，改元为崇德元年"[④]。新兴的清朝，以沈阳为根据地，东征朝鲜，与明决战松辽，已为逐鹿中原做好了准备。

二　定鼎北京

17世纪初，明朝政治腐败，农民战争风起云涌，社会动荡不安。崇祯十七年（1644）三月，李自成农民军攻占北京，清廷亦决策进取中原。大学士范文程上书摄政王多尔衮，"成丕业以垂休万祀者此时，失机会而贻悔将来者亦此时"；"盖明之劲敌，惟在我国，而流寇复蹂躏中原，正如秦失其鹿，楚汉逐之。我国虽与明争天下，实与流寇角也。"[⑤] 四月，明将吴三桂迎降，清军在山海关击溃大顺军，并乘胜追击，占领北京。时英亲王阿济格建议多尔衮，"今宜乘此兵威，大肆屠戮，留置诸王以镇燕都，而大兵则或还守沈阳，或退保山海，可无后患"。多尔衮则称，"先皇帝（皇太极）尝言，若得北京，当即徙都，以图进取，况今人心未定，不可弃而东还"[⑥]。他采取征剿和招抚相结合的手段，迅速控制了畿辅地区。

---

① 《清太祖实录》卷9，天命十年三月己酉，第126-127页。

② 《清太祖实录》卷9，天命十年三月辛未，第127页。

③ （清）董秉忠等修，孙成等纂：《盛京通志》卷1《京城志》，清康熙二十三年（1684）刻本。

④ 《清太宗实录》卷28，天聪十年四月乙酉，北京：中华书局，1985年，第361页。

⑤ 《清世祖实录》卷4，顺治元年四月辛酉，北京：中华书局，1985年，第51页。

⑥ 吴晗辑：《朝鲜李朝实录中的中国史料》第9册，北京：中华书局，1980年，第3735页。

顺治元年（1644）五月初二日，多尔衮师至燕京，次日即谕称“本朝定鼎燕京”①。六月，摄政王多尔衮与诸王贝勒大臣等定议，奏请顺治帝迁都燕京。奏言：“仰荷天眷及皇上洪福，已克燕京。臣再三思维，燕京势踞形胜，乃自古兴王之地，有明建都之所。今既蒙天畀，皇上迁都于此，以定天下，则宅中图治，宇内朝宗，无不通达。可以慰天下仰望之心，可以锡四方和恒之福”，并“遣辅国公吞齐喀、和托、固山额真何洛会等”至沈阳迎驾。② 时北京“有讹传七八月间东迁者”。为安定人心，多尔衮特颁谕京城内外，“我朝剿寇定乱，建都燕京，深念民为邦本，凡可以计安民生者，无不与大小诸臣实心举行。乃人民经乱离之后，惊疑未定，传布讹言，最可骇异”；“我国家不恃兵力，惟务德化，统驭万方。自今伊始，燕京乃定鼎之地。何故不建都于此，而又欲东移。今大小各官及将士等，移取家属，计日可到。尔民人岂无确闻！恐有奸徒故意鼓煽，并流贼奸细造言摇惑。故特遍行晓谕，务使知我国家安邦抚民至意”。③七月初八日，顺治帝“以中原平定，迁都于燕，遣官祭告上帝、太庙、福陵”。其告上帝文曰：“荷天眷命，锡我以故明燕土。抚义中邦，荡平寇乱。兹者，俯徇群情，迁都定鼎，作京于燕，用绍皇天之休，永锡蒸民之庆。斋祓告虔，惟帝时佑之。”其告太庙文云：“燕地为历代帝王都会。诸王朝臣，请都其地。臣顺众志，迁都于燕，以抚天畀之民，以建亿万年不拔之业。”④ 在分命何洛会等统兵镇守盛京等处后，顺治帝自盛京迁都，九月抵达燕京。顺治元年十月初一日，顺治帝在北京“诣南郊，告祭天地，即皇帝位”，“仍用大清国号、顺治纪元，率由初制”⑤。

明代陈建《建都论》云：“古今天下大都会有四：曰长安，曰洛阳，曰汴，曰燕。四者，自昔帝王建都之地也。”⑥ 从我国古代都城东移北进的趋势来看，北京是传统社会后期国都之首选。北京位于华北平原北端，自然地理条件优越，“左环沧海，右拥太行，北枕居庸，南襟河济，诚天府之国。而太行之山自平阳之绛西来，北为居庸，东入于海，龙飞凤舞，绵亘千里。重关峻口，一可当万。

① 《清世祖实录》卷5，顺治元年五月庚寅，第57页。

② 《清世祖实录》卷5，顺治元年六月丁卯，第61-62页。

③ 《清世祖实录》卷5，顺治元年六月甲戌，第62页。

④ 《清世祖实录》卷6，顺治元年七月癸巳，第66-67页。

⑤ 《清世祖实录》卷9，顺治元年十月乙卯，第91-92页。

⑥ （明）陈建：《建都论》，见（明）陈子壮撰：《昭代经济言》卷9，北京：中华书局，1985年，第194页。

独开南面，以朝万国，非天造此形胜也哉!”① 古人择都选址重风水。宋朱熹曾云：“冀都，天地间好个大风水，脉从云中发来，前面黄河环绕，泰山耸左为龙，华山耸右为虎，嵩山为前案，淮南诸山为第二重案，江南五岭诸山为第三重案，故古今建都之地莫过于冀都。”② 北京历来是北方的军事、经济重镇，“燕亦勃、碣之间一都会也。南通齐、赵，东北边胡。上谷至辽东，地踔远，人民希，数被寇，大与赵、代俗相类，而民雕捍少虑，有鱼盐枣栗之饶。北邻乌桓、夫余，东绾秽貉、朝鲜、真番之利”③。北京处于农耕与游牧两大文化圈的交汇处，具有居高建瓴、南北兼顾、进退有据的优势，历来受到北方少数民族政权的青睐。“辽、元、清三朝，皆是外族崛起塞外，入主中原。为免重蹈元魏覆辙，三朝皆定都于农牧交错之中间带，既有利于南下控扼中原，又可北上联结本族；既利于学习汉人，以汉制汉，又能习鞍马骑射，不忘根本。”④ 清朝统治者雄踞前明国都，定鼎北京，以承王朝之统绪、示天下之所归，标志着清朝将入主中原，开创大一统百年基业。

三　建都原则

纵观中华发展史，古代都城变动极为频繁，建都思想也因之异常丰富。总的来看，都城选址需要从全局高度、历史角度，综合考虑地理环境、政治形势、经济基础、军事条件、文化传统等多方面的因素。“但是，各个方面条件都十分优越，符合理想的首都，在我国历史上并不存在。所以每个王朝首都的选择，总是根据当时的主要矛盾，选择最有利的地点。首都的选定一般都反映了该时期总的形势，反过来，首都的位置也对此后历史的发展产生一定的影响。明白了这个道理，我们就不难理解，历代首都的迁移，是诸多因素综合的结果，是历史发展的必然趋势。”⑤ 考察我国古代建都原则，以下三个方面值得高度重视。

---

① （清）于敏中编纂：《日下旧闻考》卷5《形胜》，北京：北京古籍出版社，1981年，第75页。

② （明）徐善继、徐善述著，金志文译注：《地理人子须知》（上），北京：世界知识出版社，2011年，第86页。

③ （汉）司马迁：《史记》卷129《货殖列传》，北京：中华书局，2013年，第3265页。

④ 吴殿廷、袁俊、常旭：《定都与迁都：兼论中国迁都问题》，长春：东北师范大学出版社，2008年，第4页。

⑤ 叶骁军编：《中国都城历史图录》第一集，兰州：兰州大学出版社，1986年，第18页。

建都以审时度势为根本之策。清人徐元文认为，“卜都定鼎，计及万世，必相天下之势而厚集之”[①]。满洲崛起之际，努尔哈赤三易其都，每次都是充分考虑当时的复杂形势，选取最有利于军事进攻和扩张的地方进行建都。一旦形势发生重大变化，他就会迅速决断，力排众议，将都城迁到更为合适的地方。从历史上看，审时度势是一条重要的建都原则。西汉都长安，东汉都洛阳，虽因形势不同而取舍有别，然皆殊途同归。汉高祖刘邦初登帝位，建都洛阳，“欲与周室比隆”。刘敬劝其都关中，一方面，汉“取天下与周室异”。成周营洛邑“为天下之中也，诸侯四方纳贡职，道里均矣，有德则易以王，无德则易以亡。凡居此者，欲令周务以德致人，不欲依阻险，令后世骄奢以虐民也”。而周室“积德累善十有余世”，方能于其“盛时，天下和洽，四夷乡风，慕义怀德，附离而并事天子，不屯一卒，不战一士，八夷大国之民莫不宾服，效其贡职”。及其“衰也，分而为两，天下莫朝，周不能制也。”其中原因就在于形势不同，前盛而后弱也。刘邦以布衣起家，争战建国，失之“德薄”，虽“欲比隆于成康之时”而“不侔也”。另一方面，“秦地被山带河，四塞以为固，卒然有急，百万之众可具也。因秦之故，资甚美膏腴之地，此所谓天府者也”。刘邦“入关而都之，山东虽乱，秦之故地可全而有也。”“案秦之故地”，则“搤天下之亢而拊其背”，方能“全其胜也”[②]。时大臣多山东人，力劝刘邦都洛阳：“洛阳东有成皋，西有殽黾，背河乡洛，其固亦足恃。”刘邦犹疑不定。谋士张良说：“洛阳虽有此固，其中小，不过数百里，田地薄，四面受敌，此非用武之国。夫关中左殽函，右陇蜀，沃野千里，南有巴蜀之饶，北有胡苑之利，阻三面而固守，独以一面东制诸侯。诸侯安定，河、渭漕挽天下，西给京师；诸侯有变，顺流而下，足以委输。此所谓金城千里，天府之国。”肯定了刘敬的说法。于是，刘邦“即日驾，西都关中”[③]。张良认为关中山川形胜，特别是当时的经济条件优于洛阳。然而，这种经济优势到西汉末年却发生了逆转。“经过两百余年时间的开发利用，西汉末年关中地区的经济增长已经呈饱和趋势。关中地区在经过数百千年的生息繁衍后，土地等经济环境已经不能较好地满足人口急剧的增加，日益显出地狭民众的迹象，与土地的负荷能力不相适应。”[④] 特别是更始政权、赤眉军

① （清）徐元文：《序》，见（清）顾炎武著，于杰点校：《历代宅京记》，北京：中华书局，1984年，第3页。

② （汉）司马迁：《史记》卷99《刘敬叔孙通列传》，第2715-2716页。

③ （汉）班固：《汉书》卷40《张良传》，北京：中华书局，2013年，第2032-2033页。

④ 徐卫民：《秦汉都城研究》，西安：三秦出版社，2012年，第158页。

等势力在关中连年争战，“不仅破坏了长安城的城建设施，而且又破坏了关中经济的发展，同时还造成严重的生态灾难。”① 与之相反，洛阳在西汉时期获得了较快发展，成为仅次于长安的商业都会。而且秦朝在洛阳建敖仓，西汉在洛阳设置武库，更强化了洛阳的重要战略地位。因此，“在战国、秦、西汉时期，洛阳虽然不是都城所在地，但一直是政治、军事、经济重镇，称得上是关系天下安危的枢纽所在，其地位之特殊，远非一般区域性名城大邑所可比拟”②。正是由于上述形势的变化，促使东汉选择建都洛阳。历史上都城之间彼此更易的情况屡见不鲜。国运兴隆之机，始于建都之时。清朝能以关外少数民族政权实现中华大一统，正是得益于满洲贵族统治集团审时度势定鼎燕京的正确决策。

建都以战略重心为根本之地。在仍有劲敌威胁的情况下，王朝建立之初必须着重考虑国防安全问题，此时的都城应选择在国家的战略重心位置。一般“应接近于当时最大的敌人，而不应迁就于当时的经济中心。首都接近于最大的敌人，则一切的政策和设施都是积极的，进取的；若迁就于经济的中心，则一切的政策和设施就自然趋向于消极的、退缩的。国运的盛衰和国都的选择是不可分离的关系。”③ 正所谓“无敌国外患者，国恒亡。然后知生于忧患而死于安乐也。”④ 将都城放在国家的战略重心位置，时时警醒于外敌的威胁，可以最大限度地激发活力和进取心，采取积极的策略加以应对。如果将都城放在经济中心，一味贪图富足安逸，往往会因缺乏进取精神，导致国家走向衰亡。此外，“首都位置的选定，能折射出国家实力与统治者的胆略，是强力与弱势的战略缩影。西方学者卡纳西根据对世界各国都城的考察，认为一国首都之地位，常常与敌人侵略的方向针锋相对。设在国防第一道防线之内，昂昂然向对手摆出应战的架势，显示国威军胆。明代选定北京为国都，正显示出明初的作为”⑤。努尔哈赤建都注重军事因素，多选取前线地带，以利于军事进攻。如迁都辽阳，即“既能天子守边，控扼辽东；又能率骑驰驱，进攻辽西”⑥。而西汉初年，刘

① 王明德：《从黄河时代到运河时代：中国古都变迁研究》，成都：巴蜀书社，2008年，第194页。

② 孙家洲、贾希良：《不为都畿　亦为重地——论洛阳在战国、秦、西汉时期的特殊地位》，《历史教学》1995年第3期。

③ 史念海：《娄敬和汉朝的建都》，见《河山集·四集》，西安：陕西师范大学出版社，1991年，第379-380页。

④ （战国）孟子著，东篱子译注：《孟子》，北京：北京时代华文书局，2014年，第221页。

⑤ 辛向阳：《解读中国：过去、现在及未来》，南昌：江西人民出版社，2001年，第152页。

⑥ 阎崇年：《清初三京与都城三迁》，见中国古都学会编：《中国古都研究》第4辑，杭州：浙江人民出版社，1989年，第156页。

敬、张良劝谏刘邦都关中，正是充分考虑到外有匈奴入侵、内有诸侯反叛的可能，是从对内安全、对外发展的角度考虑都城的位置。历史证明，以后平定山东诸侯的叛乱，武帝时降服匈奴，控制西域地区，正是得益于建都长安掌握了既利于制内，又便于御外的战略主动权。[①] 相对于西汉的积极性都城选址，东汉定都洛阳则颇有争议。缪钺认为，“建都一事，因时制宜，固不必尽遵祖宗旧制，而就国防论，东汉之都洛阳，实为失策。盖汉代外患，在西北两方而不在东方。西汉建都长安，雄据关中，故能北逐匈奴，西通西域，征服叛羌，拓地数千里。光武都洛，重心东移，关中陇右，变为边地，故羌人遂乘虚寇扰，自安帝至于汉末，叛变相仍，为患甚烈。其大举者凡三次”；“若建都长安，重心在西，国防巩固，羌人为患，不至若斯之甚”。[②] 此论虽仅就国防而言，未综观大势，但仍有警醒之义。侯甬坚曾提出中国古都选址的四项基本原则：区域中心地、内制外拓、故地人和、因地制宜。他认为，“国家励精图治，有作为于国内域外，当以第二项原则为主”[③]。考诸史实，历代王朝的精神品格，无不与都城选址是否为战略重心息息相关，而清朝尤其如此。

建都以战略发展为根本之计。“京师者，四方之腹心，国家之根本。”[④] 王朝立国，必为之计长久，当以战略眼光选择都城位置，以利于国家长远发展。清初建都均以发展扩张为目标，因而能够军事胜利，政权稳固，民族勃兴。古人常于四塞之地建都，这种封闭性选址“最深刻的心理因素是安全性”，以及资源的相对富集性。[⑤] 清人顾祖禹反对在过度封闭之地建都。其论云：“然则建都不贵于险固乎？曰：所谓险固者，非山川纠结、城邑深阻之谓也。使弃关、河之都会，远而求之奥窔之乡，是犹未见虎之入市，而先自窜于槛阱；知水之可以溺人，而坐槁于岩嵎也。岂所语于形势之常也哉？”[⑥] 都城选址过分强调山川险

---

① 参见李久昌：《国家、空间与社会：古代洛阳都城空间演变研究》，西安：三秦出版社，2007 年，第 117 页。

② 缪钺：《〈文选〉赋笺》，见《缪钺全集》第 2 卷，石家庄：河北教育出版社，2004 年，第 41-42 页。

③ 参见侯甬坚：《中国古都选址的基本原则》，见徐兴海、李晓岗主编：《陕西师范大学历史系学术论文集》，西安：陕西人民教育出版社，1994 年，第 397-408 页。

④ （唐）韩愈著，马其昶校注，马茂元整理：《韩昌黎文集校注》第 8 卷《御史台上论天旱人饥状》，上海：上海古籍出版社，2014 年，第 656 页。

⑤ 陈爱平：《从风水的视角看中国古都分布》，《青海师范大学学报（哲学社会科学版）》2003 年第 6 期。

⑥ （清）顾祖禹撰，贺次君、施和金点校：《读史方舆纪要》卷 46《河南方舆纪要序》，北京：中华书局，2005 年，第 2086 页。

固的安全性，则会故步自封，丧失先机，难于发展。一般来说，一些原本拥有相当优越建都条件的古都，由于作为都城的时间过长，主要资源被消耗殆尽，一定时期内已不适合再作为京师重地。当然，这样的地方由于基础条件较好，经过较长时期的休整或采取调集补充资源的策略，还是有机会重新复兴的。同时，随着生产力的发展和疆域的开拓，一些有潜力的地方也会迅速崛起，成为理想都城选址地。“国都与社会的生产力形态呈现出一种奇妙的关系。在农业社会中，首都首先表现为政治中心，其地理位置要求择中，道里适均。在工业社会中，首都首先表现为经济中心，它是社会财富与贸易的中心地带，尽管它在地理上未必是一国的中心。”① 这种情况，正是经济社会进步对“天下之中”建都观念的进一步发展。今天，从战略发展角度重新审视明人陈建“形势险固”、“漕运便利”、“居中而应四方”② 的建都原则，会发现他“只是从交通和生存安全方面考虑建都的原则，这都没错，但国都选址更要考虑发展安全。发展，尤其是可持续发展的安全，是国家政治考虑的关键。以生存安全为安全的结果只能是在政治大舞台中日益自我边缘化并最终退出政治舞台”③。

结　语

考察清代建都问题，实际上包含了对建都和迁都两种历史现象的综合分析。其建都过程，是伴随着满洲的军事胜利不断推进。同时，由于统治中心的前移，又在一定程度上加速了统一的进程。清朝定都北京，是对我国古代建都三原则的具体运用，成功实践和极大丰富了我国的传统建都思想。纵观古今中外，凡能积极进取，审时度势，重视战略发展，建都于战略重心的国家，必然国运兴隆，反之则国运维艰。“兴废由人事，山川空地形。”④ 只有遵循历史规律，重视和解决好建都问题，方能实现国家的长治久安。

---

① 辛向阳：《解读中国：过去、现在及未来》，第151-152页。

② （明）陈建：《建都论》，见（明）陈子壮撰：《昭代经济言》卷9，第194页。

③ 张文木：《中国地缘政治论》，北京：海洋出版社，2015年，第99页。

④ （唐）刘禹锡：《金陵怀古》，见张颖瀚主编：《古诗词赋观止》（上），南京：南京大学出版社，1998年，第758页。

《内则衍义》及其孝思想探微

杨朝亮[1]

“孝”是中华民族的传统美德。孝思想产生很早，在甲骨卜辞中就有“孝”字，意思是“奉先思孝”[2]。甲骨文中还有“教”字，宋代学者戴侗《六书故》说“教”即是“孝”。在“政教合一”的时代，“行政”即所以“施教”，而施教与倡言孝道存在着内在关联。“夫孝，德之本也，教之所由生也。”[3] 由此，在重视诗礼教化的周代，才出现了《诗·小雅·蓼莪》中的那些句子，其中有语：“哀哀父母，生我劬劳。……父兮生我，母兮鞠我。拊我畜我，长我育我，顾我复我，出入腹我。欲报之德，昊天罔极！”[4]

随着社会生产力、生产关系的变化以及人类文明的不断向前发展，“孝”作为上层建筑领域的重要内容之一，自然也随之不断变化和发展。在“孝”思想中，对于女性的教育十分重要，此即传统所谓：“内而无则，民何则焉。”[5] 为了更好地教育女性，于是，便出现了与之密切相关的典籍，如保存在《礼记》中

---

① 作者简介：杨朝亮，男，山东梁山人，历史学博士，现为聊城大学历史文化与旅游学院教授，硕士研究生导师，主要从事中国儒学史、清代学术史的教学与研究。

② （清）阮元校刻：《十三经注疏》，《尚书·商书·太甲中》，北京：中华书局，1980年，第53页。

③ （清）阮元校刻：《十三经注疏》，《孝经·开宗明义章》，第7页。

④ （清）阮元校刻：《十三经注疏》，《诗经·小雅·蓼莪》，第191页。

⑤ 吴增祺评注：《礼记菁华录》卷5《内则》（第十二），上海：商务印书馆，1926年，第1页。

的《内则》篇，便是中国女教读物的雏形。其后，针对女性教育的典籍，如《列女传》、《女诫》、《女论语》、《内训》等相继出现。到了清代，则又出现了著名的《内则衍义》一书。该书中具有丰富的关于女教思想方面的“孝道”学说。在我们注重传统文化的今天，大力传承弘扬传统美德孝道，值得给予充分的重视和肯定。

一 《内则衍义》撰述缘起

清朝入主中原定鼎北京后，满汉文化之间由剧烈冲突而逐渐趋于融合，在这一转变和发展过程中，清政府制定的一系列文化政策起到了至关重要的作用。清军在入关之后，面对着各地农民起义军、残余明朝军队的不断反抗和各地汉族士人知识分子的不满情绪，以及原明朝各级官吏的管理任用等问题，尤其是在南方的明朝宗室建立的各个政权力量，更为清统治者所日夜忧虑和担心，而其背后众多的汉民族百姓，亦是清廷最高统治者考虑其江山是否稳固的重要对象。

顺治一朝，他们把主要的精力放在了征伐方面，在统治政策方面基本上沿袭了明代旧制。当时作为上层建筑的思想文化政策，不仅受其经济基础的制约，而且各种具体政策的制定又无不为统治阶级的利益而着想，因此，清廷在刚刚入主北京时实行民族高压政策，如推行圈占土地、剃发易服等政策，结果导致了各地百姓可歌可泣的反剃发运动，最后，以致促成了明末农民起义军余部同南明政权的联合，以之为主力，他们与清廷展开了长达十多年之久的大规模军事对抗和斗争，这种民族高压政策的实施，造成了各民族与满族贵族之间心理上的严重隔阂，成为其长期潜在的一个不稳定因素。

很显然，满族贵族的很多做法并不是为了宣泄民族仇恨，而是要夺取全国范围内的统治权力。他们也深深意识到，仅仅依靠军事力量的征伐，是不可能让一个庞大的汉民族百姓群体在心理上十分容易地接受自己统治的，单靠本民族弱小的力量无法实现对如此泱泱大国的政治管理，因此，他们也深知：“运筹帷幄需要经验丰富如范文程一类的汉官；统率三军需要能征善战像洪承畴一样的汉将；冲锋陷阵需要几十万汉族士兵；宣扬伦理纲常需要熟知儒家经典的汉族文人。这一切都是建立全国统治、稳定社会局面所必不可少的，但又不是用铁血政策可以办到的。"[①] 所以，清政府思考的重点，是怎样让广大汉族百姓心悦诚服，甘心情愿地为己所用，怎样使刚刚建立起来的新政权更加稳固。

顺治七年（1650），摄政王多尔衮去世，14 岁的顺治帝亲政。顺治帝自小就喜欢儒家文化，亲政后更是"每晨牌至午，理军国大事外，即读至晚，然顽心尚在，多不能记。逮五更起读，天宇空明，始能背诵。计前后诸书，读了九年，曾经呕血"[②]。可以说，顺治帝对左史庄骚、先秦两汉、唐宋八大家，以及宋元著述无不涉及，尤其是对四书五经、《大学衍义》、《资治通鉴》、《贞观政要》等更是仔细研读，深深领悟其要旨。也正是由于他熟谙汉族文化，深刻意识到汉民族传统文化对巩固政权的重要作用，因此，亲政后的顺治帝改变了此前以征伐为主的策略，逐渐向汉族文化靠近，利用儒家文化笼络汉族百姓和士人。而在此前的顺治元年（1644），世祖即诏告天下，实行科举考试。"会试，定于辰、戌、丑、未年；各直省乡试，定于子、午、卯、酉年。"[③] 翌年二月，首届会试在北京举行，经三月殿试，傅以渐成为清代历史上的第一位状元。与之同时，清廷修复明北监为太学，广收生徒，入监肄业。旋即又改明南监为江宁府学，各省府、州、县学也随着清廷统治地域的不断扩展和巩固而渐次恢复。

顺治八年（1651），国家文化建设提上议事日程。次年（1652）九月，世祖"临雍释奠"典礼隆重举行，勉励太学师生笃守"圣人之道"，"讲究服膺，用资治理。"[④] 翌年，又颁谕礼部，宣布："帝王敷治，文教是先，臣子致君，经术为本。……今天下渐定，朕将兴文教，崇经术，以开太平。"[⑤] 顺治帝深刻认识到传统儒家思想有益于清朝统治，是征服庞大汉民族百姓的强有力的思想武器。因此，一方面，可以使明朝的降官、地方豪绅以及汉族士人知识分子在儒家"忠君"的旗帜之下，消除对异族统治者的敌视，卸下"民族大义"的道德负担，效命于新政权。另一方面，儒家的"三纲五常"、"忠孝节义"等思想，经过历代统治阶级的灌输，已经成为汉民族社会普遍认同的道德规范。儒家大一统思想更可用来为他们的统一事业服务，思想上的统一，会减少各种阻力，加快政治上的统一。所以，顺治帝有意识地利用儒家伦理道德观念来完善和巩固

① 齐姗：《〈内则衍义〉女教思想探微》，硕士学位论文，聊城大学，2009 年，第 5 页。

② （清）木陈道忞述，真朴编次：《北游集》，嘉兴藏新文丰版，第 293 页。

③ 《清世祖实录》卷 9，北京：中华书局，影印本，1986 年，第 95-96 页。

④ 中国人民大学清史研究所编：《清史编年》（第 2 卷），北京：中国人民大学出版社，1988 年，第 104 页。

⑤ （清）赵尔巽：《清史稿》，北京：中华书局，1977 年，第 3114 页。

新生政权。[①]

顺治帝努力提倡德治和教化，把儒家“修身齐家治国平天下”的理论作为指导思想，而儒家“家国同构”的理论体系，使得个人的家庭生活在国家统治体系中占据举足轻重的地位。家庭是组成社会的细胞，也是进行生产、创造财富的基本单位，家庭稳定了人心才不会浮动，人心稳定了社会才会稳定，清廷的统治才能够长久。因此，顺治十二年（1655），顺治帝承皇太后之训，命大学士傅以渐编撰《内则衍义》一书，来教化天下女性。在当时“男主外、女主内”家庭模式之下，妇女在家庭生活中起着重要作用，从某种程度上说，女性是家庭和谐稳定的主导，此即所谓“致治之道有大经大法以仪型乎邦国，必有内治内教以模楷乎宫闱”[②]。

《内则衍义》编撰者傅以渐（1609—1665），身份很特殊，他是清朝的开国状元。傅以渐，字于盘，号星岩，山东聊城（今聊城东昌府区）人。顺治三年（1646）一甲一名进士，历任《明史》纂修官、国史院侍讲、《太宗文皇帝实录》纂修官、秘书院侍讲学士、内翰林秘书院大学士等职。顺治十二年，又加为太子太保，不久改迁国史院大学士兼文华殿试读卷官，任《太祖高皇帝太宗文皇帝圣训》和《通鉴全书》的总裁。同年，顺治帝承皇太后训，命其编撰《内则衍义》一书，以教宫壸。顺治十五年（1658），被授武英殿大学士兼兵部尚书。顺治十八年（1661），因身体原因乞骸骨回聊城老家。康熙四年（1665），傅以渐病逝于聊城，终年57岁。

作为清朝开国状元，傅以渐是清廷笼络汉族士人知识分子的一个典型。傅以渐天资颖敏，经史过目不忘。据史料记载，他3岁能诵书，5岁便能够熟记经史，曾一字不遗。10岁“能属文，博览群书”；年稍长，从儒学大师接受传统教育，讲明义理之学，被选为博士弟子。总之，他博通群书，尤其留心经世之学，自天文、地理、礼、乐、兵、农之说皆“考古审今，讨论原委，要求可以施于世者，尝诵古人之言苟有用我则举而措之”[③]。自然，顺治帝命傅以渐编撰是书，并非想当然，也是有其重要原因的。其一，傅以渐作为清朝开国状元、康熙帝的老师，一生皆受清世祖顺治帝的器重，是清廷笼络汉族士人知识分子的一个典型，而内阁大学士担任帝师、修史和撰书也是其主要工作。其二，傅以渐个

① 参见齐姗：《〈内则衍义〉女教思想探微》，第6页。

② （清）傅以渐：《内则衍义》序，文渊阁《四库全书》本，第719册，台北：台湾商务印书馆，1986年，第347页。

③ 宣统《聊城县志》，《书献文徵·少保大学士傅公传》，宣统二年（1910）刻本，第19页。

人道德品质也是其不二人选。在朝廷，阁老骑驴、仁义胡同被传为美谈。时人亦曾评价傅以渐，说："以开科鼎元，恪守理法，使文气为之一变，道德文章实为一时之冠。"①

二 《内则衍义》孝思想之主旨

《内则衍义》一书是傅以渐专门对《礼记·内则》篇进行诠释的著作。《礼记·内则》篇可称得上是中国最早的女教读物之一。"内则"是指闺门之内的法则，顾名思义，《内则》记载有关家庭内的礼则，如子女如何侍奉父母，媳妇怎样侍奉公婆；还记载了有关夫妇之礼，家内男女防嫌之礼，妻妾生子、婴儿见父、父为子取名之礼，以及子女培养教育方法等。其中，特别强调男女之别、男尊女卑，影响很大。

关于《礼记·内则》，有学者指出："此篇所记乃男女居室，事父母舅姑之法。以其在闺门之内，故曰《内则》。夫内而无则，民何则焉。历考古者帝王之为治，与夫圣贤之论治，莫不以此为先。周道既微，而内治不可复见矣。故此篇不可无记也。"②《内则》从"男女有别"的原则出发，规定了男女在家庭生活中所应遵循的礼仪行为规范，诸如"男不言内，女不言外"、"内言不出，外言不入"等。在该篇的影响下，历代出现了诸多相关女教思想的著述。到了清代，清政府看到女性在稳定家庭、凝聚社会方面具有特殊的重要作用，于是，顺治十二年，顺治帝令大学士傅以渐编撰《内则衍义》，以"教化"天下女性。

《内则衍义》以《礼记·内则》篇为依据，共分八纲三十二子目。八纲为"孝之道"、"敬之道"、"教之道"、"礼之道"、"让之道"、"慈之道"、"勤之道"、"学之道"等。每纲之下分别为若干子目，每一子目皆先引《礼记·内则》、《诗经》或《易经》等经典原文，作者先以自己的思想观点阐述其含义，证之以圣贤经传之言。其后，再于十三经、二十一史、《通鉴》和《通考》等正史列传中挑选出相应的淑女烈妇事迹，进行分类记述叙说。用作者的话说，其"所采事迹贵贱不同而其道则同，所引文辞深浅不一而其理则一"③。

---

① （清）傅绳勋：《东昌傅氏族谱·清诰授光禄大夫少保兼太子太保武英殿大学士兵部尚书加一级傅公家传》，清光绪二十三年（1897）嘉荫亭藏板，第18页。

② 吴增祺评注：《礼记菁华录》卷5《内则》（第十二），第1页。

③ （清）傅以渐：《内则衍义》序，第348页。

《内则衍义》把孝道放在首位，其首纲便为“孝之道”。“孝之道”分二子目，即“事舅姑”和“事父母”。“事舅姑”一目共记载古史事例 34 个。其中，皇后、公主 14 例。余下的 20 例中，为舅姑而死者 3 例；刮骨疗亲、刺臂和血者 2 例；卖儿得棺以葬舅姑者 1 例；终生奉养至孝者 14 例。

傅以渐把侍奉公婆放在了“孝之道”的首位。他之所以如此，是因为在中国古代社会，在儒家的伦理道德中，“孝”是构筑父权制秩序的最基本概念，当时女子出嫁的年龄相对较小，有的年龄在十三四岁，甚至更小，这样，女孩在娘家的时间相对于自己漫长的一生而言是极其少的，大部分时间在公婆家度过。更为重要的是，婆媳关系往往是家庭关系的关键，直接关系到家庭的和谐与稳定，这样，女子对于公婆的孝敬就成为女子“孝道”的重点。

女子出嫁后，进入新的家庭和新的环境。要想适应这样一个新的环境，与公婆融洽相处，一方面需要时间，但更为重要的是需要女孩的自身修养。娘家与婆家是两个不同的环境，人情交往环境不同，生活方式和生活习惯也有不同，但两代之间相处的要求确实是相同的，这便是作为晚辈的媳妇对于长辈公婆的尊敬。所以，《内则衍义》中讲道：“事舅姑之道也，女子在室所受者父母之恩，所奉者父母之教。既嫁，所受者舅姑之恩，所奉者舅姑之教，故尽孝之道无异。”[①] 傅以渐认为，公婆同样也是自己的长辈，皆应和父母一样同等对待，尽孝之道是相同的。

但是，一个明显的事实，是媳妇与公婆之间没有血缘关系，这样，作为“矛盾的统一体”，媳妇怎样对待公婆就显得尤为重要，例如“妇道贵柔而恶刚”[②]，媳妇对待公婆的态度不同，相处的效果就有不同。同时，“孝敬”公婆要尽力做到“敬”，不论事大事小，时间长短，“夫妇事舅姑而无所不敬，可谓孝矣。然其要则在下气怡声柔色，此皆发乎中，形乎外，而不自知者。苟非孝舅姑之心素笃于平日，岂能矫饰于一时哉”[③]。所以，在日常生活中，对待公婆要“怡声柔色”，无微不至进行体贴关怀，态度恭谨而不懈怠。

除了恭谨的态度，还要注意“曲从”。傅以渐以汉代姜诗妻子的故事为例，曰：“姑好饮江水，江去舍六七里，妻常泝流汲以共。值风不时还，母渴甚而恚诗，责妻遣之。妻止旁邻舍，昼夜纺织，市珍羞使邻母自以其意遗姑，如是者久之。姑怪问邻母，具以告姑，惭感听还，恩养愈谨。生一子，因远汲，溺江

① （清）傅以渐：《内则衍义》卷 1，第 353 页。

② （清）傅以渐：《内则衍义》卷 1，第 354 页。

③ （清）傅以渐：《内则衍义》卷 1，第 353 页。

死，妻恐姑哀伤不敢言，托以行学宽之。"[①] 这种"柔顺"完全以舅姑的意志为转移，自己被误解也不辩白，反而以德报怨。虽然"过"如"不及"，未必值得提倡，但其所表达的"曲从"之意却淋漓尽致。

傅以渐认为，一生而不是一时地尽心侍奉舅姑，才是最大的"孝"道。他曾经说道："百行莫大于孝，然考之史传，妇之殉节者不胜书，而致孝养者述甚少，岂非以为闺闱之常事，与夫捐躯者一旦之激烈，固为甚难，奉养者终身之敬谨，亦何容易？"[②] 殉节是一时行为，对于儿媳而言，是十分容易做到的，因此，史传对于殉节者的记载不胜枚举，而能够一生一世尽心侍奉舅姑的人却未必很多，因为"终身之敬谨"是很难做到的。

同时，傅以渐还认为孝行是对舅姑真情实感的自然流露和融入生活小事之中的真挚关怀。如上所语，孝行一定是要真正地做到"下气"、"怡声"和"柔色"，是发自内心深处的，体现在日常生活中的每一件事，是真情的自然流露，而不是做做样子而已。事实上亦是如此，"考之史传，……传之言孝曰视于无形，听于无声。又曰左右就养无方服勤至死。承亲之心如是，其征尽孝之道如是其久，非具至性，其孰能之"[③]。诚如是，才能称为真正做到了孝行。傅以渐还认为："诸节妇皆处贫困、遘险难而孝养未尝少懈，为之姑者或享高寿，或痊危疾，或明瞽目，孰非其孝心所致与？夫寿莫之修短在天，疾病之安慰有命，乃妇人女子之精诚能感格而转移之。"[④] 对于那些生活极端困顿但又仍能坚持不懈怠，尽心尽力侍奉赡养长辈的孝妇，傅以渐则是大加赞赏，认为其孝行能够感天动地。[⑤]

《内则衍义》"孝之道"第二子目为"事父母"。其首先讲道："女子在家从父，故当以父母之教遵而守之为先。"[⑥] 作为家庭子女，首先要对父母的日常生活十分关心，不论从早到晚，时时刻刻皆要放在心上，"终其身惓惓翼翼，不敢稍忘乎"。因为，这是女儿尽孝的开端。

"事父母"子目共载 52 事例。其中皇后、公主 4 例。余下的 48 例，为有罪父亲进行辩白者 4 例；父母被虎豹所获，舍身相救者 7 例；亲属遇到暴徒，舍生全节者 4 例；替父兄报仇者 7 例；刚嫁而大归或终生未嫁，孝养父母者 15 例；

---

① （清）傅以渐：《内则衍义》卷 1，第 359 页。
② （清）傅以渐：《内则衍义》卷 1，第 360 页。
③ （清）傅以渐：《内则衍义》卷 1，第 360 页。
④ （清）傅以渐：《内则衍义》卷 1，第 361 页。
⑤ 参见齐姗：《〈内则衍义〉女教思想探微》，第 39 页。
⑥ （清）傅以渐：《内则衍义》卷 2，第 364 页。

因孝而感天动地，出现神迹者6例；父母死后因悲伤而亡者2例；投水自尽，寻找父尸者3例。不论哪一种，其所表现出的皆是“自我牺牲”精神。

“齐佩任羊缉女也，乌程人，随母还舅氏。母亡，昼夜号哭，不饮食，三日而亡，乡里号曰女表”；“唐饶娥乐平人，……父勣渔于江，溺死。娥年十四，哭水上，不食，三日死”；“北魏卢元礼妻李氏，赵郡太守李叔允之女，性至孝。父卒，号恸几绝。迨母卒，号踊而卒”。[①] 以上诸史料皆是孝女为父母尽孝的典范，体现了其“自我牺牲”的精神。无疑这对于孝行的要求过高，但是，在中国古代，“身体发肤，受之父母，不敢毁伤，孝之始也”[②]。子女的生命皆由父母所赐，子女对受之父母的头发、体肤都要心怀敬畏之心，何况是对父母本人呢！孝敬父母是一个有良知的人对父母几十年养育之恩的应有回报，爱父母是个人道德培养的源头。傅以渐于此的目的是十分明显的。

在本卷的最后案语中，傅以渐写道：“若夫刲股刲肝，其行过甚，岂可训哉！先贤有言曰：‘贞烈，自具正理。’孝养亦其本怀，今后有毁肢体而求全亲者，匹夫无知，不在旌表之例。”[③] 尽管统治者要求子女对父母的尽孝当中，可以具有自我牺牲精神，但有一点，即残酷的肉体摧残则不在其旌表之列，是不能作为训诫典范的。这一点十分重要，也十分难得！

三　《内则衍义》孝思想之价值

经过清朝初期不懈的努力，到康熙中叶的时候，清朝开始出现了安定和繁荣的局面，这“是自明代永乐年间以后二百余年来所未曾有过的”，这也为其后雍正、乾隆年间国力的鼎盛奠定了雄厚的基础。以前曾有史家讴歌康熙一朝，称其“风移俗易，天下和乐，克致太平。其雍熙景象，使后世想望流连”[④]。清初统治者所采取的一系列文化策略，自然也包括《内则衍义》一书的纂修，起到了明显的效果，“风移俗易”正是他们要达到的目的。

从傅以渐《内则衍义》的编撰及其历史影响，我们可以得到以下几点认识。

① （清）傅以渐：《内则衍义》卷2，第374页。

② （清）阮元校刻：《十三经注疏》，《孝经·开宗明义章》，第7页。

③ （清）傅以渐：《内则衍义》卷2，第375页。

④ 陈祖武、汪学群：《清代文化志》第1章，见《清代历史发展的几个阶段》，上海：上海人民出版社，1998年，第9页。

首先，《内则衍义》对孝的把握尺度较为理性和准确。在“孝”观念的影响下，人们敬老尊老，联系宗法情感，也继承前代，传承文化。自殷商以来，人们就已经看到了这一点。只有孝道代代相传，这些才可做到。“孝”与政治密切相关，正如《论语》所说：“其为人也孝弟，而好犯上者，鲜矣；不好犯上，而好作乱者，未之有也。”[①] 殷人以“孝”为“教”，其用意正在于此。到了后世，历代统治者都意识到女子在家庭中的作用，陆续出现了女教之书，向女子灌输孝思想。然而，对于女子“孝”思想的灌输，随着时代的推移，却出现了许多偏颇的做法，有的甚至达到惨无人道的地步，使女子教育走向极端。

可贵的是，《内则衍义》意识到了这一点，并没有沿着这样的方向一直走下去。因此，四库馆臣指出：“盖正其家而天下正，天下各正其家，而风俗淳美，民物泰平，故先王治世，必以内政为本也。”[②] 同时，还大加赞扬道：“端人伦之始，以握风化之原。疏通经义，使知所遵循。引证史文，使有所法戒。用以修明阃教，永著典型。”[③] 四库馆臣特别强调“修明阃教，永著典型”，对不人道的做法持明确的否定态度。这是傅以渐《内则衍义》一书的过人之处。

其次，《内则衍义》的出发点是为统治阶级政治服务的。按照儒家的伦理传统观念，孝是立身之本、齐家之宝，更是治国之根。满族作为中国历史上的一个少数民族，在其入主中原后，面对的是人数众多的汉民族，要想稳固其政治统治，必须从思想观念上进行说服。与之同时，满族贵族也亟待汉化、转变思想观念，而深处宫闱的众多满族上层女性亦同样如此。解决这一系列问题的最佳办法，就是诠释儒学传统。

在对《内则衍义》进行诠释的过程中，傅以渐所注重的正是日常行为的规则与规范，并不认同其中一些相对极端的做法。这是因为，他们的出发点只是要深处宫闱的女子们从中得到启示、理解，以儒家“亲亲”标准行事。实际上，孔子儒家正是要求人们以“亲亲”为出发点，从而推己及人，渐而推广开来，做到“不独亲其亲”、“老吾老以及人之老”，把爱心推广开来。如果人人皆能够如此，那么治理好天下国家就会容易多了，清王朝政权的稳固与走向强大和繁荣便自然而然了。

最后，《内则衍义》中也有一些具有时代性特征的思想。中国“孝”观念产生较早，其内涵在以后的各个时代也在不断地丰富与发展。《内则衍义》虽

① （清）阮元校刻：《十三经注疏》，《论语·学而》，第1页。

② （清）永瑢等：《四库全书总目》卷94，北京：中华书局，1961年，第796页。

③ （清）永瑢等：《四库全书总目》卷94，第796页。

然是对《礼记·内则》意义的阐发，但毕竟出现在清朝初期，当时的各种思想文化与儒家"孝"的思想相互渗透与影响，难免有过时甚至属于糟粕的东西。因此，在研究和继承的过程中应采取"扬弃"的态度，更加理性地加以分析和辨别。

当今时代，我们的社会发生了翻天覆地的变化，但传统孝思想的基础或者土壤仍然存在，人们仍然主要生活在以家庭为个体单位的圈子当中，与传统社会相比，其基本结构并没有多大改变。但是，由于近代以来中国社会的剧烈变动，人们曾经对传统文化存在某些错误的认识，从而也深刻影响到了社会生活的各个方面。人们批判孝道，长期排斥孝道，致使孝道缺失，这是值得我们深思的。即使到了现今社会，亦常常出现一些家庭不和谐乃至虐待老人等骇人听闻的现象。如"郑州老年公寓虐待老人"事件、"广州花都兴东镇象山村村民陈真建夫妇虐待老母亲"事件，还有齐鲁电视台播放的"花季少年暴打坐轮椅的父亲"新闻事件，以及网络报道的"两位老人讨要赡养费，四子女被强制执行"等，皆说明了这样一个事实：时代在飞速发展，而一些人的素质却并没有随之同步向前发展，在金钱和利益面前迷失自我，迷失方向，丧失伦理道德。因此，在今天，继承前人合理的东西，提倡传统孝道，仍具有重要的现实意义。

明末清初蒙古诸部试图建立“政教二道”中心的实践①

吕文利②

前　言

关于16世纪下半叶蒙古土默特部领袖俺答汗引入藏传佛教，学界有很多讨论③，最近几年，一些新的研究成果发表，进一步深化了对这个问题的研究。如石滨裕美子关于“佛教政治”的研究，她通过考察14—17世纪的藏、蒙、满文资料，认为藏文的“chos srid”、蒙文的“törü šasin”、满文的“doro shajin”的意思一样，具有一致性。她把这种一致性概括为“佛教政治”，认为

---

① 本文为国家社科基金特别项目《北部边疆历史与现状研究》之子课题《清初蒙藏关系研究——以蒙古诸部入藏熬茶为中心》（批准号：BJXM2010-20）结项成果之一部分。

② 作者简介：吕文利，内蒙古赤峰人，现为中国社会科学院中国边疆研究所研究员、武汉大学国家领土主权与海洋权益协同创新中心研究员。

③ 吕文利：《试论俺答汗对意识形态的选择》，《学习与探索》2017年第5期，第176-182页；另外，关于蒙藏关系的研究综述，可参见马啸：《近三十年来蒙藏关系史研究评述》，《西北第二民族学院学报（哲学社会科学版）》2008年第3期。关于俺答汗的研究成果综述，可参看杨绍猷的《俺答汗评传》（中国社会科学出版社，1992年）一书“引言”部分；最新的研究综述，可参见刘晓梅、马晓丽的《国内二十年来俺答汗研究述评》（《烟台大学学报（哲学社会科学版）》2016年第3期）一文。

17 世纪的西藏、蒙古、满洲的关系不能以中国为中心的中华世界为视角来看，而应该以西藏佛教世界的视角来看。[①] 实际上，以上藏、蒙、满文的意思直译为汉文应该为“政道与佛法”或者“政教”，以往的学者经常把它总结为“政教合一”。石滨裕美子的研究具有启发意义，但是她的研究实际上从一个极端走向了另外一个极端，其结果，仍是无法窥见 17 世纪各种势力发展的全貌。金成修坚持用蒙文中“政教二道（törö šasin qoyar yoso）”这个词来直接表达政治与佛教之间的关系，她认为，虽然各时代、各地区历史文献中出现的“政教二道”表面字义几乎相同，但是因为地区、时代的差异性，不能妄断藏、蒙、满“政教二道”有相同的历史含义。她在考察蒙古“政教二道”的演变过程中，提出了“中心转移”论。她认为，土默特俺答汗之所以引进黄教，是想利用佛教，试图转移中心，克服察哈尔正统论。卫拉特的和硕特政权、喀尔喀政权也通过类似的思想转变宣传该政权的正统性。在被很多学者诟病的 17 世纪蒙古历史文献中频繁出现的“印藏蒙同源论”，金成修也给予全新的解释。她认为：“蒙古人通过‘印藏蒙同源论’与地理上转移中心，试图建设蒙古人理想中的佛教中心。‘印藏蒙同源论’是以蒙古为中心的地理概念反射于祖先传说的结果。通过如此的概念转变，在‘五色国’的地理概念中，出现了蒙古为中心的世界观，它在祖先传说中又表现为‘印藏蒙同源论’。因此，可以说 16 世纪末藏传佛教在蒙古的传播以及‘印藏蒙同源论’的出现代表着当时蒙古社会的需要和志向。”[②]

金成修的研究成果进一步深化了关于蒙古信仰藏传佛教问题的研究，其“中心转移”理论和重新评价“印藏蒙同源论”的观点很有启发性。但很可惜，她只是考察了明清之际藏传佛教在蒙古地区的传播，没有在一个更长的时段进行研究，如清朝是如何把这个“中心”转移过去？又是如何建设这个“中心”的？另外，她的预设前提是大蒙古国成立以后，就形成了“蒙古民族”，但这似乎又与其“蒙古地区的藏传佛教与蒙古民族意识之间有不可分割的关系”[③] 观点相矛盾。

---

① 〔日〕石滨裕美子：《チベット仏教世界の历史的研究》，东京：东方书店，2001 年。

② 〔韩〕金成修：《明清之际藏传佛教在蒙古地区的传播》，北京：社会科学文献出版社，2006 年，第 45 页。

③ 〔韩〕金成修：《明清之际藏传佛教在蒙古地区的传播》，第 45 页。

与“政教二道”问题有关的，还有“五色四藩”观念。乌云毕力格在研究后认为，“‘五色四藩’概念出现在十六世纪后半叶，它的出现与藏传佛教第二次传入蒙古有关。五色来源于五方佛的颜色，四藩则指主供佛周围的四佛。青色蒙古的说法起源于蒙古对密宗金刚乘无上瑜伽部的信仰”①。

笔者最近在前人研究的基础上，对俺答汗引入藏传佛教以及他试图构建“政教二道”中心的实践进行了研究。经过研究，笔者认为，俺答汗一生在意识形态的选择上大体可以分为三个阶段：第一阶段从 1508 年到 1551 年，其信仰的是萨满教，以萨满意旨为主，寻求与明朝通贡；第二阶段从 1552 年始至 1570 年执送白莲教教首赵全等人止，为对白莲教的试探阶段，其梦想的是“夺回大统”的目标；第三阶段从 1571 年到 1582 年去世，最终选择藏传佛教格鲁派为蒙古地区的信仰和意识形态。在 1578 年俺答汗与索南嘉措会晤前，俺答汗集蒙古宗主大汗授予的“索多汗”、“土谢图彻辰汗”、明朝皇帝授予的“顺义王”以及白莲教徒众加给他的“皇帝”称号于一身。② 1571 年，藏传佛教格鲁派的阿兴喇嘛来到土默特向俺答汗传教，他巧妙地利用了转世轮回的教义，说明俺答汗是忽必烈的转世，这迎合了俺答汗的政治雄心。在 1578 年的会晤中，索南嘉措赠予俺答汗“梵天大力察克喇瓦尔第诺们汗之号”并赐银印③。“察克喇瓦尔第诺们汗”即“转轮法王（chakravarti）”。“转轮法王”在藏传佛教中具有崇高的地位，历史上，松赞干布、忽必烈皆被视为转轮法王。由此，俺答汗以忽必烈转世的理论，在宗教上获得了转世法王的地位；在政治上，试图通过宗教上的正统性来对抗察哈尔宗主大汗的正统性；在意识形态上，试图通过佛教教义这种统一的意识形态来为其统治服务，客观上也可以克服游牧经济的分裂性。④

本篇文章为上述文章考虑议题的延续，即：在俺答汗建立“政教二道”中心的同时，蒙古其他诸部领袖是如何考虑的？他们是如何来构建“政教二道”的中心的？

① 乌云毕力格：《论“五色四藩”的来源及其内涵》，《民族研究》2016 年第 2 期，第 97 页。

② 吕文利：《试论俺答汗对意识形态的选择》，《学习与探索》2017 年第 5 期，第 176-182 页。

③ 珠荣嘎译注：《阿勒坦汗传》，呼和浩特：内蒙古人民出版社，1990 年，第 120 页。

④ 吕文利：《俺答汗建立“政教二道”中心的文本分析以及熬茶布施的开端》，《西部蒙古论坛》2017 年第 1 期，第 3-15 页。

一　蒙古末代大汗——察哈尔林丹汗试图建立中心的实践

（一）传国玺与黄金家族历代大汗的合法性

1368年，朱元璋在应天（今南京）称帝建立明朝后，元惠宗（朱元璋特加其号为顺帝，故明清习惯称其为“顺帝”）妥欢贴木尔退往上都（今正蓝旗东上都河北岸），史称北元。妥欢贴木尔败退草原之际，“把可汗国主的玉宝之印褪在袖里出走了，从全部敌人当中冲杀出去了”①。这枚玉玺号称就是秦始皇刻制的传国玺，为历代统治合法性的关键。据曹永年先生考证，真实的传国玺早已不知去向，后世的传国玺都是赝品。② 元朝的这枚传国玺出现于至正三十一年（1294）正月三十日，此时正值忽必烈去世之第八天，而恰恰太师木华黎孙拾得去世，家贫妻病，“托以玉见贸，供朝夕之给，及出玉，印也”。这枚玉印“色混青绿而玄，光彩射人。其方可黍尺四寸，厚及方之三不足。背纽盘螭，四厌方际，纽尽玺塄之上，取中通一横窽，可径二分，旧贯以韦条。面有篆文八，刻画捷径，位置匀适，皆若虫鸟鱼龙之状。别其仿佛有若‘命’字、若‘寿’字者。心益惊骇，意谓无乃当此昌运，传国玺出乎？急召监察御史臣杨桓至，即读之曰：受命于天，既寿永昌。此传国宝玺文也。”③ 这枚传国玺被作为瑞应，用以说明大元王朝“受命于天”更具合法性。此后，这枚赝品传国玺被元朝分外珍视，所以妥欢贴木尔北逃的时候，尽管特别仓皇，还是不忘把这枚传国玺带上。有了这枚传国玺，北元在与明朝的竞争中，更具有优势。据曹永年先生考证，明朝历次往蒙古用兵，为的都是寻找这枚传国玉玺，但因为蒙古内部争乱不已，在太师孛来之后，这枚传国玺不知所终。④ 直到林丹汗子额哲投降后金，这枚传国玺才又重见天日。实际上，后金也一直在寻找这枚传国玺。1635年8月，传国玉玺找到后，皇太极为迎接这枚玉玺举行了盛大的仪式，这枚玉

① 朱风、贾敬颜译：《汉译蒙古黄金史纲》，呼和浩特：内蒙古人民出版社，1985年，第45页。

② 曹永年：《“传国玺”与明蒙关系》，见氏著《明代蒙古史丛考》，上海：上海古籍出版社，2012年，第203页。

③ （元）陶宗仪：《南村辍耕录》卷26《传国玺》，北京：中华书局，1959年，第317页。

④ 曹永年：《“传国玺”与明蒙关系》，见氏著《明代蒙古史丛考》，第203页。

玺是皇太极成为蒙古大汗的标志，也是他 1636 年称帝的合法性基础。[①]

总之，以上的分析表明，孛来之后这枚传国玺落到了林丹汗的手中，由于史料的缺乏，我们不知林丹汗利用这枚传国玺做过什么文章，但是总体来看，林丹汗的传国玺只是表明其为北元及黄金家族正统大汗，但在当时，这只是表明为政的正统性，面对其他部族用“教”的正统性来抵消“政”的正统性的企图时，林丹汗也做出了回应。

（二）察哈尔部构建“政教二道”中心的努力

早在 1548 年察哈尔部打来孙汗即大汗位时，按照传统，在成吉思汗八白室前聚会，举行即位大典。但蒙古右翼之主俺答汗却没有参加这么重要的大会，这是很不正常的。后打来孙汗在返回的途中，俺答汗前来相迎，并对打来孙汗说：“你已经成了正主合罕，安定了政局。曾经有过称为‘护卫皇政之失帖兀汗’的小罕之号，现在请赐给我那个称号，我将护卫你的大政。”[②] 于是，打来孙汗被迫赐给了俺答“失帖兀汗”的称号。“失帖兀”，也有译为“索多”的，但不知其义。[③] 后来，打来孙汗为避俺答汗为首的蒙古右翼势力的锋芒，率察哈尔万户于 16 世纪中叶开始南下至西拉木伦河一带驻牧。[④]

打来孙汗本来所仗恃的就是黄金家族正统大汗的身份，但是很显然，在右翼势力的威胁下，正统大汗的地位仅有名义上的优势。所以其子土蛮汗在 1567 年，即其 38 岁时“拜见了系结大刀的噶儿麻喇嘛，皈依佛门，聚集起六万户人众”[⑤]。这个“系结大刀的噶儿麻喇嘛”应该是藏传佛教噶玛（karma）噶举派的喇嘛。据札奇斯钦研究：“卡尔玛宗的诸法王，在蒙古帝国时代，诸可汗经营土番之时，就不断到蒙古来传法。他们与萨迦宗之间的竞争颇为激烈……根据以上的史料所记和我们的推断，可以晓得在阿勒坦汗于 1578 年，由黄帽派的法王三世达赖喇嘛接受佛法同时，这个卡尔玛宗的法主也东来布教。不仅如此，他们还选择了在政治上与支持黄帽的阿勒坦汗多少有点对立的图们可汗，作为他们的支持者。换言之，在蒙古贵族们于十六世纪后半期，接受佛教之时，西藏的旧教派与改革派，都同时动员，争取对于蒙古传法的机会，和可汗、贵族们

---

① 笔者将另文探讨“政教二道”的中心是如何转移到清朝中去的。

② 乌兰：《〈蒙古源流〉研究》，沈阳：辽宁民族出版社，2000 年，第 360 页。

③ 乌兰：《〈蒙古源流〉研究》，第 396-397 页。

④ 乌兰：《〈蒙古源流〉研究》，第 396 页。

⑤ 乌兰：《〈蒙古源流〉研究》，第 360 页。

对于他们自己的支持。”[①]

1587年，土蛮汗还曾经派重臣去请正在蒙古右翼传扬佛法的三世达赖喇嘛，赴察哈尔阐扬佛教，但这次邀请因为三世达赖喇嘛于1588年圆寂而未能实现。[②]由此可以看出，作为“四十万蒙古”的正统大汗，土蛮汗亦想通过延请三世达赖喇嘛，使得“政教二道”的中心都在察哈尔。至土蛮汗之子布延汗时，“以‘扯臣合罕’扬名四方，以政教［二道］安抚着中国民众”[③]，继续实施尊崇佛教的策略。至布延汗之孙林丹汗时，佛教才在东蒙古大为发展。

林丹汗（1592—1634），又称陵丹、民旦、虎罕、虎憨、虎墩兔憨、库图可图汗。“林丹・把都儿台吉生于壬辰年（1592年），于甲辰年（1603）十三岁时即位，以‘忽秃图合罕’之称扬名各方，从迈答哩法王、卓尼・绰儿只等人接受了精深密乘的灌顶等等，扶崇佛法。”[④] 迈答哩法王是四世达赖喇嘛云丹嘉措在蒙古地区的代理人，于1604年来到土蛮地区[⑤]。此时林丹汗接受了藏传佛教格鲁派的灌顶，应该推崇黄教。但是他却在26岁时接受了萨思迦・答察・沙尔巴・虎督度[⑥]的“精深密乘的灌顶，修建了宏伟的殿宇和金刚白城，在城中兴建了［供奉］释迦牟尼像的众多庙宇，一个夏季当中即迅速建成，［寺］内的众佛像［也］全部完工”[⑦]，从萨思迦这个名称来看，应该是萨迦派的僧人。这说明林丹汗后期又信仰了藏传佛教萨迦派，这同时也说明红黄教派斗争激烈[⑧]，林丹汗甚至被黄教教徒称为“四大恶汗”之一。[⑨]

---

① 札奇斯钦：《蒙古与西藏历史关系之研究》，台北：正中书局，1978年，第465页。

② 札奇斯钦：《蒙古与西藏历史关系之研究》，第466页。

③ 乌兰：《〈蒙古源流〉研究》，第361页。

④ 乌兰：《〈蒙古源流〉研究》，第361页。

⑤ 乌兰：《〈蒙古源流〉研究》，第405页。

⑥ 札奇斯钦认为，该名字应为两个人，即萨迦・班禅和沙尔巴・呼图克图（见札奇斯钦：《蒙古与西藏历史关系之研究》，第468页）；但乌兰认为此说缺乏证据（见乌兰：《〈蒙古源流〉研究》，第405页）。

⑦ 乌兰：《〈蒙古源流〉研究》，第361页。

⑧ 关于“红黄之争”，比较复杂。一般来说，“黄”指的是“黄帽派”即格鲁派无疑，但“红派”具体指的是哪派呢？据金成修的研究认为：红派可能指的是萨迦派，“可问题是西藏并没有对非格鲁派的统一称号，而且当时与却图台吉发生矛盾的不是萨迦派，是噶玛噶举派的支持者藏巴汗。严格地说所谓红教派并不包括萨迦派或者噶玛噶举派‘红帽系’”（见〔韩〕金成修：《明清之际藏传佛教在蒙古地区的传播》，第83页）。

⑨ “四大恶汗”是指后藏藏巴汗丹忠旺布、康区苯教首领白利土司栋月多尔济、喀尔喀绰克图台吉和漠南蒙古林丹汗。见乌云毕力格：《关于绰克图台吉》，《内蒙古大学学报（哲学社会科学版）》1987年第3期，第56页。

据《蒙古黄金史》载，林丹汗即位之后，采用的名号是“有洪福的成吉思·大明·薛禅，胜过各方敌人的岱总，诸天之天，宇宙的皇天上帝，转金法轮的诺们可汗”[①]。这个名号非常特别，一是“成吉思”和“薛禅”的号，为铁木真和忽必烈的号，林丹汗以此为号，凸显蒙古黄金家族正统地位的意图非常明显；“诸天之天，宇宙的皇天上帝”似乎又有萨满教的意义，蒙古人信奉长生天，这是意在说明君权神授，以从蒙古人的传统信仰中取得合法性地位；最后是“转金法轮的诺们可汗”，这是从藏传佛教的角度来凸显其政权合法性的意义，“诺们可汗”为“法王”之意，这实际上是说林丹汗是转轮王，与其他转轮王不同的是，林丹汗特意强调自己是转金轮王。从佛教的角度来说，转轮王有四种，即金、银、铜、铁四转轮王，以金为贵，转金轮王可以管理四大洲，其他银、铜、铁三王依次递减，到转铁轮王时就只管理一大洲了。一般最高统治者喜称转金轮王，如武则天就称自己“金轮圣神皇帝”，这是佛教传进来后一种特殊的政治修辞。[②]

但是林丹汗所强调的转金轮王或许还有另一重意义，即转金轮王的“金”可以和黄金家族的“金”有某种程度的勾连关系，所以“转金轮王”实际上是黄金家族的隐喻。关于这点另外一个佐证是1739年完成的蒙古史学名著《金轮千辐》，其所记载的是成吉思汗黄金家族的系谱，其名称利用的就是黄金家族和藏传佛教中转金轮王的这种隐喻。所以林丹汗对转金轮王的强调实际上不但是对自己具有黄金家族正统大汗身份的强调，也有昭示其地位在其他转轮王之上的意图。由这个称号可以看出，林丹汗从血缘上、蒙古人传统信仰上以及藏传佛教上处处试图昭示自己才是蒙古诸部甚至世界的领袖，他试图恢复成吉思汗和忽必烈时期的霸权。无疑，这个称号也是藏传佛教的喇嘛献给林丹汗的，但从上文可以看出，应该是萨迦派的喇嘛献给他的。关于林丹汗为何从格鲁派改奉了萨迦派，由于史料的缺乏，我们无法判断，但是可以推断出，正是因为蒙古右翼出身的贵族云丹嘉措成为四世达赖喇嘛，使得与右翼有矛盾的林丹汗改信了萨迦派。他甚至还曾联络喀尔喀部的朝克图台吉（即下文的却图汗）进军西藏，试图“以武力支持红教（即萨迦派），但未能成功”[③]。

---

① 札奇斯钦译注：《蒙古黄金史译注》，台北：联经出版事业公司，1979年，第305-306页。

② 关于武则天称“金轮圣神皇帝”以及隋唐时期君主们称转轮王的研究，请见孙英刚：《转轮王与皇帝：佛教对中古君主概念的影响》，《社会科学战线》2013年第11期，第78-88页。

③ 札奇斯钦译注：《蒙古黄金史译注》，第469页。

种种迹象表明，林丹汗试图建立以察哈尔为中心的“政教二道”中心，不只是在名义上，更是在实践上。他想有所作为，立志要继承祖先开创的基业，统一蒙古各部，重新建立一个统一的蒙古国。林丹汗继位十年之后，其势力已发展到一定的程度，于1615年8月三次举兵进攻明朝：第一次从8月17日寅时攻入广宁，到18日戌时退出，占领广宁16小时。这次林丹汗方面号称统兵十万，明朝方面推测为五六万。第二次是8月22日，林丹汗亲率六千骑兵，分两路攻入，直逼锦州。第三次是8月25日，林丹汗率六万骑兵，分兵五路，直取义州。当明守军迎战时，林丹汗假意退兵，而后，攻其不备，再度入城，并炸毁其火药库，致使明军大败。自此，林丹汗声威大振，在蒙古诸部中势力越来越强，号召力也日益提高。当年被明朝讥为“穷饿之虏”、“柔弱无为”的林丹汗，此时被评价为“虏中名王，尤称桀骜”[①]。

林丹汗自比成吉思汗，企图建立成吉思汗那样的伟大功业。然而时代不同了。蒙古诸部之间，虽不像明初那样战无宁日，但政治上的割据日甚一日。瓦剌时时觊觎蒙古本部自不必说，达延汗后裔诸部，甚至察哈尔八大营，也未必听从大汗管束。蒙古四分五裂，林丹汗非诉诸战争，否则不能实现自己的理想。[②] 正当林丹汗意欲大有作为之际，东北地区的女真强盛起来，其首领努尔哈赤统一了女真各部后，于1616年称汗，国号为“金”，史称“后金”。努尔哈赤在其统一内部的过程中，将其相邻的蒙古各部亦作为吞并对象，首先科尔沁部首领翁果岱向后金称臣纳贡，联为姻亲，接着札鲁特、内喀尔喀、敖汉、奈曼等诸部也相继投靠后金。在这种形势下，林丹汗的策略是“南朝止有大明皇帝，北边止我一人，何得处处称王？我当先处里，后处外”[③]。也就是说，先解决蒙古内部问题，然后再与明朝、后金争雄。林丹汗“连年缮甲厉兵”，对蒙古各部采取了坚决的征伐手段。1625年冬（明天启五年），林丹汗率军征讨科尔沁部，1627年征讨内喀尔喀诸部，1628年西进河套，征服喀喇沁、土默特等部，并占据库库河屯（今呼和浩特），继而鄂尔多斯诸部也相继归附，林丹汗又与漠北的朝克图洪台吉取得联系。这时在其统治下有八大营二十四部，东起辽西、西尽洮河（今甘肃省地境）的广阔地域。然而，由于林丹汗求治过急，决策错误，任意妄为，在蒙古内部东征西讨，自相杀戮，致使许多部落溃散了，还有许多封建主在其逼迫下，率部降附后金，林丹汗被彻底孤立。

---

① 《明神宗实录》卷557，万历四十五年五月辛未。

② 曹永年：《蒙古民族通史》第3卷，呼和浩特：内蒙古大学出版社，2002年，第361页。

③ 《崇祯长编》卷11，崇祯元年七月己巳，台湾“中研院”1962年校勘影印本。

1631年，林丹汗挥师东击诸部，先攻阿鲁科尔沁部，直抵兴安岭东的西拉木伦河北岸。1632年（清天聪六年），皇太极率师援阿鲁科尔沁部。林丹汗战败，西行至归化城（呼和浩特），皇太极会同归附之蒙古诸部，对林丹汗发动了一场大规模的突然袭击，仅一个月内，后金军深入到蒙古腹地。林丹汗因势孤力单，不能抵御，明朝也无法给予有力的支援，西土默特部领袖亦降后金，林丹汗只得撤出归化城，西渡黄河，进兵青海。这次战役中，林丹汗损失惨重，所属各部多数离散或归附于后金，使他一时不能组织有效的力量进行反抗。进入青海后，林丹汗意欲占领西藏，意图取得“政教二道”的领袖地位，以号令蒙古诸部。然而天不假年，1634年，林丹汗病逝于青海撒拉裕固草原，其时43岁。

二　卫拉特蒙古和硕特部和土尔扈特部试图建立中心的实践

如前文所述，在俺答汗时期，蒙古诸部就已开始信仰藏传佛教格鲁派，1603年，转世于俺答汗家族的四世达赖喇嘛云丹嘉措在蒙古贵族的护送下到达拉萨，但是他于1616年突然在哲蚌寺去世，年仅28岁，这更加引起了西藏局势的动荡。西藏藏巴汗抓住这个机会，发动了一系列的战争，在西藏确立了统治地位，格鲁派的势力岌岌可危。

此时的中国各地，也正发生着翻天覆地的变化。1634年秋，林丹汗亡故，1634年12月14日，嘛哈噶喇佛像为后金所得，“蒙古大元国世祖呼（忽）必烈汗时，有帕克斯巴（即八思巴）喇嘛用金铸嘛哈噶喇佛像，奉祀于五台山，后请移于萨斯遐地方。又有沙尔巴胡图克图喇嘛复移于大元国裔蒙古察哈尔国祀之。奉天承运满洲国天聪汗威德遐敷，征服察哈尔国，旌旗西指，察哈尔汗不战自逃，其部众尽来归。于是，墨尔根喇嘛载嘛哈噶喇佛像来归。天聪汗遣必礼克图囊苏喇嘛往迎之。天聪八年甲戌年季冬月十五日丁酉，必礼克图囊苏喇嘛携墨尔根喇嘛至盛京城”[①]。

“嘛哈噶喇”又译写为“玛哈噶拉”，意为“大黑天”，这对于信仰藏传佛教后的蒙古人来说，是与传国玉玺一样重要的象征之物，即传国玉玺是“政教二

① 中国第一历史档案馆编：《清初内国史院满文档案译编（上）》，北京：光明日报出版社，1989年，第126-127页。

道”中“政”的象征，嘛哈噶喇佛像是“教”的象征，二者的转移就象征着“政教二道”的转移。虽然皇太极对此或许没有像后世顺治帝、康熙帝等人有的高度的认识①，但他还是决定修建寺庙，并向朝鲜国王致信索要修建寺庙所用的颜料②，该庙就是实胜寺。1635 年 2 月，林丹汗之子额哲及其母苏泰太后率部投降后金，传国玉玺也归皇太极所有。由此，漠南蒙古“政教二道”的象征物都归后金所有。1636 年，漠南蒙古十六部四十九台吉会于盛京，共向皇太极上尊号为“博格达·彻辰汗”，这不但标志着漠南蒙古正式归附于后金，也标志着皇太极成为蒙古大汗。皇太极正是在蒙古势力的支持下，此后称帝，改国号为大清，清政权借助于蒙古的力量，于 1644 年入关。在这个过程中我们看到，满蒙的政治军事联盟似乎超越了蒙藏在宗教上的意识形态联盟，这两个联盟之间有着复杂的关系。但实际上，清朝利用自己的优势，把佛教的中心由蒙古转移到了承德避暑山庄与外八庙，清帝的称号有“曼珠师利大皇帝”、“文殊菩萨”、“文殊皇帝”、“转轮王大皇帝”等等，这实际上是以满洲为中心的表现。③

但藏传佛教的转世理论有很大的弹性，故使蒙古诸部领袖纷纷争夺或建构自己是忽必烈转世的地位。而在清朝入关前后，远处西北的卫拉特蒙古各部试图主导藏传佛教格鲁派，亦试图使得“政教二道”的中心转移到自己的部落来，以号令诸部，与清朝抗衡，其中最有实力的部落就是和硕特部和准噶尔部以及土尔扈特部，因为准噶尔部与西藏的关系笔者已经有长文发表④，故本节只讨论和硕特部和土尔扈特部构建“政教二道”中心的努力。

（一）和硕特部与西藏格鲁派的关系

17 世纪中叶左右，卫拉特蒙古和青海蒙古也在发生着剧烈的变化。

因为游牧经济的分裂性⑤，卫拉特蒙古内部也纷争不断，和硕特部固始汗率

---

① 皇太极曾认为：“蒙古诸贝勒自弃蒙古之语，名号俱用喇嘛语，故致国运衰微。”把蒙古“衰微”的原因归结到蒙古人信仰藏传佛教上，可见藏传佛教在皇太极心目中地位不高。见中国第一历史档案馆编：《清初内国史院满文档案译编（上）》，第 74 页。

② 中国第一历史档案馆编：《清初内国史院满文档案译编（上）》，第 180 页。

③ 林士铉：《清代蒙古与满洲政治文化》，高雄：丽文文化事业股份有限公司，2009 年，第 147-278 页。

④ 吕文利：《战争、熬茶与和平：噶尔丹、策妄阿喇布坦时期准噶尔、西藏及清朝的关系》，见邢广程编：《中国边疆学》第 3 辑，北京：社会科学文献出版社，2015 年，109-129 页。

⑤ 关于游牧经济分裂性的讨论，笔者将另文发表。

军向外进行扩张和迁徙。1637 年初，固始汗率军在青海湖击败了青海的却图汗[①]，很快就占领了青海的主要地区。而固始汗之所以能够胜利，与格鲁派信徒的支持有很大关系。原来却图汗与西藏藏传佛教噶举派联系密切，从而在噶举派的斡旋下，试图与西藏仇视格鲁派的藏巴汗联盟，以消灭格鲁派，这引起了包括蒙古诸部在内的格鲁派信徒的反抗，而固始汗以护持格鲁派为名，进军青海，自然就引起了各地格鲁派信徒的大力支持，从而战胜了却图汗。

固始汗驻牧于青海后，发展经济，积聚力量。这个时候，康区的白利土司试图联合藏巴汗，以打压格鲁派，于是他加紧四处活动。1639 年，正当五世达赖喇嘛举行施食法事时，白利土司给藏巴汗写了一封信，这封信的主要内容是：“在神山上已插置神幡。由于甘丹颇章没有保证蒙古人不进攻康区，明年我将带兵到卫藏。那座称为觉卧仁波且的铜像是招致战争的根源，应当扔到河里去。把色拉、哲蚌和甘丹三大寺破坏以后，应在其废墟上各垒筑起一座灵塔。藏巴汗应当与我亲善起来，一同供养卫藏和康区的佛教徒和苯教信徒。”[②]

但是这封信在途中被格鲁派僧人截获，后交给了固始汗。五世达赖喇嘛知道后很生气，他说：“这个白利土司十恶不赦，他是应进行诛灭的主要对象。”[③]由此，固始汗以白利土司勾结藏巴汗为由，派兵剿灭了白利土司，此后声威大震。

固始汗到达康区后，在 1641 年拉萨祈愿大法会期间派“噶居格年顿珠和大王妃来（拉萨向达赖喇嘛）通报情况，并派色钦乌巴锡等大批人员前来请安问候”[④]。这个时候西藏关于蒙古军队的传言有很多，有人说固始汗返回青海了，有人说他领兵临近卫藏，达赖喇嘛也和协敖·索南绕丹商讨应对之策。索南绕丹主张依靠固始汗，“如果我们不依靠固始汗的恩德从藏巴汗的法度下解放出来，以后就再不可能有得到解脱的机会，因此，在派出信使格年顿珠的时候，我就提出了固始汗应当用兵后藏的请求”。但是达赖喇嘛主张还是把固始汗劝说

---

① 却图汗，即上文中所说的喀尔喀部朝克图台吉，也称为绰克图台吉。他信仰藏传佛教噶玛噶举派，与格鲁派为敌，因林丹汗以战争的形式统一诸部，造成察哈尔等部很多蒙古人纷纷逃往漠北喀尔喀部，造成了喀尔喀部各势力为争夺逃民而内战，朝克图台吉在战争中失败，于 1634 年逃往青海，后称“却图汗”（即绰克图汗）。关于却图汗的研究，请参见乌云毕力格：《关于绰克图台吉》，《内蒙古大学学报（哲学社会科学版）》1987 年第 3 期，第 52-57 页。

② 阿旺洛桑嘉措著，陈庆英、马连龙、马林译：《五世达赖喇嘛传（上）》，北京：中国藏学出版社，2006 年，第 126 页。

③ 阿旺洛桑嘉措著，陈庆英、马连龙、马林译：《五世达赖喇嘛传（上）》，第 126 页。

④ 阿旺洛桑嘉措著，陈庆英、马连龙、马林译：《五世达赖喇嘛传（上）》，第 127 页。

回青海去，两人争执不下，后来以占卜的方式解决问题。占卜的结果是固始汗进兵西藏暂时不失为善策，但是长远的结果不好。实际上这也是一个中和了达赖喇嘛和索南绕丹意见的占卜结果，后来的结果实际上是按照索南绕丹的意思在进行。① 此后，固始汗准备往西藏进军，他一方面为避免不测，给达赖喇嘛写信说，班禅大师在后藏会有危险，以大王妃上了年纪不能去后藏为由，让班禅到前藏来；另一方面又佯装已退回青海，以麻痹藏巴汗，而后趁机进入西藏达木地方。当藏巴汗得知这个消息后，立即让正赴拉萨途中的班禅暂时“滞留在喀日丁地方”，而索南绕丹则立即赶赴蒙古军队中去见固始汗，他安排达东乃引领固始汗军队进攻藏巴汗，自己则与固始汗的两位王妃一起到拉萨。② 在格鲁派的支持下，固始汗的军队进展顺利，到1642年3月，“西藏所有木门人家都归于持教法王（固始汗）治下”③。然后，固始汗给达赖喇嘛捎来口信，让达赖喇嘛从拉萨哲蚌寺去后藏④，固始汗则亲自到德庆地方迎接，并“将八思巴大师的曼朵法铃和一只称为‘索布贝杰’的绿宝石碗赠送给我（指五世达赖喇嘛）。据说这两件奇特的珍宝曾经在西藏十三万户长的手中传来传去，后来从内邬栋孜传到仁蚌巴的手中”⑤。

固始汗将八思巴用过的宝物赠送给达赖喇嘛是有特别的用意的。八思巴（1235—1280），是藏传佛教萨迦派的第五代祖师。1247年，随其伯父萨迦至凉州会见蒙古窝阔台汗之子阔端，长大后，得到了忽必烈的喜爱。1260年，忽必烈尊其为国师，赐玉印。1264年，领总制院事，管理全国佛教及藏区事务。1269年，以其所制蒙古新字颁行全国，是为“八思巴字”。1270年，升号为“帝师”，进封“大宝法王”，统领西藏十三万户。1276年返藏，聚卫藏徒众七万人，举行曲弥法会，自认萨迦寺第一代法王，同时任命“本钦”统领西藏十三万户，僧俗并用，军民兼摄，是为西藏实行贵族僧侣统治之始。⑥ 可以说，在五世达赖之前西藏的历史上，八思巴在政教两方面的地位无有出其右者，所以固始汗将八思巴所用过的宝物赠给五世达赖喇嘛，自有一种权力交接的意味。尤

---

① 阿旺洛桑嘉措著，陈庆英、马连龙、马林译：《五世达赖喇嘛传（上）》，第128页。

② 阿旺洛桑嘉措著，陈庆英、马连龙、马林译：《五世达赖喇嘛传（上）》，第128-129页。

③ 阿旺洛桑嘉措著，陈庆英、马连龙、马林译：《五世达赖喇嘛传（上）》，第135-136页。

④ 固始汗的口信是：“汗王的心意非同寻常，您无论如何应当去后藏，玛玖台吉和吉雪台吉措杰巴二人即将前来迎请您，现在最好轻装出发，不必大壮行色。”见阿旺洛桑嘉措著，陈庆英、马连龙、马林译：《五世达赖喇嘛传（上）》，第136页。

⑤ 阿旺洛桑嘉措著，陈庆英、马连龙、马林译：《五世达赖喇嘛传（上）》，第136页。

⑥ 阿旺洛桑嘉措著，陈庆英、马连龙、马林译：《五世达赖喇嘛传（上）》，第29页。

其是达赖喇嘛到达日喀则之后的首次聚会所举行的仪式更有如此的意味，据五世达赖描述当日的聚会是这样的：

> 我到达日喀则后的首次聚会是在桑珠孜的大厅中举行的，难以数计的蒙藏人士聚集在那里，当大家就座之时，按忽必烈皇帝向八思巴大师奉献三次大布施之例，固始汗向我奉献了阿阇世王的所依止的圣物即供奉在江喀孜的那件世尊释迦牟尼的舍利子、八思巴曾经亲自交给益希巴的有名的垂罗宝饰（还有一种说法认为，这件宝饰是莲花生的明妃之一空行母益布措杰的护心镜，是掘藏师曲却旺秋活佛发掘出来的）、以仁蚌巴阿旺久典旺秋吩咐制作的那顶精美的帐幔为主的内供物品，喇嘛身像、铜像以及汉地所造的许多供品。然后，汗王宣布他将包括日喀则在内的西藏十三万户全部献给我。①

按照“忽必烈皇帝向八思巴大师奉献三次大布施之例”，固始汗向达赖喇嘛布施了很多珍宝，而最珍贵的当然是西藏十三万户。这里面的寓意是把固始汗当成了忽必烈的继承人，把五世达赖喇嘛当成八思巴大师的继承人，由此和硕特部蒙古人和藏传佛教之间有了前后相继的勾连，这与上文所说的俺答汗和三世达赖喇嘛索南嘉措分别是忽必烈和八思巴的转世有异曲同工之妙，这说明，“政教二道”的中心转移到了和硕特部。据说忽必烈向八思巴奉献的三次大布施是：第一次是以全藏十三万户作为贡献；第二次是以全藏三区作为供礼；第三次是以阿阇世所分得舍利的“舍利份子”作为供养。② 这三次布施中，前两次布施仅仅是经济上的布施，最后一次则是皈依了佛教，以佛教圣物——舍利作为供养，则是皈依佛教的表现，就不只是要布施，更有传播佛教的责任了。如果把固始汗当作忽必烈的继承人的话，那么达赖喇嘛也希望固始汗这样做，当然，这只是五世达赖喇嘛的理想，但是至少他的理想实现了一部分，固始汗果然布施给了他西藏十三万户。但是当时在西藏实际上已经没有了万户制度，固始汗以“十三万户”的名义布施给达赖喇嘛，实际上是强化他作为忽必烈的继承人、五世达赖是八思巴继承人的印象。所以，这个仪式与其说是布施之仪式，不如说是建立蒙藏联合政权之仪式，以忽必烈和八思巴的继承人的名义，固始汗取得了在西藏的世俗领导地位，而五世达赖喇嘛取得了在宗教上的领导地位。实际上，五世达赖喇嘛早就有当宗教领袖的愿望，在他的自述中写道：“在西藏这

---

① 阿旺洛桑嘉措著，陈庆英、马连龙、马林译：《五世达赖喇嘛传（上）》，第 137 页。

② 阿旺洛桑嘉措著，陈庆英、马连龙、马林译：《五世达赖喇嘛传（上）》，第 143 页。

块土地上，如果有一个领袖，时局才会安定，萨迦、噶举、宁玛等其他教派四分五裂的局面才可能有所改观。”[①] 固始汗在当时已经控制了青藏高原的广大地区，建立了和硕特汗廷，对于他来说，提高达赖喇嘛的地位，以号令蒙古诸部是个比较明智的选择，所以，他仅仅布施了“西藏十三万户”，并未把自己控制的全部地区都布施给达赖喇嘛。而达赖喇嘛在自述中，强调忽必烈向八思巴的三次大布施，则不仅仅是有蒙古人和西藏高僧政、教两方面继承的意味，还有试图让固始汗布施更多的意味。无论如何，这次仪式等于宣告了蒙藏联合政权的成立，这也就是被后世所称的“甘丹颇章政权”[②]。

（二）蒙古土尔扈特部与西藏的关系

因为蒙古和硕特部、准噶尔部与西藏接壤，所以在清代初期对西藏影响也最大，而其他几个蒙古地区，如远在伏尔加河流域的土尔扈特部，以及喀尔喀蒙古等，因为距离西藏较远，如果要进行武力等干预，中间必须得经过青海蒙古或者准噶尔，所以他们与西藏的联系主要是延请高僧、修建寺庙以及入藏熬茶布施。

土尔扈特蒙古或许是卫拉特诸部中最先接受藏传佛教格鲁派的一部[③]。在1628—1632年，因为牧场狭窄以及内讧等多种原因，土尔扈特部从塔尔巴哈台辗转迁至伏尔加河流域，到1771年渥巴锡率部东归，则共经历了一百四十余年、八代汗王，这八位汗王分别是和鄂尔勒克、书库尔岱青、朋楚克、阿玉奇、策凌敦多布、敦多布旺布、敦多布达什、渥巴锡。在历代领袖的倡导下，藏传佛教格鲁派在土尔扈特部得到了迅速的发展。他们修建寺庙，延请高僧，并入藏熬茶。他们所建的寺庙见表1。

表1　蒙古土尔扈特部在伏尔加河流域所建寺庙

寺庙名称	建造者	备注
昂加恩库热	昂家恩一世喇嘛	第一所新建寺院
巴克希恩库热	额木其昂海腾	阿玉奇汗资助

① 阿旺洛桑嘉措著，陈庆英、马连龙、马林译：《五世达赖喇嘛传（上）》，第137页。

② 甘丹颇章，为五世达赖喇嘛在哲蚌寺的寝宫。

③〔苏〕伊·亚·兹拉特金著，马曼丽译：《准噶尔汗国史》，北京：商务印书馆，1980年，第160页。

续表

寺庙名称	建造者	备注
喇嘛库热	沙克尔喇嘛	阿玉奇汗资助
共芒库理雅	果芒本鲁敦珠嘉措	
宗喀巴库理雅	策克尔察恩德克	
却进库理雅		护法神寺院
喇嘛却进库理雅		
呼图克图格根庙	卫拉特籍咱雅班智达僧众	
哈布青达尔库理雅		
却藏库热		

这些寺庙规模宏大，喇嘛人数也很可观，“在伏尔加河两岸喇嘛庙当喇嘛的有 1 万多人，最多时达到 2 万多人”[①]。如此多的喇嘛在促进当地藏传佛教格鲁派发展的同时，也造成了土尔扈特部的负担。

德国学者帕拉斯曾经亲眼见过土尔扈特部的一些寺庙，他说：“固定的庙宇一般都建造在地势优雅的风水宝地，上等僧侣和部落首领通常都将自己的住宅建在寺庙附近的地方。他们在每月例行的诵经日聚会于庙宇，节庆日也多在此欢度。位卑的僧侣则多居住在自己的帐篷里，帐多搭在他们自己围造而成的小庄园之内，底下垫上厚厚的木块防潮。——有的僧侣甚至将住宅建在庙宇旁边，这样可使畜群一年四季都有好草使用，生活在中国的蒙古王公以及宗教领袖的牙帐也演变成了这种不可徙动的固定住宅。”[②]

从帕拉斯的观察可以看出，因为藏传佛教的关系，改变了蒙古人的生活方式——他们由原来的流动性的生活方式变成了固定性的生活方式。

土尔扈特部远离西藏有万里之遥，但是他们还是克服重重困难，多次赴藏熬茶。下面根据《五世达赖喇嘛传》的记载进行一个统计，详见表 2。

---

① 张体先：《土尔扈特部落史》，北京：当代中国出版社，1999 年，第 288 页。

② 〔德〕P. S. 帕拉斯著，邵建东、刘迎胜译：《内陆亚洲厄鲁特历史资料》，昆明：云南人民出版社，2002 年，第 172 页。

表 2 土尔扈特部入藏熬茶情况

时间	人员	布施内容	备注	出处页码
1643 年	土尔扈特岱青	给五世达赖喇嘛赠送了一百匹带鞍子的马，作为初次见面的礼物。后把达赖喇嘛又请到大昭寺，呈献了成千上万的重要礼品	土尔扈特岱青还夸口说如果与主巴派活佛白玛旺波相会，也会奉献这样的厚礼（即一百匹带鞍子的马——笔者注）	（上）第 153 页
1655 年	书库尔岱青之弟衮布伊勒丁		五世达赖向其传授了长寿灌顶法	（上）第 291 页
1674 年十二月初一日	土尔扈特的代表喜饶格隆	向达赖喇嘛赠送了很多礼品		（下）第 162 页
1675 年三月十五日	翁则曲杰	连同土尔扈特首领阿玉锡捎给达赖喇嘛的礼品，翁则曲杰向达赖喇嘛赠送了黄金 350 两、白银 700 两、茶叶、绸缎、皮张、布匹等大批物品，并布施会供物品		（下）第 175-176 页
1675 年四月初四日	土尔扈特代表		达赖喇嘛向包括土尔扈特部在内一些人士赠送了礼品	（下）第 181 页
1675 年四月十二日	土尔扈特巴图尔的代表额尔克格隆		达赖喇嘛向其传授了《修法大海》中所说的“十三尊空行随许法”	（下）第 181 页

续表

时　间	人　员	布施内容	备　注	出处页码
1681年七月十一日	土尔扈特阿玉锡的信使	向五世达赖赠送了茶叶、银子、绸缎、马匹等礼品		（下）第441页
1681年八月初九日	信使	五世达赖设茶宴招待了信使等人		（下）第443页

除了上述使团外，实际上土尔扈特部首领阿玉奇还派遣了多次使团，尤其是1698年以其侄阿拉布珠尔母子为首的使团最为有名。这是因为该使团从西藏返回伏尔加河游牧地时，必须经过准噶尔地界，但是由于土尔扈特与准噶尔当时关系恶化，无法回去，所以“遣使至京师，请内属”，清朝于1704年封阿拉布珠尔为固山贝子，赐牧于党色尔腾。①

土尔扈特部不但进藏熬茶布施，还希望达赖喇嘛对其领袖进行册封，并举行盛大的授号仪式。1735年，土尔扈特部首领策凌敦多布就举行了这样盛大的授号仪式，帕拉斯的记载如下。

仪式定于1735年9月1日举行……帐内置有一个特别高的座位或称御座，供汗用；御座右边的一张椅子稍矮，供当时土尔扈特部最高僧侣书库尔喇嘛坐用……

身着豪华服饰的汗端坐在帐中为他设立的御座上，静等书库尔喇嘛的到来。书库尔喇嘛诵经已毕，庄严地从他的住所走出，步向汗帐。聚集在佛庙内的僧侣出来列队奏乐迎接书库尔喇嘛，并陪同他走到汗帐门前。这时，僧侣们转身往回走，而喇嘛则直接趋步上前坐在御座旁边的椅子上。紧接着，受汗派遣到西藏的巴图尔鄂木布——他已得名巴图尔格隆并入僧籍——率领一大批随从僧侣骑马来到汗帐。巴图尔格隆本人脱离队伍，走到前面，将达赖喇嘛赐给汗的那份神圣令旨放在自己的头上。两位僧生一人手持一束点燃了的香烛，一人手捧一只底下烧着煤的水壶，壶内煮有西藏产的块根；两人一起敬奉着令旨款步向前。巴图尔格隆身后紧跟着另一位僧侣，手执佛像和佛祖遗物。在他们的后面，僧侣们列队牵来一匹供汗用的御马，备有达赖喇嘛赠

① （清）祁韵士：《皇朝藩部要略》卷10。

赐的御鞍，其他人拿着圣衣、圣帽、圣带（上面挂有一把匕首和一把小刀）以及供汗用的马刀、枪支、箭囊和弓矢。队伍最后面是两面大纛，一面是达赖喇嘛送给汗的，是汗位的象征，另一面是达赖喇嘛的活佛曲钦送给汗的使节的。这一支队伍与前面的喇嘛一样，受到僧侣们的迎接并被陪同着到汗帐前，一路高奏乐曲，吟诵经文。

及至帐前，巴图尔格隆及其随从滚鞍下马，和手捧着圣衣的人一起进入帐内……书库尔喇嘛从椅子上站起来，先从巴图尔格隆头上拿下达赖喇嘛的令旨，将它放在汗的头上，再接过汗用的圣衣，这时汗也站起身来，书库尔喇嘛给汗穿上圣衣，再次入座。书库尔喇嘛用唐古特语朗诵达赖喇嘛的令旨，先是在汗帐内，后又到外面向众人宣读。令旨的内容如下：

英名神圣幸福的沙索本色岱青汗（此乃达赖喇嘛赐给汗的新名），我们祝福你，祝愿你和你的臣民能再过上过去的美好时光，愿你的实力不断扩张，愿你成为英明无比的执政王，像高贵的鲜花一样闪闪发光，愿你和其他人都能增强对神圣宗教的信仰！——你出于对我们的无比热爱，遣使来到西藏，你带来了我们的祝愿。你送给我们的礼物，一块上等的哈达和地毯，两个用珍珠制成的玫瑰花环，80 枚金币，两匹布料等等，我们都已以神圣的宗喀巴和黄教高级僧侣的名义领受了。我们祝愿你的人民和全体生灵都能恢复内部和外部的和平，从此过上幸福的生活；祝愿你笃信宗教，乐善好施，爱民如子。令尊大人是本教的保护者，是我们坚定的崇拜者，他已仙逝。全体土尔扈特王公以及其它部落的王公必须以令尊大人为榜样，父亲似地或祖父似地衷心爱戴他们的臣民，接受乐善好施的教义，尽心尽力地传播和增强黄帽的真谛；要乐意宽宥下人的过失，帮助他们步入正道；要努力牢记规定的经文，虔诚地摆设心灵和信仰之物，心中永远不忘佛、法、僧三宝。如斯，我们会永远爱戴你，在任何情况下都会给你和你的人民提供精神帮助。兹送给你桑嘉一条，本人画像一幅，普度众生者的真舍利、释迦牟尼佛祖的舍利各一块……

书库尔喇嘛当着众人宣读完这封令旨后，站在四周的贵族以及有权前来参加仪式的普通人就开始一个接一个地来到书库尔喇嘛面前，书库尔喇嘛把令旨放到每个人的头上，以示祝福之意……汗本人则从帐中走出，腰挂达赖喇嘛赠赐的马刀、箭囊和弓矢，骑上御马向佛庙

驰去。及至佛庙，他翻身下马，步入佛庙，卸下武器让众人抬入，僧侣们鼓乐齐鸣，列队相待，还在佛像前一一诵经……[①]

由整个过程我们可以看到，授号的仪式庄严而宏大，首先是大汗要盛装等待，然后由派遣到西藏归来的喇嘛带着达赖喇嘛的令旨款步而来，随后由土尔扈特部地位最高的喇嘛书库尔喇嘛接过令旨，放在汗的头上，以示已领受，之后给汗穿上圣衣，而后书库尔喇嘛面向众人宣读达赖喇嘛的令旨内容，这实际上是广为布告，以说明汗号来源于达赖喇嘛，以示汗位的合法性，随后大汗赶赴寺庙祈祷诵经，用以说明对藏传佛教的虔诚以及广为推广之意。整个过程都已经被神圣化了，而这个神圣化的过程实际上是处于内忧外患的土尔扈特首领试图进一步收拢人心的结果，他广为宣传藏传佛教，也试图借助达赖喇嘛的封号来加强自己的统治，所以，仪式的神圣化过程实际上就是汗权的加强化过程。也正是因为有这种效果，所以几乎各部蒙古王公都希望从达赖喇嘛处得到封号。

1771 年，土尔扈特部在其首领渥巴锡的率领下东归，归附清朝，清政府对土尔扈特部抚恤救济，妥善安置，安排土尔扈特部首领赴避暑山庄朝觐，并安排赴藏熬茶事宜。但这里的赴藏熬茶已经是“政教二道”的中心转移到清朝之后的安排了，是另一个性质的问题了，况且已有郭美兰先生详细的研究成果[②]，故本文不再赘述。

三　蒙古喀尔喀部试图建立中心的努力

在 16 世纪末至 17 世纪的大变局中，漠北喀尔喀部的势力也逐渐强大起来。喀尔喀部也是黄金家族后裔，达延汗统一东蒙古后，分封其第六子阿鲁楚博罗特与第十一子格埒森扎到喀尔喀万户的左右翼。16 世纪中叶，喀尔喀左翼内迁至大兴安岭一带而为“内喀尔喀五部”，原驻牧地尽为格埒森扎后裔所有，后格埒森扎后裔又分出左右两翼。在 16 世纪末至 17 世纪 30 年代，喀尔喀左翼和右翼先后出现了三个汗，对此，乌云毕力格先生已有精彩的分

① 〔德〕P. S. 帕拉斯著，邵建东、刘迎胜译：《内陆亚洲厄鲁特历史资料》，第 78-79 页。

② 郭美兰：《清代霍博克赛里土尔扈特蒙古赴藏熬茶活动初探》，《西部蒙古论坛》2013 年第 2 期，第 41-48 页。

析[①]，笔者不揣浅陋，拟从喀尔喀三汗试图构建“政教二道”中心的角度，进一步论述之。

据《蒙古回部王公表传》记载：“初，喀尔喀无汗号，自阿巴岱[②]赴唐古特，谒达赖喇嘛，迎经典归，为众所服，以汗称。子额列克继之，号墨尔根汗。额列克子三，长衮布，始号土谢图汗，与其族车臣汗硕垒、扎萨克图汗素巴第同时称三汗。”[③] 但是乌云毕力格根据多种文献考证，最后得出的结论是：阿巴泰“于1580年称汗，号‘赛音汗’，喀尔喀始有汗。阿巴泰1586年在呼和浩特谒见三世达赖喇嘛索南嘉措，被授予‘佛法大瓦齐赉汗’号，此后称作‘瓦齐赉赛音汗’。阿巴泰汗立喀尔喀右翼的赉瑚尔为汗，并在库博克儿取得了对卫拉特人的决定性胜利，这充分显示了他在16世纪后半叶喀尔喀历史上的领袖地位，他实际上是当时喀尔喀万户的汗。‘土谢图汗’号始自其孙衮布，他是喀尔喀第一代土谢图汗。”[④] 其中阿巴泰如何从三世达赖喇嘛那里取得汗号是很有意思的问题。

主要记载喀尔喀历史的《阿萨喇克其史》中记载，1581年，阿巴泰28岁时，“在杜尔格齐巴图尔家从芒官嗔-土默特地方来了一批商人。听说他们中间有被称为‘邦什’的人，于是派使臣前去请来。那位邦什谈话中讲到：‘我们格良汗那里有三宝和东科尔满珠什哩活佛。’于是土谢图汗（即阿巴岱汗）大发禅心，派那邦什和奇勒古特的阿喇克达尔汉二人到格良汗那里迎请喇嘛。格良汗在七十五岁那年（1582），患有重疾，当那位使臣返回时，已经躺在床上七天没有说话了，听说使臣来了，［汗］下令携郭芒囊索前往［喀尔喀］，便在那里逝世。阿喇克达尔汉迎请喇嘛返回。［阿巴泰］受戒信法，非常尊崇那位喇嘛。因对佛法［在喀尔喀的］最初的传播做了好的中介，封阿喇克达尔汉为‘达尔汉’之上的‘大达尔汉’，并赐给了朱色敕书和印玺。水羊年，萨木喇囊索前来。木鸡年夏，在尚呼图山阴的故城动土筑基，当年建起寺庙”[⑤]。由材料可知，阿巴

① 乌云毕力格：《喀尔喀三汗的登场》，《历史研究》2008年第3期，第23-33页。

② 乌云毕力格先生认为，此处汉文记“阿巴岱”有误，应为阿巴泰，从之。见其作《喀尔喀三汗的登场》，《历史研究》2008年第3期，第24页。

③ 包文汉、奇·朝克图整理：《蒙古回部王公表传》（第1辑）卷45《喀尔喀土谢图汗部总传》，呼和浩特：内蒙古大学出版社，1998年，第334页。

④ 乌云毕力格：《喀尔喀三汗的登场》，《历史研究》2008年第3期，第28页。

⑤ 乌云毕力格译：《阿萨喇克其史》，见氏著《〈阿萨喇克其史〉研究》，北京：中央民族大学出版社，2009年，第133页。

岱在1585年建立了寺庙，这个寺庙就是额尔德尼召[1]。关于阿巴泰和三世达赖喇嘛会见的情况，《阿萨喇克其史》说阿巴泰汗于1586年“夏末月十五日叩谒了达赖喇嘛索南嘉措，献上了千匹马为首的众多金银财物。[达赖喇嘛] 授他以众多灌顶，并令 [阿巴泰汗] 从满屋的佛像中选取 [自己所需的佛像]。[阿巴泰汗] 选取了一尊旧佛像，是伯木古鲁巴。达赖喇嘛说：‘当满屋佛像连同房屋一起遭火灾的时候，[该佛像] 不曾被烧毁，是大有神力的。’…… [达赖喇嘛对阿巴岱汗] 说：‘[你] 是瓦齐尔巴尼的化身’，并赐予了‘佛法大瓦齐赉汗’号。”[2]

对此，罗布桑普棱列撰写的《第一世哲布尊丹巴传》中这样写道：

> 后来在遍知一切索南嘉措来到蒙古时，他（阿巴泰——引者注）前去谒见。福田和施主合心合意，(索南嘉措) 将一幅画有不怕被火烧的帕木竹巴多吉杰波像的唐卡赐给他，并授予他多吉杰波（瓦齐尔汗）的称号。[3]

关于这个情节，《蒙古源流》也有详细的记载：

> 罕哈的阿巴歹·哈勒札兀台吉前来叩拜（达赖喇嘛），献上用貂（皮）制成的皮帐和数以万计的财物，甘心情愿地尽情倾听了经义。(达赖喇嘛) 对那位合罕说：“请伸手从我的众佛（像）当中选取一幅佛（像）吧。”(阿巴歹) 伸手恰好触到金刚持的画像，就收下了。就要启程返回，(阿巴歹) 说：“请赐给我冠有‘瓦只剌’之名的合罕之号吧！”(达赖喇嘛) 回答说：“只是担心对你们蒙古的正统有妨害。”尽管这样说了，可是当（阿巴歹）再次恳请时，(他) 还是赐给了“瓦只来合罕”的称号。达赖喇嘛说：“这幅勘巴·瓦只剌合罕的画像，据说当满屋佛像连同房屋一起遭火灾的时候，不曾被烧毁，是大有神力的佛（像）。”说完，又赐给（阿巴歹）拇指大小的（一块）释迦牟尼佛的舍利子、(一尊) 白铜筑造的斫迦罗·苫婆罗佛像，以及从印度地

① 《哲布尊丹巴传》中说：“在喀尔喀蒙古地区难以寻到建立额尔德尼召的模式，便依照呼和浩特召庙的式样建造阿巴岱汗在喀尔喀蒙古建寺立佛后，迎请土默特阿勒坦汗之师栋科尔曼殊师利札木杨绰尔济喇嘛为召寺做了小开光仪式，讲授戒、律，施以灌顶法。”见成崇德、申晓亭译：《哲布尊丹巴传》，载《清代蒙古高僧传译辑》，全国图书馆文献缩微复制中心，1990年，第220页。

② 乌云毕力格译：《阿萨喇克其史》，见氏著《〈阿萨喇克其史〉研究》，第133页。

③ 罗布桑普棱列著，〔韩〕金成修译：《第一世哲布尊丹巴传》，见〔韩〕金成修：《明清之际藏传佛教在蒙古地区的传播》之《附录》，第185页。

方迎来的众多神运佛像等，（另外）赏赐了虎皮大帐等财物，说：“（你）即是金刚持的化身。”赐与（他）“佛法大瓦只剌合罕”的称号。[①]

据金成修分析，在有关成吉思汗的描述中，也经常有“金刚手的化身成吉思汗”的称号，所以喀尔喀阿巴岱汗的“金刚手”的称号，可以使人在成吉思汗和阿巴岱汗之间寻找到某种联系。[②] 另外，我们从上引文中，可以看到，“瓦只剌合罕”的称号是阿巴岱汗主动向达赖喇嘛索要的，联想到自土默特部俺答称汗后，“其他非大汗的一些蒙古贵族也相继仿效，阿巴歹是外罕哈第一个称汗的人”[③]，我们可以看出阿巴岱汗试图建立“政教二道”中心的雄心壮志。但是从所有的史书中，我们都没有看到达赖喇嘛利用转世理论说阿巴岱汗是忽必烈转世的情况，但是为了实现建设以喀尔喀为中心的夙愿，阿巴岱汗及其后继者还编造了关于忽必烈与他的关系的神话：“当阿巴岱宣布这一决定（请达赖喇嘛主持额尔德尼召的开光仪式）时，大家都十分清晰地看到，在寺庙上空显出了萨迦班智达罗追坚赞的圣容，他因阿巴岱对达赖喇嘛的虔诚而为阿巴岱汗祝福，大家还清楚地听到他对阿巴岱汗许诺，说他将如古时对待忽必烈薛禅汗那样为他祈祷，给予庇护。”[④]

萨迦班智达罗追坚赞就是元代忽必烈封为帝师的八思巴，在1578年的仰华寺会晤中，三世达赖喇嘛依据转世理论，说自己是八思巴的转世，土默特部的俺答汗是忽必烈的转世。那么在上面这个神话中，“八思巴又出现在阿巴岱汗面前，与忽必烈同样祝福他。这又是另外一个‘中心转移’”[⑤]，即建立以喀尔喀左翼为中心的中心。

紧接着阿巴岱汗之后称汗的，是喀尔喀部右翼长素班第，在阿巴岱汗死后，1596年被推举为“扎萨克图汗”；1630年前后，因为察哈尔部纷纷逃到喀尔喀硕垒部，随着人口的增多，所以硕垒被推为“共戴马哈撒嘛谛车臣汗”（Olan-a ergügdegsen maq-a samadi sečen qaγan），简称“车臣汗”。“马哈撒嘛谛”，梵语原名为Mahāsammatah，即“大平等”之意。佛教著作中所说人类第一位首领

① 乌兰：《〈蒙古源流〉研究》，第456-457页。

② 〔韩〕金成修：《明清之际藏传佛教在蒙古地区的传播》，第100-101页。

③ 乌兰：《〈蒙古源流〉研究》，第456-457页。

④ 〔俄〕阿·马·波兹德涅耶夫著，刘汉明、张梦玲、卢龙译：《蒙古及蒙古人》，呼和浩特：内蒙古人民出版社，1989年，第458-459页。

⑤ 〔韩〕金成修：《明清之际藏传佛教在蒙古地区的传播》，第102页。

叫作 Mahāsammatah rājа，“大平等王”之意，藏文译为 mang pos bkur ba rgyal po，汉文有时音译为“摩诃三摩多”王，有时意译为“大太平王”，有时还译为“大三末多王”。[①] 硕垒称有佛教色彩的大汗，正是表明其建构“政教二道”中心的努力，扎萨克图汗和车臣汗两位汗王都有建立以本部为中心的企图。

天聪九年（1635）五月二十七日，在得知林丹汗失败后，硕垒托人转交给皇太极和林丹汗太后各一封信，给皇太极的信的内容为：

> 愿吉祥。马哈撒嘛谛色臣（车臣）汗、土谢图汗、色臣济农等大小诺颜献书于水滨六十三姓之主天聪汗。献书缘由汗王以国政及享誉四海之美名为贵。愿同求昌兴政教之首业。我等六土绵之主[②]未能驾御。彼虽未能驾御，然其汗统与我同宗，故今仍守此大业。若念及此大业，则愿互派使臣通好不绝。如此，方可谓获此贵身，享有权势之汗也。[③]

由这封信可知，硕垒只是携土谢图汗致书皇太极，扎萨克图汗未列其名，这至少反映了写这封信不是扎萨克图汗的意思，那么两部在是否与清朝通好上意见是不统一的。硕垒写这封信表达了两点：一是虽然林丹汗败亡了，可是硕垒仍然在“守此大业”，或“守护着大玉宝政”[④]；二是希望与后金“通好不绝”，这实际上是贸易的现实需要，因为漠南蒙古全部归附后金后，切断了与外蒙古喀尔喀部的贸易通道。

硕垒致察哈尔太后书信的内容为：

> 愿吉祥。共戴马哈撒嘛谛色臣汗敕谕太后、额尔和扣肯（即额尔克孔果尔——引者）、哲勒墨达尔汉为首诸宰桑。先是，尔执送洪诺颜，恪守盟言，同就事业，其后，尔与国乱之时，未相往来。我等素无怨恨、亦无仇隙。汗（指林丹汗——引者）宾天后，问尔等悉来附我。其秋，即令哨探往迎。与汗同宗，为尔等庶民之主。尔等当即前来。如衣袍褂，太后乃我哈吞之妹，若往他处，或论道统，或论宗族，

---

① 乌云毕力格：《喀尔喀三汗的登场》，《历史研究》2008 年第 3 期，第 32 页。并参见乌兰：《〈蒙古源流〉研究》，第 77 页。

② 指察哈尔林丹汗。

③ 李保文译：《蒙古北喀尔喀马哈撒嘛谛色臣汗等致天聪汗书》，天聪九年五月二十七日，载《天命天聪年间蒙古文档案译稿（中）》，《历史档案》2001 年第 4 期，第 8-9 页。或可参见中国第一历史档案馆编：《清初内国史院满文档案译编（上）》，第 169 页。

④ 乌云毕力格：《喀尔喀三汗的登场》，《历史研究》2008 年第 3 期，第 33 页。

唯我近也。其慎思之。①

这封信硕垒以大汗的口气向林丹汗太后和其子发布敕谕，劝他们投奔自己，最后所说的“或论道统，或论宗族，唯我近也”，分明是与后金比较的结果。

关于这封信，我们没有看到皇太极的态度。但是天聪九年十二月初七日，硕垒又来了一封信，信中曰：

> 愿吉祥。洪福圣武成吉思汗黄金家族马哈撒嘛谛色臣汗等，献书于殊胜天聪汗。献书缘由：我等在此安好，天聪汗在彼安否？我等之呼图克图汗（指林丹汗——引者）已毁坚不可摧之道，在彼之太平之道，天聪汗主之。广布德政，名扬四海，乃人生之美誉。倘我等在彼在此，皆使政教光同日月，岂非人生之幸福、永世之美名也。倘若以此言为是，信使不绝，互通安好，成为政治之栋梁，宗教之阳光，愿永守睦邻友好。②

从这几封信中，我们看到车臣汗建构“政教二道”中心的企图较为明显。

相比车臣汗硕垒，扎萨克图汗素班第则要淡定许多，他无视清朝把漠南蒙古吞并的情况，希图继续在归化城与明朝贸易。崇德三年（1638）正月十六日，“驻归化城土默特部落诸臣，遣扎甘率三人来奏称：‘北方阿禄喀尔喀扎萨克图汗率兵携妻子至我等所居归化城，周围驻营，似欲犯我归化城，亟待圣汗发大军前来。’”③ 皇太极急令部下准备粮草，于二月十三日率兵亲征扎萨克图汗，十八日，有人奏言：“明人告喀尔喀蒙古云，圣汗率大军将至等语。喀尔喀蒙古惊惧，未犯我归化城一物，亦未得与明人交易，已于正月三十日仓皇退去。”皇太极在遣人打探消息的同时，还特意致书明朝宣府诸守臣：“其北方喀尔喀蒙古，曾与尔盟誓修好耶？尔不与结盟之国（指后金——引者）开市贸易，与之财物，反与未结盟之国开市贸易，与之财物，何也？兹朕亲统大军，驻于布颜阿海游牧之地以待，尔若能悔过，每年以财与我，开市贸易，则我军不入尔大

---

① 李保文译：《蒙古北喀尔喀马哈撒嘛谛色臣汗等致天聪汗书》，天聪九年五月二十七日，载《天命天聪年间蒙古文档案译稿（中）》，《历史档案》2001年第4期，第9页。或可参见中国第一历史档案馆编：《清初内国史院满文档案译编（上）》，第170页。

② 李保文译：《蒙古北喀尔喀马哈撒嘛谛色臣汗等致天聪汗书》，天聪九年十二月初七日，载《天命天聪年间蒙古文档案译稿（下）》，《历史档案》2002年第1期，第3页。或可参见中国第一历史档案馆编：《清初内国史院满文档案译编（上）》，第211页。

③ 中国第一历史档案馆编：《清初内国史院满文档案译编（上）》，第268页。

同、宣府之地，而征辽东一带。夫逆则征伐，合则贸易，前亦有之。”[①] 皇太极这封信充满威胁的语气，他实际上是想断绝明朝与喀尔喀部的贸易，逼迫喀尔喀部臣服自己。正当皇太极打道回府的时候，三月初三日，喀尔喀部扎萨克图汗派使臣前来贡马，“一曰千里马，一曰硕罗图”[②]，以示和好之意。皇太极谕曰：“朕以兵讨有罪，以德抚无罪，惟行正义，故上天垂佑，蒙古察哈尔诸部皆以畀朕，尔等皆其所属，当即相率归诚，否则亦惟谨守尔界，乃反兴兵构怨谋肆侵掠，岂以远处西北即为征讨不及之区耶。今与尔约，嗣后慎弗复入归化城界，重贻罪戾。”[③]

此后，皇太极与扎萨克图汗之间往来文书不断。崇德三年九月二十四日皇太极给扎萨克图汗书信云：

> 宽温仁圣可汗之旨。遣书于扎萨克图汗之缘由。我非不好政教之道，为教法之故，欲请土伯特高僧大德，弘扬教法，故特遣使。为国政之故，在察哈尔汗殃民时，我亲征拱兔诸子，将其收服。后又收服其山阳兀鲁思。后出征，收其呼和浩特之兀鲁思与赏。其后（再）出征时，察哈尔遁逃。我自大同入境，进攻汉人，俘获察哈尔逃散诸后与大臣而归。后又遣四贝勒，擒得孔果尔为首诸后与大兀鲁思。如此，上天眷佑，将六大兀鲁思之主为首所有蒙古国悉数赐予了我。尔书云，六大兀鲁思的若干个尚在尔处。谁在尔处，我不得而知。若属六大兀鲁思之人果真在尔处，尔理应将其归还原主。看人用眼睛，看自己用镜子。凡事量力而为之。巧言顺势者方能饮乳享其甘甜，拙舌逆行者岂能享之？[④]

根据文中内容，很显然，扎萨克图汗在给皇太极的书信中，号称自己还拥有六大兀鲁思的一部分，所以皇太极还不是全蒙古的共主。此后，皇太极于1640年三月初八日和十月初六日分别给扎萨克图汗写信，斥责其无礼。“从前我以为察哈尔汗为（蒙古）宗主大汗，今方得知原来尔乃宗主大汗……上天垂佑，

---

① 中国第一历史档案馆编：《清初内国史院满文档案译编（上）》，第281-282页。

② 中国第一历史档案馆编：《清初内国史院满文档案译编（上）》，第288页。《皇朝藩部要略》卷3记载云“贡马及独峰驼、无尾羊”。

③ （清）祁韵士：《皇朝藩部要略》卷3《外蒙古喀尔喀部要略一》。

④ 此书信为乌云毕力格翻译。乌云毕力格：《清太宗与喀尔喀右翼扎萨克图汗素班第的文书往来——兼谈喀尔喀-卫拉特联盟的形成》，见氏著《十七世纪蒙古史论考》，呼和浩特：内蒙古人民出版社，2009年，第279-280页。

将尔宗主归附于我，使之分崩之国，安享天福……仰赖天恩，朝鲜、乌拉、哈达、叶赫、辉发、索伦、扈尔哈、蒙古六大兀鲁思都一一归附。尔却诳言：尔等为六万户之一。三阿巴噶、五喀尔喀、苏尼特均在我处，今尔处尚存万户之实否？古云：得乎天下者为王，得乎半壁者为臣。尔无一鄂托克完土，而妄自尊大，抬格书名，诏令于我，岂有此理？朕诏令尔方是……尔秉政无方而一鄂托克喀尔喀三汗鼎足……尔左右兄弟手足听命于尔乎？彼等不服尔，鞭打尔使者。”[①]

从这封信中可以看出，之前扎萨克图汗给皇太极写信称自己为蒙古宗主大汗，故皇太极才有反讽一问，并从一统蒙古以及喀尔喀三汗互不统属两个层面来论述自己才是天下共主，这实际上是从政权合法性上与扎萨克图汗争夺中心。

扎萨克图汗在给皇太极的信中还提到了：“凡事可为不可为，关乎佛事三宝、命也，非人能所预知者。”[②]“佛事三宝”，即佛、法、僧三宝，实际上是指佛教才能预言将来到底谁是天下之主，这是以阐扬藏传佛教之名作为正统的标准，所以皇太极回信说：

> 尔仅一鄂托克之主，竟妄自矜诩，书不称名，以三宝为言，此岂尔所宜言乎？尔书云，尔遵行政法之道，不欲兴武，以求福祉。若谁能勘定祸乱，使众生享受太平，乃掌管政法之福祉也。不识凡人之道，而欲判明政法祸福，不过骄矜之词耳。[③]

这是对扎萨克图汗说以“佛事三宝”判明正统的回应，说扎萨克图汗“不识凡人之道”，而以佛法“判明政法祸福，不过骄矜之词”。实际上，在这期间（1637—1640），清朝为了使蒙古人心中信仰的藏传佛教的中心转移到自己方面来，曾派使团准备赴藏延请西藏高僧。喀尔喀闻讯后，左翼车臣汗、土谢图汗提议喀尔喀三汗也派使者与清朝一同前往西藏，延请达赖喇嘛，清朝使团先期到达呼和浩特，但是不知何故，此次活动半途而废。[④]笔者推断，正是因为清朝与喀尔喀争夺藏传佛教格鲁派认定的正统地位，所以其合作不可能持续下去。

---

① 乌云毕力格：《清太宗与喀尔喀右翼扎萨克图汗素班第的文书往来——兼谈喀尔喀-卫拉特联盟的形成》，见氏著《十七世纪蒙古史论考》，第280-281页。

② 乌云毕力格：《清太宗与喀尔喀右翼扎萨克图汗素班第的文书往来——兼谈喀尔喀-卫拉特联盟的形成》，见氏著《十七世纪蒙古史论考》，第282页。

③ 乌云毕力格：《清太宗与喀尔喀右翼扎萨克图汗素班第的文书往来——兼谈喀尔喀-卫拉特联盟的形成》，见氏著《十七世纪蒙古史论考》，第283页。

④ 乌云毕力格：《清太宗与喀尔喀右翼扎萨克图汗素班第的文书往来——兼谈喀尔喀-卫拉特联盟的形成》，见氏著《十七世纪蒙古史论考》，第284页注释。

正是因为清朝与喀尔喀的对抗，才促使1640年喀尔喀部与西蒙古卫拉特部建立了联盟，在这个联盟上形成了《卫拉特法典》。据《卫拉特法典》记载，在这次会盟上，喀尔喀部和卫拉特部重要的头面人物几乎都参加了，其中，扎萨克图汗为这次会盟的领袖人物。《卫拉特法典》第一条就规定：

> 对搅乱我国国内和平、互相战争，侵入并掠夺（他人的）大爱马（克）或努图克的王公，整个蒙古及卫拉特的其他王公应联合起来加以攻击并打倒（他），没收其封地分配给各王公。[①]

这是喀尔喀与卫拉特两部共同对外的宣言，也是他们树立“政教二道”中心的实践。

结　语

综上所述，因为藏传佛教的转世理论有很大的弹性空间，有势力的蒙古各部领袖纷纷构建“政教二道”的中心，蒙古宗主大汗林丹汗以传国玺和蒙古黄金家族正统大汗无法号令诸部，只好顺应历史潮流，试图联合反格鲁派的势力进行反制，最后以失败而告终；和硕特部的固始汗趁机进军青海，占据西藏，与五世达赖喇嘛一起建立了“甘丹颇章”政权。土尔扈特部的领袖以及喀尔喀部三汗分别以自己的方式构建“政教二道”的中心，如果加上准噶尔的噶尔丹及其后的策妄阿拉布坦、噶尔丹策零的关于构建“政教二道”中心的实践，我们看到，在16世纪下半叶到17世纪上半叶的一百年间，凡是有势力的蒙古领袖都参与了这个过程，这与当时的中国大势和世界大势是联系在一起的，当时的世界处于大混乱时期，而每个新政权都要面临这样的问题，即民族、宗教问题如何处理，[②] 这不仅是纷纷构建“政教二道”中心的蒙古诸部精英领袖们要考虑的问题，而且是后来入主中原的清政权考虑的问题。在这个过程中我们看到，达赖喇嘛的封授成为另一种天命所归，而蒙古诸部的熬茶布施则成为这种天命所归的必要的手段，虽然达赖喇嘛称蒙古诸部领袖为“施主”甚至“大施主”，

---

① 〔日〕田山茂著，潘世宪译：《清代蒙古社会制度》之《附录》之《卫拉特法典》，北京：商务印书馆，1987年，第235页。

② 〔日〕岸本美绪：《“后16世纪问题”与清朝》，见刘凤云、刘文鹏编：《清朝的国家认同：“新清史”研究与争鸣》，北京：中国人民大学出版社，2010年，第301页。

但施和被施是相对的，蒙古诸部的布施是财富上的布施，换来的是达赖喇嘛在名号上的施舍以及意识形态上的认可。蒙藏的这种意识形态上的联盟改变了历史的走向，使藏传佛教格鲁派和达赖喇嘛处于西藏各教派的主导甚至统治地位，使蒙古各部迟迟无法统一，最后被清廷各个击破。

经世视野下的尹会一思想研究

曲长海[①]

尹会一（1691—1748），字元孚，号健余。直隶保定府人，雍正甲辰（1724）进士。历任吏部主事、襄阳知府（兼摄荆州知府）、扬州知府、河南巡抚、吏部侍郎、江苏学政等职。为官时颇有政声，故卒后享入祀于曾任职各省的名宦祠。又因其生前积极传播程朱理学，自成一派，颇有成就，还得以享从祀于道南祠。其著作主要有：《健余劄记》四卷，《尹少宰奏议》十卷，《纲目四鉴录》十六卷，《健余先生文集》十卷，《读书笔记》六卷，《吕语集粹》四卷，《抚豫教条》四卷，《健余尺牍》四卷，《健余先生年谱》二卷，《重订小学纂注》六卷，《近思录集解》十卷，《续洛学编》五卷，《续北学编》三卷，《博陵尹氏家谱》一卷，《健余先生讲习录》二卷。后世学者对尹会一的关注，多集中于其出色的政绩，对其在理学思想方面的成就却评价颇低，主要是因为其在理学的主题“理、气、心、性”等方面无所发明。近年来始有学者注意到尹会一理学思想的独特性，高翔首先关注到了他的政治思想，认为尹会一在高度专制的政治氛围下能提出抑制君权的思想，具有重要的意义。[②] 广西师范大学的硕士学位论文《修身与经世：乾隆理学名臣尹会一思想研究》是唯一一篇从思想与实践

---

① 作者简介：曲长海，辽宁建平县人，历史学博士，信阳师范学院历史文化学院讲师。

② 高翔：《近代的初曙：18世纪中国观念变迁与社会发展》，北京：社会科学文献出版社，2000年，第456页。

的角度深入探讨尹会一经世理学思想的文章。[①] 该文作者注意到了强调和注重实践是尹会一思想的主要特点，亦是清代经世理学的重要内容。但其仅从普遍意义上对其经世思想进行了考察，从而忽视了在特定的社会政治和思想环境下，尹会一思想所具有的特殊意义。因此，关于尹会一的思想就不能放在以“理、气、心、性”为主题的理学思想史下进行考察，而应放在清代经世思想史的具体语境下重新定位。

一 反思与重塑：清初程朱理学经世色彩

经历了明清鼎革的阵痛之后，清初的思想界一方面继续着对明代学术思想的反思，另一方面也在探讨新的发展方向。程朱理学即在这一痛定思痛的过程中重新崛起，并借助政治上对其的肯定，重新获得了思想界的支配地位。关于清初程朱理学复兴的情况，萧一山曾有详细的概括：

> 清初之学术，几无一不为明学之反动，故其时之理学家，亦大抵力排明季学风者也。而其时承姚江余绪，为之收拾残局者，尚有孙奇逢、李颙及姚江书院一派。奇逢重实用，李颙重践履，……其学与明人已大不同，若奇逢门人汤斌、耿介等，则于程朱且日趋近矣。此清初王学之大势也。……此外，以恪守程朱名者，则有张履祥、陆世仪、陆陇其、李光地诸人。……置身显宦而兼以理学名者，汤斌、光地外，更有魏象枢、魏裔介、熊赐履、张伯行诸人。魏等皆深于道统观念，而以程朱为宗，居权要之地位而提倡之，程朱之复盛于清初，虽由于明学之反动，魏等实亦与有力焉。[②]

清初学者对明代学术的反思，主要集中于明代学术的空疏之弊。他们甚至认为学术空疏才是明代灭亡的真正原因。而明代学术之所以走向空疏，阳明心学则被认为是罪魁祸首。在清初学者看来，正是阳明心学开启了后世清谈的大门，导致了明代学问走向空疏，社会风俗随之败坏。如陆陇其就称道：

> 明之中叶，自阳明王氏倡为良知之说，……龙溪、心斋、近溪，

① 简天明：《修身与经世：乾隆理学名臣尹会一思想研究》，硕士学位论文，广西师范大学，2016年。

② 萧一山：《清代通史》，上海：华东师范大学出版社，2006年，第994页。

海门之徒，从而衍之，王氏之学遍天下，几认为圣人复起，而古先圣贤下学上达之遗法灭裂无余，学术坏而风俗随之。其弊也至于荡秩礼法，蔑视伦常，天下之人恣睢横肆，不复自安于规矩绳墨之内而百病交作。……至于启、祯之际风俗愈坏，礼义扫地，以至于不可收拾，其所从来非一日矣。故愚以为明之天下不亡于盗寇、不亡于朋党，而亡于学术。[①]

不仅如此，空疏的阳明心学还为“异端”学说打开了方便之门，从而破坏了儒学的正统性。如由先宗主王学而后宗主朱学的学者张履祥即批评道：“姚江大罪，是逞一己之私心，涂生民之耳目，排毁儒先，阐扬异教。而世道人心之害，至深且烈也。”[②] 清初庙堂理学的代表熊赐履的批判则更为激烈：

王门之有泰州、龙溪犹孔门之有颜、曾二子也。泰州之学一传而为颜山农，再传而为罗近溪、赵大洲。龙溪之学一传而为何心隐，再传而为李卓吾、陶石篑，惑世诬民，日新月盛，斯其为祸，虽洪水猛兽不足比其烈矣。溯流穷源，实姚江提宗不善之故，即欲稍为之宽解不可得矣。[③]

“无善无恶”四字，儒耶？释耶？此不待辨而知之者也……盖自有明、嘉而降，百余年间，斯文一大为沦晦焉！今其余焰尚未熄也。呜呼，岂不可为之寒心乎哉！[④]

在对明代学术空疏之弊批评的同时，人们纷纷转向了程朱理学。故清初的程朱理学往往被作为明代心学的反面而出现，以与“空疏”相对的“实学”的面目重新登上思想史的舞台。因此，清初程朱理学的复兴，也并非简简单单对朱子学的复述，而是在新的社会环境下朱子学者对程朱理学的重塑。其重塑的主要内容即是经世实学，此时程朱理学的一个重要特征即是强调躬身实践，反对空谈。如陆世仪在谈及知行关系时强调：“学问从致知得者较浅，从力行得者较深，所谓躬行深得。”[⑤] 陆陇其亦谓：

---

① （清）陆陇其：《三鱼堂文集》，文渊阁《四库全书》本。

② （清）张履祥著，陈祖武点校：《杨园先生全集》，北京：中华书局，2002年，第1138页。

③ （清）熊赐履：《闲道录》（卷下），《四库存目丛书》，子部，第22册，济南：齐鲁书社，1996年，第43页。

④ （清）熊赐履著，徐公喜、郭翠丽点校：《道统》，南京：凤凰出版社，2011年，第523页。

⑤ （清）陆世仪：《思辨录辑要》，光绪江苏书局刻本。

大抵天下无实行之人则不成世道，然实行必由乎实学。若不学而徒言行，则所谓行者，岂能丝毫无歉？或反做成通病。故自古笃行之人，皆好学之人。未有不穷理不读书而能笃行，一无病痛，笃行而已。[①]

除了因明清易代所引起学者们在学术上的反思，清初君主的学术倾向亦影响了明清学术的转变。尤其是热衷于程朱理学的康熙皇帝，对清初程朱理学的复兴起了极大的推动作用。作为有着满族文化背景而入主中原的君主，康熙对学术有自己的态度，十分强调实学、实政。他多次要求经筵讲师要多讲与实学相关的内容。如康熙十五年（1676）二月初七，针对学士喇沙里、徐元文上奏的经筵讲章题目，康熙指出："嗣后经筵讲章称颂之处，不得过为溢辞，但取切要，有裨实学。"[②] 康熙十六年（1677）三月初九，康熙宣谕道："览而等所进讲章甚为精详，实于学问政事大有裨益。"[③] 康熙十六年三月十二日，康熙对经筵廷臣训道："讲书务求实学，若不询问、覆讲，则进益与否，何由得知？今后朕有欲覆讲处，当使而等共闻之。"[④] 康熙的这一态度，通过每日经筵讲学中的探讨对当时的庙堂理学产生了极大影响。康熙曾提出："明理最是紧要，朕平日读书穷理，总是要讲求治道，见诸措施。故明理之后，又须实行，不行徒空谈耳。"熊赐履则对曰："非知之艰，行之为艰。然行之不力又由知之不真也。"赐履又奏曰："从古圣帝明王未有溺于佛老者。无论尊信其说，如秦皇、梁武贻笑千秋，即稍为假借，便累君德不小，望皇上始终以为深戒。"上曰："此正论也，朕当切识之。"[⑤] 作为当时庙堂理学重要代表的熊赐履甚至还直言后世学者只要做个实践者就可以了，"有孔子之六经，朱子之解经，天地古今之理备矣，顾学者真知实践如何耳"[⑥]。又谓："道理先圣先贤发挥殆尽，学者只合遵守奉行，不须去饶舌也。"[⑦] 故他还建议道：

愿吾党有志之士，以默识为真修，以笃行为至教，勿口舌轧击以矜能，勿意见纷拏以长傲。尊贤容众，嘉善矜愚，偕游于大道为公之

① （清）陆陇其：《松阳讲义》，文渊阁《四库全书》本。
② 中国第一历史档案馆：《康熙起居注》，北京：中华书局，1984年，第247页。
③ 中国第一历史档案馆：《康熙起居注》，第295页。
④ 中国第一历史档案馆：《康熙起居注》，第296页。
⑤ 中国第一历史档案馆：《康熙起居注》，第116页。
⑥ （清）熊赐履：《经义斋集》卷2《太极图论》，康熙二十九年（1690）刻本。
⑦ （清）熊赐履：《下学堂札记》卷1，光绪十七年（1891）刻本。

世，而绝无所为怙己凌人之弊，开当世以雌黄我辈之端。此则国家化民移俗之至意，而亦从古圣贤开物成务之极功也。操斯术也，以往将“讲学”二字永为千古美谈，东林名胜直与天壤并存可矣。[①]

康熙朝著名的廉吏汤斌更是一生都在积极践行这种重视践履的程朱理学，《清儒学案》在评价汤斌的学术时称：

先生笃守程朱，亦不薄陆王，身体力行，不尚讲论。尝言滞事物以穷理，沉溺迹象，既支离而无本，离事物而致知，堕聪黜明，亦虚空而鲜实，其教人必先明义利之辨，谨诚伪之关，为真经学真道学，否则讲论践履析为二事，世道何赖。[②]

总之，清初的程朱学者反对空谈，实际上反对的是忽视实践而仅仅停留在本体论上的空谈，因为他们所要解决的问题是明代学术所导致的学术思想与社会实践之间被割裂的问题。他们所开出的药方则是注重形而下的社会实践，将本体论的问题一并交给了对程朱理学的信仰。这种对学术思想的实践、践履的强调正与儒学中的经世传统不谋而合，故清初的程朱理学表现出更多的经世色彩。

二　专制与调适：尹会一经世理学思想的特点

清初程朱理学的复兴，在康熙朝达到顶峰，随着最高统治者的易位，学术风向也随之变化。雍乾时期的学术风向逐渐由程朱理学转向了考据学（广义而言），程朱理学再次退到了边缘。像程朱理学的复盛得益于康熙皇帝的喜爱与支持一样，程朱理学的退却亦与清朝的政治密切相关。因此，清朝中期在政治上大兴文字狱以及文化上的高度专制，被学术界认为是乾嘉时期考据学兴盛而理学衰落的外在原因。雍正和乾隆都是十分强势的君主，他们不仅在政治上要高度集权，在文化上亦要成为权威，故他们难以接受除他们之外那些敢以经济天下为己任的程朱理学。尹会一即活跃在这样的政治高压、文化专制的环境之下，但他并没有像其他人一样埋首故纸堆，而是通过积极的调适，将清初程朱理学的经世传统引向了社会教化的方向。如果说清朝初期程朱理学学者强调经世实

① （清）熊赐履：《经义斋集》卷5《重修东林书院记》，康熙二十九年（1690）刻本。

② 徐世昌等编纂，沈芝盈、杨运华点校：《清儒学案》，北京：中华书局，2008年，第435页。

践是为了解决学术思想与个人实践之间的矛盾的话，那么到了尹会一那里，经世实践所要解决的问题则变成了学术思想（程朱理学）与社会教化之间的差距。

（一）对“知行合一”的强调与实践

如上所述，清初关于理学本体论问题的话语权交由程朱理学之后，宗主程朱理学的学者所剩下的只是具体的实践问题。在尹会一的著作中，理学本体论的问题基本消失，更多的是其在日常政治、生活中践行程朱理学的体悟与记录，也正是这些体悟的文字构成了尹会一理学经世思想的重要特征。

尹会一在劄记中曾反思他为学的经历道：“某年至四十始知读书开卷有益，皆由从前所读各书只作文字看去，今乃渐渐体贴道自己身上来。”① 可见在他看来，四十之前因未能将学与行相结合是其学问不长进的重要原因，四十之后始知学行互证才觉得开卷有益。他经常用这种方式来体认经典，如其自述称：

> 余数年以来阅历既多，证以四书之旨，参以洛学诸编，始益信内外合一之道。觉得吾心中多一点渣滓，则人世上多一层隔碍，一动一言丝毫不爽，所以时时省克务求寸心之虚净也。②

他还通过在庙祭行礼时的失误明白了“主一无适之旨”，记之曰：

> 余尝于庙祭行礼时心有所祷，不觉多一叩首，是因致敬而反失仪。始悟主一无适之旨。盖当行礼时只应专心行礼，其祷祝之事已责在读祭文者，古人制礼所以有赞相又有祝史，正为此也。③

尹会一所记录的这些体悟，给人们展现了他知行合一的学术实践。这些劄记记述的既是他学习程朱理学的过程，也是他实践理学的过程。他将平日学习的感悟及过程编辑成册，名曰《健余劄记》，其内容包括个人的修身为学、国家治理，绝非为擒章摘句、高谈性命以图留名于后世之作。通过将程朱理学放入日常的政治、生活中进行验证，尹会一找到了解决学者割裂知行（或读书与实践）的问题。他对这部劄记无疑也寄予了很高的期待。他在《健余劄记》的自序中提及薛瑄《读书录》，并为其解释道：

> 昔薛文清尝言：自朱子后，性理已明，正不必著书。程明道、许

---

① （清）尹会一：《健余劄记》卷4，光绪五年（1879）畿辅丛书本。

② （清）尹会一：《健余劄记》卷4，光绪五年（1879）畿辅丛书本。

③ （清）尹会一：《健余劄记》卷4，光绪五年（1879）畿辅丛书本。

鲁斋皆未尝有专著，而言道统者必归焉。信足以定吾学之的矣。然文清未始无书也，《读书录》二十卷，其不得已而有言乎？夫言以足志所重，顾行而著书于世，每与行违、迹相似而实不同，此圣贤之所以欲无言而终有言、虽有言而异于有言者之言也！[①]

可见，其劄记之作无疑是以薛瑄《读书录》为榜样的，后面所谓自省、未敢附圣学之言应属自谦之词。

（二）对立志、克己的强调

对于立志、克己等为学次第的强调，是尹会一理学经世思想的另一个特点，亦是尹会一花十年时间才悟得的道理，他在给高斌的书信中称：

某少习举业，未知为学之序。四十以后，备员两淮，敬承指诲，始得与闻《小学》之义，必犹未能笃信不疑。十余年来，沉潜反复，愈觉意味无穷。必明乎此，而后学为人子，学为人臣，以安详恭敬，消除骄惰病根，不至随所居所接而长。所谓修身大法、做人样子，有裨于世道人心也，甚切亦甚大。[②]

尹会一认为，“学问之道不外修己、治人。修治之功只要迁善改过，严而操之曰‘克已’，约而守之在居敬，居敬则能穷其理而践其事，由己及人俱可归于至善，而底厥成矣”[③]。可见，他虽将学问分为两部分，但实际上治人只是修己的延伸。而在修己之前首先需要立志，“然其始必先立志，必如孔子所谓志于学、志于道、志于仁，方可言立志”[④]。尹会一十分重视立志在为学中的重要性，他在任江苏学政时，为了勉励江苏士人立志，还专门采集了范仲淹的言行事迹，作《秀才样子》五则。他解释称：

居天下之广居，立天下之正位，行天下之大道，志在则然。得志与民由之，不私此志于天下也，不得志独行其道，不负此志于天下也。……吾人必有大志，乃不负为丈夫，否则丈夫而妾妇，岂不有愧须眉？[⑤]

---

① （清）尹会一：《健余劄记·自序》，光绪五年（1879）畿辅丛书本。

② （清）尹会一：《健余先生文集》卷5《上高东轩先生书》，光绪五年（1879）畿辅丛书本。

③ （清）尹会一：《健余劄记》卷1，光绪五年（1879）畿辅丛书本。

④ （清）尹会一：《健余劄记》卷1，光绪五年（1879）畿辅丛书本。

⑤ （清）尹会一：《健余先生读书笔记》卷2，光绪五年（1879）畿辅丛书本。

可见，他认为士子不但要立志，还要立大志，否则甚至愧对于妻妾。

尹会一认为，立志之后，在修习方法上主要是克己。他在给友人的信中多次提到克己的重要性：

> 有一分省克，即有一分乐趣，时时内省，其乐何极？一息尚存，不容少懈。
>
> 盖吾人一生，除省身克己之外，别无学问。日省日克，总视乎心之悔与不悔耳，能知悔者盖寡。[①]

总之，尹会一关于为学功夫与方法的论述并无特别之处，其特别之处在于他对这一为学次第的强调。

（三）编续道统，倡导实学

热衷于对道统书籍的编续是尹会一理学经世思想的又一个重要特征，尹会一先后续编了汤斌的《洛学编》、魏一鳌的《北学编》，任江苏学政期间，他还广泛采集了江南地区理学家的生平和学术事迹，试图编成《道南编》一书，可惜书未成他就已经去世。在《续北学编》的自序中，尹会一曾述及其编纂的目的：

> 正学之失传久矣，异端害真，犹在门墙之外。俗儒病蔽，即在章句之中。间得一二志士，振奋于狂澜既倒之时，或抵节厉行，或崇经翎传。蜀之日，越之雪，空谷之跫音也。方爱之、慕之、表扬之不暇，而敢轻为求备乎？[②]

可见，在他看来，此时对儒学危害最大的还不是异端，而是俗儒。这些“俗学抱残守独，各自为是”[③]。除此之外，尹会一还对当时以理学著作之多少，而不以个人行为作为评判一个人的标准的风气感到愤慨。他记述说：

> 余抚中州时，曾题请汤文正公从祀文庙。礼部议以文正虽贤，其著作终不如平湖陆氏之多，事遂不果。盖近世之论专以著作为理学，几于牢不可破矣。呜呼！述而不作圣有明训，慥慥君子道不远人。正学之传将焉属哉！昔程明道、许鲁斋皆未尝有专著，而言道统者必归

---

① （清）尹会一：《健余先生尺牍》卷2《上方望溪先生》，光绪五年（1879）畿辅丛书本。

② （清）魏一鳌辑，（清）尹会一等续订：《续北学编》，《续修四库全书》史部，第515册，上海：上海古籍出版社，1995年，第58页。

③ （清）尹会一：《健余劄记》卷3，光绪五年（1879）畿辅丛书本。

焉。斯固无庸深辨者也，百世俟可耳！[①]

因此，尹会一希望通过编续道统书籍来弘扬正学、倡导实学，以抵抗俗儒的消极影响。他续编道统书籍的方法与以往的著作有所不同，以往都是依据道统的传递顺序而编，尹会一的主要依据则是实学。他在解释颜渊及其门人被编入的理由时说道：

今犹编入北学编者，深慨俗学病蔽，无所底止，苟得一敦行循礼之士，稍挽波靡，似犹胜于空谈而鲜实际者。且名为北学，亦云北方之学者，犹之关学、洛学二编之类耳，非必一贯如曾子为孔门传道之人也。[②]

方苞在清代以文学见长，尹会一晚年向其问学并拜为弟子，令旁人难以理解。故他解释称："方望溪先生素习经济之学，著《周官余论》十篇以见志。虽不必尽可见之施行，但治不法三代，张子以为苟道。倘得人因时因地以制宜，堪为太平之策，固有断断不易者也。"[③] 可见，学术之虚实甚至还成为其拜师交友的重要依据。

（四）重视《小学》，推行教化

尹会一认为，朱熹的《小学》一书荟萃了为人处世必须遵循的基础修身原则，是学者入门的必由之路。甚至后世符合理学标准的人才减少，都是由于《小学》的失传。如他称：

后世人才鲜少，皆由《小学》失传。朱子杂引经传编辑《小学》一书可谓用心良苦，有功世教矣。[④]

大约乡无善俗，世乏良才，皆由童时不从《小学》入手。故多颓废侈肆，难与言善，终鲜成德耳。[⑤]

他还用自己个人的切身体会反复强调《小学》的重要性：

欲立志向上，必宜知所从入。如筑室然，植其基，堂构乃宏。如

---

① （清）尹会一：《健余劄记》卷4，光绪五年（1879）畿辅丛书本。

② （清）尹会一：《健余先生讲习录》，《四库禁毁书丛刊补编》，第31册，北京：北京出版社，2005年，第244页。

③ （清）尹会一：《健余劄记》卷4，光绪五年（1879）畿辅丛书本。

④ （清）尹会一：《健余先生讲习录》，《四库禁毁书丛刊补编》，第31册，第240页。

⑤ （清）尹会一：《健余先生文集》卷5《答庞石周书》，光绪五年（1879）畿辅丛书本。

种树然，培其根、发荣斯茂。于下手处寻所依据，仍在昔年所读之《小学》中，䌷绎躬行，久而自现。①

鉴于《小学》如此重要，尹会一还积极传播《小学》。他首先在由自己捐资的东章义学推广，要求就读的学子必须人手一本，并让馆师带其诵读讲习。② 后在江苏任学政时，又在江苏全省推广，还重订并大量刻印了明代理学家高愈所作注的《小学纂注》，③ 他甚至要求各地教官严订课程，在三个月内向童生讲明《小学》指要，如果童生在复试时能够“论不失旨”，才准入学。④

除了重视和传播《小学》外，尹会一还效仿前人积极推广社学。他最初先是在家乡试行，原因即是看到很多举业知名人士在成功之后道德迅速滑坡，他说：

今家居半载，不但志于正学者未见其人，甚至科举知名之士，竟有……显达后语欺人而无实用者。……某现仿吕氏乡约立社规劝，其中踊跃风向者多系不习帖括之人，而稍知文理者反视为有妨举业却避不前。⑤

这一次的结果虽不尽人意，但并没有打消他对社学这一制度的信心。于是在尹会一任河南巡抚期间，他决定再次推行社学。乾隆二年（1737），他向乾隆皇帝上了一封《请设社学疏》，先在祥符进行了第二次实验，继之推向全省。他叙述当时的情况道：

至立教莫先于乡，现仿蓝田吕氏之法，分社规劝，先从祥符行起，人心甚觉鼓舞，推之通省，虽未能尽如美意，亦多响应者。

关于每所社学具体应如何运转，尹会一还订立了详细的社学《规劝条约》以便人们操作。在推行社学运动接近一年的时间后，才逐渐得到各地方官员的支持，各地的教化得到有效的推进，“自立《条约》以来，将及一载，各属蒸蒸向化者，固已渐知名教之乐”⑥。

① （清）尹会一：《健余先生尺牍》卷1《答王孟恭》，光绪五年（1879）畿辅丛书本。

② （清）尹会一：《健余先生文集》卷5《与东章义馆师时溯尼书》，光绪五年（1879）畿辅丛书本。

③ （清）尹会一：《健余先生文集》卷2《重订小学纂注序》，光绪五年（1879）畿辅丛书本。

④ （清）尹会一：《少宰奏议》卷10《敬敷小学之教疏》，光绪五年（1879）畿辅丛书本。

⑤ （清）尹会一：《健余先生讲习录》，《四库禁毁书丛刊补编》，第31册，第240页。

⑥ （清）尹会一：《健余先生抚豫教条》卷2《饬发规劝帖语》，光绪五年（1879）畿辅丛书本。

无论是对《小学》的重视与推广，还是对社学的积极实践，都是尹会一推行社会教化、移易风俗的重要内容。除此之外，他还积极编书刻书，并广泛传播，以期以书施教。据他的《年谱》和《文集》记载，在乾隆三年至十三年（1738—1748）的十年间，他共修订和重印了《吕语集粹》、《周易象意》、《小学纂注》、《近思录集解》、《近思录五子传略》、《大学衍义》、《困学录集粹》、《纲目四鉴录》等书籍。

综上所述，知行合一、重视立志与克己、编续道统并积极推广《小学》与教化，构成了尹会一理学经世思想的基本特征。尹氏这一思想特质的形成，一方面是明末清初学术反思思潮的延续，另一方面则是在当时政治高压下的无奈选择。当清初君主通过文字狱等形式彻底掌握学术思想解释权时，其他人只要按部就班地照做就可以了。因此，尹氏一生都在身体力行地实践、倡导程朱理学，其著作亦多为心得体会直言，而缺乏系统的论著。在他人眼中，这或许是一种缺陷，但在尹会一自己看来，这却是他的重要成就。如从前所引他对薛瑄《读书录》的评价以及其为汤斌申请从祀文庙所做的解释，可以看出在他心中，个人的行为实践远重于浩繁复杂的理论著述。在这一意义上，也可以理解其子尹嘉铨为其父及汤斌、范文程、李光地、张伯行、顾八代等人从祀孔庙所做的努力。因为在学术理念上，其子尹嘉铨可以说完全继承了其父的思想。可惜命不逢时，尹会一不但没能从祀文庙，其子还因此而深陷文字狱的劫难。

三　结语：尹会一与18世纪的经世理学

尽管尹会一未能从祀文庙，但他出色的政绩与卓越的实践仍在当时为其带来很高的赞誉，使他得以享受进入各地名宦祠及道南祠的待遇。如陈宏谋就高度评价尹会一的学术与事功，称其“本躬行心得之余，端士习文风之本，按试所经，必有闻风兴起者，不独冰壶朗映、誉澈公明。从此人敦实学，士重躬行，熏陶涵育，为多士讲明根本之务，为国家造就有用之才，知大儒之所以成就必多也！”[①] 陈宏谋是与尹会一同一时代倡导经世理学的学者，他与尹会一关系十分密切，在尹会一门人编的《健余先生讲习录》中还专门载有二者论学的相关

① （清）陈宏谋：《培远堂手札节要·寄尹元符书》，陈榕门先生遗书本。

语录。在学术方面，二者均重视思想的践行；在社会教化方面，二者皆重视书籍的刊刻与传播，他们都重视明人吕坤的著作，并以其作为榜样，等等。美国学者罗威廉通过对二者交往的考察，发现陈宏谋的学术与施政风格均受到了尹会一不同程度的影响。[①]

杨锡绂是尹会一的弟子之一，亦是18世纪经世理学的重要倡导者。他在治学为人方面亦强调通过正学术以正人心。“夫学为修己、理民物，以与于三不朽者也。修己、理民物受成于学，亦往往受诬于学。……学术之诬，其心术之讹也。……惟正学术以正心术，为章志贞教之大。”[②] 同时还重视正学的传承与社会教化，如他在出任湖南巡抚时就曾重新拟定《岳麓书院学规》。李元度在评价其政治作为时称：“及在官，试其所学，学日以显，故所致皆有实政。……其出而治外也，清心寡欲，正己率属，汲汲以兴水利、广积贮、敦学校、宏教化为事。”[③]

总之，这些18世纪倡导经世理学的学者，虽较少使用“经世”、“实学”这样的词汇，但他们都积极奉行其躬行实践的基本原则。个中原因，或许他们都面临着同样的政治与文化上专制的压力。但理学的道德准则在人们的内心中逐渐退却的现实，又使得他们不得不重新举起程朱理学的大旗，积极调适理学思想与社会现实之间的矛盾冲突。由此，他们都转向了更加生活、政治化的理学，在具体实践中将其重塑。嘉道之际，随着社会矛盾加剧的冲击，清朝君主在政治与文化方面的控制力逐渐消退，经世之说复起，这时的经世思想无论在思想的深度还是在实践的广度上，都是18世纪的经世理学所不能比拟的。

---

① 〔美〕罗威廉著，陈乃宣、李兴华、胡玲等译：《救世——陈宏谋与十八世纪中国的精英意识》，北京：中国人民大学出版社，2013，第109页。

② （清）杨锡绂：《四知堂文集》卷21《重修淮安府学记》，清嘉庆刻本。

③ （清）李元度：《国朝先正事略》卷16，见周骏富辑：《清代人物传记丛刊》，第192册，台北：明文书局，1985年，第600页。

《明夷待访录》与晚清湖南风气的扭转

孙卫华[①]

学界关于晚清湖南风气扭转的探讨，多将关注点聚焦于王夫之的《船山遗书》。若考虑到曾国藩兄弟等就曾大力宣扬《船山遗书》[②]，那么，湖南风气应在有清中期或稍晚时期就该发生较大转变，可事实并非如此。按照梁启超的说法，湖南风气真正的扭转是在戊戌前后[③]，用之宣传的主要工具并非《船山遗书》，而是黄宗羲的《明夷待访录》等。显然，以往相关研究有夸大《船山遗书》作用之嫌，忽视了《明夷待访录》所发挥的巨大作用。本文以《湖南时务学堂学生日记类钞》以及《湘报》等文献所保存的相关内容为研究重点，探讨《明夷待访录》在晚清湖南的传播及其对湘人的影响，说明其是导致湖南“风气厥开”真正的有力工具之一，以此再现晚清湖南风气扭转之真相。

---

① 作者简介：孙卫华，男，河南固始人，哲学博士，中南民族大学法学院副教授，研究方向为中国政治哲学、明清哲学。

② 雷树德：《船山遗书流布、影响论例》，《船山学刊》2017年第4期。

③（清）梁启超：《湖南广东情形》，见《饮冰室合集》6《饮冰室专集之一》，北京：中华书局，1989年，第130页。

一 《湖南时务学堂学生日记类钞》中的《明夷待访录》

诚然，《明夷待访录》早已在湖南地区传播[①]，但其真正被湘人高度重视，用之砥砺士风，并迅速传播，应是从梁启超担任时务学堂总教习开始的。

甲午战败，传统旧式教育体制受到普遍质疑，全国各地兴办新式学堂蔚然成风。1897年春，湖南开始筹备创办时务学堂。[②] 11月14日，应湖南巡抚陈宝箴和学政江标之邀，时任《时务报》主笔的梁启超偕韩文举、叶觉迈、欧榘甲及西文总教习李维格从上海抵达长沙，出任刚成立不久的时务学堂总教习。[③] 从梁启超写给汪康年的信札中，可窥其应湖南方面之邀的原因，他认为："十八行省中，湖南人气最为可用，惟其守旧之坚，亦过于他省，若能幡然变之，则天下立变矣。"[④] 梁启超看中了湖南"士气最盛"[⑤]，人气"最为可用"，他坚信，如果改变湖南"守旧之坚"的区域传统，可以影响全国，达到"天下立变"之目的。在他看来，出任时务学堂总教习远比任《时务报》主笔更有意义。时务学堂的学员按照梁启超的《学约》要求："凡学者每人设劄记一册，分专精博涉两门，每日必就所读之书，登新义数则，其有疑义，则书而纳之待问匭以待条答焉。"[⑥] 1941年，徐滁珊根据当时"教习批答"和"学员札记"，汇编成《湖南

① 道光年间的进士周寿昌（1814—1884）是湖南长沙人，道光二十五年（1845）进士，在其《思益堂日札》中有一篇专门介绍《明夷待访录》的文章。（周寿昌：《思益堂日札》，北京：中华书局，1987年，第119-120页）1896年7月23日，谭嗣同在给欧阳中鹄的信中说："孔子之学，衍为两大支……持此识以论古，则唐虞以后无可观之政，三代以下无可读之书。更以论国初三大儒，惟船山先生纯是兴民权之微旨；此则黄梨洲《明夷待访录》，亦具此义；顾亭林之学，殆无足观。"（谭嗣同：《上欧阳中鹄（十）》，见蔡尚思、方行编：《谭嗣同全集》（下册），北京：中华书局，1981年，第464页）由此可知，在此之前，谭嗣同或许是受欧阳中鹄之影响，已阅读过《明夷待访录》。欧阳予倩很小就知道该书，自然与其爷爷的教导有关。（欧阳予倩：《自我演戏以来》，见《欧阳予倩全集》第六卷，上海：上海文艺出版社，1990年，第5页）故而我们认为，《明夷待访录》在湖南早已流传，只是当时对士人的影响还不够大而已。

② 中国史学会主编：《戊戌变法》（四），上海：上海人民出版社，1957年，第493-495页。

③ 马勇：《湖南时务学堂内外冲突平议》，《晋阳学刊》2011年第2期。

④ 《梁启超致汪康年函（八）》，见上海图书馆编：《汪康年师友书札》，上海：上海古籍出版社，1986年，第1834页。

⑤ 《梁启超致汪康年函（五）》，见上海图书馆编：《汪康年师友书札》，第1832页。

⑥ （清）梁启超：《饮冰室合集》1《饮冰室文集之二》，第26页。

时务学堂学生日记类钞》（以下简称《类钞》）。[①]《类钞》所录虽不是教习批答、学生日记的全部，但依然可窥有关《明夷待访录》的“师生切磋之一斑”。[②]

在《类钞》中，学员们针对《读春秋界说》、《读孟子界说》提问的就不少于5篇。[③] 而“界说”中有以《明夷待访录》阐明改制思想的内容。比如，《读春秋界说》的“界说一”写道：“孔子改制之说，本无可疑。……黄梨洲有《明夷待访录》，黄氏之改制也；王船山有《黄书》，有《噩梦》，王氏之改制也；冯林一有《校邠庐抗议》，冯氏之改制也。凡士大夫之读书有心得者，每觉当时之制度有未善处，而思有以变通之，此最寻常事。孔子之作《春秋》，亦犹是耳。”[④] 此处将《明夷待访录》置于湖南本土哲人王船山《黄书》、《噩梦》之前，可见梁启超更加重视《明夷待访录》。

蔡艮寅（蔡锷）时为学堂一员，《类钞》记录他对老师梁启超的改制之说的异议：“《春秋》非改制度之书，用制度之书也。……如视其书为改制度之书，视其人为改制度之人，则孔子不能逃僭越之罪矣。……知其为因制度之书，非改制度之书也。……罪其为改制度之人，改制度之书也，为自用自专之人也，此孔子所以惧也。……《春秋》乃劝惩之书，非罪人之书也。”[⑤] 对此，梁启超撰写了近千字的批答，驳斥艮寅“犹属似是而非”之论。

首先，梁启超批驳蔡艮寅的孔子非改制之人的观点：“大约孔子春秋之制，可分为四种：一周之旧制；二三代旧制；三当时列国沿用之旧制；四孔子自创之制。即以孔子‘讥世卿’一条考之，……若讥世卿则主选举者，乃孔子所改之制也。以此类细推之，不一而足，何得谓孔子非改制度乎？夫改制度，亦何足奇，即如黄梨洲之作《明夷待访录》，冯林一之作《校邠庐抗议》，自有所见，则著之于篇中，以待后人，其中固不无变今从古之处，然必谓黄氏冯氏之所言，

---

① 徐滁珊汇编：《湖南时务学堂学生日记类钞》“弁言”，上海：三通书局，1941年，第1页。

② 《类钞》中收录了第一批学员共33人的日记或劄记。教员主要是梁启超、韩文举和叶觉迈三人，未见欧榘甲的批答。按照李玉的考证，这33名学员中，李洞时、周宏叶、杨树藩应为第二批学员，周镇藩为第三批学员，陈其殷、邹代城均未列入三期学员名单中。（李玉：《湖南时务学堂学生人数考》，《近代史研究》2000年第2期）

③ 比如李炳寰问有“昨读《界说》及批示，均谓井田为孔孟特立之制”等语（徐滁珊汇编：《湖南时务学堂学生日记类钞》，第2页）；邹代城问有“《界说》九，性有三义，据乱世之民性恶，升平世有善有恶，太平世性善”（同上，第15页）等语；曾继寿问有“《界说》曰，礼运以小康归之禹汤文武成王周公，其大同盖谓尧舜也，而其后又别为文王有大同之义”（同上，第26页）等语；郑宝坤问有“读《界说》中意谓此三种世界，日变于善也”（同上，第67页）等语。

④ （清）梁启超：《读春秋界说》，见《饮冰室合集》1《饮冰室文集之三》，第15页。

⑤ 徐滁珊汇编：《湖南时务学堂学生日记类钞》，第85-86页。

皆古人所有者，则黄冯固不服也。即如（鄙人）之无似，亦尝引吭发噫，为《变法通议》之篇。若必谓（鄙人）之《变法通议》，为皆因仍古人，（鄙人）固不敢服也。而乃谓孔子之所知所能，乃出黄氏冯氏及（鄙人）之下，抑何悖欤。"[①] 梁启超以"讥世卿"为例，说明孔子所改之制；以《明夷待访录》、《校邠庐抗议》为例，说明改制不足为奇；还以《变法通议》为例，说明其并非因仍古人之作，而是梁启超本人效法孔子、黄氏、冯氏之改制之作。

其次，梁启超纠正了蔡艮寅的"改制度为可罪者"观点的荒谬性。梁启超说："制度者，无一时而不当改者也。西人惟时时改之，是以强；中国惟终古不改，是以弱。盖一时之天下，有一时之治法，欲以数千年蚩蚩之旧法，处数千年以后之天下，不能一日而少安也。……至汝之为此说也，必曰制度虽当改，然孔子布衣也，非所应行也。不知此又迂谬守旧之言也。虎哥也，果鲁士西亚也，皆布衣而创万国公法，天下韪之，未有以为不当者也。今西国每国报纸以数千万计，中国近亦颇知此义，有识者莫不曰，此开民智、强国本之第一义也。而迂谬守旧之人，必曰此处士横议也。如汝所论，则究为开民智乎，为处士横议乎？夫以今日后生小子，而蒿目时弊，昌言更革，识者犹且许之。至于孔子则必不许其有此事，且不许其有此志，此何理也。夫天下之事理制度，亦问其当与不当而已，不问其出于何人也。……然则孔子之改制度，乃极不得已之苦心，而无一毫不可为训之处明矣。所谓罪我者，正恐后世迂谬守旧之督儒，以改制为罪而已。"[②] 梁启超以西方的虎哥为例，说明以布衣之身份亦可创公法，证明孔子在不得已的情况下，为天下改制的苦心，不仅不为过，亦不为罪。并告知蔡艮寅："天下之事理、制度，亦问其当与不当而已，不问其出于何人也。"此番谆谆教诲，似有鼓动蔡锷应当奋起，为今日之天下改制的意味。蔡锷后来投身革命，似应与梁氏的此番问答有极大的关联。

最后，梁启超深恐蔡锷仍不明白，反复叮咛："汝试熟思之，如尚不谓然，下次可详辨。"从批答的字数、内容，反复叮咛的话语来看，蔡锷所写的札记内容，在当时可能极具代表性。为了帮助学员们认清形势，走出迷局，梁启超才花如此大气力撰写如此有鼓动性的批答。

《类钞》中还收录了梁启超论君臣关系的内容，他说："夫臣也者，与君同办民事者也。如开一铺子，君则其铺子之总管，臣则其铺子之掌柜等也。"[③] 这

---

① 徐滁珊汇编：《湖南时务学堂学生日记类钞》，第 86-87 页。

② 徐滁珊汇编：《湖南时务学堂学生日记类钞》，第 87-88 页。

③ 徐滁珊汇编：《湖南时务学堂学生日记类钞》，第 32-33 页。

个关于君臣关系的比喻实为黄宗羲的“君与臣，共曳木之人也”[①] 之喻的转化。这说明，梁启超在时务学堂期间，表面上用“界说”等鼓舞学员，实则以《明夷待访录》砥砺学员之精神。

二　《湘报》中的《明夷待访录》

南学会是由谭嗣同、唐才常等人于 1897 年冬筹议，并得到巡抚陈宝箴等支持而建立的讲求新学的团体。[②] 此会“为全省新政畤命脉，虽名为学会，实兼地方议会之规模”[③]。其议政的讲演刊载于《湘报》，用以扩大影响，砥砺湖南人士气。作为南学会发起人，谭嗣同对《明夷待访录》持何种观点呢？谭嗣同曾痛斥：“二千年来之政，秦政也，皆大盗也；二千来之学，荀学也，皆乡愿也。”[④] 谭嗣同认为：“孔教亡而三代下无可读之书矣！乃若区玉检于尘编，拾火齐于瓦砾，以冀万一有当于孔教者，则黄梨洲《明夷待访录》其庶几乎！其次为王船山之《遗书》，皆于君民之际有隐恫焉。”[⑤] 在谭嗣同看来，三代以下几乎无可读之书，若非要找出一两本的话，那么，只有对君主专制时期的君民关系表现出难言之痛的《明夷待访录》和王船山的《遗书》可读，谭嗣同的这种看法与梁启超所论甚契。

与谭嗣同有“刎颈交”[⑥] 的唐才常任时务学堂中文分教习，他也和梁启超、谭嗣同一样，盛赞《明夷待访录》。唐才质回忆：“时务学堂课程以《孟子》、《公羊》为主，兼亦宣讲孔子改制之说，旨在为中国改良创造条件。……梁先生去湘以后，欧、唐两先生担任第二班讲席……唐才常先生服膺王船山之学说，日以王船山、黄宗羲、顾炎武之言论，启迪后进；又勉诸生，熟读《黄书》、《噩梦》、《明夷待访录》、《日知录》等书，时共研习，发挥民主、民权之说而引申其绪，以启发思想。”[⑦] 在唐才质看来，唐才常宣讲孔子改制之说，“旨在为中国改良创造条件”，并用晚明三儒著作，“发挥民主、民权之说”，启发学员思

---

① （明）黄宗羲著，孙卫华校释：《明夷待访录校释》，长沙：岳麓书社，2011 年，第 13 页。

② 汤志钧：《戊戌变法史》，北京：人民出版社，1984 年，第 278-279 页。

③ （清）梁启超：《湖南广东情形》，见《饮冰室合集》6《饮冰室专集之一》，第 137 页。

④ （清）谭嗣同：《仁学》，见蔡尚思、方行编：《谭嗣同全集》（下册），第 337 页。

⑤ （清）谭嗣同：《仁学》，见蔡尚思、方行编：《谭嗣同全集》（下册），第 338 页。

⑥ （清）谭嗣同：《与徐仁铸书》，见蔡尚思、方行编：《谭嗣同全集》（上册），第 270 页。

⑦ 《湖南文史资料选辑》第二辑，长沙：湖南人民出版社，1981 年，第 56 页。

想。由此亦可见唐才常在时务学堂时，《明夷待访录》是其激励学员的重要思想工具。

尽管现在难以寻觅唐才常直接论述《明夷待访录》的文字，但作为《湘报》主编，其思想倾向必然会在办报宗旨中得以体现。《湘报》于第三十五期率先刊登了皮锡瑞的第八次讲义，而其第七次讲义则刊登于第三十六期。这种似乎先后倒置的安排，既有宣传技巧的因素，又反映了报馆对讲义内容重要性的取舍标准。皮锡瑞在第八次演讲中说："后世儒者亦多袭用素王改制之意，自战国诸子以至国朝亭林、梨洲、船山诸公，其所著书莫不欲以所立之法之施行。亭林《日知录》明有立言不为一时一条；梨洲之《明夷待访录》、船山之《黄书》，更明明创法以待后世。世未有诋其僭妄者，况孔子大圣人而疑其僭妄乎？"[①] 皮锡瑞的观点得到唐才常的认同，此观点与梁启超等的观点如出一辙，这也体现了湖南维新人士在创办时务学堂、《湘报》、南学会等主旨的一致性。

为了进一步扩大影响，《湘报》一班人等还做起推销《明夷待访录》的广告。从《湘报》第一百零二号（1898 年 7 月 4 日）到第一百三十五号（1898 年 8 月 23 日），连续一个多月刊登《湘报》馆新（到）刻时务书的广告。[②] 新（到）刻时务书有：《皇朝经世文新篇》、《春秋中国夷狄辨》、《春秋董氏学》、《中西学门径七种》、《大东合邦新义》、《伪经考答问》、《民约通义》、《俄土战纪》、《英人强卖鸦片记》、《日本书目志并有论说》、《桂学答问》、《日本变法考》、《明夷待访录》、《湖南时务学堂初集》、《湖南时务学堂考卷》、《湖南时务学堂初集四本》等，时而刊登十五种，时而刊登十二种，但不管怎样，只有第一百零三号、第一百一十九号、第一百二十一号三期未登《明夷待访录》广告。《明夷待访录》每部售价一百五十文，按照当时每斤牛油烛的价钱不过一百二十八文[③]来看，一般家庭都可以购买此书。广告未说明此书的版本问题，现在也无从考证。但不管怎样，这说明《明夷待访录》的刊刻及其传播已经成了一种趋势。

除如此直接宣传《明夷待访录》外，还有间接的宣传。康有为弟子麦孟华

---

① 《湘报》报馆编：《湘报》，北京：中华书局，2006 年，第 275-276 页。

② 《湘报》报馆编：《湘报》，第 947-1333 页。

③ 《湘报》报馆编：《湘报》，第 947 页。

主编的《皇朝经世文新编》[1] 原本只收录19世纪以后的作品，而在第十八卷的头两篇收录了《原君》、《原臣》，且18世纪以前的作品仅见这两篇。另外，《桂学答问》、《时务学堂初集四本》、《湖南时务学堂考卷》、《湖南时务学堂初集》，都有明显宣扬《明夷待访录》的内容，这都值得详味。

之所以为这十几种书做广告，大概与梁启超上陈宝箴书中设想的，即"大约读书不过十种，为时不过数月，而其见地固已甚莹矣"[2] 观点较为一致。这些书都是时务学堂招收学员应读的时务书，诚如从第一百零六号开始，广告后所加的告白所言，"院试在即，时务书急宜购阅，第恐距馆较远者，购取为难，现寄存南阳街经济书局，南正街维新书局分售"[3]。既然作为考试的参考书，考试内容自然也免不了与"界说"、《明夷待访录》等有关。如此一来，应试学员不潜心研读《明夷待访录》能中式吗？尽管登载售书广告时，梁启超已离开了时务学堂，但其影响应已深深扎根，这些做法可以看作梁启超行为的一个延伸。他们继续借《明夷待访录》鼓吹民权，购书者定能在阅读中体会其批判君主专制的思想意蕴。

需要指出的是，不仅《湘报》推销该书，而且其他书局也根据湖南人的阅读需求，做起了销售此书的生意来，比如湖南书局于光绪二十八年（1902）重刻《明夷待访录》的五桂楼本，还有不知何书局刊刻的所谓正文斋本等。这些版本的出现，一方面说明湖南人读者群的扩大，阅读需求决定发行量；另一方面也可见湖南有识之士对播扬《明夷待访录》思想所做的努力。

时务学堂考《明夷待访录》，湖南省城以外的学堂亦受其影响。比如，《湘报》第一百三十六号，在"本省公牍"栏目中，刊登了徐大宗师按试永州府、桂阳州郴州经古题，其中掌故内中，有"书《明夷待访录》后"[4]。这绝非一种巧合，一方面说明当时湖南士人们认同《明夷待访录》中的思想对于改变湖南社会风气具有相当重要的作用；另一方面也说明湖南士人对于梁启超在时务学

① 梁启超当年欲编辑《经世文新编》，宣传新思想，但未能完成，后来此工作由麦孟华完成了。梁启超在信中告诉汪康年："此间又欲辑《经世文新编》，专采近人通达之言，刻以告天下，其于转移风气，视新闻纸之力量，似尚过之。已属人在军机总署搜奏稿，兄所自为文字及同志中有所造述，望多觅见寄，以速为佳。陆续寄来可也。……张、宋二君相见代我致意，并述辑《经世文》之意，属代留意也。"（《梁启超致汪康年函（七）》，见上海图书馆编：《汪康年师友书札》，上海：上海古籍出版社，1986年，第1833页）

② （清）梁启超：《湖南广东情形》，见《饮冰室合集》6《饮冰室专集之一》，第131-132页。

③ 《湘报》报馆编：《湘报》，第991页。

④ 《湘报》报馆编：《湘报》，第1331页。

堂借助《明夷待访录》等书宣传民权思想做法的认同及效仿。《明夷待访录》成为学子必读、必考之书以后，其对学子思想的影响就不言而喻了。

三　梁启超等节钞《明夷待访录》，“私印许多送人”

梁启超曾回忆：“梨洲有一部怪书，名曰《明夷待访录》。这部书是他的政治理想。从今日青年眼光看去，虽像平平无奇，但三百年前——卢骚《民约论》出世前之数十年，有这等议论，不能不算人类文化之一高贵产品。”[①] 他认为《原君》、《原法》、《学校》中有很多话都“含有民主主义的精神”，“虽然很幼稚，对于三千年专制政治思想为极大胆的反抗。在三十年前——我们当学生时代，实为刺激青年最有力之兴奋剂。我自己的政治运动，可以说是受这部书的影响最早而最深”[②]。这段回忆作于1923年冬到1925年春，而“三十年前”即1893年前后，此恰是梁启超跟随康有为学习之时。[③] 康有为“梨洲大发《明夷待访录》，本朝一人而已。梨洲为本朝之宗”[④] 的主张，对梁启超刺激很大。1897年，梁启超在时务学堂期间，即以《明夷待访录》等为主要工具砥砺学员。再加他所说的“窃印《明夷待访录》、《扬州十日记》等书，加以案语，秘密分布，传播革命思想，信奉者日众，于是湖南新旧派大哄”[⑤]，若这一切都是真实的话，那可以想见《明夷待访录》在激励学生思想方面发挥的作用之巨了。但问题是，已故学者朱维铮质疑梁说，认为梁启超所说的史事实际上是孙中山及

---

① （清）梁启超：《中国近三百年学术史》，北京：东方出版社，2004年，第52页。

② （清）梁启超：《中国近三百年学术史》，第53页。

③ 丁文江、赵丰田编：《梁启超年谱长编》，上海：上海人民出版社，1983年，第23-31页。

④ （清）康有为：《长兴学记　桂学答问　万木草堂口说》，北京：中华书局，1988年，第291页。

⑤ （清）梁启超：《中国近三百年学术史》，第54页。梁启超在《清代学术概论》中回忆其在时务学堂时的情形，说：“启超至，以《公羊》、《孟子》教，课以札记，学生仅四十人，……启超每日在讲堂四小时，夜则批答诸生札记，每条或至千言，往往彻夜不寐。所言皆当时一派之民权论，又多言清代故实，胪举失政，盛倡革命。其论学术，则自荀卿以下汉唐宋明清学者，掊击无完肤。时学生皆住舍，不与外通，室内空气日日激变，外间莫或知之。及年假，诸生归省，出札记示亲友，全湘大哗。先是嗣同、才常等，设南学会聚讲，又设《湘报》（日刊）、《湘学报》（旬刊），所言虽不如学堂中激烈，实阴阳策应。又窃印《明夷待访录》、《扬州十日记》等书，加以案语，秘密分布，传播革命思想，信奉者日众。”（（清）梁启超：《清代学术概论》，北京：东方出版社，1996年，第77页）

其盟友所为[①]，那么，我们该如何看待质疑呢？

梁启超是否真的与一班朋友“私印（《明夷待访录》和《扬州十日记》）许多送人”吗？《类钞》因收录不全，未见有关《扬州十日记》的论述，相关记载见于当时的反对派的批驳中。1898 年 7 月，湖南守旧党举人曾廉上书朝廷，列举康梁的大量罪状，请求诛杀之。所列罪状中，曾廉特意举了梁启超有关《扬州十日记》的批答，即“论《扬州十日记》，则指本朝用兵为民贼，令人发指眦裂”[②]。叶德辉编的《觉迷要录》收录了一条“学堂日记梁批”：“屠城屠邑，皆后世民贼之所为，读《扬州十日记》尤令人发指眦裂。故知此杀戮世界，非急以公法维之，人类或几乎息矣。”[③] 叶氏驳道：“三代以后，得天下者，皆逆取而顺守。圣清之于前明与国也，《扬州十日记》之言，明季遗老之言也，不思二百余年之深仁厚泽，而乃执明季一人之言，以为民贼乎？是亦贼民而已矣。”[④] 可见，《扬州十日记》为梁启超等宣传材料亦是事实。

然而，梁启超的“私印许多送人”之说，至今未得实物佐证。2011 年，方祖猷发表了《黄宗羲〈明夷待访录〉对孙中山民主思想的启蒙》一文，文中详细分析了孙中山用来宣传革命思想的节钞本的小序与其民主思想之间的关系。[⑤]此文似乎有力地支撑了朱维铮先生的怀疑。但笔者并不赞同朱先生的怀疑，而认为《明夷待访录》在晚清湖南地区传播确有明、暗两种方式：明的方式即是梁谭等维新派的宣传，以及叶德辉等守旧派的反驳；暗的方式主要指梁启超、谭嗣同等“私印许多送人”。

对于梁启超的“私印（《明夷待访录》）许多送人”一说是否属实，我们不应仅从能否找到实物来说明之。在势力强大的守旧派的地盘上，采用明暗两种传播方式，显然是不得已的选择，也是必然的。梁启超等一班人的做法与孙中山及其盟友们的做法十分类似。看着好像是一种历史的巧合，其实并非如此。

---

① 朱维铮说：“梁启超在‘五四’以后讨论清学史，曾回忆说他和谭嗣同在戊戌变法前夕，曾将《明夷待访录》‘节钞，印数万册分送于人’，‘于晚清思想之骤变，极有力焉’。二十世纪八十年代初，我校注《梁启超论清学史二种》，为核查此说的可信性，曾多方查找有关这个刊本的线索，却只能用一条简注承认自己一无所获。感谢小野和子教授，她见到这条简注，曾不辞辛苦地在东瀛搜寻，而且找到了《明夷待访录》在清末的一份节刊本，但刊行者并非梁启超，而是孙中山或他的盟友。”（朱维铮：《走进中世纪二集》，上海：复旦大学出版社，2008 年，第 83 页）

② 中国史学会主编：《戊戌变法》（二），第 501 页。

③ （清）叶德辉辑：《觉迷要录》卷 4，清光绪三十一年（1905）刻本，第 30a 页。

④ （清）叶德辉辑：《觉迷要录》卷 4，清光绪三十一年（1905）刻本，第 30b 页。

⑤ 方祖猷：《黄宗羲〈明夷待访录〉对孙中山民主思想的启蒙》，《北京大学学报（哲学社会科学版）》2011 年第 5 期。

孙中山赠送南方熊楠的节钞本，小引写于1895年夏天，为郑观应所撰[①]，这说明此种节钞本在当时已经传播了。梁启超最迟不晚于1894年2月即已知晓孙中山。[②] 孙中山借之宣传革命思想，对于早已关注孙的梁启超来说，其宣传做法是否为梁启超所知晓，现虽无从考证，但我们认为梁启超私印的用来传播维新思想的《明夷待访录》，极有可能与孙中山所使用的是同一种宣传品。即使不是如此，我们也不能因一方找到了实物，就否定另一方的做法。这犹如认可牛顿是微积分的发明者，就武断地认为莱布尼茨是剽窃者一样。梁启超更没有掠孙中山之美的意思，他显然不具备这种心理动机。[③]

梁启超所言“阴阳策应”、“私印”、“窃印”、“秘密分布”等词，值得注意。梁启超此前就已经积累了大量的办报经验，如何达到最佳的宣传效果，如何吸引读者的兴趣，这都事关宣传的策略之道，而此恰是梁启超非常娴熟的。他们为了宣传的需要，采取一些秘密手段甚至非法手段，都有可能性。想必所加案语十分激烈，不能采取常规的方式传播，故而用秘密的手段更为稳妥：一方面可以避祸，另一方面可以增强读者的好奇心。若真是如此，自然难以被人知晓。也许正是这些秘密方式增强了长沙人乃至湖南人对时务学堂学员课艺的好奇心，阅读需求大大增加。于是，有商人私刻课艺，或冒刻课艺从而获利。私刻或冒刻课艺令巡抚陈宝箴大为不满。他说：“比向市肆购得一册，阅之，除字句讹舛不计外，其中荒谬可怪之语，不一而足。以为应课学生有此文艺，即应直加斥责，屏诸门墙之外，何反付之剞劂，致坏学规而滋流弊？”[④] 陈宝箴支持时务学堂的兴办，亦支持维新思想。那么，是何种言论被认为是“荒谬可怪之语”呢？此与梁宣传《明夷待访录》及其过激言论似乎有关。

光绪二十四年（1898）五月二十日，黄遵宪刊登告示：“昨见府正街叔记新学书局刻有时务学堂课艺，本道与学堂名教习同加批览，深为骇异，其中所刊

① 孙卫华：《〈原君原臣〉小引作者考》，《贵州大学学报（社会科学版）》2014年第6期。

② 丁文江、赵丰田编：《梁启超年谱长编》，第34页。光绪二十一年乙未，梁启超写信给汪康年时曾谈及孙中山。他说：“我辈今日无一事可为，只有广联人才，创开风气，此事尚可半主。……孙某非哥中人，度略通西学，愤嫉时变之流，其徒皆粤人之商于南洋、亚美，及前之出洋学生，他省甚少。闻香帅幕中有梁姓者，亦其徒也。盍访之，然弟度其人之无能为也。”（《梁启超致汪康年函（四）》，见上海图书馆编：《汪康年师友书札》，第1830-1831页）

③ 梁启超给汪康年的信中说：“启超之学，实无一字不出于南海。前者变法之议（此虽天下人之公言，然弟之所以得闻此者，实由南海）未能征引（去年之不引者，以报之未销耳），已极不安。日为掠美之事，弟其何以为人？”（丁文江、赵丰田编：《梁启超年谱长编》，第100页）

④ （清）陈宝箴著，汪叔子、张求会编：《陈宝箴集》（中），北京：中华书局，2005年，第1156页。

者多非本学堂学生真笔……本学堂创开风气，为四方观听所系，如有发刻课艺，自应由本学堂编撰，若任听书贾随意搜缉，杂以伪作，倘或谬种流传，于人心风俗，所关非浅。前因三月间实学书局刻有此种课艺，曾经本学堂访知，将所雕板尽追缴在案。该新学书局何得仍蹈覆辙，殊属可恶已极。除由本道饬差提讯毁销伪板外，合行出示晓谕。"[①] 七月初一日，黄遵宪又刊登告示："兹奉前因，除饬长、善二县查起板片、刻本销毁外，合再示禁。为此示仰省城书贾并刻字铺店暨士庶人等一体知悉，嗣后尔等不得再行冒刻时务学堂课艺，希图射利，不顾误人。倘敢故违，一经查觉，定即遵照宪札从严究办，决不姑宽。"[②] 从黄遵宪的两次告示看，实学书局冒刻在先，新学书局冒刻随后，陈宝箴和黄遵宪所说的课艺应指新学书局的冒刻本而非实学书局冒刻本，另外，还有"饬长、善二县查起板片、刻本"也已销毁，而这些冒刻本我们对其内容都不得而知。

不仅巡抚不满、黄遵宪下饬令，亦有弹章上奏朝廷。[③] 由此可见，梁启超等在时务学堂借助《明夷待访录》宣传民权思想，对湖南思想界的触动是何其强烈！戊戌变法失败后，清廷清除新思想的"遗毒"工作立即启动。戊戌八月二十一日总理各国事务衙门奉旨命令张之洞对湖南省城新设南学会、保卫局等名目一并裁撤，会中所有《学约》、《界说》、《札记答问》等书，一律销毁。[④] 张之洞接受命令后，在回奏中称："饬将《学约》、《界说》、《札记答问》等书版片全数查调来鄂，一律销毁。"[⑤] 这既说明清廷深切意识到了这批书中存在的思想，对其统治造成的严重威胁，也说明维新派宣传《明夷待访录》等带来的思想变化之大。

刘述先说："粗印出来的宣传品，又是禁书，一般人自不会愿意保留，极大多数散失了是一件很自然的事，一份都找不到，也不必一定悖理。但还是希望有心人继续搜求，如果能找到一份样本，也就可以为任公洗刷了他造谣的恶名。"[⑥] 可见，刘述先先生对此深信不疑，但为了更有说服力，所以才希望找到一份样本。通过以上史实的考证，笔者深信任公之言。至于为何没有见到实物，

---

① （清）黄遵宪著，吴振清等编校整理：《黄遵宪集》，天津：天津人民出版社，2003年，第618页。

② （清）黄遵宪著，吴振清等编校整理：《黄遵宪集》，第618-619页。

③ （清）梁启超：《初归国演说辞》，见《饮冰室合集》4《饮冰室文集之二十九》，第2页。

④ （清）叶德辉辑：《觉迷要录》卷1，清光绪三十一年（1905）刻本，第16b页。

⑤ （清）叶德辉辑：《觉迷要录》卷1，清光绪三十一年（1905）刻本，第17a页。

⑥ 刘述先：《黄宗羲的心学定位》，杭州：浙江古籍出版社，2006年，第171-172页。

我们认为这都是情理之中的事情。孙中山所用节钞本在日本曾印刷万份[①]，但现在也几乎都不存在了。在日本能够公开传播的节钞本，尚且如此，更何况在清朝统治之下，梁启超等所用的具有反君主专制思想的节钞本，只是一种私密的宣传方式，时至今日，其被存下来的可能性自然甚微。

四　守旧派对《明夷待访录》的遏抑

梁启超等借助《明夷待访录》等宣传民权革命思想，导致湖南风气骤开。他说："自时务学堂、南学会等既开后，湖南民智骤开，士气大昌，各县州府私立学校纷纷并起，小学会尤盛。人人皆能言政治之公理，以爱国相砥砺，以救亡为己任，其英杰沉毅之士，遍地皆是。其人皆在二三十岁之间，无科第，无官阶，声名未显著者，而其数不可算计。自此以往，虽守旧者日事遏抑，然野火烧不尽，春风吹又生，湖南之士之志不可夺矣。"[②] 梁启超盛赞湖南时务学堂、南学会等新政的成效，有鼓舞士气的意味；对守旧者"遏抑"之举表示不屑。所谓守旧者，当指以叶德辉为代表的攻击新政之流。湖南虎虎有生气的新政令叶德辉等守旧派十分不安，他们为此专门编写了《翼教丛编》，批驳梁启超、谭嗣同等宣传新政的言论。该书的《正界说》是叶德辉专门针对梁启超"界说"而作。[③] 针对梁启超的"界说一"，叶德辉批驳道："大抵《论语》一书，多为及门论治而记，后人误以论治为改制，而异议蜂起，至舍春秋褒贬之大义，举而助其非圣之狂谈，经义盲晦于斯极矣。若夫船山、梨洲前明遗老，孤怀隐志，不得明言，所遭之世，既多不平，所持之论亦不无过激。此不可同日而语者也。冯林一《校邠庐抗议》，后世经济家著述之常，其去圣经不知几万里，此更不可同日而语者也。"[④]《校邠庐抗议》曾在五月份被孙家鼐举荐给光绪帝。[⑤] 而叶德

---

① 陈锡祺主编：《孙中山年谱长编》（上册），北京：中华书局，1991年，第109页。

② （清）梁启超：《湖南广东情形》，见《饮冰室合集》6《饮冰室专集之一》，第143页。

③ （清）叶德辉辑：《翼教丛编》卷4，台北：文海出版社，1967年，第219页。

④ （清）叶德辉辑：《翼教丛编》卷4，第221页。

⑤ 光绪二十四年五月二十九日，孙家鼐上《请饬刷印〈校邠庐抗议〉颁行疏》，疏中说："窃臣近日恭读诏书，力求振作，海内臣庶，莫不欢欣鼓舞，相望治安……臣昔侍从书斋，曾以原任詹事府中允冯桂芬《校邠庐抗议》一书进呈，又以安徽青阳县知县汤寿潜《危言》进呈，又以候选道郑观应《盛世危言》进呈，其书皆主变法，臣亦欲皇上留心阅看，采择施行。"（中国史学会主编：《戊戌变法》（二），第430页）

辉的《正界说》作于七月份。对于孙的举荐，叶德辉应是知晓的[①]，他如此强调《校邠庐抗议》应有深意，而对于船山、梨洲，则只提及其名，并未直接针对《明夷待访录》发表议论。叶德辉避而不谈的背后似乎有所隐忧。

叶德辉的隐忧，实际上就是由此看到了潜在的危险，他评道："《春秋》，素王之说，此七十子之徒推崇孔子之学，非孔子自居于王也。……康有为之徒煽惑人心欲立民主，欲改时制，乃托于无凭无据之公羊家言，以遂其附和党会之私智，此孔子所谓言伪而辨之少正卯也。……若夫黄梨洲《明夷待访录》一书，其'原君'篇隐诋君权太重，实开今日邪说之先声；'建都'篇谓金陵为王者都，遂导洪秀全之逆志。儒者立言不慎，则害随之矣。"[②] 这段话更能看到叶德辉对《輶轩今语》中宣传《明夷待访录》的恐慌，他将太平天国建都金陵，归罪于黄宗羲。[③] 叶德辉在给段伯猷茂才的信中也说："黄梨洲《明夷待访录》，其'建都篇'，海山仙馆本有之，别有顾氏小石山房本删去。盖其时禁网犹密，忌讳必多。此读书者所以宜通考据，搜辑古书者，所以宜通目录。彼既胸无尺寸之书，宜乎？不足语此。亭林无子，有命在天，古人如此者，不可胜数。"[④]

叶德辉之所以认为黄宗羲"建都篇"对洪秀全定都金陵有影响，与顾氏小石山房本删去此篇的用意有很大关系，此甚为重要。海山仙馆本刻于道光二十七年（1847），而顾氏小石山房本刻于同治十三年（1874），此时距离洪秀全领导的太平天国起义失败已有十年了，但洪秀全定都金陵是否与《明夷待访录》

---

① 孙家鼐在上《奏译书局编纂各书请候钦定颁发并请严禁悖书疏》中，指出康有为等著述的《中西学门径七种》一书"杂引谶纬之书，影响附会，必证实孔子改制称王而后已"，"以此为教，人人存改制之心，人人谓素王可作，是学堂之设，本以教育人才，而转以蛊惑民志也"。请求皇上将"康有为书中，凡有关孔子改制称王字样，宜明降谕旨，亟令删除，实于人心风俗大有关系。"此也遭到湖南翼教派官绅的反感。（江中孝：《关于康有为和戊戌维新的指导思想问题》，《社会科学战线》2009 年第 6 期）

② （清）叶德辉辑：《翼教丛编》卷 4，第 183-185 页。

③ （清）叶德辉在《答皮鹿门书》中说："大著因恶康氏之学，并迁怒于古人。诋孟子、诋公羊、诋梨洲建都启二百年后洪秀全都金陵之逆志。将来二百年后，更有洪秀全出，可援梨洲之例，坐弟开乱之罪？惟公与弟必不能亲睹。二百年后事而断斯狱也。奉春建策，留侯演成，如公所言，亦可以为启千八百年李自成都关中之逆志，然欤否欤？"对于皮锡瑞的指责，叶德辉回信辩驳道："鄙人评词梨洲条下原有'儒者立言不慎，则害随之矣'二句，非专诋梨洲也。"叶德辉之所以如此说，与他对冯桂芬的《校邠庐抗议》的批驳有关。他说："冯林一《校邠庐抗议》虽其言可采者多，而迂曲不通者，亦自不少，即其已行者论之，如'采西学'、'制洋器'诸议，行之已三十年，而法日两次战争，何以无效？是知变法而不变人，不值外人一笑耳。"（（清）叶德辉辑：《翼教丛编》卷 4，第 185 页）

④ （清）叶德辉辑：《翼教丛编》卷 6，第 452 页。

"建都篇"有关，虽不能定论，但至少在时人看来，这二者间似乎有某些必然的关系，故而顾氏小石山房本在刊刻时，删去此篇。对此，后之读者多不去考察，康门弟子中大概就有这样的门徒，叶德辉向段伯猷说明此事，一方面表明康门弟子的固陋，另一方面也说明他们对叶的指责也不足一驳了。从某种意义上讲，它不仅反映了此书在当时的影响，而且说明了其中诸多观点对后人影响深远。

以叶德辉等为代表的守旧派对梁启超等传播《明夷待访录》的所谓"谬说"进行了无情的批驳，但并未就此结束，一直持续到清朝结束。清朝结束前三年的关于黄宗羲从祀的主驳者当中，湖南人吴国镛最为激进。1907 年 2 月，赵启霖（长沙湘潭人）上《请三大儒从祀折》，在折中他在论述黄宗羲从祀理由时，故意对《明夷待访录》避而不谈。因为在此之前，陈宝琛曾于光绪十年（1888）三月二十日，上《请以黄宗羲顾炎武从祀文庙折》，尽管光绪十一年（1889）八月，潘祖荫等在奏折上说：顾炎武的《日知录》、《肇域志》等书"与黄宗羲的《明夷待访录》同为经济家必资之书矣。夫空言经济，能欺一时而不能垂之后世，至传之二百余年，而读者尤思取法，则其非空言经济可知矣"[①]，但仍遭到以李鸿章为代表的大臣们的反对[②]，黄、顾从祀未果。赵启霖对朝廷这个掌故应是十分熟悉的。故而此次上折，他对《明夷待访录》采取了避而不谈的策略。奉谕旨，时任礼部郎中的湖南人吴国镛竟然写了 8000 多字的说帖，反对黄宗羲等从祀。其根据是："宗羲最自负之书，莫过于《明夷待访录》。其送万斯大北上诗云，'莫放河汾身价倒，太平有策莫轻题。'今自署《明夷待访录》何也，且箕子之明夷利贞，其陈洪范也，乃武王实访于箕子。今曰待访，亦异于箕子矣。"[③] 其后，吴国镛对《原君》、《原臣》等篇进行了分条驳斥之后，又说："近日学术败坏，乱贼之祸已胎，大半皆藉口于宗羲，此臣等所以重为宗羲惜，不能以其大儒而曲为之回护也。"[④] 吴国镛批驳《明夷待访录》的观点，在李滋然的《明夷待访录纠缪》中多有体现。

① （清）曹元忠辑：《三儒从祀录》卷 4，上海：复旦大学图书馆藏，第 23a 页。亦可参见《清史列传》卷 58，王钟翰点校：《清史列传》第十五册，北京：中华书局，1987 年，第 4530 页。

② （清）曹元忠辑：《三儒从祀录》卷 4，第 19a-21b 页；亦可见朱寿朋编：《光绪朝东华录》第 2 册，北京：中华书局，1958 年，第 2037-2039 页。

③ （清）曹元忠辑：《三儒从祀录》卷 4，第 12b-13a 页。

④ （清）曹元忠辑：《三儒从祀录》卷 4，第 16a 页。

五　革命派受《明夷待访录》的影响

梁启超主讲时务学堂虽历时不久，但在南学会和《湘报》的协作下，借《明夷待访录》等宣传维新变法的实践活动，却极大地改变了湖南士风，影响了无数的志士仁人。[①] 如果说撰写《变法通议》只是梁启超政治设想的话，那么，时务学堂的教学则是他为实现政治设想而进行的试验。尽管这场试验的时间很短暂，但从历史发展的角度来看，无疑是相当成功的。该学堂头班学员杨树达的孙子杨逢彬教授在纪念文章中甚至将之称为“天下第一班”[②]，若从中国近代教育发展史来看，这种评价毫不为过。

毛泽东曾说：“湖南之有学校，应推原戊戌春季的时务学堂。时务以短促的寿命，却养成了若干勇敢有为的青年。唐才常汉口一役，时务学生之死难者颇不乏人。”[③] 所谓的“颇不乏人”，即指受时务学堂宣扬的精神鼓舞而走上革命道路之人。1900 年，自卫军起义失败以后，湖南湖北两省在清除“余孽”过程中，抓捕了大量的“逆犯”。湖南巡抚俞廉三在奏折中说：“逆犯梁启超先年充湖南时务学堂教习，传播邪言，余焰所及，以常德及澧州属之慈利县为甚。故匪当以湘籍为最多。其蔡钟浩与逸匪文生赵必振、何来保、陈犹龙、陈应轸等皆常德府属之人。而李生芝于事败之后，拟于慈利县纠合沙市匪徒成十余营，意图再举。匪中至有慈利官班子之号，徒党繁猥，可以概见，似此浸淫蔓延，诛不胜诛。”[④] 所谓的“传播邪言”，即指梁启超等借助《明夷待访录》宣传民权、自由、平等等具有近代民主意味的思想。按照俞廉三的说法，所查办的匪徒（“湘籍为最多”）都是“逆犯梁启超”传播的“邪言”影响所致。

叶德辉在《觉迷要录》“叙”中也说：“康梁逆党窜身海外，……谋乱于七月间，在长江一带破案，湖南北搜获逆党信札伪檄，讯明正法者，数十人之多。

---

① 1922 年正月二十六日，梁启超在《时务学堂札记残卷序》说：“卷中诸生，有李虎村炳寰、林述唐圭，田均一邦璿、蔡树珊钟浩俱从绂丞死于辛亥汉口革命之役，其署名蔡艮寅者，则松坡旧名也，时第一班四十人中，松坡盖最幼焉。”（梁启超：《饮冰室合集》4《饮冰室文集之三十七》，第 70 页）

② 杨逢彬：《“天下第一班”及其他》，《东方早报》2011 年 4 月 24 日，第 B10 版。

③ 中共中央文献研究室、中共湖南省委《毛泽东早期文稿》编辑组编：《毛泽东早期文稿（1912. 6—1920. 11）》，长沙：湖南出版社，1990 年，第 643 页。

④ （清）叶德辉辑：《觉迷要录》卷 2，清光绪三十一年（1905）刻本，第 12b-13a 页。

而以士林厕名其间者，湘人为尤夥。盖自梁逆主讲时务学堂以来，士风败坏凌夷，而有今日之变，斯亦学校之奇祸也。”[①] 搜获的自卫军来往信札以及檄文也大多出自湖南人之手，叶德辉将湖南士风的败坏，归因于梁启超主讲时务学堂以后。通过俞廉三、叶德辉二人的推究，皆可见《明夷待访录》的思想对于开湖南风气所起到的巨大作用。

《明夷待访录》不仅受到湖南维新派的推崇，而且深深地影响了湖南的革命派。维新派多是受时务学堂、《湘报》等新政宣传的思想熏染，而革命派除受王船山的民族主义思想熏陶外，还受到《明夷待访录》中反君主专制思想的影响。革命党人黄兴[②]、陈天华、宋教仁、谭人凤、刘揆一、章士钊等作为兴中会或同盟会成员，理应受到孙中山宣传的《明夷待访录》节钞本的思想洗礼。湖南新化县的陈天华在《狮子吼》中，假想了一个叫文明种的人物，借文明种的口表达自己的思想。文明种说：“明末清初，中国有一个大圣人，是孟子以后的第一个人，他的学问，他的品性，比卢梭还要高几倍，无论新学旧学，言及他老先生，都没有不崇拜他的。”又曰：“他著的书有一种名叫《明夷待访录》，内有《原君》、《原臣》两篇，虽不及《民约论》之完备，民约之理，却已包括在内，比《民约论》出书，还要早好几十年哩。”[③] 可见，陈天华极其推崇黄宗羲和《明夷待访录》，并把它作为宣传政见的最佳材料。陈天华所写的《猛回头》、《警示钟》之类的著作，成为脍炙人口的宣传革命思想的材料，黄兴用之赠送给官兵，鼓舞士气。[④]

湖南长沙拔贡毕永年是孙中山与湖南知识界最早取得联系的代表人物，他原是康有为的学生。[⑤] 1897 年，他与唐才常同时考取丁酉科拔贡，自此与唐才常、谭嗣同结为好友，常共商救国大计。1898 年春，南学会成立，《湘报》创

① （清）叶德辉辑：《觉迷要录》卷 4，清光绪三十一年（1905）刻本，“叙”第 1a 页。

② 1893 年，黄兴进入城南书院读书，“在城南书院初期，黄兴仍以研究辞章为主，旁及诸经、训话、音韵，后来开始研习义理，并注意舆地和算学。从这段时间他写的札记中可以看出，他除了研究宋明学案、语录外，还斟酌程朱的明德与新民，陈同甫和叶水心的救世济时、匡复宋室的意旨，以及王阳明的平乱匡明，顾亭林、黄梨洲的除奸抗清，王船山的明物饵〔弭〕乱、光复汉族江山的民族思想”（雷蕾、兰晓丽编著：《黄兴大传》，武汉：华中科技大学出版社，2011 年，第 12 页）。

③ （清）陈天华：《狮子吼》，见《陈天华集》，重庆：中国文化服务社，1946 年，第 130 页。

④ 刘揆一：《黄兴传记》，见中国史学会编：《辛亥革命资料丛刊》第四册，上海：上海人民出版社，1957 年，第 276 页。

⑤ 饶怀民：《辛亥革命与清末民初社会》，北京：中华书局，2006 年，第 42 页。

刊，他成为学会活跃分子，并在《湘报》上发表《存华篇》、《南学会问答》等文。[①] 孙中山联络的另一个湖南人就是秦力山。秦力山在戊戌维新运动高潮，加入南学会，常去南学会听讲，师事谭嗣同、唐才常等，对康有为、梁启超亦甚崇敬。[②] 他们对清廷彻底失望，跟随孙中山，在很大程度上与梁启超、谭嗣同等宣传新思想熏染，谭嗣同就义菜市口，唐才常等领导的自卫军起义失败等事件密切相关。

综上所述，晚清湖南风气从“守旧闭化名天下”到“全国最富朝气的一省”的扭转与《明夷待访录》的传播密切相关。随着《明夷待访录》传播范围的日益扩大，尤其是与西方近代政治民主思想相接榫以后，《明夷待访录》中蕴涵的近代政治思想成分得以发酵，经过维新派的助推，变成了以孙中山为首的革命党人推翻君主专制制度最为重要的传统政治思想资源之一。

---

① 刘泱泱编：《樊锥集 毕永年集 秦力山集》“前言”，长沙：湖南人民出版社，2011年，第4页。

② 刘泱泱编：《樊锥集 毕永年集 秦力山集》“前言”，第5页。

以逻辑论政见：梁启超“专言政治革命”的另一思路

陈敏荣[1]

在20世纪初年，梁启超是中国思想界“执牛耳”的人物，他与以孙中山为首的革命派之间的论战，如同他对于西方新思想的介绍宣传一样引人注目，双方争论的焦点在救国路径和政体形式这两方面，实际上此两点不过是一枚硬币的两面。梁氏曾在民国元年的归国演说中回顾道：“故自癸卯甲辰以后之《新民丛报》，专言政治革命，不复言种族革命，质言之，则对于国体主维持现状，对于政体则悬一理想以求必达也。”[2]“专言政治革命”一语，道出了他与革命派根本分歧之所在。对于梁氏在癸卯年（1903）后思想转变的原因，学界大多认为，他于1903年游美，所见所闻对他刺激很大，尤其是海外华人的表现使他认为国人素质还不足以行民主政体，因而目前只能实行渐进的政治变革。

的确，美国之行是梁启超思想转变的重要原因，但他若想仅以其经验性的见闻来劝说国人弃革命图改良，无疑是没有足够的说服力的。为此，梁氏又大量运用了一种说理的方法——逻辑学的方法——来论证其观点。他自言其立论“皆用严正的论理法，不敢有一语凭任臆见”[3]，试图表明其政见具有相当的学理

---

① 作者简介：陈敏荣，女，哲学博士，中南民族大学法学院副教授，主要研究中国哲学史、中国近代思想史。

② （清）梁启超：《鄙人对于言论界之过去及将来》，见林志钧编：《饮冰室合集·文集之二十九》，北京：中华书局，1989年，第3页。

③ （清）梁启超：《开明专制论》“著者识”，见林志钧编：《饮冰室合集·文集之十七》，第14页。

依据而非流于空论。究其当时“专言政治革命”的相关文论，确实运用了不少逻辑分析和推理的方法，包括对概念的辨析、对命题的论证和通过推理进行辩驳，当然，这三者并非截然分开、各自独立的，在概念的辨析和命题的论证中，包含着推理，而在推理论证中，也有对概念的界定和对相关前提的论证。关于梁氏以“严正的论理法”来表达政见的方法和特点，在学界还较少有人予以关注和研究，兹选取梁氏最具代表性的文论略作分析，以就教于方家。

一　概念之辨析

虽然人们通常认为1903年是梁启超放弃革命而转向温和改良的分水岭，但实际上在此之前他已有思想转向的迹象。他于1902年底作《释革》一文，详细阐发与其政见密切相关的概念——“革”之意涵，为“革”字“正名”，虽然他发表此文时还未开始与革命派论战，但这篇文章既体现了他对逻辑方法的应用，也透露出他对于政治变革和种族革命的态度。

概念是一个简单命题的基本构成单位，要论证一个命题，使其立论坚固有力而不致使人心生疑惑，首要之务应是对核心概念进行界定，明确其内涵和外延。汉语词义丰富，一词多义很常见，但中国人长期以来不太重视逻辑，因此在概念的使用上就落下了美学家宗白华先生所说的“模糊笼统”的毛病，导致了思维方式上的重大缺陷。严复将英国哲学家和逻辑学家约翰·密尔的著作《逻辑学体系》译为《穆勒名学》①，于1905年出版，使国人知道了西方的“逻辑”，但这一名词直到20世纪三四十年代才开始通用。在严复的逻辑学译著出版之前，梁启超实际上已开始将逻辑学的方法应用到自己的研究领域，在后来与革命派的论战中更是大量运用逻辑推理来证明自己的观点，成为中国近代较早自觉应用逻辑学的典范。

汉语的“革”在英文中有两个对应的词即Reform和Revolution（梁启超有时将二词简写为Ref.和Revo.），近代日本学者将前者译为“改革”、“革新”，指因其所固有而损益之以迁于善；将后者译为“革命”，指从根柢处掀翻之而另造一新世界。在晚清反满风潮中，Revolution由于其“革命”之义而在中国留

① 《逻辑学体系》英文名为 *A System of Logic, Ratiocinative and Inductive*，1843年出版。严复于1900—1902年间译了半部，交金陵金粟斋木刻出版（光绪三十一年，1905）。但后半部始终没有译出。

日学生群体中成为一个流行词汇，对其时乃至后来的中国人产生了较大影响，一般中国人几乎都将 Revolution 一词视为流血的暴力斗争和王朝更替的代名词。

在梁启超看来，日本人将 Revo. 译为“革命”并不准确，其理由是：“革命”指王朝易姓，不足以当 Revo. 之意。他指出，“革命”一词在中国先秦典籍中已出现，如《易传》之“汤武革命，顺乎天而应乎人”，《尚书》之“革殷受命”，皆指王朝易姓而言。也就是说，以改朝换代来释“革命”不乏历史依据，但是不能反过来说 Revo. 就是指“革命”或改朝换代，因为世间事物无不有其 Revo.，不独政治上如此；即便以政治论，有不必易姓而不得不称为 Revo. 者，也有屡经易姓而不能称为 Revo. 者，此即为“易姓者固不足为 Revolution，而 Revolution 又不必易姓”①。从逻辑学的角度而言，梁氏之意为：王朝易姓既非 Revo. 的充分条件，亦非其必要条件。通俗讲，Revolution 这个词与“革命”或“改朝换代”之间并无必然的联系。

为证明以上观点，梁氏以世界历史和史学界作为论据。他说，欧洲数千年来，各国王统变易者以百数，但史家从未冠以 Revolution 之名；而 19 世纪，反被史学界通称为 Revolution 时代，然而除了法国主权屡变外，其余各国都是“王统依然”。再如日本，尊王讨幕、废藩置县，明治后的日本与明治前的日本有天壤之别，是真正行 Revolution 之实者，然日本皇统万世一系，天皇较之以前更“安富尊荣神圣不可侵犯”。这都表明，实行 Revolution 不必然要改朝换代。反观中国历史，鼎革易代不啻百数十姓，但“群治之情状”并未有根本不同，这说明改朝换代也不一定就意味着社会各方面的彻底改变。

那么，Revolution 到底该如何理解和翻译？为使其内涵明晰化，梁启超将 Reform 和 Revolution 二词进行了比较。他指出，Reform 和 Revolution 的区别主要在实施程度和范围的不同，具体而言，如下：

> Ref. 主渐，Revo. 主顿；Ref. 主部分，Revo. 主全体；Ref. 为累进之比例，Revo. 为反对之比例。其事物本善，则体未完、法未备，或行之久而失其本真，或经验少而未甚发达，若此者，利用 Ref.。其事物本不善，有害于群，有窒于化，非芟夷蕴崇之，则不足以绝其患，非改弦更张之，则不足以致其理，若是者，利用 Revo.。……其前者吾欲字之曰“改革”，其后者吾欲字之曰“变革”。②

① （清）梁启超：《释革》，见林志钧编：《饮冰室合集·文集之九》，第 43 页。
② （清）梁启超：《释革》，见林志钧编：《饮冰室合集·文集之九》，第 40-41 页。

简言之，Ref. 是渐进的、局部的变化，使本善的事物更完善；Revo. 是彻底的、全面的改弦更张。比如中国三十余年之洋务运动，就是 Ref. 即改革，而后来由于内忧外患加剧、民智程度也有所提升，实行政治制度的大变革，就是 Revo. 即变革。也就是说，Revolution 只是人们为了适以自存而依据社会进化原理自觉选择的“人事淘汰”而已，它是一种“国民变革”，与“王朝革命”并不相属。如上述除法国外的欧洲各国、日本明治维新，都是实行了 Revolution，但不是王朝革命，而是国民变革。

梁启超认为，若以“革命”来译 Revolution，会产生极大的弊端。他说：

> 今以革命译 Revo.，遂使天下士君子拘墟于字面，以为谈及此义，则必与现在王朝一人一姓为敌，因避之若将浼己。而彼凭权借势者，亦将曰是不利于我也，相与窒遏之、摧锄之，使一国不能顺应于世界大势以自存。若是者，皆名不正言不顺之为害也。[①]

朝廷权贵忌惮“革”，流俗害怕“革”，仁人君子担忧“革”，皆因其将“革”理解为改朝换代的暴力革命。退一步说，即便以“革命”之译名言之，各个领域都有其革命，如宗教革命、经学革命、道德革命、文学革命、产业革命、史学革命、音乐界革命等，这些都与朝廷政府无丝毫的关系，也都不需要流血，但是都不得不谓之“革命”，其本义就只是“变革”而已，不必忌之、骇之、忧之。梁启超殷切地呼吁道，中国若不想遭天然淘汰之祸、沉沦于天演规则之下，只能实行 Revolution 即大变革，“国民如欲自存，必自力倡大变革实行大变革始；君主官吏而欲附于国民以自存，必自勿畏大变革且赞成大变革始”[②]。

梁启超对“革”尤其是 Revolution 进行仔细辨析，其意图很明显，一是不希望由于人们将 Revolution 理解为王朝易姓的革命，使当权者闻之色变，从而使一些本有利于中国发展的变革遭遇来自上层和各级官吏的阻碍；二是通过“正名”和征诸历史的方式，区分王朝革命和国民变革，指出中国实行国民变革才是救亡图存之正途，而不是一定要推翻现有政权，从而为其渐进变革（即他所说的政治革命）的主张服务，同时也试图对当时风雨欲来的反清革命浪潮起到一定的劝阻作用。如果按照梁氏的逻辑思路进行推理，最后得出的结论是：无论“革”为 Reform 还是 Revolution，都不能翻译为“革命”，与王朝易姓无关，“革”与“革命”是两个有着各自独立内涵的词语。这个结论自然不能让所

---

① （清）梁启超：《释革》，见林志钧编：《饮冰室合集·文集之九》，第 40 页。

② （清）梁启超：《释革》，见林志钧编：《饮冰室合集·文集之九》，第 44 页。

有人信服，但客观而论，梁氏之分析在当时确实具有利于社会变革的意义；此外，他说改朝换代的革命不一定就意味着社会各方面的彻底改变，联系辛亥革命后三十多年的史实来看，也不是完全没有道理的。

除了对“革”的阐释，梁启超对于其他一些相关概念也进行了界定或区别性解释，如“制”、“专制”、“开明专制”；后文中论及的“大民族主义”和“小民族主义”、“政治革命”和“种族革命”等等，避免了概念使用上的含混笼统，从而使其判断立基于明确的词义之上，这样的做法是十分值得学习的。

二　命题的论证

梁启超坚持政治革命和反对种族革命的一个重要认识前提是其民族观念，即他坚持“大民族主义”而反对“小民族主义”。他说：

> 吾中国言民族者，当于小民族主义之外，更提倡大民族主义。小民族主义者何？汉族对于国内他族是也；大民族主义者何？合国内本部属部之诸族以对于国外之诸族是也。……合汉合满合蒙合回合苗合藏，组成一大民族。[①]

他的“大民族主义”观既离不开他对当时国际形势的判断，也与其对于满汉关系的理解密切相关，其中涉及两个重要问题：一是满洲入关后中国是否已亡？二是今日之政府是满洲政府还是中国政府？他结合历史与逻辑，论证这些重要命题，以支撑其政治主张。

梁启超论证的第一个命题是：满洲入关后中国并未亡。

对满汉关系的认识不同，使革命派和立宪派在对清朝的态度、对政治革命和种族革命的理解以及政体的选择等诸方面都截然不同，正因为如此，梁启超说“此实最切要之问题也”[②]。如果中国真的已亡，就不是“救亡”的问题，而是“光复中国”的问题了，那么他与革命派在立场上的歧异也就不复存在。革命一派主张种族革命，其最重要的认识前提就是中国已亡，所以要以革命夺权

---

① （清）梁启超：《政治学大家伯伦知理之学说》，见林志钧编：《饮冰室合集·文集之十三》，第75-76页。

② （清）梁启超：《杂答某报》，见夏晓虹辑：《〈饮冰室合集〉集外文》（上册），北京：北京大学出版社，2005年，第401页。

的方式来光复国家，这样的观念在《民报》创刊之前就已在一定范围内流行，如邹容1903年作《革命军》时记为“皇汉民族亡国后之二百六十年”。汪精卫在《民报》第1号发文，从民族的六个构成要素即同血系、同语言文字、同住所、同习惯、同宗教和同精神体质等出发，并结合中国历史的发展来说明，满洲与汉人绝非同族，满洲入主中原意味着中国的灭亡，他总结说：

> 以一王室仆一王室谓之易姓，以一国家踣一国家谓之亡国，以一种族克一种族谓之灭种。彼满洲者对于明朝，则为易姓，而对于中国，对于我民族，则实为亡国灭种之寇仇，誓当枕戈泣血，以求一洗。[①]

对于汪精卫等革命派提出的中国已亡论，梁启超从学理和历史的角度，运用证明和反驳的逻辑方法，得出满洲入关后中国未亡的结论。他先援引西方近世学者的理论提出了国家“三要素”说，以证明中国只有易姓而无亡国。他指出：

> 事实上国家之定义，曰有国民，有领土，有统一之主权。具此三要素，谓之国家；此三要素缺一，而国家消灭。我中国现在之领土，则黄帝以来继长增高之领土也；其国民，则黄帝以来继续吸纳之国民也；其主权，则黄帝以来更迭递嬗之主权也。中国之未亡也，抑章章也。而历代之帝王，则总揽统治权者而已。总揽统治权者，乃国家之一机关，而非国家也。故中国自有史以来，皆可谓之有易姓而无亡国。[②]

梁启超称历代帝王为“总揽统治权者”，认为他们不过是“国家之一机关”而已，那么，只要国家得以存立的三要素没有改变，即使帝王发生更换，也不意味着国家灭亡，否则就可以说，中国历史上的亡国不啻20余次了。

接着，针对汪精卫之中国已亡论的前提，即“以一国家踣一国家谓之亡国”的说法，梁启超根据“三要素”说，逐一进行反驳。

首先，从“国民”这一要素来看，满洲之皇室，起于建州卫，而建州卫自明朝以来就是我国的羁縻州[③]，其首领受策命获得官爵并统领其部，如同云南、四川等省的土司一样。如果说西南土司之人民为我中国之人民，那么明朝建州

---

① 汪精卫：《民族的国民》，见张枬、王忍之编：《辛亥革命前十年间时论选集》（第二卷上册），北京：生活·读书·新知三联书店，1977年，第94页。

② （清）梁启超：《杂答某报》，见夏晓红辑：《〈饮冰室合集〉集外文》（上册），第401页。

③ 我国于唐朝始，在边疆设羁縻州，因情况特殊，故因其俗以为治，有别于一般州县。羁縻，喻牵制联系之意，借以形容天子与边疆四裔之关系羁縻不绝。

卫之人民，也不能不认为是中国人民，因此，“爱新觉罗氏，亦我固有人民之一分子而已”；另据史册记载，清太祖努尔哈赤在明朝时曾封授龙虎将军，此亦可证明清室之先代确为明朝之臣民，自然也即为中国之臣民。由此，“清之代明，则是本国臣民对于旧王统倡内乱谋篡夺而获成功也，决不可谓以一国家踣一国家也”[①]。

其次，就“领土”这一要素论，满洲不能称之为国家，因为其最初“逐水草迁徙之游牧人民，仅有土地而无有领土，故仅有社会而无有国家”（梁引日本小野塚博士语）；满洲虽后来以沈阳为都建国号曰清，但这只能算内乱现象，乃“中国臣民中之爱新觉罗一族，对于中央政府而谋革命”，割据中国固有的一部分领土而自设假政府与中央政府相对峙，至其势力扩张，遂取中央政府而代之，这与刘邦在革命过程中于巴蜀关中建汉、其后取代秦等事件如出一辙。他说：

> 若以沈阳之清为中国外之一国，而谓其亡中国也，则刘氏可谓以汉国亡中国，李氏可谓以唐国亡中国，朱氏可谓以吴国（案：明初号吴）亡中国，有是理乎？故吾谓清之代明，决非以一国家踣一国家也。[②]

如果清朝之建立，与汉、唐、明之建立确属同一现象，那么梁启超此一假言推理，是无可辩驳的。

最后，在“统一之主权”方面，梁启超将中国与罗马进行了比较，认为罗马之灭亡，属于日本美浓部博士所说的“现在之政府已倾覆，而无能代之之新政府以为统一”这种情况，一国分裂为若干国，所以罗马在事实上已失其存在。但中国不然，“清之兴也，领土如故，国民如故，主权之统一如故；所异者，则总揽统治权之一机关，由朱氏之手以入于爱新觉罗氏之手而已。故明之王统亡，而中国之国家未尝亡也”[③]。

归纳以上理由，梁启超得出了“中国自有史以来以迄今日，皆有易姓而无亡国”的结论，因此，满洲入关后中国也未亡。在论证中，梁启超将君主理解为国家之一机关，这实际上是基于现代的国家观，对“朕即国家”的传统君主观念的否定，对于帝王的角色重新予以定位。在此前提下，他批评革命派为“君主主体说”之谬论所误导而持复仇主义，所谓“君主主体说”，即认为总揽

---

① （清）梁启超：《杂答某报》，见夏晓红辑：《〈饮冰室合集〉集外文》（上册），第402页。
② （清）梁启超：《杂答某报》，见夏晓红辑：《〈饮冰室合集〉集外文》（上册），第402页。
③ （清）梁启超：《杂答某报》，见夏晓红辑：《〈饮冰室合集〉集外文》（上册），第402页。

统治权者即为国家，而不知君主只是国家之一机关。在梁启超看来，他们当全力以争的不是“此机关之谁属”，而是“此机关之权限”，权限定则机关良，机关良则国家受其利，所以革命派的排满，实属是本末倒置。

梁启超论证的第二个命题是：今日之政府是中国政府。

针对革命派所认为的今之政府只是满洲政府，梁启超提出了两个假言判断：“若今之政府为满洲政府，则今之国家，不可不谓之满洲国家；若今之国家为中国国家，则今之政府不得复谓之满洲政府。”其理由是：“政府者，国家之一机关，与国家一体相属而不可离异者也。”[①] 这就好比一个人头上之口与其躯体不能分开而论一样，不能说躯体是张三的，而头上之口是李四的。所以，若称满洲政府，前提是必须承认中国已亡，必须承认现今世界中，只有满洲国而无所谓中国；根据此前已证的结论“中国自有史以来以迄今日，皆有易姓而无亡国”，可知中国未尝亡，世界中自古及今亦未尝有满洲国，所以，“中国国内，无满洲政府存立之余地”，“故吾谓今之政府，实中国政府，而非满洲政府也”。[②] 他又补充道，满洲政府，只有存在于万历四十四年至崇祯十七年间的沈阳政府，此后满洲政府便消灭，而继受明朝政府，即自秦以来中国的中央政府。

梁启超通过厘定国家与政府间的关系，再以其所证明的“中国未亡”之结论作为前提，推出今之政府是中国政府，可谓顺理成章，自形式上言，此推理无任何问题，符合充分条件假言推理的规则。当然，若从更严格意义上来说，他的推理在理论前提上仍有两个不能忽视的问题，这将在第四部分详论。

三　推理中的驳辩

为了证明政治革命和种族革命孰能达救国之目的，梁启超运用三段论的形式进行了推演，最后得出不当以种族革命为救国手段的结论。他的推演过程主要包括四个三段论推理[③]，涉及两个方面，一是种族革命与救国的关系，二是种

① （清）梁启超：《杂答某报》，见夏晓红辑：《〈饮冰室合集〉集外文》（上册），第404-405页。

② （清）梁启超：《杂答某报》，见夏晓红辑：《〈饮冰室合集〉集外文》（上册），第405页。

③ 梁拟定的是两个推理，但实际上是四个，因其将小前提一和二、断案一和二分别合在一个推理中。本文为使其三段论式更易明白，特分写为二，同时将“断案”改为现在通用的“结论”；“推理一”、“推理二”、“推理三”、“推理四”亦为笔者所加。

族革命与政治革命的关系。

一是关于种族革命与救国之关系的两个推理，不过，虽然是要对革命派之种族革命进行反驳，他所列三段式在形式上却是政治革命与救国的关系，其式如下。

推理一：

大前提："凡可以达救国之目的者，皆吾辈所当以为手段者也。"

小前提（一）："而政治革命，实可以达救国之目的者也。"

结论（一）："故政治革命，吾辈所当以为手段者也。"

推理二：

大前提："凡可以达救国之目的者，皆吾辈所当以为手段者也。"

小前提（二）："而非政治革命，更无道焉可以达救国之目的者也。"

结论（二）："故舍政治革命以外，吾辈无可以为手段者也。"①

他先认定这两个推理"如铜墙铁壁，颠扑不破"，然后，他将"推理一"的小前提更换为"种族革命，实可以达救国之目的者也"，得出结论"故种族革命，吾辈所当以为手段者也"；或将"推理二"的小前提更换为"非种族革命，更无道焉可以达救国之目的者也"，得出"故舍种族革命以外，吾辈无可以为手段者也"。针对第一个小前提，他质疑：如果种族革命后所得君主是暴君或昏君，能达救国之目的吗？显然不能。由此，第一个小前提已破。针对第二个小前提即"只有种族革命可以达救国之目的"（因为"非种族革命，更无道焉可以达救国之目的"意思即为"只有种族革命可以达救国之目的"），他提出如此假设：若满洲政府忽然以至诚行立宪，以更新为度，是否可以达救国之目的？答案是能。那么，种族革命就不是达救国目的的必要条件，由此，第二个小前提也不能成立。综合而论，"苟以救国为前提，则无论从何方面观之，而种族革命总不能为本来手段，为直接手段"。由此结论，他又反推出"政治革命之一观念，与救国之一观念，既连属为一体而不可分也"②。

二是关于政治革命和种族革命关系的推理，即以政治革命为前提，种族革命能否为政治革命的补助手段？其式如下。

---

① （清）梁启超：《申论种族革命与政治革命之得失》，见林志钧编：《饮冰室合集·文集之十九》，第2页。

② （清）梁启超：《申论种族革命与政治革命之得失》，见林志钧编：《饮冰室合集·文集之十九》，第3页。

推理三：

大前提：“凡可以达政治革命之目的者，吾辈所当以为手段者也。”

小前提（一）：“而种族革命，实可以达政治革命之目的者也。”

结论（一）：“故种族革命，吾辈所当以为手段者也。”

推理四：

大前提：“凡可以达政治革命之目的者，吾辈所当以为手段者也。”

小前提（二）：“而舍种族革命以外，更无他道焉可以达政治革命之目的者也。”

结论（二）：“故舍种族革命以外，吾辈无当以为手段者也。”①

针对推理三，梁启超指出，要验证小前提是否正确，须先明确政治革命和种族革命的概念，因而他首先对二者进行了界定：

> 政治革命者，革专制而成立宪之谓也。无论为君主立宪，为共和立宪，皆谓之政治革命。苟不能得立宪，无论其朝廷及政府之基础生若何变动，而或因仍君主专制，或变为共和专制，皆不得谓之政治革命。种族革命者，民间以武力而颠覆异族的中央政府之谓也。盖苟非诉于武力，而欲得种族上之政权嬗代，则必其现掌政权者，三揖三让以致诸我然后可，然此必无之事也。故非用武力，不能得种族革命，明也；而其武力苟未足以颠覆中央政府，则不成其为革命。②

政治革命的核心内涵是“变专制为立宪”，而立宪有君主立宪和共和立宪。梁启超先从君主之产生方式及君主有无立宪之诚意两方面，论述了“人民以武力颠覆中央政府”与“君主立宪制”之间毫无因果关系。他说，君主立宪必然是以君主的存在为前提，根据历史上无数的成例，革命后新君主的产生无不是以无数民众的流血牺牲为代价、尽灭群雄而一雄独存而已，如果革命派也如此，那么立宪将来能至与否尚未可期，而“君主”二字已先受其毒；且新君主未必有立宪之诚意，就算有，可能还未实行而中国已先亡。关于为何新君主可能还未实现立宪之志愿而中国已先亡，梁启超并未进一步阐述，但他以此断言，以武力颠覆中央政府与君主立宪制之间无一毫因果必然联系。

---

① （清）梁启超：《申论种族革命与政治革命之得失》，见林志钧编：《饮冰室合集·文集之十九》，第3页。

② （清）梁启超：《申论种族革命与政治革命之得失》，见林志钧编：《饮冰室合集·文集之十九》，第4页。

接着，他又论述了“人民以武力颠覆中央政府”与“共和立宪制”之间并无因果关系。他指出，共和立宪制的根本精神是卢梭的“国民总意”说，其统治形式是孟德斯鸠的三权分立论。就“国民总意”而言，“总”在逻辑上是全称，但在人口多、幅员广之大国，其实际政治生活中的投票选举等，绝不可能是“全部”，至好的情况是大多数，且大多数又未必是出于自由意志，所以“国民总意”根本难以实现。就“三权分立”而言，“三权分立之政治，即最高主权在国民之政治也。而最高主权在国民之政治，决非久困专制骤获自由之民所能运用而无弊也。准是以谈，则虽当革命后新建共和政府之时，幸免于循环反动以取灭亡，而此政体，终无术以持久，断断然也。不持久奈何？其终必复返于专制。然则其去政治革命以救国之目的，不亦远乎？”[①] 也就是说，由于中国国民长期处于专制政体之下，其政治能力并不足以实行共和制，所以三权分立也难以实现。

结合上述两点，他得出结论：“人民以武力颠覆中央政府”的种族革命无法实现政治革命的目标，因此，种族革命不仅不能成为救国之本来手段、直接手段，甚至不能成为政治革命的补助手段、间接手段。

四 梁氏运用逻辑方法的意义

以史实为支撑、以逻辑分析和推理为手段来论证政治观点，是梁启超政治思想的一大特色，尽管这一特色过去并未得到足够的重视，但其意义并不因此而减弱。首先，梁启超实际上与严复等人一起，开启了中国人思维方式上的革命性变革。如前文所说，中国人长期以来有一种模糊笼统的毛病，有着思维方式上的重大缺陷，这种缺陷导致人们很少像注重逻辑的德国人一样追求严谨和精确，从而常常造成巨大的浪费。梁启超对逻辑的重视和运用恰能给我们提供这方面的重要启示。其次，即便梁启超运用逻辑方法仍未能阻止革命的最终发生，但这种理性救国的思路和方法仍是值得重视和学习的。在20世纪初，梁启超是少有的几个介绍和运用现代西方逻辑方法的中国学者之一，他对逻辑学的关注和自觉运用，不是为了标新立异，而是试图以一种更理性的方式探索救亡

① （清）梁启超：《申论种族革命与政治革命之得失》，见林志钧编：《饮冰室合集·文集之十九》，第15页。

之路径，以期将中国走向现代化所付出的代价降到最低。虽然他基于历史和逻辑的分析而进行的设计未能成为现实，但他对于当时中国国民程度的判断、对未来可能状况的预见，在后来的实际政治中基本都得到证实，这些充分证明他作为思想家和政治活动家在面对关系国家前途的重大问题上的稳健、理性和智慧。他曾在驳辩后提出这样的疑问："不惜流千万人之血，耗一国之物力，当此列强眈眈之余，冒万险掷孤注，而惟此区区不足重轻之君位之谁属是争，曾是智者而若是乎？"[①] 联想当时中国的现实，我们能说他的质问毫无道理吗？

当然，梁启超的逻辑分析和论证中并非毫无瑕疵，毕竟逻辑本身是追求高度严密性的，而他当时对来自西方的形式逻辑体系尚无十分深入的研究，因此漏洞也在所难免。比如，在论证"今日满洲政府是中国政府"这一命题时，其推理在理论前提上存有两个明显的问题，其一，梁启超强调政府与国家之间相联系的一面，而忽略了二者间的区别：国家代表的是主权，政府代表的是政权，国家的合法性来源于非选择性的传统，具有稳定性和持久性，社会公民不能反对和脱离国家，否则就会失去公民的资格；而政府的有效性取决于政府对社会进行统治和管理的有效性，公民具有批评和反对政府及其政策的权利。也就是说，从国际法的意义上说，满洲政府是中国政府，但并不意味着不能从执政者的角度称之为满洲政府，也不意味着中国公民不能反对满洲政府。其二，梁启超说满洲政府也曾存在过，即沈阳政府，而根据他所作的判断"若今日政府为满洲政府，则今之国家，不可不谓之满洲国家"，恰可以反推出，沈阳政府存在的时期，也就是满洲国家存在的时期，如此就可以质疑他此前的结论"满洲国之自始未尝存在"[②]，那么他第一个命题的真实性也因此要接受检验了。

此外，梁启超以几组演绎推理得出了"政治革命为救国之惟一手段"的结论，自形式上看来，确实如他自己所说的论理十分"严正"，可是若仔细推敲，仍然"有懈可击"。为了论证种族革命非救国之手段，他先拟定了两个三段式（即推理一和推理二），并且认定此三段式"如铜墙铁壁，颠扑不破"，然后以此为正确的前提来进行下一步的推理。在逻辑推理中，一个推理的结论要正确，须满足两个条件：形式有效和前提真实。就形式而言，两个三段式并无问题，但是，"只有政治革命可以达救国之目的"这一判断，如何能成为不证自明的前提？对此，他并没有给出任何事实上的依据，也就是说，这一前提正确与否，本身还有待证明，那它就不能被视为"颠扑不破"的真理而直接作为推论的证

① （清）梁启超：《杂答某报》，见夏晓红辑：《〈饮冰室合集〉集外文》（上册），第404页。
② （清）梁启超：《杂答某报》，见夏晓红辑：《〈饮冰室合集〉集外文》（上册），第403页。

据。另外，在论述“人民以武力颠覆中央政府”与“君主立宪制”之间毫无因果关系这一点上，他给出的理由也明显不够充分。所以，如果梁启超要证明“只有政治革命是救国的唯一手段”，恐怕还需要找出更有力的证据和进行更严密的逻辑论证。

以上分析只是从逻辑学的角度指出梁启超的逻辑方法中仍有不足，并不在于削弱其运用这一方法本身的意义。虽然在历史和生活中有太多的非确定性因素，同时逻辑的分析和论证也有其限度，常常不能决定历史事件是否发生，但是，如果一个民族能形成重视逻辑的传统、形成富有理性精神的民族性格，不轻易被情绪所左右；能把追求严密和精确作为一种习惯，那么谁又能说它对于历史发展的进程不能有所改变呢？这或许是梁启超以逻辑论政见给予我们的最有价值的启示。

清末孟森宪政思想探析

巩福正[①]

前　言

孟森（1868—1938），字纯孙，笔名心史，号阳湖孑遗，江苏常州人，中国著名清史学家，被誉为中国清史研究的“开山祖”。时人多关注孟森在治史、治学领域的成果和建树，相比之下，对其政治活动和政治思想的研究却为数寥寥，虽然一些学者在研究某一具体问题时偶有涉及，但并没有对其政治思想进行专门的、系统性的阐述。因此，研究孟森的宪政思想，有着一定的学术价值。

孟森先生的思想触类旁通，体系完备，涉及政治、法律、经济、统计、军事、教育等诸多方面。此文无力对其进行全面而深刻的论述和研究，只能结合清末立宪时期孟森的宪政活动及其发表的诸多刊论，对其宪政思想进行梳理和分析。孟森的宪政思想主要表现为地方自治、法律至上和君主立宪。孟森将地方自治视为兴民权的重要举措以及实现宪政的重要基础，通过赋予民众参与地方事务的权利，从而兴革利害，实现民族独立和国家富强；孟森认为法律是规范社会秩序的准绳，也是宪政运行的主要手段，“法律至上”体现出其对法治的

① 作者简介：巩福正，中国社会科学院研究生院2016级硕士研究生。

追求和向往；通过开国会、制宪法得以限制君权，实现“君民共治”，是这一时期孟森宪政思想的核心内容。

一　孟森宪政思想形成的背景

一个人思想的形成受到诸多因素的影响，而教育因素和时代因素对人的思想有着重要的影响。因此，研究孟森的宪政思想，必然要去了解孟森的教育背景和其所生活的时代。

（一）孟森早年的教育

1868年，孟森出生于江苏武进的一个世家，早年参加科举考试，获禀生资格，后入江苏南菁书院、上海南洋公学读书，并任师范馆教员，兼在译学馆翻译军事、经济、政治等外国要籍。其弟子吴湘相回顾其早期求学经历时指出，“遵循传统的教育途径，获得禀生资格以后，由于受到当时注意洋务和变法自强思想的影响，他并没有沿着科举正途前进，而涉猎有关实务著作”[①]。由此可以看出，孟森并不是一个因循守旧的旧知识分子，而是对于西方思想具有一定感知能力的求新之人。

早年留学日本对孟森宪政思想的形成具有重要作用，“一八九四年，郑孝胥自日本游历回国后的言行尤使孟先生感动，自一九零一年全国青年掀起游学日本的浪潮，孟先生也是其中一人，一九零四年回国”[②]。根据吴湘相的记载，孟森受郑孝胥的影响，东渡日本求学。这一时期孟森就读于东京政法大学，师从日本民法之父梅谦次郎，进一步接受了西方学术文化和政治经济思想的影响，“森自此留意于政治，不若以前之顽固矣”[③]。在留学期间，孟森还同孟昭常等人成立了以“研究法政、交换知识、提倡社会为宗旨”[④] 的法政学交通社，不难看出其以西方宪政知识改造中国社会的想法日益形成。

---

① 吴湘相：《我的业师孟心史》，《传记文学》第1卷，1962年，第42页。

② 吴湘相：《我的业师孟心史》，《传记文学》第1卷，1962年，第42页。

③ 何龄修：《孟心史学记》，北京：生活·读书·新知三联书店，2008年，第143页。

④ （清）孟森著，孙家红编：《孟森政论文集》，北京：中华书局，2008年，第51页。

（二）孟森生活的时代

孟森生活的时代是东西方文明激烈较量的时代，近代较为先进的西方知识不断传入中国，开拓了中国知识分子的眼界，因此较为先进的中国人提出了一系列旨在实现富国强兵、挽救民族危亡的改革方案。魏源等第一批睁眼看世界的知识分子提出了“师夷长技以制夷”的应时方略，主张学习西方先进的科学技术；洋务派发起了以“中体西用”为指导思想的洋务运动，探索并仿造西方的“器物”，以实现自强和求富；早期维新派如郑观应等提出的“君民共主”的改良思想，以及后来以康有为、梁启超为代表的维新派的变法思想和实践，都表明知识界为挽救民族危亡进行着不懈的努力和探索。维新变法虽以失败而告终，但其对于社会起到了重要的思想启蒙作用。

1900 年，八国联军发动侵华战争，最终与清政府签订了《辛丑条约》，中国完全沦为半殖民地半封建社会。内外交困的清政府于 1901—1904 年实行新政，虽然其内容仅限于行政体系的调整，改革的范围没有涉及宪政层面，但其开始了中国政治体制改革的艰难历程，为后来的“预备立宪”奠定了基础。1904 年，日俄战争以日本的胜利而告终，君主立宪的日本战胜了封建专制的俄国，使得清政府深受震撼，并于 1905 年开始仿行宪政，派遣五大臣出洋考察。

综上所述，孟森生活的时代正是中国边疆危机爆发、屈辱不断的时期，这进一步促使中国知识分子不断思考，并提出改革方案。

（三）孟森的宪政活动

孟森不仅是一位宪政思想家，而且是一位宪政践行者，在清末立宪的政治活动中，不乏孟森的身影。“一九零五年，孟先生因郑辞职而同回江南，两人旋结成伙伴发起预备立宪公会，参与君主立宪的实际行动。”[①] 通过吴湘相的论述，不难看出孟森积极响应郑孝胥的号召，并作为预备立宪的骨干分子积极从事宪政运动。张海鹏对预备立宪公会内部的职务分配做了研究，“具体职员如下：会长郑孝胥，副会长张謇、汤寿潜……编辑员秦瑞阶、汤一颚、邵毅、孟森”[②]。维持预备立宪公会这一团体日常运营的共有 30 人，孟森便是其中之一，从事起草编辑工作，这一方面体现出其在预备立宪公会这一立宪团体中的骨干地位，另一方面也可看出其早期便和立宪派的代表人物郑孝胥、张謇等有着诸多交往。

---

① 吴湘相：《我的业师孟心史》，《传记文学》第 1 卷，1962 年，第 42 页。

② 张海鹏：《中国近代通史》，南京：江苏人民出版社，2013 年，第 279 页。

"一九零八年七月，孟森先生被聘出任商务印书馆印行的《东方杂志》主编，一九零九年五月，孟先生当选为江苏省咨议局议员，开局伊始，无暇撰述，只好辞任主编责任。是年十月，却又肩负另一重大使命，代表江苏前往联络奉天、吉林、黑龙江、顺直、山东各省谘议局，共同发起联合、请愿速开国会运动，而一九一一年六月孟先生随张謇前往河南彰德访晤袁世凯长谈，旋又在山海关外各省谘议局积极活动，对清廷的加速崩溃尤为具有决定作用。"① 由此可以看出，孟森先后当选《东方杂志》主编、谘议局议员，积极促成国会请愿运动，并且跟随张謇多方游说。这一方面体现出孟森在中国推行宪政的迫切心情，另一方面也体现出其具备一定的政治影响力。

孟森于1908年7月到1909年5月担任《东方杂志》主编，在此期间，他积极利用《东方杂志》这一平台宣传宪政思想。孟森首创《宪政篇》，按月整理立宪事宜，督促政府早日立宪。罗娟的研究指出，"孟森在主持《东方杂志》时期，总共有38篇文章见刊，其中以《宪政篇》命名的有18篇"②。这不仅推动了立宪运动的发展，而且促进了宪政思想的传播。承红磊认为，"孟森在主持《东方杂志》期间，隐然以主持全国立宪运动为己任，这与张元济本人办刊的稳健作风有所背离"③。从孟森较为激进的态度不难看出其作为宪政践行者对宪政宣传的高涨热情。

二 孟森的地方自治思想

地方自治作为实现宪政的基础，是近代宪政的有机组成部分。郑贤君将地方自治定义为："国家特定区域的人民，由于国家授权或依据国家法令，在国家监督下自行组织法人团体，用地方的人力、财力、物力自行处理自己的事务的政治制度。"④ 从中不难看出，地方自治的意义在于给予地方人士处理自己事务的权利，从而推动地方事业的发展。孟森的地方自治思想在其宪政思想体系内

---

① 吴湘相：《我的业师孟心史》，《传记文学》第1卷，1962年，第42页。

② 罗娟：《孟森与〈东方杂志〉》，《聊城师范学院学报（哲学社会科学版）》1999年第1期，第74页。

③ 承红磊：《孟森早期史事考略》，《史林》2012年第5期，第129页。

④ 郑贤君：《地方自治学说评析》，《首都师范大学学报（社会科学版）》2001年第2期，第4页。

占有重要地位，逻辑严密，宏观与微观俱在。其宏观之处表现在地方自治的意义和权限、地方机关内部权力分配和制约。其微观之处表现在自治团体议员选举的条件和规则、自治团体内部的权利分配。其理论的宏观层面与微观层面是辩证统一的，前者为地方自治理论搭建了框架，奠定了基础，而后者为地方自治理论提供了细致的规则，使其付诸实践成为可能。

（一）地方自治的意义和权限

孟森所倡导的地方自治以兴民权为基础，以振兴地方事务为目标，其最终目的是实现国家的繁荣富强。孟森否定了原有的地方自治体系，“地方自治，似以为吾国所具，则何故又特标新名目，以勉我曹从事于此？此正因平时地方办事，资财气力由父老子弟共出，意见则由一二官长绅董独出，负担者在此，利益者在彼，地方之事越多，则去自治越远”[①]。从中不难看出，旧有的地方自治由乡董垄断地方事务，在一定意义上是一种“士绅专制”。“近之特标地方自治，正今地方身受利害之人各有发表意见之权，所兴真公共之利，所除真公共之害，使地方有进步而无退步，则积各地方之兴盛，不得不成全国家之繁昌矣。”[②] 孟森认为，地方人士与地方利益息息相关，其能否有“意见之权”，是实现地方自治的关键，因此通过给予地方人士参与地方事务的权利，调动其参与地方事务的积极性，实现地方自治，兴革地方利害，从而推动国家的整体进步。这与梁启超所论地方自治的意义具有相似性，即“就天下万国比较，大抵其地方自治之力愈厚，则其国基愈巩固，而国民愈文明”[③]。

孟森对地方自治的权利维度也进行了严格的限制。地方自治的实现是以不干涉国家事务为前提的，地方自治权利的行使不能干涉国家权力的运行。“如一厅州县境内所有外交、军事、警察等事，专为国家事务，而非自治团体中教养切己之事，此自治团体可以不问。”[④] 即孟森认为，国家事务和地方事务是并行的，二者不相干涉，地方自治仅限于“自治团体中教养切己”之事，不能干涉有关行政、军事、外交、司法等国家事务。需要指出的是，对自治事务和国家事务的划分与孟森主张的振兴民权的思想并不矛盾，“国家法律，在立宪之后，原须国会议决而后定，故法律未尝不出与民议。惟其责在国会，非厅州县会所

---

① （清）孟森著，孙家红编：《孟森政法著译辑刊》，北京：中华书局，2008年，第47-48页。

② （清）孟森著，孙家红编：《孟森政法著译辑刊》，第47-48页。

③ （清）梁启超：《饮冰室合集之四》，上海：商务印书馆，1936年，第25页。

④ （清）孟森著，孙家红编：《孟森政法著译辑刊》，第86页。

能过问"[①]。孟森笔下的坊厢乡图会、厅州县会、省会是地方自治团体，公民借以参与地方自治。而由民选议员组成的国会是国家立法机关，代表人民行使立法权。同时，国会也是公民借以参与国家事务管理的重要渠道，"地方官受命于国家，供国家之驱策，原属国家之官制。人民即欲参与之，亦必由国会参与，非地方团体所能问"[②]。不难看出，孟森虽然对地方自治事务和国家事务进行了严格的划分，但是公民仍能通过国会实现对国家立法事务和行政事务的有效参与。

需要注意的是，孟森虽然区分了自治事务和国家事务的概括范围，但是没有割裂自治团体和国家事务之间的联系。出于实际政治操作的需要，国家权力的运行必然需要自治机关的配合，因此国家可以将部分国家事务委托给地方自治机关，"团体既有人格，而为法人，岂能尽为己私，而不负担国家之事务？于是又有团体受委之事务。盖国家行政之必需遍及者，每委之最下级团体故也"[③]。"教育本属学部，然小学则关系全国民之初等知识，无小学之教育。不能为文明国之人民。普及教育，必分配坊厢乡图，必无一家之孩童不能就学，乃合普及之旨。"[④] 孟森以小学教育的普及为例，虽然教育属于学部管辖，但是普及教育必须得到基层自治团体的配合，因此坊厢乡图会除了管理自有事务以外，也可以受委于学部，办理教育事务。这一方面使其地方自治理论有更强的实际操作性，另一方面也不难看出其与维新派地方自治理论具有一致性，"集权与自治二者，相辅相成，相维相系，然后一国之政体乃完整"[⑤]，即地方自治与中央集权能够相互协调，互为促进。

（二）地方机关权力的分配和制约

建立独立的司法机关，地方自治团体（即坊厢乡图会、厅州县会、省会）、地方行政机关（乡董、厅同知、知州、知县、督抚），实行三权分立，是孟森建立地方自治机关的理想原则。孟森主张司法独立，首先反对地方自治团体干涉司法事务，"司法省之事务，断无委之地方团体者。裁判之员，皆法律学堂毕业得凭，又经司法省委法律学有名之博士学士、试验及第之士"[⑥]。其认为司法乃

---

① （清）孟森著，孙家红编：《孟森政法著译辑刊》，第 88 页。

② （清）孟森著，孙家红编：《孟森政法著译辑刊》，第 104 页。

③ （清）孟森著，孙家红编：《孟森政法著译辑刊》，第 26 页。

④ （清）孟森著，孙家红编：《孟森政法著译辑刊》，第 60 页。

⑤ （清）梁启超：《饮冰室合集之四》，第 25 页。

⑥ （清）孟森著，孙家红编：《孟森政法著译辑刊》，第 63 页。

国家权力，应由国家司法部行使，地方自治团体不得干涉司法事务。孟森还批判了地方官干涉司法事务的现实，“吾国地方官兼司裁判，然小小诉讼，每批饬地方理楚，于是董保有无权之裁判。久而董保所为，公益事少而争讼事多。无论用情索贿，武断乡曲，有种种非法之为”①。孟森以董保为例分析地方行政干涉司法的弊端，一来不利于地方公益事业的发展，二来官员腐败滋生，非法行为猖獗。“故司法不独立，于自治制亦大有碍”②，由此可见，司法独立在其地方自治体系中的重要地位，其对于兴办地方事业的重要作用。

针对中国司法尚不独立的现实，孟森仅对自治团体和地方行政机关之间的相互关系做了论述。根据前所论自治事务与国家事务之间的分别，自治权力和国家权力的运行空间会随着行政级别的提高而发生变化。“厅州县事务动辄与国家有关，国家有制定之法律，行乎期间，则归议会议决者，其权限转隘矣”③。“然法律究出于中央，亦不得比西国联邦之制，则省之行政，不属于地方之范围者，殆十之八九矣”④。即地方行政级别越高，国家权力运行的空间越大，自治权力越小。因此作为基层的坊厢乡图会比厅州县会、省会拥有更多的权力，对行政机关乡董的制约也最为强大。

坊厢乡图地方机关分为坊厢乡图会和董事，前者为议决机关，后者为行政机关。坊厢乡图会拥有议决权，决定地方一切重大事务。坊厢乡图会具有人事权，“坊厢乡会有选举坊厢乡图董事及其余办公人等之权限”⑤，坊厢乡图的行政机关和执行人员都是通过坊厢乡图会选举产生；坊厢乡图会具有监督权，有审查账目和监督决议实行的权利；坊厢乡图会具有裁决权，决定公民是否拥有选举权和被选举权等事项。“董事之职务乃为坊厢乡图之代表，其权限止能执行坊厢乡图中议决之事项，决不能自出己意，而行一事。会中所议决，或违法律，或害公事，董事以为不可执行，则可使会中再议，中不得自出意见。”⑥ 从中不难看出，坊厢乡图会对董事权利有着重要的制约作用，即使议会所通过的议案有不合法、不合理之处，董事也只能要求“会中再议”，而始终不具有议决权。同时，坊厢乡图会对董事的制约是有限度的，“在自治团体中，纯然奉行议会之意思，然其代表坊厢乡图，而对于国家亦兼承国家之命令。如地方警察，董事

① （清）孟森著，孙家红编：《孟森政法著译辑刊》，第63页。
② （清）孟森著，孙家红编：《孟森政法著译辑刊》，第63页。
③ （清）孟森著，孙家红编：《孟森政法著译辑刊》，第88页。
④ （清）孟森著，孙家红编：《孟森政法著译辑刊》，第121页。
⑤ （清）孟森著，孙家红编：《孟森政法著译辑刊》，第61页。
⑥ （清）孟森著，孙家红编：《孟森政法著译辑刊》，第64页。

奉行警部之法规，毋庸议会议其规则”[1]。孟森以地方警政的办理为例，指出坊厢乡图会只能对执行自治事务的董事进行制约，而无权过问作为基层地方行政长官、执行国家事务的董事。董事对坊厢乡图会也有一定的制约作用，这表现在两个方面，其一是由董事主持议员选举的程序，负责选举造册、开会、点票，并且有任命选举执事员的权力；其二是坊厢乡图会的议长由董事担任，拥有维持秩序、召开议会等诸多权力。

厅州县地方机关分为厅州县会，厅州县参事会，厅同知、知州、知县。厅州县会和参事会是议决机关，厅同知、知州、知县是行政机关。孟森对平级行政官长的双重身份做了解读，一为官治资格，“厅同知、知州、知县，为国家所任命，非由厅州县境内人民所公举”[2]；二为民治资格，“厅州县乃集若干坊厢乡图而成，区域较大，魄力亦较大。吾民自有一厅州县境内公共之利害，彼厅同知、知州、知县，特为厅州县行政机关之长”[3]，厅州县长官的官治资格决定了厅州县长官是国家任命而不是厅州县会选举，厅州县长官的民治资格又要求厅州县官长要对厅州县会负责，执行厅州县会的决议，这就要求厅州县会对地方行政机关要具有人事权，以便选出能执行厅州县会决议的行政官员。孟森针对这一矛盾，提出设置官民合治的参事委员会，“复公选参事员为参事会，以与官行合议之制，而官为自治团体中之一份子”[4]，“参事会以厅同知、知州、知县为议长”[5]。孟森设置参事会的目的虽然是为了实现厅州县的官治与民治的统合，但是也表明厅州县会这一自治团体只能借助官民合治的参事会才能对厅州县长官进行制约，因此其制约力度大不如坊厢乡图会。并且参事会的议长由厅州县行政长官担任，而议长之权力较坊厢乡图会议长之权力更甚（此处笔者将在下节详述）。因此，就厅、州、县而言，自治机关难以对行政机关进行有效的制约，其主要职权亦旨在监督坊厢乡图自治机关行使权力而已。孟森对于省级自治团体即省会、省参事会的论述因循了这一趋势，“省会权限更隘于厅州县”[6]，其权力更为捉襟见肘。

---

① （清）孟森著，孙家红编：《孟森政法著译辑刊》，第 64 页。

② （清）孟森著，孙家红编：《孟森政法著译辑刊》，第 88 页。

③ （清）孟森著，孙家红编：《孟森政法著译辑刊》，第 86 页。

④ （清）孟森著，孙家红编：《孟森政法著译辑刊》，第 87 页。

⑤ （清）孟森著，孙家红编：《孟森政法著译辑刊》，第 99 页。

⑥ （清）孟森著，孙家红编：《孟森政法著译辑刊》，第 117 页。

（三）自治机关议员选举的条件和规则

孟森对地方自治团体议员选举的条件和规则进行了细致的论述。坊厢乡图会议员是经过住民、公民、议员三个阶段衍化而来的。“籍贯之说，最不适于实际。实际利害，恒与居址生计相关。”[①] 孟森否定了传统的以籍贯为中心判别是否享有地方权利的合理性，认为与坊厢乡图有利害关系的住民都享有本区域的一般权利，这一观点的重要性表现在“凡坊厢乡图之住民，具有参与自治之资格者，乃为公民”[②]，由住民而衍化为公民，可知公民是住民中具有“参与自治之资格”者。所以对住民权利的肯定，一方面扩大了公民的社会基础，另一方面方便了公民的政治参与，不具有本地籍贯的人，一样可以在与自己利益相关的异地享受其公民权利。

公民是议员的社会基础，所以对于公民资格的限定显得尤为重要，这也是孟森地方自治思想的重要内容。“公民之资格，其目有七。甲，年龄必在二十五岁以上。太少则知识太浅，能力太薄。乙，能自立，并须二年以上不受赈贫之惠。自顾不暇之人，难望其能顾公事。丙，无疯狂迷惑之病。丁，为住民两年以上，利害得失，见为较确。戊，二年以来所负担本坊厢者，本乡图者，遇事无缺。已，所纳于国家，无论地说或他直接税，能及一定之额。庚，特别资格，未为两年以上之住民，而品行资材为公众所认。”[③] 从中可以看出，其对于公民资格的限定结合了中国的实际情况，一方面，孟森希望有数量较多的住民成为公民，以调动地方人士参与地方事务的积极性；另一方面，他更希望选出有责任心、有参政能力、较有身家、与地方利害关系较大的人参与地方事务，从而实现有效的地方自治。公民拥有选举权和被选举权，议员即从公民当中选举产生，从这一过程中产生的议员能够代表坊厢乡图的公意来参与地方事务的决断。孟森对议员的义务做了限制：“一、议事当谋公益，不得为自己谋私益，并不得为举我者代谋私益。二、议事必须亲到，不得托人达意。”[④] 不难看出，其认为谋事为公是议员应尽的义务，是有效行使其权力、实现地方自治的重要保障。但是孟森没有对议员的义务进行细化和延伸，没有提出议员不履行义务应受到的惩罚，显得过于宽泛，尤为不足。

---

① （清）孟森著，孙家红编：《孟森政法著译辑刊》，第 49 页。

② （清）孟森著，孙家红编：《孟森政法著译辑刊》，第 50 页。

③ （清）孟森著，孙家红编：《孟森政法著译辑刊》，第 51-52 页。

④ （清）孟森著，孙家红编：《孟森政法著译辑刊》，第 58 页。

厅州县议员同坊厢乡图议员一样，作为地方自治的参与者，是地方自治能否有效实现的核心因素，孟森对选举方式和选举权所做的规定，直接体现着厅州县自治思想。“人即甚陋，意中必有一二识字明理，心以为可侍之人，举之而使彼识字明理之人，再选议员，较为得力。”[①] 孟森认为，公民未必有识别议员的能力，所以从公民当中选出拥有议员选举权的公民，由他们再行议员选举。因此，在间接选举规则中，什么样的公民拥有选举权至关重要，而孟森并没有将其标准表达清楚。“以大概言之，在本厅州县境内，以有坊厢乡图之选举权者，于厅州县会仍有选举权，然不能不略加限制。各国多以财产为限制，亦不尽凭其纳税。今选举初行，限制宜宽，以期普及。惟酌量选举人之身家，较更优于坊厢乡图之选举人而已。”[②] 从中可以看出，孟森虽然对其做了财产上的限制，但还是泛泛而谈，不够具体，更没有在政治素质、群众基础等方面制定详细的标准。省会议员的选举与厅州县议员选举相仿，实行间接选举，其选举权与被选举权资格为“其资产资格当更优于厅州县”[③]。

（四）自治团体内部的权力分配

自治团体的成员主要由议员和议长构成，因此自治团体内部的权力分配主要体现在议员和议长的权力分配上，议员主要由民众选举产生，议长则由地方行政官员担任，这体现出孟森一方面希望振兴民权，另一面又担心权力运行失序，引发混乱。由于议长由国家行政官员担任，因此议长的权力也必然随着行政级别的提高而增强。

孟森首先规定了坊厢乡图会议员权利和义务，就坊厢乡图会议员而言，其权利表现为“参与公事，此有一限制，凡关本身及父母兄弟妻子等事项，则应回避；受领公费，公费为因公所用之费。议员无俸给，为名誉职”[④]；其义务表现为“谋事当公益，不得为自己谋私益；谋事必亲到，不得托人达意”[⑤]。孟森从权利和义务两个角度肯定议员合理参与地方事务的重要性。董事作为议长，其权力较小，只有传知开会的权力。“坊厢乡图会议长即董事，凡非议会所决，绝不许董事有所执行。”[⑥] 可见议长权力受到议会限制。

---

① （清）孟森著，孙家红编：《孟森政论文集》，第88页。
② （清）孟森著，孙家红编：《孟森政论文集》，第89页。
③ （清）孟森著，孙家红编：《孟森政论文集》，第89页。
④ （清）孟森著，孙家红编：《孟森政法著译辑刊》，第58页。
⑤ （清）孟森著，孙家红编：《孟森政法著译辑刊》，第59页。
⑥ （清）孟森著，孙家红编：《孟森政法著译辑刊》，第59页。

厅州县会议员权力与坊厢乡图议员权力相同，值得注意的是，议长的权力得到了提升。孟森在厅州县会议事章程规定："前言约束议场，使有秩序，在议员之紊其秩序，议长所以防止之者，得发生禁阻"①；"过半赞成则为决议，可否同数，由议长裁决。议长除此裁决权之外，别无议决便宜之权"②。可见议长在维护议会秩序、调节议会矛盾具有重要的作用。厅州县参事会作为官民合议的机关，是执行厅州县会决议的执行机关。参事会议长由地方官担任，"惟地方官又为参事会之议长，有开会、闭会之权，停会、解散则无法律之关系"③。由于孟森认为，地方议决之权在议会，参事会之权仅在执行，所以民治资格的地方官作为参事会议长拥有较大权力。"会议时必有议长或代理者，及参事会半数以上，或参事员尚不及半数，地方官可以召集议员中曾举为候补参事员，而无本身亲属等关系者暂补充之，仍不及半数，则指议员之无关系者，暂补充之。"④可见其权力在参事会之大。省级自治团体内部的权力分配因循了这一趋势，以督抚为议长，其权力运作规模和厅州县无异。

三　孟森的"法律至上"思想

"法律至上"是孟森宪政思想的重要内容。孟森早年东渡日本，就读于东京政法大学，师从日本著名的法学家梅谦次郎，其对孟森法治思想有着重大影响。综合清末立宪时期孟森的法律著述，孟森的"法律至上"思想主要体现在三个方面，即普及法学、规范立法、司法独立。普及法学的目的在于向国民传授最基本的法律知识，开启民智。规范立法的意义在于制定出符合法学精神和中国实际情况的法律，是实现法治的基础。司法独立，涉及中国政治体制的改革和转型，是实行法治的重要保障。三者在孟森法治思想体系中都有所体现。

（一）普及法学

近代宪政践行者将实现法治作为挽救民族危亡的重要工具，梁启超认为：

---

① （清）孟森著，孙家红编：《孟森政论文集》，第97页。

② （清）孟森著，孙家红编：《孟森政论文集》，第98页。

③ （清）孟森著，孙家红编：《孟森政论文集》，第97页。

④ （清）孟森著，孙家红编：《孟森政论文集》，第98页。

“法治主义，为今日救时之唯一主义。”[①] 孟森也高度重视法律在社会生活中的作用，“吾国六法虽未有成文，然筹备清单，已一一核定颁布实行各期限，国民非从法律，无所措其手足于本国”[②]。其认为法律是中国社会发展的必然趋势，是人人立足于社会的基础。因此，向公民系统地普及法律知识就显得尤为重要。

作为孟森普及法学和法律基本知识的著作，其《新编法学通论》目的在于向国民普及一般性的法学知识。“将学法学，先受之以通论，比如将学地理，先习全地总图，使心目中有一方向部位，然后分洲，分国，分省，分府，分县，指划嘹然”[③]。“以法学通论为诸法之基础，使人人知法律为人权保障之故，则人格于是大进”[④]。孟森认为，国民通过学习法学通论，掌握较为系统的法律知识，从而能够培养基本的法治观念，运用法律维护自己的合法权益。同时，孟森还介绍了法学的渊源和演变，考证法律二字的来源。值得注意的是，孟森着重论述了法律与国家、政治、道德、经济、社会的相互关系，进一步突出了法律的重要作用。例如，其在法律与国家的关系中指出：“学者辩法律之与国，孰为先后，则信其先有法律，然后有国。何也？法律所以范社会，社会始于夫妇，有夫妇之法律，而有此异于禽兽之配偶，故法律为约束社会之物，唯其能受束缚，所以能成社会。迨其名曰国，已有无数社会包其中，即有无数法律行其际。”[⑤] 孟森认为，正因为法律才构成了社会基本细胞——夫妇，从而为更为强大的社会组织的出现创造了条件，最终形成了国家。由此不难看出，孟森将法律视为国家存在和运行的先决条件和重要保证。

孟森在对西方法学知识进行介绍时，注意与中国的具体国情相结合，从而使其普及法学的理论更具有实践性。首先，孟森否定了专制时代下的中国法律体制，“其间官吏或有研求解释之事，人民则并无申请解释之权。盖人民为法律之客体，止有犯法、不犯法之名词，并无守法、不守法之能力”[⑥]；“于是律文无论其便不便，且无论其有此事实无此事实，一切以威吓人民之意出之”[⑦]。孟森认为，中国专制时代下的法律条文仅在于威吓人民，并没有法治以规范社会秩

① （清）梁启超：《饮冰室合集之四》，第 28 页。

② （清）孟森：《新编法学通论》，上海：商务印书馆，1910 年，第 3 页。

③ （清）孟森：《新编法学通论》，第 2 页。

④ （清）孟森：《新编法学通论》，第 3 页。

⑤ （清）孟森：《新编法学通论》，第 25 页。

⑥ （清）孟森：《新编法学通论》，第 63 页。

⑦ （清）孟森：《新编法学通论》，第 63 页。

序的实质意义。同时，其在介绍西方法学渊源和思想时，结合中国的具体国情，形成了自己独到的见解。例如，在分析各法学学派得失之时，其指出："夫一种法律现象，非就各国各地方研究，安知此现象之果为世界公理，抑仅方隅故习。故今之欲治法学，以比较为重要。"① 孟森认为，将各国法律相互对照、推究原理的比较法学派的思想更适合中国的实际。在论述刑法时，孟森也结合中国的实际情况指出了中国法制建设的不足："吾国行政法尚有成文，至私法则纯以刑威为规定，此法学之所以幼稚也。"②

（二）规范立法

规范立法，科学地制定法律是国家事务有法可依的基础和前提，也是孟森法治思想的重要组成部分。

孟森对规范立法十分重视，对中国立法欠缺规范的现象进行了批判，这集中体现在其就《商律》所发表的评论："要其用法之本意，与法治之国大异，往往某条文非徒万国所无，亦吾旧学所不屑道。"③ 孟森认为，《商律》在立法规范上不中不西、不伦不类。他还结合中国具体国情和西方法学的发展潮流，对《商律》中的《奏定公司注册章程》进行了分析和解构，指出其存在的诸多不足。例如，就章程中有关公司注册登记的程序，其指出，"就以上十三事项观之，吾甚通吾国立法者知识之劣矣也。注册章程应详注册手续，其应注册事项，自规定于《商律》，非注册章程所能宜赘。即使赘焉，亦当与《商律》相符，且必将各项公司各应注册事项，分别明白，乃混合模糊，反因有章程而反复对比，以知所指。而又与《商律》所载事项互有出入，将使人从律文耶，从章程耶"④。孟森认为，注册章程不仅内容赘述，而且其与《商律》也存在诸多相悖之处，模糊了注册公司事宜的规则和标准，从而使该章程的制定没能起到方便公司注册的作用。不仅如此，孟森认为《公司律》所规定的商部所拥有的"禀部核办"权力的不合理，不能有效地应对商业经营中出现的问题，"吾国幅员辽数万里，公司中人一言不合，裹粮赴阙，渎禀大部，即日可由商会呈寄，亦周折已甚。按之事实，万万不可行也"⑤。

① （清）孟森：《新编法学通论》，第 17 页。

② （清）孟森：《新编法学通论》，第 52 页。

③ （清）孟森著，孙家红编：《孟森政论文集》，第 3 页。

④ （清）孟森著，孙家红编：《孟森政论文集》，第 8 页。

⑤ （清）孟森著，孙家红编：《孟森政论文集》，第 21 页。

孟森翻译了《日本民法要义》中的《总则篇》和《债权篇》，对人民的权利和义务、法人设立的规则和程序进行了论述，对其细密的法律条文进行了解读，由此不难看出孟森对法律制定规范化的重视。

（三）司法独立

司法独立是宪政思想的重要内容，孟森没有对其进行系统性的专门论述，而是侧重于对其进行功能性解读。孟森反对地方行政干涉司法事务，“且文明之国，司法无不独立，地方官原无裁判之职”[①]，并且认为司法独立是衡量一个国家文明与否的重要尺度。“审判厅，照外国司法体制，当以地方审判厅为初审。不服上诉，则以高等审判厅为再审。再不服上诉，则以大理院为三审。司法官与地方官无统属，无所谓初选呈控，复选呈控之分。”[②] 其根据西方立宪政体三级审判制度和中国的实际情况，进一步否定了行政官员兼职司法事务这一现象。同时，孟森也反对地方自治团体对司法事务的干涉，这在孟森地方自治思想中有所体现，“盖各国司法独立，全国自分许多裁判区，其大不过数里，小小争议，皆可就诉，故司法省之事务，断无委之地方团体者”[③]，即地方自治团体无权干涉司法事务。

孟森对司法独立的意义也进行了诠释，主要表现在两个方面。“凡司法独立以后，凡私人之不法行为，无论官民，均应受裁判所之裁判。其起诉及告诉发诉之人，均为诉讼法中之所规定。其属于职务上之违法处分，亦得提起行政诉讼。”[④] 在孟森看来，司法独立可以使得官民平等地受到法律的约束和制裁，使法律真正在国家和社会事务中发挥作用。此外，司法独立对于地方自治的实现也具有重要的意义，“外国遇此等公事之争执，地方官裁夺而仍不服，可诉之行政裁判所。行政裁判所，乃专门裁判内外衙门及地方团体公事上之一切争执者也。吾国司法尚未独立，更难望有此特别之法官，则姑以此事托之地方官耳”[⑤]。在孟森看来，设置行政裁判所，实现司法独立才是处理地方行政机关和自治团体之间矛盾的根本途径，有利于地方自治的充分实现。

---

① （清）孟森著，孙家红编：《孟森政论文集》，第 51 页。

② （清）孟森著，孙家红编：《孟森政法著译辑刊》，第 185 页。

③ （清）孟森著，孙家红编：《孟森政论文集》，第 131 页。

④ （清）孟森著，孙家红编：《孟森政法著译辑刊》，第 274 页。

⑤ （清）孟森著，孙家红编：《孟森政法著译辑刊》，第 275 页。

四　孟森的君主立宪思想

君主立宪思想是这一时期孟森宪政思想的核心内容，也是其进行政治活动的根本动力。1908年9月，清政府宣布九年“预备立宪”之后，孟森认为，“虽延期过长，然官吏士民，从此有措手之地，克期以成效，舍此安所从事”[①]。其在《东方杂志》中“按年罗列钦定筹备事宜为纲，而按月汇其成绩，为吾士民奖励及格者，而督促其迟炯不遵者”[②]，于是他在《宪政篇》中每月逐一核查预备立宪各项工作落实情况，监督政府行为。通过对孟森这一时期发表言论的梳理和政治活动的考察，其君主立宪思想主要表现在开设国会和限制君权两个方面。

（一）开设国会

孟森积极支持国会请愿运动，“今日之欲急开国会者，普天下人心之所同；其谓不能开国会者，本出于顽固蔽塞之流”[③]。孟森认为，开设国会是大势所趋，民心所向。其对反对宪政的守旧派进行抨击，“谓不立宪亦有善政，式枚因以此示阻挠，吾则谓正为不立宪乃有仁政，立宪以后，立法在民，民自以其所公便者，扶植国家以行吾自定之法，南面者恭己无为，乃为极致”[④]。孟森驳斥了于式枚“不立宪亦有宪政”的悖论，认为立宪之后，人民享有立法权，法为公立，达到大治。此外，孟森借鉴西方立宪政体的宪政经验，以日本和英国为蓝本，并结合中国的实际情况，对中国君主立宪的发展道路进行了论述。

孟森从两方面肯定了开设国会的重要意义。一方面，孟森认为，开设国会是实现救亡图存、国家独立富强的唯一途径。“无国会则纵有极慈惠之君师，极驯良之民庶，仅能造不识不知既愚且鲁之一境，使数万里之幅员，数万万之人口，负责任者止最少数之政府，余无痛痒相关之人，致对外常处必败之地。”[⑤]在孟森看来，国会是连接君主和民众的链条，通过开设国会，给民众以参政议

---

① （清）孟森：《宪政篇》，《东方杂志》1908年第5卷第9期。
② （清）孟森：《宪政篇》，《东方杂志》1908年第5卷第9期。
③ （清）孟森著，孙家红编：《孟森政论文集》，第25页。
④ （清）孟森：《宪政篇》，《东方杂志》1908年第5卷第10期。
⑤ （清）孟森著，孙家红编：《孟森政论文集》，第25页。

政的权力，实现“慈惠之君师”与“驯良之庶民”的君民共治，最终实现国家的独立富强。另一方面，孟森认为，开设国会是时代发展的潮流，“计今世界君主之国，无有不开国会，而有文明国家之资格者”①。他从文明的高度对国会做出了区别于中国传统士人的论断，认为开设国会是一个国家文明的标志。

孟森提出了关于国会开设原则的一般性构想。“当今世界各国，除民主国会，联邦国会别有组织之外，其与我国相当者，断以君主国国会为归”②；“既已资政院为上院，则今日之国会，但得下院成立，即为具体国会”③。孟森认为，中国当效仿西方君主立宪国家，并主张国会实行两院制，“吾国今方有资政院，似为朝廷所敕任之上院议员，果而则不过为已入仕之一流，与未入仕一流为抵制”④，即议会由钦命的已经身在仕途的上院议员和未入仕的下院议员所组成，这体现了孟森“无非相为抵制，互保其权利而已”的民主思想。孟森结合中国的具体国情，提出了过渡性的议席分配方法。“吾国求合人口比例之主义则不足，求合地方代表之主义则有余”⑤。中国没有《户籍法》，难以统计全国人口，因此只能暂用按地方分配议席的过渡性方法。“人民程度未能其一，宜采用制限主义，取其身家较赡者，所负担于国家多者，即利害缓急之相需者切。”⑥“至人民程度之更不齐一，尤其暂用间接主义，先选选举之人，再由其人选当选者，则选举人知识以为众人所推，其所选当选之人，衡鉴当较有准。”⑦孟森主张先进行“制限选举”，即通过财产限制选出一部分具有参政能力的人，再行“间接选举”，选出“当选之人”，使选出的议员能够践行其民主政治。

孟森以“实用主义”态度看待国会，并且认为中国国会制度的规范化是在国会制度的应用实践中进行的。“今吾国情势相同，一面伸张国力以救急，一面即为组织国会之国会。”⑧“今日不开国会，万不能举一实政，并学者所希望之完全国会，亦必无措手之地。”⑨孟森认为，开设国会不仅是实现救亡图存的唯一途径，还是中国国会制度建立的起始。“夫资政院为不规则之上院，吾民选议院

---

① （清）孟森著，孙家红编：《孟森政论文集》，第26页。
② （清）孟森著，孙家红编：《孟森政论文集》，第26页。
③ （清）孟森著，孙家红编：《孟森政论文集》，第26页。
④ （清）孟森著，孙家红编：《孟森政论文集》，第27页。
⑤ （清）孟森著，孙家红编：《孟森政论文集》，第27页。
⑥ （清）孟森著，孙家红编：《孟森政论文集》，第27页。
⑦ （清）孟森著，孙家红编：《孟森政论文集》，第27页。
⑧ （清）孟森著，孙家红编：《孟森政论文集》，第28页。
⑨ （清）孟森著，孙家红编：《孟森政论文集》，第30页。

亦以不规则者先之，然后由不规则之议院中，在逐年组成规则之议院。”① 这种由不规则逐步演变成规则的“渐进主义”直接体现了孟森“实用主义”的思想特点。

（二）限制君权

在中国建立君主立宪政体是近代维新派为之奋斗的目标。“立宪政体，亦名有限权之政体。专制政体，亦名为无限权之政体。有限权云者，君有君之权，权有限，官有官之权，权有限，民有民之权，权有限。”② 梁启超认为，君主立宪政体的特点就是使得君主、政府的权力得到限制，使得君主权力、政府权力和人民权利达到相互制衡和协调，各得其限。“是故欲君权之有限也，不可不用民权，欲官权之有限也，更不可不用民权。宪法与民权，二者不可相离，此实不易之理，而万国所经验而得之也。”③ 从中不难看出，兴民权、制宪法是实现君主立宪的唯一途径。

需要指出的是，同梁启超等维新派相比，孟森并没有直接表达出对君主权力的限制，这与当时的政治环境有关，也体现出孟森宪政思想立足于中国现实的重要特征。孟森从“皇室经费”这一角度较为隐晦地表达了日后对皇权的限制。他连续三次在《预备立宪公报》上发表《皇室经费古今义》，对比了目前立宪各国的皇室经费：“各国皇室经费之额，就本项言之，最大者英吉利，而最小者荷兰，此以君主之国言之也”④；“盖各君主国皇室之经费，恒为国用百分之一左右，多者至百分之二以上，少者乃千分之五。夫此千分之五之皇室经费，即向所谓最少之荷兰”⑤。通过中外皇室经费的对比，暗示建立君主立宪政体以后，中国皇室经费也势必减少，从而皇权必然大不如前，受到限制。

结　语

一篇文章的写作可以将一个人的思想划分成若干时段，而要掌握一个人思

---

① （清）孟森著，孙家红编：《孟森政论文集》，第 26 页。

② （清）梁启超：《饮冰室合集之四》，第 38 页。

③ （清）梁启超：《饮冰室合集之四》，第 29 页。

④ （清）孟森著，孙家红编：《孟森政论文集》，第 50 页。

⑤ （清）孟森著，孙家红编：《孟森政论文集》，第 51 页。

想形成的脉络并不等于这些时段的简单衔接，对于杰出的历史学家、宪政思想家、政治活动家孟森来说，更是这样。对于孟森，孙家红的评论也许最为中肯："他的一生，不管是为学，还是从政，都贯穿着'爱国'这样一条主线。他东渡扶桑，求的是新知，为的是富国强兵；主张君主立宪，西方地方自治，司法早日独立，为的是中国能够自立于世界强国之林；著书立说，倡宪政民主，反专制独裁，兴办杂志，提倡实业，也是为中国的兴旺发达；乃至晚年勤于考证，求真是，辟邪说，丝毫不存狭隘民族偏见，在大是大非面前，行得稳，站得牢，大义不屈，先天下之忧而忧，后天下之乐而乐，真正体现了知识分子的优良美德。"① 此外，孟森先生的政治思想和政治活动不仅局限于清末立宪这一时期，进入民国后，孟森仍旧保持着对国家事务的关心，发表了大量针砭时弊、情绪激昂的文字，对军阀、官僚和政客们的倒行逆施大加鞭挞，并且对社会政治、经济、法律等现实问题提出了自己的观点，至今仍有启发意义。研究孟森的思想，不仅要关注其学术领域方面的建树，其在政治思想方面亦成果斐然，应该受到学界的重视和关注。

① （清）孟森著，孙家红编：《孟森政论文集》，第 2 页。

“良贾何负闳儒” 本义考
——明清商人社会地位与士商关系新论

梁仁志[①]

明清商人的社会地位与士商关系，一直是学界比较关注的话题。然而，以往学者在讨论相关问题时，却存在着过度解读史料的情况。如有学者将“弃儒就贾”之“弃儒”者直接视作儒生或士人，进而推导出士商融合与商人社会地位提高的结论，并提出所谓的“新四民论”和“士商相混”说。笔者《“弃儒就贾”本义考——明清商人社会地位与士商关系问题研究之反思》[②] 一文通过系统的考证发现，“弃儒”者并不都是儒生或士人，也不必然“就贾”。对“弃儒就贾”本义的错误判断，导致学者在理解明清商人社会地位与士商关系问题时过于简单、绝对，忽视了这一表述背后具体复杂的历史实境，据此得出的认识或结论自然需要重新审视。除了“弃儒就贾”，明汪道昆“良贾何负闳儒”一语更常被学者引为明清商人社会地位提高与士商融合的重要证据，汪道昆也因此被视为“商人阶层的代言人”和“徽商的代言人”。著名史学家余英时在讨论明清士商地位时便引征此语作为依据，余氏说：

> 明清变迁时期一个非常具有意义的社会转变就是“士”与“商”的关系。……到16世纪士人阶层与商人阶层的传统界线已经变得非常

---

① 作者简介：梁仁志，男，安徽长丰人，安徽师范大学历史与社会学院副教授、硕士生导师，主要从事明清史、徽学研究。

② 原载《中国史研究》2016年第2期，《新华文摘》（网刊）2017年第1期、人大复印报刊资料《经济史》2016年第5期全文转载。

> 模糊。当时除有由士转商的例子外，也有由商转士的例子。如文学家李梦阳（1473—1529）与汪道昆（1525—1593）……是比较有名的例子，他们皆出身商人家庭。……汪道昆就可以说是商人阶层的代言人。例如，当他谈到自己的故乡——安徽新安时，就说道：“大江以南，新都以文物著。其俗不儒则贾，相代若践更。要之，良贾何负闳儒!”……尤其是最后一句这样傲慢的话，是过去的商人连想都不敢想的话。①

余英时将汪道昆视为“由商转士”的代表和“商人阶层的代言人”，将“良贾何负闳儒”称作“傲慢的话”和“过去的商人连想都不敢想的话”，可见，余氏显然认为汪道昆是士商融合的典型，并且认为“良贾何负闳儒”一语乃是商人社会地位并不比士人低之意②。值得注意的是，学者在广泛征引“良贾何负闳儒”一语时，对其历史环境、文本语境以及具体所指并没有进行深入的分析和通透的理解，绝大部分学者都难免“人云亦云”③。作为明朝显宦和封建文人代表的汪道昆究竟能否成为“商人阶层的代言人”或“徽商的代言人”？明清商人社会地位与士商关系究竟如何？这些过去研究已给出充分和明确答案的问题，在今天都颇值得进一步追问和思考，前贤的研究结论也值得深入反思。有鉴于此，本文拟从考证“良贾何负闳儒”一语的本义入手，在此基础上对已有研究的结论加以评析，并对明清商人社会地位与士商关系问题研究的结论和方法进行再反思。

---

① 余英时：《明清变迁时期社会与文化的转变》，见《余英时文集》第3卷《儒家伦理与商人精神》，桂林：广西师范大学出版社，2014年，第190-192页。此引文中“良贾何负闳儒”中之“良”字被误为“量”字，径直改正。

② 孙勇才先生在《道不同不相为谋——论余英时与现代新儒家》（载《河南师范大学学报（哲学社会科学版）》2005年第2期）一文中就说：“余先生指出……所谓‘其业则商贾也，其人则豪杰也’、‘良贾何负闳儒’等都表明明清时期价值观念的变化。”

③ 在讨论明清商人社会地位与士商关系问题时，不少学者均直接采纳了余英时先生对“良贾何负闳儒”的解释，或与他持类似理解。参见谭廷斌：《明清“士商相混”现象探析》，《湖北师范学院学报（哲学社会科学版）》1990年第1期；郝继涛：《明清时期的商业伦理体系》，《山西财经大学学报》2004年第4期；徐彬：《论明清徽州家谱编修与徽商的互动》，《学术研究》2011年第6期；王鹏：《徽州历史人物碑传研究》，博士学位论文，安徽大学，2012年，第73页；张健：《徽州鸿儒汪道昆研究》，芜湖：安徽师范大学出版社，2014年，第106页。

一 汪道昆"良贾何负闳儒"一语之本义

汪道昆（1525—1593），字伯玉，号南溟，又号太函，明代徽州府歙县西溪南人。出生于徽州盐商世家，他曾说："吾大父先伯、大父始用贾起家，至十弟始累钜万。诸弟子业儒术者则自吾始"[①]，"诸昆弟子姓十余曹皆受贾"[②]。由于他自幼受到良好教育，3岁时，祖父"口授古诗百篇，辄成诵。客至，令诵诗行酒以为常"[③]。嘉靖二十五年（1546），汪道昆参加科举并中应天府乡试。次年中进士，与王世贞同年，随即任义乌知县，开始仕途生涯。后历任武选司署郎中事员外郎，襄阳知府，福建按察使，福建、郧阳、湖广巡抚，兵部左侍郎等职。他文武兼备，工诗文，通音律，与王世贞同为当时诗坛领袖，并称"两司马"，是明代"复古主义文风的倡言人之一"[④]。汪道昆著述颇丰，有诗文集《太函集》、《太函副墨》及杂剧《高唐梦》、《五湖游》等存世。可见，汪道昆虽为徽商子弟，但他自幼"业儒"，后来也从未经过商。因此，他本人并非徽商，而是一位典型的封建文人和官僚。值得注意的是，将"徽商之子"视作"徽商"，是以往研究者在徽商身份判定中较常出现的问题[⑤]。这样做必然会使相关讨论失去应有的意义。

"良贾何负闳儒"一语出自汪道昆《太函集》卷五十五《诰赠奉直大夫户部员外郎程公暨赠宜人闵氏合葬墓志铭》一文，为避免断章取义，主要内容均引如下：

> 大江以南，新都以文物著。其俗不儒则贾，相代若践更。要之，良贾何负闳儒，则其躬行彰彰矣！临河程次公升、槐塘程次公俱与先司马并以盐策贾浙东西，命诸子姓悉归儒。不佞道昆附临河仲子金，丙午同籍。明年，从槐塘伯子嗣功。释褐后六年，癸丑，仲子始对公车，

① （明）汪道昆纂修：《汪氏十六族近属家谱·典籍·序·寿十弟及耆序》，明万历间刻本。

② （明）汪道昆撰，胡益民、余国庆点校：《太函集》卷43《行状八首·先大父状》，合肥：黄山书社，2004年，第919页。

③ （明）汪道昆撰，胡益民、余国庆点校：《太函集》卷43《行状八首·先大父状》，第920页。

④ 徐子方：《汪道昆及其杂剧创作》，《学术界》2003年第6期。

⑤ 梁仁志：《商帮史研究中商人身份的判定问题——以徽商研究为例》，《安徽史学》2016年第5期。

> 授南水部郎，母闵见倍。其后谪安吉，倅长沙，贰河间，且入尚书省，适次公以大耋终。穆考即位，得赠父奉直大夫户部员外郎，母宜人，皆不逮矣。伯子始以驾部封，父母卒，加赠南少司徒。先司马暨先淑人受封者十年，幸被恤典。人言三家若屈、昭、景，鼎足而居。三君子以贾代兴，则奉直公为贾人祭酒。三长者子以儒代起，则仲子翛然以贞白鸣，其后最汉阳，格不得加赠，遂请老。则以倍亲而仕，思博再命以显吾亲，显之不遑，仕于何有！……公始倡众建祠事，入祠田，于是祀有常所，有常经矣。公大父士华、父廷实世受贾，而公幼以偶句惊塾师。父携之吴，辄能代父见任贾事。……公字启明，质直好古，吴越人称古愚先生而不名公，其托于贾游乎！顾持大体，策事若观火。不操利权，部使者行部中，必任之以纪纲之役。即诸豪贾善握算，必就公受成。①

窥诸汪道昆原话全文及其他类似论述可以发现，汪道昆说“良贾何负闳儒”这句话的本意恐非如余英时等学者所认为的那样，是想表达商人社会地位并不比士人低之意。这段引文有以下三处值得关注。

一是“临河程次公升、槐塘程次公僎与先司马并以盐策贾浙东西，命诸子姓悉归儒”。如果当时徽州人多认为商人社会地位不在士人之下，则程升、程僎和汪道昆父亲这三位成功的徽商为何都做出了“命诸子姓悉归儒”的决定而不是让他们子承父业呢？这在逻辑上明显不合常理。可能的解释是，这三位徽商并不认为商人社会地位不在士人之下。他们尚且如此，则身为明朝显宦和封建文人代表的汪道昆怎么可能会“傲慢”地认为商人社会地位并不比士人低呢？

二是“其俗不儒则贾，相代若践更”。“不儒则贾”竟成为徽州之“俗”，“贾”和“儒”在徽州之重要性可见一斑。但是很显然，此处的“贾”和“儒”都是指职业，即所谓的贾业和儒业。事实上，贾业和儒业对明清时代的徽州人而言，的确都是极为重要的谋生之道。王世华曾说：“业儒和服贾成了徽人所从事的两项主要职业。”② 赵华富也曾说：“明清时期，徽州有三种儒贾观：‘右儒左贾’、‘右贾左儒’和‘儒贾并重’。就一个家庭来看，有时‘右儒左贾’，有时‘右贾左儒’，有时‘儒贾并重’。就徽州社会来看，有人‘右儒左贾’，有人

---

① （明）汪道昆撰，胡益民、余国庆点校：《太函集》卷55《墓志铭七首·诰赠奉直大夫户部员外郎程公暨赠宜人闵氏合葬墓志铭》，第1146-1149页。

② 王世华：《“左儒右贾”辨——明清徽州社会风尚的考察》，《安徽师大学报》1991年第1期。

'右贾左儒'，有人'儒贾并重'。"[①] 赵先生笔下徽州这种看似混乱的儒贾观若从整体上加以解读，恰表明了徽州人对作为谋生出路的贾业和儒业都很重视。由此可见，汪道昆所言"不儒则贾"，当是他对明代徽州人职业选择基本现状的一个客观描述，价值判断的意味并不强。其实，他还有类似的论述：

> 新都三贾一儒，要之文献国也。夫贾为厚利，儒为名高。夫人毕事儒不效，则弛儒而张贾。既则身飨其利矣，及为子孙计，宁弛贾而张儒。一弛一张，迭相为用，不万钟则千驷，犹之转毂相巡，岂其单厚然乎哉，择术审矣。[②]

"贾为厚利，儒为名高"，说明从事贾业和儒业所能得到的回报分别为"厚利"和"名高"。在当时社会中，徽州人选择业"儒"或业"贾"的实情是"一弛一张，迭相为用"，取舍的具体依据是"效"。但是从"及为子孙计，宁弛贾而张儒"可见，当时徽州人若从家族长远计更希望子孙业儒，这在一定程度上恰恰反映出儒业地位较贾业更高。当然"迭相为用"是为了追求现实中的"效"而采取的必要"择术"，是一种期望保持家族"不万钟则千驷"的长盛之势所采取的策略。现实中的"三贾一儒"并不能说明徽州人重视贾业轻视儒业，也绝不是"单厚"某业。慧眼如炬的何炳棣先生就将这段话视作汪道昆"这位喜欢卖弄学问的散文家与商人的子弟……对其家乡徽州人如何保证社会成功的策略"所作的"生动的描述"，是"现实的社会策略"[③]。这进一步证明，汪道昆对贾、儒的态度是非常明确的，他并没有刻意要表达经商比业儒更了不起或商人社会地位并不比士人低之意。

三是"则其躬行彰彰矣"。根据汉语的表达习惯和这句话前后的内容判断，它与"良贾何负闳儒"实为因果关系，"则其躬行彰彰矣"是因，"良贾何负闳

---

① 赵华富：《明清时期徽州的儒贾观》，《安徽大学学报（哲学社会科学版）》2011年第6期。

② （明）汪道昆撰，胡益民、余国庆点校：《太函集》卷52《墓志铭七首·海阳处士金仲翁配戴氏合葬墓志铭》，第1099页。此引文中"岂其单厚然乎哉"一句，《明清徽商资料选编》中引为"岂其单厚计然乎哉"，多一"计"字。该书标注的《太函集》版本为"万历十九年金陵刊本"，与《四库全书存目丛书》所影印的北京大学图书馆藏《太函集》为同一版本，然而吊诡的是，该影印本中亦无"计"字。"计然"乃传说中大贾范蠡之师，春秋战国时期著名的经济学家，后人常用"计然之术"、"计然之策"代指经商发财之道。故"岂其单厚计然乎哉"较"岂其单厚然乎哉"意思更明确，表达方式也更准确。参见张海鹏、王廷元主编：《明清徽商资料选编》，合肥：黄山书社，1985年，第438、506页；四库全书存目丛书编纂委员会编：《四库全书存目丛书》集部第117册，济南：齐鲁书社，1997年，第627页。

③ 何炳棣著，徐泓译注：《明清社会史论》，台北：联经出版事业公司，2013年，第87页。

儒”是果，用今天的话来说就是：一些徽商也能够“躬行彰彰”，并不比“闳儒”做得差。值得注意的是，“良贾”一词说明“不负闳儒”的并不是所有商人，而是其中能够“躬行”儒行，功绩彰彰者。后文“公始倡众建祠事，入祠田，于是祀有常所，有常经矣。……而公幼以偶句惊塾师。父携之吴，辄能代父兄任贾事。……质直好古，吴越人称古愚先生而不名公，其托于贾游乎！顾持大体，策事若观火。不操利权，部使者行部中，必任之以纪纲之役。即诸豪贾善握算，必就公受成”，便是“躬行”的具体表现。因此，文中实质是在论证徽商程升在躬行“儒行”方面做得并不比“闳儒”差，仅仅是对以程升为代表的部分“良贾”的赞誉之词，远没有上升到比较士、商这两个不同阶层的社会地位的高度。此外，汪道昆还有两段论述也可论证这种解释：

> 余闻本富为上，末富次之，谓贾不耕若也。吾郡在山谷，即富者无可耕之田，不贾何待？且耕者什一，贾之廉者亦什一，贾何负于耕？古人病不廉，非病贾也？[①]
>
> 儒者以诗书为本业，视货殖辄卑之。藉令服贾而仁义存焉，贾何负也！[②]

第一段中，“贾何负于耕”与“良贾何负闳儒”同出汪道昆之口，且句式表达一致，故对“何负”含义的解释也应相同。假如余英时等对“良贾何负闳儒”的解释符合汪道昆原意，则“贾何负于耕”也应解释为：商人的社会地位怎么会比农民低呢？这样就无法合理解释“古人病不廉，非病贾也”一语了。再者，汪道昆既说商人社会地位不比士人低，又说商人社会地位不比农民低，这显然不太合乎常理和基本的社会常识。故“贾何负于耕”当是说商人在躬行儒行方面不一定比农民差之意。第二段中，之所以说“贾何负（于儒者）也？”乃是由于商人能够“服贾而仁义存焉”。而仁义是儒家的核心价值理念，是“儒行”的内在动力与根本体现，“服贾而仁义存焉”显然也是要表达一些徽商在经商之时能够躬行“儒行”之意，而并不是社会地位的比较。如此理解，则这段话与“良贾何负闳儒，则其躬行彰彰矣”的意思就几乎完全一致了。可以说汪道昆对“良贾”躬行儒行的评价是一贯的，也是较为明确的，正如有学者曾指出的：汪道昆的思想中，“封建儒家的正统观念是主导方面”[③]。

---

① （明）汪道昆撰，胡益民、余国庆点校：《太函集》卷45《墓志铭八首·明处士江次公墓志铭》，第1099页。

② （明）汪道昆撰，胡益民、余国庆点校：《太函集》卷29《传七首·范长君传》，第638页。

③ 金宁芬：《关于汪道昆的几个问题》，《文学遗产》1985年第4期。

综上，从躬行"儒行"的角度理解徽商子弟出身的封建显宦和文人汪道昆的话，当更加符合历史事实、社会常识和基本逻辑。胡益民在《太函集·点校前言》中也曾说："需要特别指出的是，我们高度估价《太函集》的文献价值，并不意味着对其思想价值取向的完全认同。作为一位出自所谓'程朱阙里'的上流社会文人，汪道昆在思想上受程朱理学影响至深至钜；由于出身商人家庭，他固然说过'贾何负于耕'、'要之农贾各得其所'之类的话，但这并不表明他像李贽、王畿等人那样，是站在新兴市民阶层立场上为工商业者立言，有着多少先进意识；恰恰相反，程朱理学中最落后的层面——宗法观念、特别是'存理灭欲'的理学人性论，淋漓尽致地表现在其文章中。"① 这也可以作为对笔者解释的一点补充。

值得一提的是，明休宁《汪氏统宗谱》中也有一条材料常被学者引以论证明代商人社会地位之提高，其言曰：

> 古者四民不分，故傅岩鱼盐中，良弼师保寓焉。贾何后于士哉！世远制殊，不特士贾分也，然士而贾，其行士哉？而修好其行，安知贾之不为士也？故业儒服贾各随其矩，而事道亦相为通，人之自律其身亦何艰于业哉？……处士讳远，字万里（明成化嘉靖间休宁人）。……公贾而儒行者也，其裕父之志，启诸子以儒，精勤心思在焉。又让所丰于昆季，而自居其瘠者，诸细行不悉数。儒者所谓躬行率先宜乎。②

余英时曾说："'良贾何负闳儒'、'贾何后于士'这样傲慢的话是以前的商人不敢想的。这些话充分地流露出商和士相竞争的强烈心理。"③ 可需要注意的是，谱中对"贾何后于士哉"之论证乃是基于"儒者所谓躬行率先宜乎"，其落脚点则是"公贾而儒行者也"，是对"而修好其行，安知贾之不为士也？"的回答。显然，徽商汪远之所以不"后于士"，乃是由于他能像"儒者"一样"率先"躬行"儒行"，即"让所丰于昆季，而自居其瘠者"。"儒者所谓躬行率先宜乎"与"则其躬行彰彰矣"所表达的意思在本质上完全一致。这应该不是偶然，既进一步佐证了笔者对汪道昆说"良贾何负闳儒"本意的解释，同时也说明这

① （明）汪道昆撰，胡益民、余国庆点校：《太函集》"点校前言"，第 21 页。

② （明）休宁：《汪氏统宗谱》卷 168，转引自张海鹏、王廷元主编：《明清徽商资料选编》，第 439 页。

③ 余英时：《中国近世宗教伦理与商人精神》，见《余英时文集》第 3 卷《儒家伦理与商人精神》，第 110 页。

一观点在当时徽州士人阶层中是一个价值共识。深究其意，将儒行作为社会表率而去要求、考量商人，恰恰可以证明当时徽州社会仍然普遍持有儒高于贾的思想。但发人深思的是，以往研究者在引用“良贾何负闳儒”及“贾何后于士”时却常常将“则其躬行彰彰矣”与“儒者所谓躬行率先宜乎”这两句话省略，导致了学者对“良贾何负闳儒”或“贾何后于士”的过度解释，进而误判了明清商人社会地位与士商关系的一般真相。

二 “良贾何负闳儒”与“贾名儒行”

讨论“良贾何负闳儒”之本义，就不能不提及“贾名儒行”。汪道昆“良贾何负闳儒”之立论正是基于以程升等为代表的一批徽商能够躬行“儒行”；明休宁《汪氏统宗谱》中“贾何后于士哉”之立论也是基于以汪远为代表的一些徽商能够“贾而儒行”。因此，搞清楚“贾名儒行”之含义，将有助于我们进一步确认“良贾何负闳儒”之本义。

通过大数据检索的方式可以发现，在明清及以前的文献中，不仅有“贾（商）名儒行”的表达，还有“仆名儒行”、“医名儒行”、“吏名儒行”、“佛（释）名儒行”、“道（老）名儒行”等的表达，可以说“某种身份＋名（而）儒行”是传统社会的一种习惯性表达。关于“仆名儒行”，宋吕祖谦所编《宋文鉴·赵延嗣传》中记载了这样一则故事：

> 赵邻几舍人死，遗三孤女……女稚弱，衣服饮食须人……有赵延嗣者，仆于舍人，顾是诸孤，义不可去，竭力庇养之。舍人死，无一区宅、一廛田，延嗣为营衣食之资，身为负担，露体涂足，不避寒暑，如是凡数十年如一日，未尝少有懈倦之色。事三孤女如舍人生。三孤女自幼至长，使其女与同处，女之院延嗣未尝至其门。女皆适人，延嗣终不识其面。……三女俱长……延嗣以女长未嫁，将访舍人之旧……至京师见宋翰林白、杨侍郎徽之……求良士为婿。……三女皆归，延嗣始去赵氏门。延嗣可以谓之贤仆夫矣。[①]

① （宋）石介：《赵延嗣传》，见（宋）吕祖谦编：《宋文鉴》卷149，长春：吉林人民出版社，1998年，第1311-1312页。此引文中内容及标点均有误，内容据四部丛刊景宋刊本改正，并重新加以标点。

传记作者石介感叹道："延嗣可谓仆名而儒行者矣。吁！仆名儒行，见之延嗣。夫儒名而仆行者或有其人，焉得不愧于延嗣哉！"① 此后，赵延嗣"仆名儒行"之事迹屡被后人传扬，以表彰仆人能够替主人尽心抚养幼孤以躬行"儒行"。如明秦夔《黄氏小传》中说："昔石守道传赵良嗣事，谓其仆名儒行，节义不愧颜叔子、韩吏部。愚意良嗣固贤仆夫，然视不出闺阃之女子，其事之难易又何如耶？更其生而为男子，使人之托则其所成就，又岂出赵朔、霍子孟下哉！"② 嘉靖《彰德府志》中也有一则故事：

> 元符守信，总管符翁仆也，姓郎氏。……符翁得痺疾，长卧床褥，家赀浸废，又无田。守信日夕奔走市井，竞徼利以养，肉食、茶果常继。凡二十年，翁卒，寿八十五，守信卜安阳西原葬焉。又事主母凡三年，卒，合葬，治坟树表。嗟乎！古所谓仆名儒行，守信近之矣。③

根据这三则故事的内容及社会常识可以推断，无论赵延嗣、黄氏，还是符守信，他们的"仆名儒行"都不可能理解为仆人与士人这两个阶层的关系日益密切，更不可能理解为这两个阶层之间出现了融合的趋势，也不存在将仆人与士人的社会地位进行比较之意，而仅仅是要表彰仆人替主人尽心抚养幼孤的行为已经符合儒家理想的道德标准和行为规范。

关于"医名儒行"，明人叶盛称赞嘉兴县训导沈元谟之父沈趋菴"医名而儒行"④。关于"吏名儒行"，元人许有壬给慕完所写的墓志铭中赞扬他"吏名而儒行"⑤；明人胡应麟给徽州人吴某所写的行状中说他"洁廉自持，吏名儒行"⑥。关于"佛（释）名儒行"，元人程端学曾称元代僧人信中孚，"气清意淡，工于词华，乐与大夫士交。而所寓必焚香扫地，披经读书，挥弦洒翰，有出尘趣。凡东南山水之胜，未尝不蹑蹻担簦以嬉……非佛名而儒行者欤？"⑦ 关于"道

---

① （宋）石介：《赵延嗣传》，见（宋）吕祖谦编：《宋文鉴》卷149，第1312页。

② （明）秦夔：《五峰遗稿》卷22《杂著·黄氏小传》，明嘉靖元年刻本。该故事又见黄蛟起：《西神丛语·婢守节》，"丛书集成续编"第51册"史部"，上海：上海书店出版社，1994年，第920-921页。两书中内容基本相同，文字略有出入。

③ 嘉靖《彰德府志》卷8《杂志第九·义仆》，明嘉靖刻本。

④ （明）叶盛：《泾东小稿》卷3《序·送沈元谟序》，明弘治刻本。

⑤ （元）许有壬：《至正集》卷59《碑志·故中奉大夫侍御史慕公墓志铭》，"北京图书馆古籍珍本丛刊"95"集部·元别集类"，北京：书目文献出版社，2003年，第303-305页。

⑥ （明）胡应麟：《少室山房集》卷91《行状二首·别驾吴君行状》，"四库明人文集丛刊"第1290册，上海：上海古籍出版社，1993年，第666-667页。

⑦ （元）程端学：《积斋集》卷4《跋·跋浮屠信中孚游蓬莱诗卷后》，见李修生主编：《全元文》，南京：凤凰出版社，2004年，第175页。

（老）名儒行”，元人马希骥说刘法师，“愿而信，直而义，谦而不柔，质而不蔽，虽以道陵教受圣天子知，非上命有所祈禳，未尝一语自及。每与吾辈游，凡论好善嫉恶之事，则津津然喜见眉睫间。……实道名而儒行者也”[①]。

几无例外，上述事例均是赞扬这些人能够躬行“儒行”，而不是说他们与士的关系如何密切或出现了融合的趋势，更不是说他们的社会地位像士一样高。且可以推论的是，在“某种身份＋名（而）儒行”这种习惯表达中，“儒行”当指符合儒家理想的道德标准和行为规范的行为，并不是说像士人一样从事某些具体行为。在传统中国“独尊儒术”的时代，士人作为儒家文化的代言人与儒家理想人格的践行者，他们所体现或代表的符合儒家理想的道德标准、行为规范，即是所谓“儒行”，在当时历史情境下被抽象化为整个社会的最高行为准则。以“某种身份＋名（而）儒行”形容某人，也就意味着对这个士阶层以外的人的高度肯定。因此，“贾名儒行”更多的是对某些商人的赞扬，把商人与士人的社会地位进行比较或论证士商融合的意味并不浓。而以“儒行”作为评判其他阶层行为的标准，恰恰说明了士阶层社会地位之高，是商人等其他阶层根本无法企及的。

宋以降，学者对本应作为儒家理想人格践行者的士人空谈儒学而缺少践行的现状深感忧虑，故不断强调“躬行”儒家理想人格之重要性。朱熹就以曾子为例来教导士子：“其学专以躬行为主……其所以自守而终身者，则固未尝离乎孝敬信让之规，而其制行立身，又专以轻富贵、守贫贱、不求人知为大”[②]；冯椅也说：“人之成德以躬行为基，足履实地，立德之始也”[③]；明顾应祥说：“君子之学当以躬行为本，而不在言语之间也”[④]。这些思想不能不对汪道昆产生影响，故而他明确指出：“善教者，躬行为上，科察次之。”[⑤] 既如此，则他以“儒行”作为评判徽商之标准自在情理之中了。

综上，我们基本可以断定，无论是“良贾何负闳儒”，还是“贾名儒行”，

---

① （元）张之翰：《西岩集》卷13《序·刘法师诗序》，《景印文渊阁四库全书》第1204册，台北：商务印书馆，1983年，第469页。

② （宋）朱熹：《晦庵集》卷81《书刘子澄所编〈曾子〉后》，见《朱子全书》第24册，上海：上海古籍出版社、合肥：安徽教育出版社，2002年，第3855-3856页。

③ （宋）冯椅：《厚斋易学》卷46《易外传第十四·说卦中二》，《景印文渊阁四库全书》第16册，第752页。

④ （明）顾应祥：《静虚斋惜阴录》卷10《论杂》，明刻本。

⑤ （明）汪道昆撰，胡益民、余国庆点校：《太函集》卷1《序十四首·送吴先生视学山东序》，第7页。

都与贾和儒这两个社会阶层社会地位之比较和是否出现了融合的趋势并无太大关系，而更多的是对行为举止和道德水平达到"儒行"标准的某些徽商的一种肯定和表彰。

三 "良贾何负闳儒"相关问题研究之反思

对"良贾何负闳儒"与明清商人社会地位和士商融合之间的关系，叶显恩曾说："徽州就有'士商异术而同志'、'以营商为第一生业'、'良贾何负闳儒'的石破天开的说法，彼此呼应。这意味着徽州力图把'商'置于'农工'之上而与'士'并列。"① 张明富说："汪道昆出身商人家庭，他的观点可以说是代表了商人的心声。'大江以南，新都以文物著。其俗不儒则贾，相代若践更，要之良贾何负闳儒，则其躬行彰彰矣。'在徽州地区，明中叶后，儒贾界限模糊不清，贾而有士行者比比。商人通过文人之口，发出了不平的呼喊，也是欲与士子争高低的宣言。"② 高建立提出："到了明代，由于商品经济发展和资本主义的开始萌芽，商路得到了进一步拓展……不仅促进了传统集市贸易的发展，而且也带动了许多工商业城镇的兴起，新兴市民阶层开始崛起。市民阶层的崛起，打破了传统四民社会的等级秩序，对传统的四民观提出了挑战，人们对商人和商业的认识也开始有了很大转变……晚明的汪道昆则发出'良贾何负闳儒'的呐喊。"③ 陈爱娟认为："随着商业的发展，商人地位的提高，社会上崇商心理的出现，士子对商业和商贾的看法逐步有了改变。……商人的社会价值和地位亦得到士子的重新评价。……汪道昆所谓'大江以南，新都以文物著，其俗不儒而贾，相代若践更。要之，良贾何负闳儒'，则起了鼓励士子从传统的四民观念中解放出来，大胆地弃儒就贾的作用。"④ 可见，上述学者同余英时的观点和逻辑一样，均认为汪道昆说"良贾何负闳儒"之本意，乃是表达他对当时商人社会地位高度肯定之意，再加上汪道昆"徽商子弟"的特殊身份，由此便推导出明清商人社会地位提高与士商融合的结论，"良贾何负闳儒"之语自然也就成了相关研究的关键论据。

---

① 叶显恩：《论徽商文化》，《江淮论坛》2016 年第 1 期。

② 张明富：《论明清商人商业观的二重性》，《史学集刊》1999 年第 3 期。

③ 高建立：《明清之际士商关系问题研究》，《江汉论坛》2007 年第 2 期。

④ 陈爱娟：《晚明商潮中儒士的价值取向及其心态》，《安徽史学》1999 年第 4 期。

但前文已经表明，“良贾何负闳儒”并不是说商人社会地位不比士人低，而是表达商人在躬行“儒行”方面做得不一定比士人差之意，类似“贾名儒行”之说。所谓“儒行”，乃是指符合儒家理想的道德标准和行为规范的行为，并非指像士人一样从事某些具体行为。汪道昆虽为商人子弟，但他自幼即开始“业儒”，后来也从未经过商，故而也就不可能成为“亦士亦商”的所谓士商融合或士商相混的典型，而是一位典型的封建文人和官僚，因此他也不应该被视作所谓“商人阶层的代言人”或“徽商的代言人”。既如此，则“良贾何负闳儒”与明清商人社会地位提高和士商融合之间的证据的关联性便不复存在了，建立在对“良贾何负闳儒”这一重要论据的过度解释之上的相关论点或结论自然也就难以成立。

事实上，除“弃儒就贾”、“良贾何负闳儒”外，以往学者在讨论明清商人社会地位与士商关系问题时，对史料进行过度解读的例子还有不少。如对“徽州风俗以商贾为第一等生业，科第反在次着”这句话的理解，余英时曾说：

> 我们可以从冯梦龙所编《喻世明言》中的一则故事，发现一个新的谚语：“一品官，二品贾。”这清楚地说明商人的社会地位已经大为提高了。同样，何心隐也同意将商人放在仅次于士人的地位。另外，凌濛初的崇祯本《二刻拍案惊奇》卷三十七称：“徽州风俗以商贾为第一等生业，科第反在次着。”其他当时的作品也可以证实以上的论述。[①]

可见，这句话中的“第一等”显然被余氏理解为“第一等级”或“第一品级”之意了，可事实上，若将其理解为“最主要的”当更加符合原意。正如前文所述，经商和业儒是明清时期徽州人最主要的两条谋生之道。但在当时科举录取率很低的情况下，蟾宫折桂毕竟犹如登天一般难度太大，对不少徽州人而言并不现实，只能望而却步，反倒是通过经商维持生计要相对容易得多，所以徽州有“士而成功也十之一，贾而成功也十之九”[②] 的说法，因此经商的人数自然较业儒者多。故“徽州风俗以商贾为第一等生业，科第反在次着”一语应同汪道昆说“不儒则贾”所要表达的意思一样，也是对当时徽州人职业选择基本现状的一个客观描述，并不是说在徽州这个地方商人的社会地位如何之高。

综上可知，以往学者在讨论明清商人社会地位与士商关系问题时，存在着

---

① 余英时：《明清变迁时期社会与文化的转变》，见《余英时文集》第3卷《儒家伦理与商人精神》，第194页。

② 吴自有：《百岁翁状》，见吴吉祜辑：《丰南志》卷6《艺文志下·行状》，《中国地方志集成》乡镇志专辑，第17册，南京：江苏古籍出版社，影印本，1992年，第378页。

较为严重的过度解读史料的情况。由此，对明清商人社会地位与士商关系问题的片面认识甚至误解也就在所难免。那么，是何原因导致了这种对史料的过度解读甚至误解呢？通过系统的梳理，我们可以发现其原因主要有二。

一是脱离历史实境和文本全貌的断章取义。要想准确解读史料，就必须把它放在所处的历史实境和具体文本中加以理解，如果只是孤零零地去看，断章取义便几乎难以避免。无论是“弃儒就贾”、“良贾何负闳儒”，还是“徽州风俗以商贾为第一等生业”等语句，如果只看这短短的几个、十几个字，都很容易让人望文生义；如果只看大量相同的事例，则很容易导致过度解释情况的发生，这种现象可称为“史料集聚效应”①。如在讨论“弃儒就贾”问题时，这四个字常常被断章取义地解释为“放弃儒生（士人）身份而经商”②，如果只看大量“弃儒就贾”的例子，就会轻易地“发现”当时社会出现了“弃儒就贾”的潮流，进而“发现”商人社会地位提高与士商融合的趋势。而当时的历史实境是：不仅有许多人“弃儒就贾”，还有很多人“弃儒就农（耕）”、“弃儒就医”、“弃儒就吏”或“弃儒就释（道）”，所以“弃儒”不必然“就贾”。如果这样来看，则所谓“弃儒就贾”潮流的出现便近乎成为一个伪命题了，至多也只能理解为众多潮流之一，则其所推论的明清商人社会地位提高与士商融合的结论也就难以完全成立了。对“良贾何负闳儒”、“贾名儒行”的讨论也存在这种情况。由于忽视了“则其躬行彰彰矣”这句关键性的话和历史实境，“良贾何负闳儒”就很容易被断章取义地解释为商人社会地位不比士人低之意；单看大量“贾（商）名儒行”的事例，也会轻易地“发现”“贾名儒行”的潮流，进而“发现”商人社会地位提高与士商融合的趋势。而当时的历史实境是：不仅有“贾（商）名儒行”，还有“仆名儒行”、“医名儒行”、“吏名儒行”、“佛（释）名儒行”、“道（老）名儒行”等现象的存在，得出的结论自然需要改写。

二是带有先入为主偏见的学者逻辑。傅衣凌曾回忆说：“抗战的几年生活，

---

① 在史学研究中，相同或同质史料的高度集中，会引起并不断强化研究者的特定认知，从而将较为平常的历史现象放大为重要的或具有特殊意义的历史现象。这种情况类似经济学上的集聚效应，本文遂将其定名为“史料集聚效应”，其实质是对史料的过度解读和对史实的夸大认知。

② 在安徽师范大学“明清史读书会”上，为避免既有观点有可能造成的干扰，笔者曾“突然袭击”地让研究生和本科生一起讨论“弃儒就贾”的含义，他们多认为是“放弃儒生（士人）身份而经商”的意思，这与学界先前的主流看法也基本一致。但事实上，“放弃儒生（士人）身份而经商”这句话本身就是有问题的，因为一般来说某人的“儒生”或“士人”身份并不会因为他经商了就被自动放弃。这当是一个基本的常识，却被很多人忽视了，由此可见望文生义或断章取义的严重性。

对我的教育是很深的，在伟大的时代洪流中，使我初步认识到中国的社会实际，理解到历史工作者的重大责任，他绝不能枯坐在书斋里，尽看那些书本知识，同时还必须接触社会，认识社会。”[①] 张佩国也曾说：“与农民的日常生活逻辑相比，学者的逻辑显得十分蹩脚。”[②] 两位先生其实都道出了同一个道理：学者在解释某一历史问题时，必须从历史的逻辑和最基本的社会常识出发，摒弃自身先入为主的偏见，否则就有可能会误入歧途。1986 年，余英时先生在《中国近世宗教伦理与商人精神》一书的自序中就说：“从16 世纪以来，中国商人阶层的社会功能在实质上日益重要。与此相随而来的是他们在社会价值系统中所占据的位置显然上升，甚至他们的法律身份也有改善的迹象。”[③] 余英时先生在明清商人研究上的许多观点是独创之见，具有启发性。而他对明清商人社会地位与士商关系的看法显然是非常明确的，故而他在该书中提及“良贾何负闳儒”时甚至认为“这句话充分地流露出商和士竞争的强烈心理”[④]。但必须要澄清的是，明清仍旧是封建专制制度不断强化的时期，尽管当时的商品经济空前发展，商人阶层日趋活跃，但总体来看仍旧处于被歧视的地位，远远没有也不可能达到与士人阶层平起平坐的地位。连余英时自己也曾坦言：“我们可以在明代以前找到商人活跃的事实，也不难在清代中叶以后仍然发现轻商的言论。”[⑤] 如果正视这个常识就会发现，余先生对明清商人社会地位与士商关系的判断带有一定的理想主义色彩，从而必然会影响到他对相关史料的合理解读和史实的恰当判断。余先生依据自己先前的看法，自然而然地将汪道昆单纯视作“徽商子弟”，进而又将“徽商子弟”与“徽商”相混，其结果便是从未经过商的封建官僚和文人汪道昆竟成了“亦士亦商”的士商融合的典型和“商人阶层的代言人”，“良贾何负闳儒”一语也成了论证商人社会地位提高和士商融合的重要论据。需要指出的是，余先生在史学研究中的理想主义色彩几乎是那个时代诸多史家的共同特征，他们具有强烈的经世情怀，热切关注时代发展，积极回应理论变革，史观派因此主导了当时的史学界。20 世纪 80 年代，余先生对明清商人社会地位与

---

① 傅衣凌：《我是怎样研究中国社会经济史的?》，《文史哲》1983 年第 2 期。

② 张佩国：《近代江南的农家生计与家庭再生产》，《中国农史》2002 年第 3 期。

③ 余英时：《中国近世宗教伦理与商人精神》，见《余英时文集》第 3 卷《儒家伦理与商人精神》，第 57 页。

④ 余英时：《中国近世宗教伦理与商人精神》，见《余英时文集》第 3 卷《儒家伦理与商人精神》，第 110 页。

⑤ 余英时：《中国近世宗教伦理与商人精神》，见《余英时文集》第 3 卷《儒家伦理与商人精神》，第 121 页。

士商关系进行的一系列研究，就是要通过"让中国史料自己说话"来回应马克斯·韦伯在《中国的宗教：儒教与道教》和《新教伦理与资本主义精神》中对中国的相关论点，以揭示中国发展的自身脉络和内在逻辑。也因此，他所提出的学术观点带有一种深深的民族情怀。由此，这些观点极易引起中国学者的高度共鸣。在其后的相关研究中，很多中国学者便对"良贾何负闳儒"乃至"弃儒就贾"等做出了与余先生相同或类似的解释。

上述问题提醒我们，在今后的相关研究乃至史学研究中，我们必须要本着"论从史出"的态度，避免断章取义和先入为主，尽可能将史料置于更加宏大的历史背景中加以解读。值得一提的是，大数据为史学研究者尽可能全面地认识历史实境、防止断章取义，进而避免带有先入为主偏见的学者逻辑的出现，创造了很好的条件[①]。仍以对"弃儒就贾"和"贾名儒行"的研究为例，前文正是以"弃儒"和"儒行"为关键词，通过计算机对"中国基本古籍库"、"《四库全书》全文检索系统"、"中国方志库"等大型古籍数据库进行检索，从而轻易地发现了明清社会不仅有"弃儒就贾"与"贾名儒行"的事例，还有"弃儒就农（耕）"、"弃儒就医"、"弃儒就吏"、"弃儒就释（道）"与"仆名儒行"、"医名儒行"、"吏名儒行"、"佛（释）名儒行"、"道（老）名儒行"的事例。如此就可以清晰地反映出，"弃儒就贾"与"贾名儒行"并不是明清时期非常特殊的社会现象，更不是社会发展的重要的潮流或趋势，因此，这两种现象的出现尽管可以推动明清商人社会地位的提高与士商融合，但不能作为明清商人社会地位已经像士一样高以及士商融合的程度已经很深的明证。

结　语

准确解读史料是史学研究的前提和基础。柯林武德说："历史学是通过对证据的解释而进行的。……历史学家们都会同意历史学的程序或方法根本上就在于解释证据。"[②] 通过考察汪道昆本意及传统文献之表达习惯，"良贾何负闳儒"

---

① 关于大数据对史学研究的影响，已有众多学者予以关注。相关研究可参见马建强：《计算历史学：大数据时代的历史研究》，《学术论坛》2015 年第 12 期；李振宏：《论互联网时代的历史学》，《史学月刊》2016 年第 11 期。

② 〔英〕柯林武德著，何兆武、张文杰、陈新译：《历史的观念》（增补版），北京：北京大学出版社，2010 年，第 11 页。

并不是强调商人社会地位不比士人低，而是要表达商人在躬行“儒行”方面做得不一定比士人差之意，类似“贾名儒行”之说。所谓“儒行”，是指符合儒家理想的社会道德标准和行为规范的言行举止，并非指像士人一样从事某种具体行为。在明清及以前的文献中，不仅有“贾（商）名儒行”，也有“仆名儒行”、“医名儒行”、“吏名儒行”、“佛（释）名儒行”、“道（老）名儒行”等说法。故对“良贾何负闳儒”之本义不宜进行过度解读，也不宜据此对明清商人社会地位提高与士商融合之程度进行过高判断，明清传统“四民社会”的格局并没有发生根本性改变。

综上可知，抛开历史实境、从先入为主的偏见出发去解释一个历史名词的本义，往往是靠不住的，甚至还会导致误解的产生，进而影响我们对历史问题的客观认识。由此，从对相关史料的重新解读入手，对明清商人社会地位与士商关系进行再认识，实有必要。

义仓、社仓概念之辨析

吴四伍[1]

近年来，中国灾荒史研究取得长足进展，大量的专门档案不断出版，一批高水平的专著相继涌现。相比史料积累与史识判断，建构中国救灾研究的话语体系，任务显得更为紧迫。基于中国传统救灾实践的复杂性与特殊性，一些关键性概念仍需要仔细澄清与重新定义，这样才能更好地推进未来灾荒研究。作为传统救灾重要环节的粮食仓储研究，也得到诸多学人的关注，但是以往研究更多关注制度梳理与史识辨析，诸多理论问题始终未能进一步研究。以义仓和社仓为例，究竟两者为何种关系，始终为学界所混淆[2]。从中国传统民间仓储发展来看，义仓和社仓在不同朝代关系不一，实践差异较大，发展趋势多样。怎样从复杂的救灾实践中重新分析两者的差异与共性，判断两仓概念的核心区别所在，对于推进整个民间仓储与民间救灾研究意义重大。本文在梳理前人研究基础上，结合清代具体实践，对此做一浅显论述。

① 作者简介：吴四伍，中国社会科学院历史研究所清史研究室助理研究员，主要从事清史研究。

② 义仓和社仓的概念，目前学界尚无定论，影响到学人诸多认识。从常用工具书来看，有关义仓、社仓概念差异较大。如认为两者并无区别者（见张作耀等主编：《中国历史辞典（第2册）》，北京：国际文化出版公司，2000年，第641页）；有赞成两者相似又有区别者（见郑天挺等主编：《中国历史大辞典（上卷）》，上海：上海辞书出版社，2000年，第1584-1585页）；还有强调社仓即为义仓，但有所变化者（见赵德馨主编：《中国经济史辞典》，武汉：湖北辞书出版社，1990年，第309页）。至于义仓、社仓起源和性质，更是多有说法，兹不繁述。

一　义仓与社仓相同说

尽管义仓和社仓有所差异，但是它们都从属于救荒性仓储，即古代社会为了救灾专门储备粮食而形成的一套独特的社会救济制度，学人大多对此并无异议。相对常平仓等官方主导的仓储来说，义仓和社仓就是以民间力量为主、民间管理为本筹建和管理的重要备粮救灾组织。从以往研究来看，坚持两仓相同的说法屡见不鲜。

较早的说法有，清代《潘潢复积谷疏》曰："夫社仓即义仓也，盖始于汉耿寿昌，盛于隋长孙平、唐戴胄之徒，唐又最盛，计天下积至数千万以上。"① 陆曾禹在所著《钦定康济录》批注："所在为义仓，则与社仓无异矣。"② 杨景仁所著《筹济篇》亦注："至义仓昉于隋长孙平，劝同社共立。康熙十八年题准：乡村立社仓，市镇立义仓，固与社仓无异也。"又曰："十八年，直隶士民捐输义仓积谷。此义仓之制，与社仓大概相同者也。"③ 在他们看来，两者名称各异，实质相同。

近代以来，不少学者赞同此说。吕思勉先生说："长孙平之所立，自人民自相周赡言之，则曰义仓，自其藏贮之地言之，则曰社仓。二名可以互称。"④ 韩国磐在《隋唐五代史纲》指出：义仓亦称社仓。⑤ 张弓所著《唐朝仓廪制度初探》也认可此看法，并举出日本学者堀敏一氏"义仓又叫社仓"的说法加以佐证。⑥

近些年，张岩通过对清代两仓实践的考察，强调两仓的共同性，认为两仓历经诸多变化："人们也便习惯于把社仓、义仓完全当作两个概念。实际上，二者的区别远不如人们想象的那么明显。……社仓、义仓均为积贮在民、归民自

---

① 《潘潢复积谷疏》，（清）俞森：《义仓考》，见李文海、夏明方主编：《中国荒政全书》，第2辑第1卷，北京：北京古籍出版社，2003年，第79-80页。

② （清）陆曾禹：《钦定康济录》，见李文海、夏明方主编：《中国荒政全书》，第2辑第1卷，第270-274页。

③ （清）杨景仁：《筹济篇》，见李文海、夏明方主编：《中国荒政全书》，第2辑第4卷，第429-434页。

④ 吕思勉：《隋唐五代史》，北京：中华书局，1959年，第963页。

⑤ 韩国磐：《隋唐五代史纲》，北京：人民出版社，1977年，第48页。

⑥ 张弓：《唐朝仓廪制度初探》，北京：中华书局，1986年，第138页。

行管理且功能一致的同类仓储，它们同处于社会最基层，充当着救助荒歉的第一道防线。"[①] 白丽萍也指出："当然，就清代而言，义仓和社仓更多的只是名目不同，无论在建造地点、谷本来源上，还是在管理制度及功能方面都十分相像……义仓的举行完全是按照社仓来进行的。当然，就整体而言，社仓在前期发展较好，而义仓在晚期发展似更为强劲。"[②]

值得注意的是，不仅不少学者强调义仓和社仓两者相同，甚至可以混用，而且在清代仓储实践中，两仓混用的情况也不在少数。如乾隆三十六年（1771）上谕称："食为民天，积贮所宜亟讲。王制以三十年之通制国用，尚矣。自汉耿寿昌、隋长孙平、宋朱子，三仓之法立。历代悉仿行之。"[③] 依据此条，可见乾隆帝将清代粮食仓储分为常平仓、社仓和义仓三仓，义仓和社仓两仓区别明显。但是，乾隆其他上谕又提到"积贮之法，不出常平、社仓"[④]，"积贮者生民之大命，常平、社仓今久行之，毋庸缕述古制矣"[⑤]。

此类有关社仓和义仓认识自相矛盾的情况，并非乾隆皇帝独有，道光时期也时常出现。道光十二年（1832）上谕曰："若社仓、义仓二者，系民间自为经理，不更有以辅常平之不及欤？义仓起于隋长孙平，当社立仓，丰则取之，歉则散之。社仓行于宋朱子，夏贷冬偿，主守则属于乡之行义，收敛则请于郡之长官，二者岂非久远之利欤？"[⑥] 据此可知道两仓之明显区别。道光十八年（1838）又有上谕："备荒之法，莫如义、社二仓。义仓劝课当社出谷，即委社司简校收积，遇荒赈给，法非不良也。苟非其人，敛散皆弊，官吏因而持之，害不可胜言矣。社仓之法，略与义仓同。何以隋唐行之，不久便废，至朱子而独有成效？朱子社仓记，推原朝廷未改设社仓之意，试详述之。"[⑦]

除了上谕外，不少奏章也对义仓和社仓的相同之处有所论述。乾隆八年（1743），湖北巡抚晏斯盛上奏《推广社仓之意》一折，认为社仓即为义仓，"社仓之法，自隋开皇时长孙平请立义仓始，其时建仓当社，谷本皆出于民"[⑧]。大

---

① 张岩：《论清代常平仓与相关类仓之关系》，《中国社会经济史研究》1998年第4期。

② 白丽萍：《试论清代社仓制度的演变》，《中南民族大学学报（人文社会科学版）》2007年第1期。

③ 《清高宗实录》卷883，乾隆三十六年四月辛卯。

④ 《清高宗实录》卷1106，乾隆四十五年五月丙戌。

⑤ 《清高宗实录》卷1205，乾隆四十九年四月庚戌。

⑥ 《清宣宗实录》卷210，道光十二年四月丁酉。

⑦ 《清宣宗实录》卷308，道光十八年四月壬戌。

⑧ （清）晏斯盛：《推广社仓之意疏》，见贺长龄编：《皇朝经世文编》卷40《户政十五·仓储》，参见《魏源全集》，第15册，长沙：岳麓书社，2004年，第281-282页。

臣德保亦称，“社仓，即古之义仓也。而捐输出纳之法，悉主于官，则非复义仓之初制也”①。

无论是前贤还是今文学人，坚持义仓和社仓相同看法的大有人在。不过，他们并非完全忽视两者的差异，而是觉得两者共同性或者相似性更为重要。

二 两仓相异说

相比坚持义仓和社仓两者相同的看法而言，在整个中国灾荒史研究领域中，坚持两仓相异说的人更多，也更为普遍。其代表人物为于树德。

1921 年，于树德撰文《我国古代之农荒预防策——常平仓、义仓和社仓》，认为义仓和社仓之间存在明显区别，主要有：一是仓名不同，其蕴涵意义也不同，前者为富者捐出义谷、义金救济贫民，后者是社员互相救济；二是仓谷来源不同，义仓是富户捐出，而社仓是社员共同筹措；三是管理主体不同，义仓由官府管理，而社仓由人民自己管理；四是设仓地址不同，义仓主要设置于州县市镇，而社仓主要设置于乡村。② 当然，于文并非完全忽视社仓和义仓常为人们混同使用的现象，但是他更多看重两者的区别。

不过，于树德更多从仓储的结构性特征观察和判断，对于义仓与社仓的历时性变化并没有给予更为清晰的阐述。于树德设定很多标准，在很多仓储实践中难以实行，如义仓主要设于市镇，社仓多设于乡村，而乾隆时期方观承所建直隶义仓则设置于乡村。又如晚清诸多义仓仓谷均来源于亩捐，为各社员所有。事实上，判断义仓与社仓的区别，更为重要的是两者的起源问题和管理性质问题。

（一）两仓的起源问题

关于两仓的起源，于树德认为义仓起源于隋朝，社仓起源于南宋，此亦为目前学界的主流观点。此种观点并非于树德首创，溯源可至南宋。其时董煟所著《救荒活民书》，为最早荒政书籍之一，被学人誉为中国历代荒政指南书

① （清）德保：《义仓图说序》，见贺长龄编：《皇朝经世文编》卷 40《户政十五·仓储》，参见《魏源全集》，第 15 册，第 295 页。

② 于树德：《我国古代之农荒预防策——常平仓、义仓和社仓》，《东方杂志》，第 18 卷第 14、15 期，1921 年。

的“母本”[①]。该书对备荒仓储讨论甚为详备，其中专立“社仓”一章，为备荒诸措施之首，“常平”、“义仓”次之。在董煟看来，社仓起源于南宋，义仓起源于隋朝，两者泾渭分明，似乎无需强调。此后相关仓储研究著述，沿袭此种观点者众多，最具代表性者为清代俞森所著《义仓考》与《社仓考》。作为古代讨论仓储的专著，它们关于义仓和社仓起源的讨论，所持观点与董著基本类似[②]。

不过，认为两者均起源于隋朝的也大有人在。明代祁彪佳所著《荒政全书》，专有“厚储章”，记录历代有关仓储之圣谕、案例、诏书、奏疏、议章等，其义仓条目曰：“敛之于民，聚之于官，此义仓所由名耳。然惟敛之于民，而民或未乐输；聚之于官，而官或有侵蚀，故后来一变为社仓，而其法为更便。”又曰：“社仓非始于朱晦翁也，隋时义仓之始，便令输之当社，则已居然一社仓矣。”[③] 清代苏州丰备义仓仓董潘遵祁也说道：“社仓则隋开皇时始有之。唐宋以来，或不曰社仓，而曰义仓。历代行之之法，互有异同。”[④] 又有：“窃闻社仓之设，起于隋之当社共立义仓，历唐宋元明，至今无异名，即周礼委积之法也。”[⑤]

近代以来，此类观点也层出不穷。1929年，郎擎霄在《中国民食史》中写道：“社仓与义仓用语，在沿革上相混同。宋代以前，俱系义仓，而亦有将义仓称为社仓者；惟宋以后，或将社仓认为义仓，或将义仓认为社仓。”[⑥] 与于树德着眼于两者的结构特征不同，郎擎霄更强调两者之历史演变。在他看来，宋代为两者区别之关键，宋代以前皆为义仓，而宋代以后义仓和社仓遂有区别，但仍存在混同。

1935年，冯柳堂在《中国历代民食政策史》中谈到隋唐时期社仓的变化，进一步厘清隋朝义仓和社仓的变化：“社仓原为隋长孙平所建置之义仓，其后改变办法，移设州郡，转为官办，并按亩随赋征纳社本，顿失当社置仓由民经营之原意。事经官办，养民善政，转为扰民。”[⑦]

---

① 〔法〕魏丕信：《略论中华帝国晚期的荒政指南》，见李文海、夏明方主编：《天有凶年——清代灾荒与中国社会》，北京：生活·读书·新知三联书店，2007年，第97页。

② （清）俞森：《义仓考》，见李文海、夏明方主编：《中国荒政全书》，第2辑第1卷，第65-85页；（清）俞森：《社仓考》，见李文海、夏明方主编：《中国荒政全书》，第2辑第1卷，第86-137页。

③ （明）祁彪佳：《救荒全书》第5卷，远山堂稿本，北京图书馆藏。

④ （清）潘遵祁：《丰备义仓碑记》，见《长元吴丰备义仓全案》卷首，刻本。

⑤ 《高桥镇劝捐建设社仓积置义谷序》，见佚名纂：《江东志》，上海图书馆藏抄本。

⑥ 郎擎霄：《中国民食史》，上海：商务印书馆，1933年，第204页。

⑦ 冯柳堂：《中国历代民食政策史》，上海：商务印书馆，1934年，第96-97页。

在冯看来，社仓起源于隋朝，而非南宋，朱子社仓不过是隋朝义仓的自然延续。他特别强调隋朝开皇十五年（595）、十六年（596）间义仓的转变："（一）不由劝课而改为上、中、下三等税纳粮，以充仓储，是由民间自由输纳一变而为一种赋税矣。（二）不在当社置仓而移设于州县，遂开后世官吏勒派及挪移支用之弊。（三）此即后世官办义仓之滥觞。至长孙平所主张之义仓，即朱熹所办之社仓。社义诸仓，原本一气，因仓本及组织管理之变更，而亦两歧矣。"①

冯文坚持社仓起源于隋朝之说，首次探讨隋朝义仓所经历重大转变，对于理解早期义仓、社仓的演变，具有重要意义。同时期徐渊若所撰《农业仓库论》，亦赞成此种看法："社仓亦由长孙平所建议，初与义仓名异实同，后因义仓改为官有，两者遂迥异。自唐至宋，设立义仓者较多而社仓者极寥寥。"② 民国时期，冯文的观点遂为大多数仓储研究者所接受。如作为近代仓储研究的集大成者的于佑虞的《中国仓储制度考》一书，关于义仓和社仓的论断与冯文基本一致。③

近年来，探讨社仓起源之人仍络绎不绝。台湾学者梁庚尧在所著《南宋的社会》中论述道，"社仓虽然创自朱熹，但是并非一全新的制度，其渊源可追溯至隋代的义仓，近则取法于北宋王安石新法中的青苗法。朱熹针对现实问题而将旧有制度加以变化，使得源出于旧有制度的社仓具有新的意义。隋代的义仓，又称为社仓，南宋社仓的名称，实渊源于此。……（隋唐）形态改变后的义仓，才是后世义仓的起源"④。梁文论点是社仓首创于南宋，但并不否认其与隋朝义仓之渊源。他强调朱熹社仓有借鉴青苗法之处，关于此点，于树德、朗擎霄诸文中已阐述甚详。陈春声亦有同感，"一般认为，南宋乾道四年朱熹在家乡建宁崇安县借用本府常平米设置社仓之举，为社仓制度建立之始。不过，朱子所订社仓法，实际上是隋开皇五年长孙平建立的义仓制度和北宋熙宁二年王安石推行的青苗法的变通和发展"⑤。许秀文发表论文称，隋唐时期出现的社仓，只是设置地有所改变的义仓，并非特别社仓，因此唐宋只有义仓制度，社仓则首创于南宋朱熹时期。该文并不深究隋朝义仓和社仓的变化，却首先认定朱子社仓

---

① 冯柳堂：《中国历代民食政策史》，第65-67页。

② 徐渊若：《农业仓库论》，上海：商务印书馆，1934年，第138-139页。

③ 于佑虞：《中国仓储制度考》，南京：正中书局，1948年，第60-61页。

④ 梁庚尧：《南宋的社会》，见陈国栋主编：《经济脉动》，北京：中国大百科全书出版社，2005年，第190页。

⑤ 陈春声：《清代广东社仓的组织与功能》，《学术研究》1990年第1期，第76页。

为标准社仓，以后论前，似乎主观判断过多，而又无具体论证。[1]

实质上，学人们对隋朝出现社仓这一史实并无质疑，争论的焦点是，社仓的标准模式是隋朝社仓还是朱子社仓？显然，观察朱子社仓的运行实态，考察其历史地位和影响十分重要。

朱熹筹建社仓时曰："予惟成周之制，县都皆有委积，以待凶荒。而隋唐所谓社仓者，亦近古之良法也。今皆废矣。独常平义仓尚有古法遗意，然皆藏于州县，所恩不过市井游惰辈。至于深山长谷，力稼远输之民，则虽饥饿濒死，而不能及也。又其为法太密，使吏之避事畏法者，视民之殍而不肯发，往往全其封鐍，递相付授。至或累数十年，不一訾省。一旦甚不获已，然后发之，则已化为浮埃聚壤而不可食矣。"[2] 在朱熹看来，创建社仓力图改正原来的仓储建设和管理的顽疾，即一为设仓地址不能止于城，二为仓储管理不能独于官。因此，朱熹邀请地方绅士共同办理，春借秋还，实施社仓自我经营的策略。从民间仓储的整体发展来看，朱子社仓实现了三个重要突破，一是民间精英力量的参与，尤其是改变原有仓储由官员独自管理的格局；二是实行春借秋还，社仓开始自我增殖，开启仓储自我经营之路；三是设仓地址扩展至乡村。朱子社仓对于整个民间仓储的发展，有着里程碑式的作用和意义。

不过，相对隋唐民间仓储而言，朱子社仓的创造更多表现在继承的一面。朱子社仓仍然遵循民间仓储发展的道路。从朱熹的建仓意图来看，朱熹承认隋唐有"社仓"的存在，且与当时另外存在的"义仓"有所不同。而他建立社仓的目的在于力图补救以往仓储建设和管理的缺失。这一举措在其看来，继承"古法遗意"为其根本目的所在。相对隋朝义仓而言，朱子社仓确有继承发扬之意味。从朱子社仓的突破内容来看，其最大创造之处在于"春借秋还"的经营方式。这一点实际上借鉴了青苗法，学者已有论述。但是从义仓所强调民间力量的参与及设仓范围扩大这两个根本改变来看，却是继承隋朝义仓旨意无疑。明代陈龙正为"社仓"案注称："隋社仓，唐宋义仓，一事而异其名者也……朱子仍社仓之名而默变其官贮之法，隋唐秕政返为纯王，损下转而益下矣。然当时亦可但令民间自添社仓，未尝革去官府义仓，须令民间社仓既多，官府义仓一概不用，然后全利而无害也。"[3] 陈氏认为，隋朝社仓和唐宋义仓为同一事物，

---

① 许秀文：《浅议南宋社仓制度》，《河北学刊》2007 年第 4 期。

② （宋）朱熹：《建宁府崇安县五夫社仓记》，《晦庵集》卷 79，文渊阁《四库全书》本。

③ （清）俞森：《义仓考》，见李文海、夏明方主编：《中国荒政全书》，第 2 辑第 1 卷，第 80-81 页。

却又指出朱子社仓在仓储史上的重大改革意义，即改变此前义仓的官营性质，倡建民间力量参与的社仓，此为不易之论。

通过对隋唐义仓和朱子社仓的考辨，义仓和社仓均起源于隋朝的观点更为妥帖。不过，众多学者强调社仓为朱子首创的原因也值得重视，一方面基于朱子社仓本身的重大变革及其深远影响，另一方面则为古代学人的传播，如南宋董煟推重社仓，将其列为备荒措置之首，后人亦多以此为据，广为流传。此外，恐怕也与朱熹个人影响及理学的倡导和流播不无关系。

（二）两仓的性质问题

究竟何种特征能够决定义仓和社仓的本质区别，是设仓地址的不同，即属城还是属乡，还是管理主体的性质的差异，即官管还是民管？显然，不同的标准参照，得出的结论自然不同。如按照社仓地址或救济对象来划分，就得到了很多学人的认同。

南宋董煟认为："社仓乃公私储积，救济小民，使兼并者无所肆其侵渔之心……义仓者，民间储蓄以备水旱也。"① 此类观点，就是以仓谷来源为其区别标准。但是，更多人以社仓地址为区分标准。如清代区分义仓和社仓的最重要标准，即"乡村立社仓，市镇立义仓"。因而，属城还是属乡，成为许多人判断是义仓还是社仓的最重要标准。目前大多数研究皆是依照此标准，代表研究如陈春声、张岩等②。

义仓、社仓之区别在于地址不同，这一论断，最早可溯至元朝。元人张大光曰："古有义仓，又有社仓。义仓立于州县，社仓立于乡都，皆民间积贮，储以待凶荒者也。"但这一标准，近年来却受到诸多国内学者的质疑。任放在讨论长江中游仓储与市镇关系时指出，"从总体上看，倒是社仓多设在市镇，义仓多设在乡村"③。而白丽萍在《清代两湖平原的社仓与农村社会》一文中，通过有关两湖地区社仓、义仓的精心统计，得出"社仓在分布地点上，呈现出以乡村为主，兼及城镇的格局"④ 的结论。尽管白、任两文观点略有不同，但共同置疑

---

① （宋）董煟：《救荒活民书》卷上，见李文海、夏明方主编：《中国荒政全书》，第1辑，北京：北京古籍出版社，2003年，第78-91页。

② 陈春声：《论清末广东义仓的兴起——清代广东粮食仓储研究之三》，《中国社会经济史研究》1994年第1期；张岩：《论清代常平仓与相关类仓之关系》，《中国社会经济史研究》1998年第4期。

③ 任放：《明清长江中游市镇与仓储》，《江汉论坛》2003年第2期。

④ 白丽萍：《清代两湖平原的社仓与农村社会》，硕士学位论文，武汉大学，2002年。

清代义仓、社仓之区别并非始终恪守“乡村与市镇”的选址标准，还是很有力度的。黄鸿山强调，除了考虑仓址外，还应考虑仓制的规模和经营方式。他认为，一般社仓规模较小，义仓规模较大，义仓经营主要靠捐输，而社仓为借贷。①

实际上，也有学人对此多不赞同。萧公权在20世纪60年代所著《十九世纪的中国乡村社会》中，特别谈到清代义仓和社仓的区别，他指出，属城和属乡并不是区别义仓和社仓的唯一标准，另外一个重要的规律是社仓设立乡村，而义仓可设城，亦可设乡。② 而日本学者星斌夫则认为清代义仓起源于乾隆十一年（1746）方观承所倡导的义仓，其特点是免除册报，具有某种独立的特征。③

理解两仓争论不休现象的关键在于，以某一特征来区别义仓和社仓，实质将两者看作一个简单的结构性概念，自然无法辨别历时性含义极强的义仓和社仓。清代义仓、社仓的关键区别更多表现为因地制宜，因时而异。清代仓储政策的演变与具体区域的特征均成为造成两者区别的重要原因。在政策方面，不同时代的义仓和社仓呈现出不同特征；就区域特征而言，不同地区的义仓和社仓又表现出各自鲜明的特点。

三　清代义仓与社仓的实践

清代社仓建设的标准原型为朱子社仓，讲究春借秋还，立社长经理，官府监督，年年册报。其中雍正朝建设力度较大，乾隆朝也有所拓展，此时全国各省基本上都有设立，湖广、河南、陕西等地社仓建设成效显著。但嘉道以后，社仓日渐衰落，大多废弃。

清人义仓和社仓的概念混淆使用，更多在于清代义仓发展的曲折。以清代义仓演变为坐标，义仓和社仓经历了三种不同的关系：一是最初与社仓没有区别的义仓；二是方观承等所着力区别的义仓，但实质与社仓存在根本相同；三是以陶澍丰备义仓为代表，以及同光时期兴起的积谷仓储，在这一时期，义仓

---

① 黄鸿山：《长元吴丰备义仓研究》，硕士学位论文，苏州大学，2004年，第9-10页。

② Kung-Chuan Hsiao：Rural China：Imperial Control in the Nineteenth Century，Seattle：University of Washington Press，1960，pp. 144-145。

③ 〔日〕星斌夫：《中国福利政策史研究——以清代赈济仓为中心》，国书刊行会，1985年，第354-380页。

和社仓有了实质性的区别。

顺治年间，个别义仓开始恢复和加以建设，但均为零星行为。康熙年间，陕甘总督年羹尧试图在陕西推行义仓建设，将原任四川夔州府知府胡其恒留于陕西专门办理义仓。然康熙帝对此并不认同，他说：“义仓之法，一州一县则可，若论通省，似乎难行万分。可则行之，不可则止。”[①] 河南一省，也曾推行义仓，但效果甚微，至乾隆年初，仍只有 8 万余石，仅为社仓积谷的六分之一强。[②]

直至乾隆十一年，直隶总督那苏图才首先倡导捐输以谷，建设义仓。[③] 然其重要筹划者实为时任布政使的方观承。后来，方调任山东巡抚，继续筹建义仓。他上奏朝廷，强调所设义仓与社仓有别，曰：“（义仓）大约与兴社仓事目相仿佛，而社仓例惟借种，义仓则借与赈兼行，而所重尤在猝然之赈也。借直如民间之自通有无，赈不啻各村之家藏储蓄。而其大要则设仓宜在乡而不在城，积谷宜在民而不宜在官，不过官为稽核，不致侵损浥变耳。”[④] 在方看来，其倡导义仓特征为借赈兼行，士民自管，毋庸册报，而非原有只借不赈的社仓。这也是日本学者星斌夫强调所在。然而，考察方观承义仓的建设效果，笔者还是颇有置疑之处。

方观承建设义仓的想法，很得乾隆赏识，试图在全国推广，但无论是自身实践，还是全国推广，效果均甚为有限。乾隆十二年（1747），乾隆下令将方观承的奏折寄往山西、陕西、河南各省督抚，询问能否仿照山东、直隶另设义仓。三月，陕西巡抚徐杞汇奏，陕省无须设立义仓，其理由为：“若再另设义仓，且无论现在公用不敷，仓费无出，而有仓无捐，徒滋靡费。盖出产总惟此数，捐于社仓者不能再捐于义仓，捐于义仓者不能再捐于社仓，此盈彼绌，一定之理。今陕省因连岁丰收，官绅所捐粮石亦俱添贮各社，均资赈、借。义仓备赈之意，久已兼行于社仓等情。查义仓之设，原以佐常、社各仓动赈之不敷。陕省自设社仓以来，不拘常、社，赈借兼动，原与他省社仓之止系动借者不同，与直隶、山东专资动赈之义仓无异。”[⑤] 在徐看来，直隶、山东所设义仓和一般省份的社仓有所区别，其特点在于赈借兼行，而陕省社仓早已具备此项功能，加之义仓

① 中国第一历史档案馆藏，宫中朱批奏折，财政类，仓储，第 1101 函第 10 号。
② 中国第一历史档案馆藏，宫中朱批奏折，财政类，仓储，第 1138 函第 32 号。
③ 中国第一历史档案馆藏，宫中朱批奏折，财政类，仓储，第 1137 函第 12 号。
④ 中国第一历史档案馆藏，宫中朱批奏折，财政类，仓储，第 1138 函第 5 号。
⑤ 中国第一历史档案馆藏，宫中朱批奏折，财政类，仓储，第 1138 函第 27 号。

和社仓并行举办，势难兼顾。同样，河南巡抚硕色也主张“仍力行社仓之法”，不必另设义仓。认为“义仓社谷，名异实同”，“今若于社仓之外更立义仓，则官须分款劝捐，民须两处分纳，恐丰于此者必绌于彼。……若勉为迁就之计，令其酌量分捐，则谷石仍止于此数，并无增加；若令其尽捐义仓，则旧有社仓转同虚设。名虽加一仓储，实未增添谷石”①。而甘肃尽管认为“义社两仓互为表里，均属备荒之善政”，但是因为“甘省土瘠民贫，人情啬陋”，故从无捐贮，亦无从筹办。② 以此观之，方观承所倡义仓，原拟先在北边省份推行，再至全国推广，然北方各省或很少响应，或办理效果极差，自然无法达到推广全国的目的。

至乾隆三十七年（1772），大学士刘统勋奏办年终汇办一事，开列各省未将义仓案卷汇奏者，共有奉天、江苏、安徽、福建、山东、陕西、湖南、云南、四川、广东、贵州等地。③ 且自乾隆三十年（1765）起，至乾隆四十年（1775）止，贵州、安徽、奉天、云南、湖南、山东、广东等地先后上奏，阐明其“向未设立义仓”。湖南巡抚敦福认为，义仓无须另设，积谷统归社仓，“臣查义仓谷数一项，湖南各属乡村市镇，士民捐输谷石，向系统归社仓收贮，以资闾阎接济，并无另设义仓名色”④。而安徽巡抚裴宗锡则称，“查安省各属，惟徽州府有商捐惠济仓谷三万石，历系该商自行经历。此外并无义仓，向无具奏年底之案”⑤。

丰备义仓是晚清义仓发生重大变化的代表。道光三年（1823），陶澍先后在安徽、江苏兴建丰备义仓。丰备义仓禁绝推陈出新，春借秋还，强调只积储，不出借，不粜放。它从根本上改变了以往民间仓储的经营机制，试图从民间仓储内在机制方面得以突破。陶澍先在安徽实施，后又在江苏实施，影响很大。如道光四年（1824），江西巡抚程含章又奏请设立省城义仓⑥；十八年，林则徐在湖北省城亦积极筹设丰备义仓⑦；十九年（1839），贵州巡抚贺长龄在贵州奏设义仓⑧。此类仓储，皆有仓储来源稳定，并不强调春借秋还，重在积谷赈济的

---

① 中国第一历史档案馆藏，宫中朱批奏折，财政类，仓储，第1138函第32号。

② 中国第一历史档案馆藏，宫中朱批奏折，财政类，仓储，第1138函第8号。

③ 中国第一历史档案馆藏，宫中朱批奏折，财政类，仓储，第1171函第26号。

④ 中国第一历史档案馆藏，宫中朱批奏折，财政类，仓储，第1172函第2号。

⑤ 中国第一历史档案馆藏，宫中朱批奏折，财政类，仓储，第1171函第16号。

⑥ 中国第一历史档案馆藏，录副奏折，3/57/3362/25。

⑦ 中国第一历史档案馆藏，录副奏折，3/57/3374/34。

⑧ 中国第一历史档案馆藏，录副奏折，3/57/3374/38。

特点。至同光时期，全国此类仓储发展迅速，成为各地积谷备荒的主要形式。其特点除上述内容外，还有为民捐民储、官督绅办、自我经营。

清末的积谷仓储的发展，取得较大的成就，但更重要的是仓储运营机制发生了变化。实质上晚清义仓的发展，其规模远超想象，更多的是新式的积谷仓，它在江南、四川、江西等地均有较大发展。[①]

清代仓储政策的实施，往往以地方为单位，而且仓储实践以地方为单位展开，呈现不同特征。如方观承所兴建的直隶义仓，全省皆为义仓，尽管几乎全部设置于乡村，但仍以“义仓”为名。此外，河南的社仓、江南的丰备义仓均体现了义仓和社仓的区域性特征。

结　论

自隋唐以来，社仓和义仓的使用多有混淆，不同区域、不同时代、不同士人对于社仓和义仓的理解多有分歧，即使同一皇帝，如道光帝等对此也前后有异。通过两者历时性的实践考察，一个基本的结论，是两者在隋唐至晚清之际，如此长的时期内保持了两者的差异，是民间仓储的最为基本的两种类型，社仓强调更多的是跟朱子社仓、春借秋还为特征的民仓；而义仓往往强调的是民间举办、服务社区的民仓。社仓的地址或为城镇，或为乡村，在清代有所区别，却不尽然。

无法否认的是，在历史上诸多朝代，许多地方、许多仓储实践中，社仓和义仓两者混同使用，当作一体，却也是不争的事实。无论是地方士人的理解，还是皇帝的上谕，对于义仓和社仓相同的认定，不在少数，这从上文所列可以得以求证。综合二者来看，社仓与义仓总的区别，即差异为主，认同为辅。

不过，从晚清的发展趋势来看，两者日渐趋同，乃至共同发展为新型民间仓储，即积谷仓，这是清代仓储发展的重要特征。两仓救灾实践的开展，伴随具体的地方力量和资源的参与，呈现出各地特色。但是，到了晚清时期，各地普遍实施民间举办、绅士主持、官方监督的积谷仓，义仓和社仓的发展归属又极其一致。

① 吴四伍：《清代仓储的制度困境与救灾实践》，北京：社会科学文献出版社，2018年。

事实上，清代两仓的救灾实践证明，作为重要的两种民间仓储，义仓和社仓在不同历史阶段、不同区域呈现的各种形态，反映历代民间仓储本身实践的复杂性与历时性，而非一个简单的结构性事件。因而，单就某一时代、某一仓储进行辨析，先贤如于树德等所定诸多标准，虽有可取可赞之处，然放到具体历史境域中来考察义仓和社仓流变纷争，单一的或静态的标准又显得过于简单。救灾实践与后人的救灾阐释，存在着极大的差距。从救灾话语体系的建构来看，义仓与社仓的争论已经触及民间仓储的根本特征问题，也涉及整个传统粮食救灾研究的话语体系论问题。区别两仓的标准，无论是社仓地址，还是赈济方式，抑或管理主体，虽然是传统民间仓储发展的重要方面，但更为关键的是，这些结构性特征在具体的历史时空中，在特定的地方救灾实践中，伴随独特的地方力量和地方资源的参与，形成极富地方特色的新式民间仓储，如直隶义仓、丰备义仓，并最终趋同发展为积谷仓。任何一个传统救灾话语体系的概念最终还需在实践中梳理并证明，方能真正理解传统话语体系建构的其中之义。

毛奇龄女性观浅论

成祥满
赖玉芹[①]

毛奇龄，又名甡，字大可，号生生、初晴、秋晴等，又以郡望号为西河，学者因此称其为“西河先生”。毛奇龄是明末清初多产的文人学者，据统计他是《四库全书》中收入个人著作最多的人。毛奇龄是一位奇才，精通散文、骈文、诗词、音韵、经史等，因此他的文章题材类型多样，包括经解、序文、题词、寿序、墓志铭、事状、揭子、碑记、颂、辞、奏疏、书、填词等。在这么多的文章中，有很多内容涉及女性，反映了他与女性之间的密切交往，文章中也不乏他对女性的描写、记录以及流露出来的态度和观点。

近年来，陆续有一些论文关注毛奇龄与女性的主题，较多的是他与文学女性的关系，诸如《毛奇龄与清初女性诗人》[②]、《文学女性从闺内到闺外——以山阴祁氏家族女性文学群体为例》[③]、《清初闺秀与文人的交游网络及文学互动》[④]等。而毛奇龄对贞女的态度也颇受瞩目，一方面是批判女子为未婚夫守贞的研

---

① 作者简介：成祥满，女，贵州省黎平县人，中南民族大学中国古代史硕士；赖玉芹，女，湖北荆门人，中南民族大学民族学与社会学学院教授，硕士生导师。

② 张小仲：《毛奇龄与清初女性诗人》，《文学教育·中旬版》2013 年第 1 期。

③ 陈水云、王茁：《文学女性从闺内到闺外——以山阴祁氏家族女性文学群体为例》，《湖南文理学院学报（社会科学版）》2008 年第 4 期。

④ 吴琳：《清初闺秀与文人的交游网络及文学互动》，《福建师范大学学报（哲学社会科学版）》2017 年第 3 期。

究，如《清初学者对“室女守贞”观念的伦理省察》[①]、《矢志不渝：明清时期的贞女现象》[②]；另一方面是从古礼辨证的角度对室女守贞的研究，如《经学以经世，辨礼为生民》[③]、《十八世纪礼学考证的思想活力：礼教论争与礼秩重省》[④] 等。

以上的研究为了解毛奇龄的女性观提供了很好的基础和借鉴，作为清初的男性文人，毛奇龄对待女性的态度和做法十分引人注目，他的女性观体现了对传统的伦理道德观念的继承，同时又具有突破传统和批判当时社会习俗的一面，具有一定的复杂性。本文以《西河文集》为中心，结合大量毛奇龄与女性交往的具体实例和他关于女性问题的论述，来考察和分析毛奇龄的女性观。笔者将从他对贤德女性、才女、贞节烈女的态度和评价三个方面来进行分析。

一 称赞贤德女性

在传统封建体系中，女性的地位低下，普遍受到一系列传统清规戒律的约束，遵从传统的三从四德，形成了任劳任怨、无私奉献、勤俭节约、孝顺长辈的性格特点，女性的这一特点也经常被男性书写和标榜。

毛奇龄是一位深受儒家伦理道德影响的学者，他也认可这种传统的妇德。其作品中有许多推崇妇女贤德的文章，首先是推崇那些恪守妇道、勤俭持家的女性。如在《茅夫人生日序》中，朱揆叙之配茅夫人是一位贤内助。在丈夫未得志时与丈夫同甘共苦，并安慰和鼓励丈夫，使丈夫发奋努力，取得功名。当丈夫在外游学、游仕时，她操持家计，调和娣姒，孝顺婆婆，使丈夫不用为家事担心。毛奇龄称赞道：“昔山涛布衣时与其妻韩共食贫，故至今称妇贤者，必曰山妻。夫揆叙不愧涛，予不愧嵇阮夫人，岂愧山妻哉!”[⑤] 以魏晋竹林七贤山

① 陈若宇：《清代学者对“室女守贞”观念的省察》，硕士学位论文，浙江财经大学，2016年。

② 〔美〕芦苇菁著，秦立彦译：《矢志不渝：明清时期的贞女现象》，南京：江苏人民出版社，2011年。

③ 赖玉芹：《经学以经世，辨礼为生民》，《历史教学问题》2007年第4期。

④ 张寿安：《十八世纪礼学考证的思想活力：礼教论争与礼秩重省》，北京：北京大学出版社，2005年。

⑤ （清）毛奇龄：《西河集》，《四库全书》第1320册，台北：商务印书馆，1986年，第210页。

涛妻子贤德的典故来进行比拟，无疑是一种高度赞誉。

毛奇龄也欣赏那些忠于丈夫、抚养继子的女性。在《新安王太君八十寿序》中，王太君是一位长寿且集贤德贞孝于一身的女性。王太君本姓王，夫姓张，其归张后四年而为孀，“更五十年祔姑于堂，扶继子于室”①。毛奇龄认为，王太君之所以长寿是因为其有德，她的事迹应该被载入史册。在《晋江训导徐鼒妻李氏传》中，徐鼒妻李氏是一位完成夫志、抚养继子的贤德女性。李氏归徐鼒时，年仅十八。未及一年，徐鼒感染重病，在其病危之际，摸着儿子的头对李氏说：“吾即死，听汝自断，吾敢望此儿为徐氏后哉？”李氏曰：“不然即不幸，吾当扶汝棺、抚汝儿以从汝于萧山耳。”② 李氏的家人担心李氏去萧山会受苦，于是想夺其志，而李氏坚持以死明志，终于得到家人及族人的支持。李氏归萧山葬鼒后，以女红为谋生之本，抚养遗孤，儿子死后抚养孙子，孙子死后抚养曾孙。这篇传记中，毛奇龄在字里行间都表达了对贤德女性的尊重和赞赏。

毛奇龄还褒扬孝敬长辈和有德行的女性。在《吴徵君德配傅孺人墓志铭》中，傅孺人是一位孝顺公婆、辅佐丈夫、教育儿子的贤德典范。在婆婆生病时，傅孺人有身孕即将临盆，不久婆婆即过世，丧礼一切事宜都由傅孺人打理，有亲戚劝她休息，孺人不以回应。傅孺人在身体不便时仍亲力亲为地办理丧礼，毫不懈怠，这种孝行真是非同一般。之后，吴徵君参加康熙十七年（1678）举办的博学鸿儒科，傅孺人规劝丈夫“忌饮酒，谨言行，慎结交”③。在《皇清诰封恭人方母曹太君墓志铭》中，曹太君是一位任劳任怨、勤俭节约、有勇有谋且有大德于民的女性。曹太君归方时，家无东西闱，与兄嫂联翼室为闱房。与嫂陶孺人共同服侍婆婆，舅姑交称其贤。在家贫时，她将米给婆婆吃，把米糠留给自己。在丈夫考取进士守汀州时，汀州水灾泛滥，一时呼救之声不止，曹太君亲率军救民，煮粥、施粥于民。三年后，曹太君去世，一时汀州男女皆扶柩哭之。④ 毛奇龄墓志铭中的女性都是有高尚品德的，她们勤俭节约、聪明能干、尊重长辈。《山阴陈母马太君八十寿序》是为陈电章的妻子马太君作的寿序，她是一位持家有道且具贤、孝、顺等特点于一身的女性。陈电章以文章名于世，备受艺林远近推崇，无暇顾及家内。马太君将家内事宜治理得井井有条，

① （清）毛奇龄：《西河集》，《四库全书》第1320册，第211页。

② （清）毛奇龄：《西河集》，《四库全书》第1320册，第707页。

③ （清）毛奇龄：《西河集》，《四库全书》第1321册，第139页。

④ （清）毛奇龄：《西河集》，《四库全书》第1321册，第186页。

她“事舅姑能孝，相夫、子能顺，御娌妯藏获能睦能爱”[①]，家有贤妻孝顺公婆、相夫教子并和睦妯娌，家庭自然井然有序、其乐融融！

毛奇龄对忠孝节义的女性更是赞誉有加。明朝游击将军沈云英，从亲报国，先是代父从征，夺回父骸，后又代丈夫上前线，堪称女中豪杰。在父殉身战场后，她束发从军，带领军队突击敌营，夺回亡父骸骨，并为父报仇。后朝廷授命其为游击将军，继续代其父湖广道州守备带领军队。当其夫贾万策镇守荆州、荆州陷落遇害时，云英毅然哭辞其夫，奉诏命领军出征。为此，毛奇龄极为赞叹地写道：“将军于父为孝，于国为忠，于夫为节，于身为贞，此为女德。又擅妇训，文能传经，武足勘乱，而犹不得援故典，托微文，导淑施于既往，扬清芬于后来，匪惟旧史之缺遗，抑亦学人之寡陋也。”[②] 古有花木兰，明有沈云英，她们都是女中豪杰，“导淑施于既往，扬清芬于后来”。

毛奇龄从传统道德观念出发，褒奖有德行的女性，她们不仅勤俭持家、孝顺长辈、和睦妯娌，而且忠于丈夫、忠于国家。文人学者通过对有德女性或道德楷模的记述，来达到宣扬教化及纯粹社会风气的目的。

二　赞赏才女

明末清初社会环境发生重大变化，社会风气与社会价值观念也发生了变化。随着社会经济的发展，出版业和坊刻也得到了巨大发展，这些都促进了文学的发展，助推着女性参与文学创作，使得才女大量出现。随着才女文学的发展，涌现了一批才情皆具的闺秀诗人。特别是经济富庶的江南，对于女性的教育更加重视，出现女性文学繁荣的景象。这一景象的出现不仅是女性的自我展现，还与男性文人的助推关系密切。“有清一代，二百余年间，其妇女文学之所以超迈前古者，要亦在倡导之有人耳。西河渔洋，树之于前，随园碧城，崛起于后。”[③] 这一时期许多女性追逐名士，因为喜爱诗歌而拜师结社，这一现象到清中期更为繁盛。士人因爱惜女性的才学，或为女性出版诗集，或招收女弟子。在这些文士的助推下，女性文学得到发展。但是明末清初文士招收女弟子的现象还未成气候，只有李贽、毛奇龄等人招收个别女弟子，这在当时具有开先河

---

① （清）毛奇龄：《西河集》，《四库全书》第1320册，第315页。

② （清）毛奇龄：《西河集》，《四库全书》第1321册，第101页。

③ 梁乙真：《清代妇女文学史》，台北：台湾中华书局，1979年，第215页。

的意义，推动女性文学和交游的发展。

毛奇龄在经学、诗词等方面颇有造诣，与朱彝尊、阎若璩、胡渭、朱鹤龄等学术巨擘有交往，声誉很高，许多后辈都慕名而来拜师。他不仅招收男弟子，也招收女弟子，还与许多文学女性有交往。毛奇龄对越中两位盛名素著、人称“伯仲商夫人”的商景兰和商景徽姐妹俩的文学才华都极为赞赏。其中，商景兰是祁彪佳的夫人，商景徽是徐咸清的夫人，毛奇龄与她们的丈夫和子女都有交往。毛奇龄称：“徐中山夫人系商太傅女，善文，与女兄祁忠敏夫人俱以闺秀为越中领袖”[①]；二人的女儿——祁湘君和徐昭华，是继其母而起的后起之秀，也备受毛奇龄嘉许：“越中闺秀，以祁湘君、徐昭华为最”，[②] 而且“昭华名籍甚过于湘君”[③]，“二人才分固相埒，然昭华不可量也”[④]，与祁湘君相比，他更赞赏徐昭华。在《徐昭华诗集序》中又说道：“新斗捷矧咏蒲，吟絮何足相上，予故曰：‘如昭华者，可令班昭为后先。’”[⑤] 此处毛奇龄将徐昭华与谢道韫、班昭相比，认为徐昭华与谢道韫不相上下，可以与班昭相媲美。由于对徐昭华才学的欣赏，毛奇龄招收徐昭华为女弟子，在《传世斋受业记》中记录招收徐昭华为徒时评价道：“闺中受业千古未有，唯予以老大陋劣为昭华师。”[⑥] 招收女弟子千古未有，可能有所夸大，但这对女性参与文学创作及女性意识的崛起具有不可估量的价值。此外，毛奇龄也称赞商景兰三女祁德琼（字修嫣）的诗才，“其为诗最工若修嫣者，为王子舍人内”[⑦]。王端淑，字玉映，浙江山阴人，王思任的女儿，丁圣肇的妻子，是知名的才女，毛奇龄非常欣赏其才学，声称：“江南女士一代稀，王家玉映声先知”[⑧]，又在《闺秀王玉映留箧集》中称赞王端淑：“吾乡之有闺秀自谢道韫始，然谢在当时未出阃域，……今吾乡闺秀十倍于昔，然早见称者王玉映也。”[⑨] 毛奇龄与著名的闺塾师黄媛介也有许多唱和往来。黄媛介，字皆令，浙江嘉兴人，丈夫杨世功。毛奇龄还为黄媛介的文集作序，在序中称其为“女士、女君”，对其十分尊重，将之与晋代刘臻的妻子陈氏相比较，

① （清）毛奇龄：《西河词话》，台北：商务印书馆，1986年，第5页。
② （清）毛奇龄：《西河集》，《四库全书》第1320册，第193页。
③ （清）毛奇龄：《西河集》，《四库全书》第1321册，第15页。
④ （清）毛奇龄：《西河集》，《四库全书》第1320册，第193页。
⑤ （清）毛奇龄：《西河集》，《四库全书》第1320册，第315页。
⑥ （清）毛奇龄：《西河集》，《四库全书》第1320册，第578页。
⑦ （清）毛奇龄：《西河集》，《四库全书》第1320册，第545页。
⑧ （清）虫天子编，董乃斌等点校：《中国香艳全书》，北京：团结出版社，2005年，第43页。
⑨ （清）毛奇龄：《西河集》，《四库全书》第1320册，第250页。

陈氏聪慧善文，作有《椒花颂》，“无才终让刘臻妇，羞把丹椒岁岁添”[①]；在《黄媛介入越感赠》中又说道：“南国久无刘妹赋，东征应有惠姬[②]篇”[③]，将黄媛介比作汉代才女班昭。

毛奇龄与女性的交流唱和，推动着女性文学的发展。他为女性的文集作序，用实际行动来支持女性参与文学创作。他招收女弟子，是一种承上启下的行为，承上是继承晚明招收女弟子之思想家李贽，启下则是在他之后，特别是清中期男性文人招收女弟子的现象增多，著名的有随园女弟子和碧城仙馆女弟子。

除了赞赏女性的文学才能之外，毛奇龄也注重女性的其他才能。在《题吴夫人评阅明史卷首》中，吴桢芝是一位知史且见地独到的女性。“夫有明人物言议，概节久未论定，而夫人以闺中较观可感已。”[④] 吴桢芝对历史人物的言论有独到的见解，而且毛奇龄的夫人陈何也称赞吴夫人善文，可见毛奇龄认为闺中女性未尝不知史。

毛奇龄对女性的才艺也很欣赏。毛奇龄的小妾张曼殊贤而好学，深得他的宠爱。她非常聪慧，能效仿百种鸟的叫声，能分辨街上各种小贩的叫卖声，精通女红，初学刺绣即能刻花。她还会梳各种发辫，最精通的则为“百环髻”。曼殊不仅具有这些才艺，还具有文学才能，学诗学韵都很快，而且擅长唱祝家词，冯傅、田雯、王三杰、冯勖等高度赞赏曼殊唱的祝家词；胡文学也称赞曼殊的歌声和箫声动听，“一唱黄鸡娇欲绝，箫声同倚凤楼西”[⑤]。毛奇龄作过两首答邻友听曼殊吹箫的绝句，他说：“纵使秦台堪弄笛，难忌吴市是吹箫”，又说：“李謩不到人间久，谁使宫墙度玉箫”。[⑥] 毛奇龄将曼殊的箫声与唐朝开元间教坊首席吹笛手李謩相比，认为曼殊箫声悦耳动听，堪与教坊名手相媲美。曼殊精通各种才艺，无疑是毛奇龄喜爱她的重要原因。

毛奇龄也非常赞赏女性的军事才能，毛奇龄在《故明靖南将军德配李夫人墓志铭》中记述了李夫人的军事谋略。当时南都初败，马士英窜身镇东将军，方国安军营称方马军。李夫人当时在帐中，说：“马士英是逆贼，现定海难守，武陵军在西陵，为何不先移军龛山，远离马士英之军？”当时声援的人很多，有人想从海宁走，李夫人劝靖南将军从西陵，于是靖南将军以获监国迁彭城。墓

① （清）毛奇龄：《西河集》，《四库全书》第1321册，第876页。
② 班昭，又名姬，字惠班，班彪之女，班固之妹。
③ （清）毛奇龄：《西河集》，《四库全书》第1321册，第938页
④ （清）毛奇龄：《西河集》，《四库全书》第1320册，第517页。
⑤ （清）毛奇龄：《西河集》，《四库全书》第1321册，第93页。
⑥ （清）毛奇龄：《西河集》，《四库全书》第1321册，第500页。

志铭写道："惟夫人之能贤兮，飨军鬻钗钿兮；惟夫人之善见兮，如桑锦车，又如张绣繖。"① 毛奇龄为李夫人撰写此墓志铭，表明他非常赞赏李夫人的远见卓识及其在军事方面的才能。毛奇龄也非常赞赏明朝游击将军沈云英，她在父亲身殉战场，恐千军将乱，于是毅然束发代父从征并领导其军队，夺回父骸。后来丈夫贾万策身殉荆门，她又奉诏代夫出征。"武足勘乱"就是其军事才能的体现，代父和代夫从征不是一般的女性能做到的，沈云英不愧是女中豪杰！

毛奇龄非常赞赏贤德与才华并重的女性，淮安周母就是这样的一位女性，她的才能堪与男子并驾齐驱。毛奇龄与淮安名士周乔岳兄弟交好，毛奇龄曾对乔岳说："不只你的父亲贤，你的母亲也非常贤德"，此前他还曾对人说："母贤必称善教，其称善教者，必曰知书。……第先生设教，多就人延请，尝留诸子于其家，使受母教，故母之教子，则实能授词训义，与人师同，而诸子之受母教，一如人人之受教于其师。……诸君皆出自先生之门，登堂受母教，至今犹能道先生在时，与母讲艺文，互相发明，使诸子与门人，各述叙其说，以为程法，其为教如此。"② 周母是一位令人敬佩的、才学和贤德兼具的伟大母亲！

三 辩证地看待贞节烈女

明清时期盛行崇尚节烈的女性道德观，文人学士对此推崇备至，清朝也继续推行旌表贞女、节妇的制度。曼素恩指出，旌表是清朝的王命合法化的一种手段。通过"将汉族文化规范加以系统化和强化"，满人便"可以宣称他们代表汉族本土的道德和社会体系，或代表了恢复这一体系的力量"③，这表明朝廷对旌表的态度是出于政治的需要。

由于殉夫女子的不断增加，康熙、雍正两朝，都屡次下诏令，限制对"殉夫"者的旌表，这主要是为了遏制汉人学者鼓吹自杀、眷恋明朝的情绪。此举措在文人学士中也得到了一些回应，他们不再一味地鼓励女性为丈夫殉死，而是从女性生命的角度给予关怀。毛奇龄就是其中之一，他对遭遇苦难的节烈女性非常同情，不赞同孝妇伤害自身身体的极端事亲方式。在《吴文学暨烈妇戴

① （清）毛奇龄：《西河集》，《四库全书》第1321册，第122-123页。

② （清）毛奇龄：《西河集》，《四库全书》第1320册，第399页。

③ 引自〔美〕芦苇菁著，秦立彦译：《矢志不渝：明清时期的贞女现象》，第72页。

氏合葬墓志铭》中，他认为，烈妇保持贞节、恪守妇道、从一而终是必需的。在面临侵辱时，以死明志是合理的，或者不必真死，可以用割发、割鼻、戳鼻、刺面、断臂、割发等方式代替。① 毛奇龄对女性生命的关注，认为女性在面临这样的情况时，应该以保全性命为要。

毛奇龄对孝顺的女性是推崇的，但是他反感以刲股来事亲的极端方式，认为这种方式是不合乎法制的，这种行为是畸节，是不孝，不应该滥列于经典中。钱塘方孝妇两剔其臂事亲，她的四个孩子受她的影响，辗转效仿。毛奇龄听说了孝妇的割股疗亲的行为后说："今刲股者，亦惟忽法而已。然孝则已行也，有人于此未必纯孝。"② 他不仅认为刲股疗亲不是孝行，而且是不孝之行。主张这种行为不应该被大力宣扬，避免导致上行下效的后果。

毛奇龄赞成节妇的守节行为，但是对节妇的惨痛遭遇则是寄予同情。在《温节妇墓状》中论述道，温节妇嫁归沈文然时，正是沈文然的哥哥始然遭遇谣诼。由于沈家家大业大，妒忌的人很多，于是有人乘隙污蔑，使得兄弟遭受连坐塞外，文然为兄弟过房，因此不坐文然，收之系按察司狱。之后节妇嫁与文然，文然于康熙四年（1665）卒，家道从此中落，节妇无一钱符牒，几欲自裁，因孤子幼小可怜而放弃。毛奇龄听说后，十分同情她的遭遇。说道："吾读节妇状，而痛其所遭之不良也，夫死节、死烈所在都有，而守节之惨则莫有过于此者，吾故略其节不论，而独申言其苦阨如此。"③ 毛奇龄在此墓状中，其重点不在于嘉赞节妇之"节"，而在于表达对节妇所遭遇苦难的无比同情。

明清时期贞女现象也是一个值得关注的问题。明代中后期，王学兴盛，特别是经过泰州学派，将王学的思想渗透到社会底层。贞女体现了当时社会所痴迷的极端、怪异、新奇等诸种因素，贞女并非孤立的现象。当时的文化中充斥着社会和政治道德实践的极端主义，贞女现象深深扎根在这一文化中，是这种文化的反映。④ 贞女现象是在明朝政治动荡的背景下发展起来的，而在儒家的道德体系中，女性的贞节从来都是与政治紧密相连的。毛奇龄指出：贞女为丈夫守贞，就像臣子对国家的忠诚一样。"在女为未字砥节，在臣为未字矢志"⑤，毛奇龄对贞女的态度就如同忠臣对于国家的态度一般，贞女就像是忠于前朝的贞

---

① （清）毛奇龄：《西河集》，《四库全书》第1321册，第107页。

② （清）毛奇龄：《西河集》，《四库全书》第1320册，第222页。

③ （清）毛奇龄：《西河集》，《四库全书》第1321册，第247页。

④ 〔美〕芦苇菁著，秦立彦译：《矢志不渝：明清时期的贞女现象》，第41页。

⑤ （清）毛奇龄：《西河集》，《四库全书》第1320册，第707页。

士。“……独此天理在人，其说不著，往往躬行君子逡巡未逮，而闺中偶行之。即文人、学士、老师、宿儒讲习有素，亦不能畅举其义，而巾裙年少不数言而决之。”[①] 在明清之际，毛奇龄为了表达对前朝的忠贞，用贞女与忠臣相比，指出有些男性文人虽讲习有素，但是不一定能畅举其义，贞女却用实际行动践履忠贞的道德观念。

随着清王朝的逐渐稳定，毛奇龄对于贞女的态度则发生了转变，他不再一味地赞扬贞女守贞，反而认为守贞不值得提倡，以免年轻女子的青春白白耗费掉。针对当时社会中流行的贞女为未婚夫守志或殉死的社会风气，毛奇龄考证古礼以证时俗。毛奇龄晚年归乡时，听到有贞女投缳而死的消息，大惊道：“今室女守志又复有死焉者乎？古有殉难，无殉死者，况夫妇无殉死事，不惟室女不殉，即已嫁守志，亦何必殉！此惟女遇不幸有夺其志者，不得已偶一死之……故父母不殉死，亲死亦死，谓之灭性，又谓之以死伤生，名曰不子，不子者不孝也。惟君亦然。三良而殉死，即斥为不忠，与妇寺等。夫伦类之尊，莫如君亲，忠爱之切，亦莫如君亲。向使君亲当殉，则人孰无君，孰无父母。”[②] 毛奇龄认为室女不必守志，更不应该殉死，已婚的妇女守节情有可原，但也不必殉死。而且自古以来只有殉难，没有殉死的。此外，他还听说了许多未婚女性殉夫的事例，认为这是“离经背道蛊坏风俗”的。未婚女性还有绝食而死和吞聘金而死的，毛奇龄认为，这些怪异的事迹应该只出现在小说中，不足为训。已嫁殉死，情有可原，但是未婚殉死，则有蛊坏风俗之势，应该立即更正。他以古礼辨证未婚女性为未婚夫守志殉死是不合乎古礼的，认为未婚女性为未婚夫殉死的做法是愚蠢的，后世应以此为鉴。[③] 他看到这种风俗对当时社会未婚女性的危害，极力考证古礼来辨证室女殉死的不合“礼”。

综上所述，毛奇龄对女性的关注，在清初是很独特的，在一定程度上超出了传统卫道士的藩篱。他赞赏女性的文学才华，与女性交往唱和，促进了女性的诗社活动，促使其与男性文人的交流，这对女性自我意识的萌发具有推动作用。除了赞赏女性的文学才华之外，他还欣赏女性的各种文艺才能，使女性的光彩得以彰显。在当时注重“女子无才便是德”的社会风气下，无异于是对传统观念的不以为然。招收女弟子，反映他主张男女平等地接受教育，这对于提高女性的地位有一定进步意义，也为后世文人学者所效仿。由于长

① （清）毛奇龄：《西河集》，《四库全书》第1321册，第234页。

② （清）毛奇龄：《西河集》，《四库全书》第1321册，第334页。

③ （清）毛奇龄：《西河集》，《四库全书》第1321册，第337页。

期接受儒家的传统教育，毛奇龄欣赏贤德女性，同前代学者一样褒扬女性的高尚品质。这些贤德女性，相夫教子、孝顺公婆、和睦妯娌，或者是忠贞守节、勇挑家庭重担，在明清鼎革的动乱中发挥着支撑家庭的作用。而对于贞节烈妇的行为，毛奇龄则是矛盾的。既赞成寡妇守节，又同情节妇的苦节和艰难；既赞成孝妇、烈妇的人生选择，又不主张其割股疗亲等过激行为。对于贞女守志殉死的行为持质疑的态度，采用考证古礼的方式来批驳当时社会上的这种风俗，在一个个鲜活的生命面前，在众多女性的青春面前，毛奇龄表现出对她们无比的同情，以及对女性生命的关注，力图避免她们无谓牺牲，给予女性人道主义的关怀。

大思想史视野下清代思想研究的新景象

——“大思想史视野下的清代思想研究学术研讨会暨《中华思想通史·清代卷》第十四次工作会议”综述

吴四伍

2017年11月3日至5日，由中南民族大学、中国社会科学院《中华思想通史·清代卷》项目组和历史所清史室联合举办的“大思想史视野下的清代思想研究学术研讨会暨《中华思想通史·清代卷》第十四次工作会议”在湖北武汉召开。中南民族大学副校长段超，中南民族大学民族学与社会学学院院长田敏，中国社会科学院历史所科研处处长朱昌荣、清史研究室主任林存阳，《历史研究》常务副主编周群等出席会议，来自全国各地高校和科研院所的40余名学者围绕会议主题，提交了诸多有价值的论文，围绕大思想史主题，展开了热烈讨论，展现了大思想史视野下清代思想研究的诸多新气象。

一 清代思想史研究的老矿新攫

不满足现有研究成果的局限，依据新史料，采取新方法，学人们对清代思想研究的经典论断进行有效"深翻"，做到老树开新枝。

关于"以学术杀人"这一话语，中国社会科学院历史研究所清史研究室林存阳研究员、北京师范大学博士生王豪在梳理其历史演进的基础上，着重揭示了此论断之于明清学术嬗变、学术生态的复杂关系，展示特定话语与社会思潮、政治运动和特定学术运动之间的耦合与变化。上海社会科学院历史研究所司马朝军研究员独辟蹊径，对民国时期徐敬修所著《经学常识》一书的抄袭问题，做了正本清源的辨析，论述该书的抄袭来源、抄袭手法以及抄袭特点，展示民国时期国学研究、经学研究的特定现象，为今日的经学研究，提供了难得的素材，也警示今日经学研究需要高起点、高水平拓展，而不是低水平重复，更不能抄袭。安徽师范大学历史系梁仁志副教授则对余英时等人有关明清士商关系和商人地位的论断，提出了新的见解；梁文通过大量史料论证了明清时期士商关系的多样性与复杂性，特别是引用大量的史料，证明这种关系的非片面性。难得的是，中国社会科学院历史研究所清史研究室袁立泽副研究馆员撰文勾勒了近代以来梁启超的个人思想学术转向与自我书写的关键转折。虽然有关梁启超的学术思想研究著述众多，但是从梁氏自我转型以及书写转变的角度展开研究，对于现有研究仍是极为重要的。从上述研究来看，清代思想史研究隐约走出了自己的研究新路径，也开辟了一个新的拓展的方向，即学人们并不一定要趋新趋奇，并非一定要在未拓展的新领域、新命题研究，相反是可以在老问题上，用新方法、新视角重新发掘，做到老矿新攫。因而，对于传统清代思想史研究的核心命题，从新的史料或者新的视角上，学人纵深发掘整理，展示出清代思想研究的新发展。

二 清代思想史研究的"精准补缺"

清代思想史近四十年的发展，从研究主体到研究方法，从人物研究到文本研究，从社会思潮研究到社会史与思想史的结合，整个研究领域呈现出方兴未艾的良好态势。在传统重大思想脉络的整理过程中，此次会议针对清代思想研究的主要脉络进行精确“补缺”，补全关键证据链，显示清代思想史研究的新动向。

中南民族大学民族学与社会学学院孔定芳教授等对于乾嘉学术的演变轨迹，进行深度发掘，补全了王国维先生相关论断的关键细节，刻画了清代学术演变的关键证据之链，展示了清代学术发展的多线条与立体面相。该院余和祥教授则详细展示了明清实学发展的主要内容和学风创新，系统总结明清实学发展的重要阶段性特征和重要的内涵概念，进而阐发了明清实学的双重启蒙价值，特别强调对于今日文化发展的切实作用，显示明清思想文化研究对于当代社会发展的特定借鉴作用。聊城大学历史文化与旅游学院杨朝亮教授则重点关注当下学界较为忽视的陆王心学在清代的发展，跟当下学界聚焦程朱理学不同，文章独辟蹊径，详细勾勒了清初陆王心学传承的艰难旅程，展示清代学术思想发展的多元化面向，在丰富清代学术思想的内容与路径方面，起到了独特的拓展作用。中南民族大学民族学与社会学学院赵庆伟教授则专门对清代著名学者戴震以“故训”明“义理”孟学研究方法进行了重新发掘阐释，展示了清代学人研究的独特性与复杂性，为人们了解乾嘉学术的内在发展提供有力的线索。湖北大学历史文化学院雷平副教授则重点梳理了清代理学与汉学调和的一面，除了强调和肯定现有理学与汉学对立的一面，文章似乎更像从全面的互动视角展示理学与汉学的复杂变化。因此，在继承以往考察清代学术思想演变的大脉络、大趋势中，此次学人更多地对清代思想的新面向、新细节、新理路做了发掘，展示了清代思想研究的厚度。

三　清代思想史研究的“全力垦荒”

尽管历经改革开放以来四十年的学人辛苦耕耘，清代思想史的研究也走过了粗犷式经营的阶段，更多走向深耕与拓荒，但是相对于整体性提升清代学术思想史的愿景而言，仍然有着大量的舞台与荒地。此次会议学人力争对清代思想的视域范围进行全力“垦荒”，尤其重视经济与思想的双向互动，展示了清代思想史研究最富活力的一面。

河南省社会科学院张佐良副研究员，并不拘泥文本阐述与思想研究，更重视人们在实践中的思想指导作用，他重点考察了清朝定鼎北京的建都历程，强调建都思想所体现的古代王朝建都的基本原则与战略考虑，展示了古代建筑文化与意识形态建设的复杂关系，展现了思想史走入社会、走入经济的新动向。中国社会科学院边疆研究所吕文利研究员，在注意农耕文化与游牧文化的交融之中，特别重视文化背后的经济基础，重点关注意识形态下的经济基础，重视北方文化发展中的经济发展；文章依托大量的满铁资料，揭示清代牧区苏鲁克制度的生成机制，探析游牧经济对于边疆思想的影响，展示清代边疆经济与朝廷统治思想的复杂关系。中南民族大学民族学与社会学学院秦熠副教授力图突破过去研究铁路的路权思想中的反帝模式，重新审视晚清中国铁路修筑的历史过程，剖析中国路权思想演变的复杂特征，力图展示近代路权思想与政治格局、中外关系之间的复杂动态关系。中南民族大学法学院孙卫华副教授重点分析了《明夷待访录》一书在晚清传播的独特轨迹，探讨这种思想传播与近代湖南学风转变的复杂关系，展示清代思想史中不同思想之间的转变与继承，展示近代湖南经世思想形成与发展的深层土壤。中国社会科学院历史研究所清史研究室李立民副研究员从目录学与文献学的视角，重新探索和分析文学家姚燮的《大梅山馆藏书目》，展示藏书书目的特征和内在逻辑，进而分析清代普通士人的购书心态与思想表达，展示人们的阅读路径和思想形成之间的复杂关系。中国社会科学院历史研究所清史研究室徐道稳助理研究员则重点关注清代货币理论家王鎏的交游世界，分析王鎏与同时代人的交往，展示他的知识构成与成长历程，进而以此审视嘉道之际的学人互动。

在拓展思想史研究的方法论层面上，本次会议特别重视社会史与思想史的结合，注重从经济视域观察思想，同时从思想视域反思经济活动，双向互动，这也成为当下思想史研究的重要发展方向。这一研究路径，也是渊源有自，特别是深受中国社会科学院史学家侯外庐先生思想史研究的影响，国内外不少学者对此也多有墨染。针对这一现象，此次会议中，中国社会科学院历史研究所清史研究室吴四伍助理研究员专门探讨了清代思想史研究的原则、体系与方法，并比较了侯外庐和沟口雄三研究旨趣的异同。

丰富清代重要人物的个性思想，扩张思想史的样本库与个案库，也是此次会议的重要讨论内容，如曹本荣和李光地的学术思想、尹会一的经世思想、黎元洪的民族观、徐世昌的清史论述，等等。在清代重要思想家或者重要政治人物、学术人物的个人思想以及特定的民族思想、史学思想方面做了专门的讨论，展示清代思想史研究的特有丰富内涵，为人们以后拓展与展示清代思想史的核心内涵和主要脉络打下了坚实的基础。可以说，自清初至清末，在丰富清代思想研究的广度和前后贯通方面，这次会议的诸多文章奉献出了自己独有的见解。

另外，会议还专门讨论了《中华思想通史·清代卷》的资料长编整理、提纲写作等问题，特别是学者们对《中华思想通史·清代卷》的写作提出了诸多宝贵的建议；从体例统一到主要内容构筑，从核心思想提炼到各个篇目的知识体系完成，都提出了诸多建设性的建议；这将成为未来思想史写作的有益参考。